当代
新闻报纸学
系列教程

DANGDAI BAOZHI
DIANNAOBIAN
JIJICHU

主　编
芮必峰
副主编
王诗文
吕　萌
王中义

# 当代报纸电脑编辑基础

（第2版）

岳　山
编著

合肥工业大学出版社

**图书在版编目(CIP)数据**

当代报纸电脑编辑基础/岳山编著．—合肥：合肥工业大学出版社，2004.8(2014.1重印)

(当代新闻传播学系列教程/芮必峰主编)

ISBN 978-7-81093-140-3

Ⅰ.当…　Ⅱ.岳…　Ⅲ.①计算机应用—报刊—编辑工作—教材②计算机应用—报刊—排版—教材　Ⅳ.①G213.39②TS803.23-39

中国版本图书馆CIP数据核字(2004)第084605号

## 当代报纸电脑编辑基础(第2版)

岳　山　编著　　　　责任编辑　朱移山

| | | | |
|---|---|---|---|
| 出　版 | 合肥工业大学出版社 | 版　次 | 2004年9月第1版 |
| 地　址 | 合肥市屯溪路193号 | | 2008年7月第2版 |
| 邮　编 | 230009 | 印　次 | 2014年1月第3次印刷 |
| 电　话 | 总　编　室:0551-62903038 | 开　本 | 710毫米×1000毫米　1/16 |
| | 市场营销部:0551-62903198 | 印　张 | 25.75　　字　数　383千字 |
| 网　址 | www.hfutpress.com.cn | 印　刷 | 合肥现代印务有限公司 |
| E-mail | hfutpress@163.com | 发　行 | 全国新华书店 |

ISBN 978-7-81093-140-3　　　　定价：28.00元

# 《当代新闻传播学系列教程》总序

芮必峰

20世纪初，中国新闻学奠基人徐宝璜在其"'破天荒'之作"(蔡元培语)《新闻学》中为这门学科定义："新闻学者，以养成良好新闻记者，并导新闻事业于正轨为职志者也。"并感喟："斯学昌明，则人类受新闻事业之福愈增其量，是斯学之重要可知矣。"

在后现代浪潮的冲击下，"真理"日益下降为"意见"，"思想"越来越演变为"观点"。当下中国，企图"建构"体系的"宏大叙事"似乎已不时髦，相反的是一把把"解构"的手术刀则寒光夺目。与"建构"体系相比，"解构"自然要省力得多，因为它自身无须证明。但是，"解构"首先要面对成型的"结构"，当下中国的新闻学与新闻教育真的已建立起自身的理论和学科体系了吗？

近一个世纪里，新闻学由最初的厕身其他学科之中，发展到建立起自身的独立地位，再到今日之益趋向"显学"的热闹兴盛。种种新闻学丛书不断面市，300多个新闻学位授予点在全国遍地开花。当前中国的新闻学研究与新闻学教育，与数十年前相比，确有天壤之别，就是比之数年前也有很大进步。徐宝璜先生若泉下有知，当感欣慰。但是，与其他学科相比，新闻学研究的低水平重复、泡沫化现象还很严重；新闻教育理念的混乱、目标的不确定性也令人担忧。新闻学科(包括新闻学研究和教学)发展之最终目的，仍不外乎徐先生所说的"养成良好新闻记者"与"导新闻事业于正轨"。反躬自问，我们做到了吗？在新闻学研究方面，研究者大多出于实用性和功利性的考虑，热衷于如何解决问题的"制度设计"、"政策应付"、"行动指南"等研究，但真正发掘专业理念、洞察职业精神的研究不多，"导新闻事业于正轨"的功效并不显著。低层次重复的研究不在少数，有分量有创见的研究屈指可数。新闻学作为一门应用学科，固然需要联系实际，解决问题，而且实践也的确在不断贡献着丰富的问题，但若无批判实践的“眼光”、观照问题的“思想”，我们的研究就会被实践和问题牵着鼻子跑，不仅很难真正解决问题，还会沦为问题或实践的奴隶。在新闻教育方面，那种急功近利的“操作”、“技巧”、“技术”训练，也断难达到“养成良好新闻记者”的目标，而更容易养成“新闻匠人”。任何学科都有它赖以立足的“道”，“道”之不存，“术”将焉附？

有鉴于此，从新闻学研究的根基处“立学”，从新闻教育的根基处“立人”，是我们编撰这套丛书的宗旨。

昔孔子云：“诗人疾之不能默，丘疾之不能伏。”这套丛书的作者皆为安徽新闻教育和研究领域的资深从业者。他们有的执教多年，积累颇丰；有的思想锐利，才气逼人；有的是新闻传播学专业的教授、副教授；也有的是在新闻传播实践界浸淫数十年的主任记者和编辑。他们秉着“诗人疾之不能默”的精神，奋战寒暑，拿出了这套丛书，唯愿挤去新闻学研究之泡沫，让新闻教育立足于大地，为安徽乃至中国新闻学和新闻教育尽绵薄之力。

按照美国传播者彼得斯（John Durham Peters）的“奇思异想”，书写是一种不分对象的随意撒播，永远不可能达到适合接受者的境地。在大众传播已进入分众化传播的今天，作为“撒播者”，我们努力寻求与接受者对话的可能性。我们的“期待读者”或“目标受众”是已成为、将成为和希望成为新闻传播研究者的人们，也是对新闻传播业和新闻传播学充满探究兴趣的人们。

本丛书既冠名为“当代新闻传播学”，自然要面对这个纷繁复杂但又充满生机活力的大时代，面对这个时代正处于艰难转型和改革中的中国新闻事业，所以本丛书所持观点力求吸收学界研究之最新成果，所述内容力求反映当代新闻学研究之最高水准，所引例证皆为近年来最新及最有代表性案例，以体现“当代”之特色。当今社会，“新闻”功效的最大发挥离不开“传播”，从这个意义上说，新闻事业也是一种传播事业。我们既不赞成传播学取代新闻学，也不赞成用新闻学排斥传播学。我们所说的“新闻传播学”是新闻学与传播学的合称，目的是想把传统新闻学难以容纳的一些内容也包括进来。

所谓“为学当如金字塔，既能博大也能高”（胡适语），虽不能至，心向往之。由于时间的仓促，也由于编写者学力水平之不逮，本丛书错漏失当之处在所难免。希望读者细心挑刺，大胆“解构”。我们相信解构与建构如车之两轮、鸟之两翼，相辅相成。

最后，感谢合肥工业大学出版社，感谢本丛书的责任编辑朱移山先生。他们出版这套丛书本身就是对中国——尤其是对安徽新闻学与新闻教育的最大支持。

是为序。

2004 年 4 月 28 日于安徽大学

（芮必峰，安徽大学新闻传播学院院长、教授，中国新闻教育学会理事，教育部新闻学教学指导委员会委员）

# 目　录

# 第一章

## 报纸电脑编辑概论

**【本章学习要点】**

本章分两个部分。前半部分简单梳理电子技术在报纸编辑中的应用和发展历程，概述我国和世界上其他一些主要国家在该领域的发展状况；后半部分详细介绍报纸电脑编辑的特点及信息化时代对编辑、记者们提出的新要求。

微型电子计算机的出现，使人类社会进入一个崭新的时代。生活在21世纪的信息化社会，一个人能否掌握计算机的使用、计算机应用能力的高低，已经和是否识字有着相同的意义。换句话说，如果不会电脑操作，就是“现代文盲”。所以，早就有人说：会使用计算机是通往21世纪的护照。

在我国，文字处理是最早普及的计算机应用。传媒机构历来是应用新技术、新设备较早和较多的机构。20世纪80年代后期，随着计算机技术的发展，越来越多的报社、杂志社告别了铅字排版、印刷的历史。报业技术的变革，必然要改变编辑、记者的工作流程，同时也促成了报社内部结构的调整。记者和编辑的采访、资料收集、写稿、传稿、选稿、组版都要通过电脑和电脑网络来进行。熟练掌握好基本电脑编辑技术，已成为一个新闻从业人员的基本要求。

20 世纪 90 年代以来，中文电子排版系统已出现很多，有北大方正电子排版系统、华光系统、文渊阁系统等。“方正系统”以其版本丰富、功能全、质量高、编排快速等特点和优势，成为当今电子排版领域的龙头，现在国内约 80% ~90% 的报社采用了他们的报纸排版系统，其在日本和东南亚市场占有率也在上升。

## 第一节　电子技术在报纸编辑中的应用

在现代的报纸编辑中，要利用计算机技术、网络技术、通信技术等对新闻稿（文字稿、图片稿、表格等）进行录入、编辑、校对、排版、资料补充、传输。可以说电脑在报纸编辑中的应用几乎涉及各个方面。从记者的采访开始，良好的计算机应用能力能使记者在新闻发布会上，边听边在电脑上写稿，并迅速地将写好的新闻稿传送回报社，极大地提高新闻报道的时效性。

现在，我国绝大部分城市的报社都安装了新闻采编网络系统，不仅内部局域网相连，而且大部分都有专线和互联网相连；有的报社还有卫星接收设备，从新华社等机构接收文字资料和图片资料。不仅记者写的稿件可以通过互联网很快传回报社的新闻采编系统；摄影记者也可以将用相机拍好的照片通过扫描仪输入计算机，上传到采编系统，还可以用数码相机通过网络传回数字图片。这样，各种渠道来的稿件、图片都输入到了新闻采编系统的数据库中，可供编辑随时调用。数据库中的资料，可供相关人员查询、调用、检索、分类整理。

计算机技术、网络技术、通信技术的结合，使新闻编排的各个环节都放到了计算机网络这个虚拟空间中，加快了新闻稿件的流通速度，真正体现了新闻报道的及时性，特别是对一些突发性的事件，它拥有不可比拟的优越性。在报纸编排上，由于是在计算机上编排，可以在规定的出报时间内撤换稿件，不需要再重新画版、重新到印刷厂排铅字。如果报社有自己的网站，可以做到实时发稿，也可以用群发电子邮件的方式发给用户。

特别在图片新闻的图片选择上，计算机技术给编辑提供了极大的空间，记者拍摄的照片利用率也提高了。过去，记者拍摄的照片如果构图不好，照片背景杂乱，主题不突出，就无法在报纸上使用，而现在我们的编辑可以利用图片处理软件，对照片进行剪裁，模糊背景，对不便出现的真实人物、单位名称等部分加以遮盖，避免不必要的法律纠纷。

在最近伊拉克战争中，当美国发动了第一轮攻击后，美联社、塔斯社、新华社几乎同一时间在各自网站上发布了文字快讯，很多网站还开设了专栏。各大报纸纷纷撤换头条，利用新闻采编系统、集成排版软件重新组版，以最快的速度让读者了解事态的发展。这比起上世纪 90 年代前的新闻编排来说，简直有天壤之别。新闻的时效性提高了几十倍，读者可以看到真正的新闻，而不再是看到“旧闻”。

## 第二节　电脑编排技术应用于报纸编辑的发展历程

电脑技术最初在报业中的应用是从新闻稿的录入开始的。当时随着计算机的发展，我国开发出了数十种汉字操作系统，典型的有 CCDOS、SUPER－CCDOS、希望电脑公司的 UCDOS 等汉字处理系统，随着对汉字处理能力的增强，计算机对稿件资料的保存、修改、校对的优势日益显现出来，报社逐渐利用计算机处理稿件而淘汰了铅打字机。上世纪 80 年代后期，我国成功研制了计算机激光汉字编辑排版系统，如华光系统。这样就使报社全面实现电子化编辑成为可能，从新闻稿的录入、修改、一校、二校、一审、二审、终审到出胶片全部用计算机处理，使当时的报纸质量（印刷、内容）得到很大提高。90 年代中期，方正集团开发了大型的、面向对象的彩色排版软件，使得彩色报纸的份额逐渐扩大，不再是黑白和套红两种样式的报纸。现在，报社的方方面面都有计算机的应用，从录入、编辑选稿、组版、到传送印刷厂的服务器印刷；从统计稿件数量到稿件资料管理，无处不存在电脑技术应用，各报社的技术部门已成为本机构的重要部门。

电脑技术在报纸编辑中的应用多种多样，而与编排工作关系最紧密的是激光照排技术。

早在20世纪40年代，西方就研制了与电脑相联的照排技术。到了上世纪60年代末、70年代初，美国、日本和西欧一些发达国家在新闻出版业中逐渐使用了激光照排和胶印。一些媒体的记者、编辑开始使用电脑写作与编辑。1962年，美联社将计算机技术应用于编排金融新闻。而淘汰铅字印刷、采用计算机激光照排新技术的媒体中，则以日本《经济新闻》为代表。

最初的照排系统处于“半自动”阶段，只能用于文字的录入、修改及存储，编辑人员在组版时，必须将输出的文字毛条分别贴在大样上的预留位置。到上世纪80年代初期，美国一些公司研制出了几种新的电子出版系统，它们可以使编辑在电脑终端显示器上编辑整个版面。上世纪80年代中后期，西方各大新闻传播机构，如报社、通讯社、电台、电视台等，开始将激光照排系统与计算机网络相连接，使报纸编排的写、编、改、排、签发等多个环节全部在网络上进行，实现了系统的自动化、现代化。

我国从上世纪70年代初开始研制电子排版系统。1974年8月，启动了旨在使汉字进入计算机的“748”工程（“748”码“来历”）。到1979年7月，华光I型系统排出了8开的报纸底片，取得了初步成果。进入上世纪80年代后，我国在电子出版系统上的研制不断取得了突破。1983年，中间试验型的华光II型系统研制成功。1985年，国产华光计算机激光编辑排版系统华光III型取得成功。1986年，大报版激光照排机研制成功，《经济日报》首次采用这一系统出版并取得了成功，从而成为世界上第一家采用计算机激光屏幕组版、照排并整版输出的中文报纸。1988年，华光Ⅳ型在印刷出版部门得到大规模推广与应用，推动了我国报纸告别“铅与火”的历史而走向“光与火”的编排新时代。

到上世纪90年代初期，我国省级以上的报社已基本实现电脑编辑与排版，接近一半的市级报社也开始采用电子排版系统。而在此期间，北京

大学在华光电子出版系统的基础上又推出了功能更全、速度更快的“北大方正”新一代激光照排出版系统。1994 年 1 月,《深圳晚报》率先采用北大方正采编流程管理系统,全部版面均由编辑组版,为海内外中文报纸开创了先例。1995 年,计算机直接制版系统(第五代照排机)研制成功,这一系统能够对印刷版(PS 版)直接扫描,省却了晒版等工序。在这一年的“八五”计划完成时,计算机激光编辑、照排系统在全国各类报社已基本普及。

## 第三节　报纸电脑编辑的特点

报纸的电脑编辑,是指依托计算机手段,借助现代网络通信技术等对新闻稿件(包括文字稿、图片以及表格等)进行录入、编辑、组版、传送以及修改等流程的一系列操作。与以手工操作为主的“铅排”相比,报纸电脑编辑的特点有:

### 一、编排直接迅速

“铅排”时代,新闻稿件直接写在纸上。所有记者的来稿集中在编辑桌上,无论看稿、选稿,编辑都必须仔细“阅读”,而修改稿件,编辑则直接在原稿上进行修改,从记者写稿到总编最后定稿,往往一篇稿件被画得“面目全非”,不但影响稿件的“阅读速度”,也影响稿件在不断“流转”过程中的“质量”,从而给编辑工作带来极大不便。

完全意义上的电脑编辑,是指记者的写稿、传稿,编辑的选稿、改稿、组版、临时改版、传版等工作都在网络计算机终端“平台”上展开。新闻稿件在修改、传送过程中,稿件的“质量”不会受到影响,也就不至于影响编辑、部主任乃至总编辑的“阅读速度”。同时,借助计算机的电子排版软件系统,所有稿件均能及时储存、调用、修改,避免了纸质稿件靠人工来回传送的“时间损耗”。整个编排过程立足于计算机“平台”,直接在电子排版系统中进行,与传统编排相比,时效性得到了极大提高。

## 二、编排手段更加丰富

版面的编排手段是组成修饰版面的基本材料。它的构成要素主要有字符(包括字体)、字块、图像、线条和色彩等几种。它们之间的不同组合,则形成不同的“版面”,产生不同的“版面效果”。

在计算机激光照排技术出现以前,编辑的排版是“原子”形态的铅铸字。铅字字符既笨重又占空间,排出的版面单调、呆板而且费时。而计算机电子排版系统中的字符及字体,比“铅排”时代丰富得多,像北大方正提供的字体就有上百种,字号与字形的变化也多种多样。

而排版软件中图像编辑、报花、线条、图元等也变化多样,大大丰富了版面的编排手段,使版面呈现出不同的风格及样貌。与“铅排”时代的人工拼版大不相同,在电子排版中,图文混排已不受限制,同时还可以对图像进行剪裁、移位、变形、编校、拼合、重叠、渐变等操作。排版软件中还提供了上百种不同的颜色,可以对版面的字体、线条、版块等进行着色加工,从而使报纸实现彩色化。

正是借助于排版软件中的丰富多彩的编辑手段,现代报纸才呈现出生动活泼、“百花齐放”的局面,也逐渐改变了“铅排”时代报纸“千篇一律”的“灰色”样貌。

## 三、版面编排直观简洁

“铅排”时代,编辑根据报纸的“版样”,对记者、通讯员等采写的稿件、图片进行选择并修改,以符合“版样”的字数要求。同时,根据挑选好并修改好的稿件、图片,进行“画版”工作。一般情况下,由于新闻是动态的发生过程,对“画”好的版面进行“改版”是常见的情况。这时,整个版面必须重新改动,再一次“画版”。而且,即使“改版”后的版面,只要发现“事实”、“数据”等方面的错误,便得重新“改正”,用“铅字”重新“排版”,整个程序既费时又繁琐,给编排人员增加了极大的负担。

电子编排时代,编排人员从电子采编系统中的稿件库中直接调出稿件并作出选择,然后进行修改、编排。在排版过程中,可以直接对修改好的稿件、图片进行处理、组版,并按照版面的实际情况,及时做出增删稿件、图片或撤除它的决定。在一次排版完成后,可以对版面进行多次改动甚至重新排定的操作,而不会影响“排版”的效果及时效。整个编排过程既直观又简洁。

## 四、出报工作的网络化

“铅排”时代,记者、通讯员等采写的新闻稿件通过稿纸送到编辑部;编辑根据办报方针及版面需要,选择稿件并进行录入、修改、组版;“画”好的“版样”呈送给部主任以及总编辑审阅;在此过程中,又经过校对员的文字校对过程。总体上来看,从记者的采写稿件直至总编的审稿及定稿,呈“线性”结构。

现代报社的电子采编系统,在记者采写的稿件中,初稿储存在稿件库中,而“定稿”则直接传送到部主任的“稿件库”内,经部主任选择,初步修改后传送到“版面编辑”库中,经“版面编辑”再次修改并组版后,将版面传送总编办主任及值班总编审阅。在此“线性”流程过程中,各部门共有一个电子采编系统,他们的工作可以在很短的时间内完成。甚至记者写稿、部主任选稿、编辑组版等工作也可以同时进行。这样,整个采、编、审过程呈一“网状”结构,各部门共处一个“网络”,但处不同的“点”上。这个点既可以在办公室,又可以在记者和编辑的家里。

借助于这样的“网状”结构,某一突发性新闻事件发生时,记者可以迅速写稿,甚至可以不经过部主任初审而直接传送给“版面编辑”,以供“编辑”迅速撤换稿件,更改版面,而保证报纸的及时出版。

## 五、编辑素质的提高和知识结构的更新

传统的“铅排”时代,编辑的基本任务是从记者、通讯员采写的新闻稿中挑选出适于刊登的稿件并进行修改、组版。由于基本工具是“纸和笔”,编辑的文字功底显得尤为重要。

而电子采编系统的使用,不但要求编辑具备扎实的文字功底,还必须掌握基本的计算机操作技术,熟悉并掌握电子排版系统。由于其中的编排手段极其丰富多样,编辑还必须具备一定的美学功底,并融入自己的创造性思维,编辑出风格独特、对读者具有很强吸引力的个性化版面。

## 第四节 报纸电脑编辑的发展趋势

报纸电脑编辑是立足于计算机平台基础之上,运用电子采编系统软件和排版软件实现报纸编排的一种编辑形式。随着计算机网络技术的进一步发展和电子采编系统软件的不断更新换代,报纸电脑编辑样式必然会随之发生变化。

目前,电子采编系统使记者、部主任、编辑直至总编的写稿、选稿、改稿、传稿、组版、制样等工作程序处于同一操作系统之中,可以做到各种工作同步进行,节省了新闻稿件在各部门、各级领导审稿、改稿、改版等过程中所耽误的人工传递时间,也保证了新闻稿件在反复修改过程中的质量。然而,尽管这些工作可以在同一时间内完成,现有的电子采编系统仍不允许各新闻从业人员离开报社的电脑联网。这种情形下,记者采写的稿件只有在报社的电脑采编系统中完成。一旦记者通过报社外的电脑写稿,仍然只有利用电子邮件传送到部主任或者编辑的邮箱内,然后再由他们拷贝进报社的电子采编系统的稿件库内。同样,编辑的改稿、制版、传送,报社负责同志的审稿、签发等工作也只有在报社电脑的电子采编系统内进行,无形之中又延续了新闻的时效性,尤其是延缓了记者写稿的速度。

随着电脑网络技术的发展以及电子采编系统的升级,我认为,报纸电脑编辑未来将有两个主要发展趋势:

1. 编辑和版式设计人员合二为一。编辑在熟练掌握版面编排技术后,能够在版面上尽可能的体现自己的编辑意图、编辑风格。

2. 更高效的"网络办公"。届时,报社的工作人员集中于办公大楼的局面将越来越少见。报社工作人员在家中、移动电脑上安装着更高级的电子采编系统,他们之间可以共享这一系统,并进行新闻稿件的采写、加工工作。记者在任何地方写好稿件,通过网络将其存入采编系统的稿件库;到一定的截稿时间,部主任或者编辑便可以选调记者存入稿件库中的稿件,进行修改、组版等工作;报社负责人也可以在任何地方调看稿件、版面,并进行审稿、审样等工作;等一切程序完成后,便可将大样发送到印刷厂的电脑中,完成报纸的出版工作。这样,一整套新闻运作程序不论在任何时间、任何地点,都可以"真正"在电脑上完成。报社工作人员真正实现了"网络办公"而无需天天赶往办公室,不仅可以节约大量的人力与资源,而且也提高了工作效率。当然,随着网络技术的发展和社会的需求,今后报纸有可能不再是每天固定的时间出版,而是一天可能出版多次。

总之,报纸电脑编辑的未来发展趋势是新闻从业人员工作更加舒适、高效,新闻产品的时效性更强,新闻编排方式更加灵活、丰富多样。

## 第五节　现代报社需要现代型编辑

随着技术的发展,报社组织结构发生了巨大的变化,相应的报纸排版流程也随着组织结构的变化而做出相应变化,对编辑、记者的技能要求大大提高,不仅要求他们有扎实的文字功底,而且要掌握一定的电脑技术,以适应信息时代对报业从业人员的要求。前面我们已经介绍了电子化技术在编辑排版中的应用范围、特点及其发展趋势,下面我们接着简单地介绍一下现代报社电子排版的流程以及对编辑记者在技术上的新要求。

### 一、现代报社的电子编辑排版流程

电子编辑排版,使新闻稿件的录入、校对、输出和排版实现了电子化、网络化,简化了报纸编排流程,提高了报纸的出版质量,加快了出版速度。

根据报社内电子编排技术是否实现全程网络化,又可将电子编辑排版流程分为两种:单机化的报纸电子编辑排版和联机化的报纸电子编辑排版。

1. 单机化的报纸电子编辑排版流程

记者、通讯员采写稿和社外来稿

↓

编辑选稿、改稿
↓
部主任审稿、改稿
↓
编辑第二次改稿
↓
总编辑审稿、改稿
↓
录入人员用录入机录入稿件小样
↓
打印小样
↓
文字稿初校(由专业校对员校对)
↓
编辑用版样纸画版样
↓
扫描仪扫描图片文件(软盘)
↓
组版人员在组版机上组版
↓
激光印刷机输出版面大样
↓
编辑、部主任、总编辑审改大样
↓
编辑修改大样
↓
组版人员在组版机上改版
↓
再出激光大样校对
↓
组版人员改清样
↓
激光照排机出胶片
↓

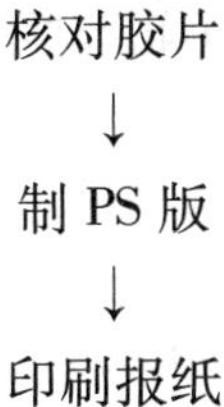

核对胶片

↓

制 PS 版

↓

印刷报纸

这种电子编辑排版流程主要以单机为操作对象，报社内各部门之间的联系主要靠软盘及其硬拷贝，编辑选稿、改稿、校对、画版等工作程序依然依靠纸和笔进行。

从这一流程的整体来看，只能算作传统的“铅排”向现代的“电子编排”的过渡。它还不是一种完全意义上的现代化的报纸编辑排版方式。

2. 联机化的报纸电子编辑排版流程

记者采写稿件录入/新华社通稿、来稿/社外来稿

↘ ↓ ↙

编辑选稿（直接从采编系统的稿件库选择）

↓

编辑审改稿件、扫描图片文件

↓

部主任审改稿件

↓

编辑排版

↓

总编辑审改稿件、版面

↓

编辑修改稿件、版面

↓

校对审改

↓

编辑再次改稿、改版

↓

打印版面大样

↓

部主任、总编辑审改

↓

编辑改版

↓

激光照排机出胶片

↓

制 PS 版

↓

印刷报纸

这一电子编辑排版流程采用电子采编系统软件，报社内各部门可同时间系统录入、调出、修改稿件，排版；各部门之间也可以相互传送、调阅稿件，进行各种修改、拼拆等工作。但一般情况下，上下级及部门之间实行的是单向传送，如部主任可以从稿件库中调出记者采写稿，但记者则不可以从部主任库中调出新闻稿件。

联机化的报纸电子编辑排版流程是完全意义上的电子编辑排版样式，它大大节约了报社的新闻产品生产时间，提高了新闻的时效性；同时，它极大提高了新闻稿件在不断传送、修改过程中的质量，也可能使新闻稿件和版面长久保存；最后，它大大节约了报社的纸张等开支，减少了报社运作的成本。

## 二、 现代型编辑的基本素质

现代报社基于计算机技术、网络通信技术之上，因此，作为信息时代的编辑，必须在传统的知识结构基础上进行知识更新，既有扎实的政策、理论功底，又具备深厚的新闻理论、编辑理论底蕴，同时还应懂得版面语言以及熟练掌握计算机操作技术、相关网络知识。概括起来讲，现代型的编辑应是一名“新闻工程师”。

(一)扎实的政治理论功底

我国的新闻事业是党领导的社会主义现代化建设事业的重要组成部分，新闻媒介也一直充当着党和政府喉舌的重要角色。在引导社会舆论、弘扬社会正气、鞭挞社会丑恶等方面，新闻媒介具有不可替代的地位。

在新闻媒介中，编辑既是新闻“初级产品”的挑选者加工者，又是新闻“成品”的组版者与把关者，在新闻产品的生产、运作过程中地位至关重要。在某种程度上，编辑素质的高低，最终决定着新闻“成品”质量的高低；而在编辑的所有素质中，政治理论素质应该是第一位的。

首先，这是由我国新闻事业的性质决定的。我国新闻事业既是党和政府的耳目喉舌，也是人民的耳目喉舌这一基本性质，决定了我国的新闻媒介必须在政治上、思想上与党中央保持一致，积极宣传党的理论、方针、政策。作为新闻产品生产过程中的“把关者”，现代编辑必须深刻理解并掌握马列主义、毛泽东思想、邓小平理论、“三个代表”重要思想和科学发展观，并以其为指导，不断学习、理解党的路线、方针、政策，坚持四项基本原则、坚持正确的政治方向以及坚定自己的政治立场。在新的历史时期，国内、国际形势错综复杂，新问题、新情况不断出现，现代编辑必须加强马克思主义新闻观的学习，坚持新闻选择与编辑的正确的政治方向，更好地为人民服务、为社会主义服务。结合我国当下新闻媒体的实际，现代编辑在日常的新闻实践中还必须切实履行党中央所提出的“贴近实际、贴近生活、贴近群众”的“三贴近”原则，真正做到着眼于全局、着眼于实际、着眼于群众，提高新闻传播的针对性、有效性。

其次，这是由我国新闻事业的主要功能决定的。新闻事业的主要功能在于提供新闻、传递知识以及正确引导舆论。由于我国人口众多、地大物博，各地区经济发展不平衡，新闻报道过程中必须掌握报道分寸，遵守新闻报道政策，区分不同的报道情形。同时，我国还处在社会主义初级阶段，社会上还存在着很多错误思潮，既有封建余毒，又有西方的一些腐朽思想。而信息时代的知识也在呈几何级数增长，其中未免良莠不分，鱼龙混杂，这一切，都要求编辑具备扎实的政治理论功底，不断以科学的理论武装自己，使自己在新闻工作中，弘扬正气，正确引导社会舆论，提供积极、健康、有用的信息，更好地为建设有中国特色社会主义实践服务。

（二）深厚的新闻和编辑理论功底

按照目前的划分，编辑工作属于新闻实务方面。我们知道，新闻实践与新闻理论是相辅相成的两个领域，新闻理论来源于新闻实践又高于新闻实践，能够给新闻实践以理性指导，而新闻实践又是新闻理论不断丰富和发展的土壤。处于新闻实践环节中的编辑，应该具备深厚的新闻理论功底，以更好地指导自己的新闻实践，同时在新闻实践中，不断理解并丰富自己的新闻理论。另一方面，编辑还应具备深厚的编辑理论，在编辑工作中不但要提高自己的技术层面素质，更要善于总结经验、吸取教训并上升到理论层面，以便自己在工作中少犯错误，提高工作效率，编辑出既美观又有质量的新闻版面。

（三）较深的专业知识和较广的百科知识功底

专业知识主要指与新闻工作相关的知识，像新闻采访、写作、编辑知识等。新闻工作是一个有机联系、不断运作的过程，作为一名编辑，不能仅仅满足于选稿、改稿、组稿工作，同时还应学会采访、写作，做到在家是编辑、出门成记者，尤其是作为一名现代社会里的编辑，还应该懂新闻策划、组织新闻报道，不断与记者、其他编辑直至总编沟通、交换想法，以便新闻媒体的新闻报道向优质、高效发展。

随着社会实践的发展，传统的报业内部分工界限逐渐模糊，这就对编辑提出了更高的要求。不但要求他们在某一领域内有专长，还要求他们具备广博的知识面，即具备“二元知识结构”：既专又博。而在百科知识中，受现实国情以及工作性质的影响，编辑至关重要的是拥有较丰富的文、史、哲、经、法等知识，而具备广博的文学知识以及良好的驾驭文字能力更是编辑做好工作的重要保证。

（四）技术层面的素养与能力

作为现代报社的编辑，除了需要掌握扎实的新闻理论、版面编辑知识以及其他新闻业务方面的知识外，还必须具备较高的技术素质，比如：熟练掌握一种输入方法，掌握常用的文字编辑软件（WORD、WPS），能对图片进行一般的加工。熟练运用数码相机、扫描仪、打印机等计算机及其辅助设备，具有较高的运用网络的能力，能快速的从网络上查找、下载资料，等等。甚至可以说，是否掌握及熟练运用这些技术，则成为现代报社版面编辑成败的关键因素之一，而不是可有可无的。展开来说，他们应具备的技术素质包括以下几个方面：

1. 计算机基础知识及相关操作技术

电子采编系统是基于计算机“平台”之上的。因此，电脑编辑工作者最基础的技术素质是对计算机基础知识及相关操作技术的掌握。这些知识包括：对计算机的硬件设备、外部结构以及软件的了解；对计算机的窗口“Windows”系统的基本知识及使用技巧的掌握；能熟练运用计算机操作系统存储和管理文件；对计算机功能、属性、相关操作的了解等等。

2. 新闻稿件的录入、修改及编排技术

报纸的主体无疑是新闻稿件，而编辑的主要工作便是对新闻稿件进行挑选、修改以及组版。因此，必要的文字输入、修改及编排技术就成为编辑的一种基本素质。进行必要的文字输入、编辑则应掌握一种或几种常用的汉字输入方法，如五笔字型、双拼、智能 ABC、紫光全拼等。同时，编辑还应掌握基本文字处理软件，如 Word97/2000/XP/2003、WPS2000、Windows95/98/2K/XP 中的写字版和记事本以及一些专用的校对软件。当然，作为编辑，必须熟练运用电子采编系统，进行版面编辑。

3. 计算机数字图像处理技术

一般认为，新闻报道与图片是报纸的“一体两翼”。因此，利用现代计算机进行数字图像处理便成为编辑应具备的技术素质。常用的图像处理软件有 Photoshop、Painter、Freehand 等。一般而言，与数字图像处理相关的技术，编辑应掌握的有：

①能够利用图像处理软件对图像进行各种剪裁、加工、编辑；

②能够利用图像编辑软件将新闻图片通过扫描输入计算机并编辑成图片文件；

③熟练调用软件中已经制作好的题图库或者数码相机拍摄的图片；

④能够在电子采编系统的版面编辑中，熟练编辑图片并处理好图文关系。

4. 相关的计算机网络技术及知识

目前，国内大部分新闻媒体均建成了自己的网络，同时发布自己报纸的电子版。而其他的“门户”网站以及专门站点则不计其数。一定意义上说，现在网上的信息几乎是“海量”的，并且其信息容纳量不受限制。在这样的工作环境中，编辑必须掌握相关网络技术及知识，改变自己的工作方式。如能够熟练收发电子邮件，并逐渐利用电子邮件等完成一些新闻采访工作；能够熟练上网检索信息及资料；能够利用网络查证新闻的可靠性判断一则事实能否成为新闻、有没有报道以及报道到何种程度，等等。总之，现代编辑应该能够利用相关的网络技术及知识，为新闻报道及

版面编排服务。

5. 版面语言以及设计的掌握

编辑的版面设计技术直接影响报纸的外观,而在当今激烈的报业竞争环境下,"眼球争夺战"愈来愈重要,某种程度上,它可以直接决定报纸在报摊上的命运。而对于编辑来说,熟练掌握版面语言与版面设计则是其天职,在现今社会,这一技术素养的作用愈来愈重要。这也是本书的重点,将在后面的章节中详细介绍。

最后,还应掌握现代化的通讯以及交通工具的运用。我国许多报社采用了电子采编系统,而数码相机、卫星传稿在新闻工作中也被广泛采用。中国已经加入 WTO 组织,中国媒体从业人员与境外同行的交流与互动必然会加速,范围会扩大,而中国参与国际事务的频率也在加大。这一切,均要求媒体从业人员,当然也包括编辑,能熟练掌握至少一门外语和驾驶技术,同时还能熟练应用网络技术、通信技术,以便在未来更加激烈的新闻竞争中,取得更大的优势。

总之,作为一名现代型的编辑,在信息化时代,既需要不断进行知识结构更新,又需要进行大量的知识储备,使自己真正成为一名符合时代发展要求的"新闻工程师"。

**【思考与练习】**

1. 报纸电脑编辑有哪些特点?
2. 信息时代,对编辑们有哪些技术要求?
3. 铅字时代的编辑与电脑时代的编辑的要求有什么不同?
4. 目前应用最广泛的报刊集成组版系统是什么?
5. 什么是单机化的报纸电子编辑排版流程? 什么又是联机化的报纸电子编辑排版流程?
6. 现代型的编辑应具备哪些基本素质?

# 第二章

## 电脑应用基础

**【本章学习要点】**

本章是整个电脑报纸编辑技术部分的基础。介绍电脑操作的几种最基本技术——输入技术、Windows 操作技术、计算机网络应用技术、Word 软件的操作应用、图片编辑处理软件的使用等基本知识。为了增加教学的直观性，我们在其中增加了多幅操作中的截图，以方便初学者能将文字表述与操作中面对的实际电脑屏幕相联系，更好地掌握。

输入技术是从事文字工作的必备技能，熟练掌握文字输入技术业已成为面向一般政府、学校、企业的管理部门的工作者的起码要求。在本章介绍的两种输入法中，五笔输入法更快捷，但在熟练掌握之前，字根的记忆是一个难题；相对来说，智能 ABC 的使用则要容易得多，只是在输入速度方面要逊色于五笔输入法。学习者可以根据自身的条件和爱好选择学习。

Windows 是目前在中国覆盖超过 75% 以上 PC 的操作系统，本章着重介绍的是被广泛使用的 Windows 2000 操作系统的基本操作方法，并配有大量的截图，为初学者提供方便。

最早被称为“信息高速公路”的国际互联网日益成为很多人生活中不能或缺的一部分。本章就此为初次“触网”者提供了最基础的上网技术的支持。

Word 作为当前功能最强大的文字处理软件,熟练地掌握它的应用为文字工作者提供了极大的便捷。但是在使用中,因为其功能强大,所以使用方法也较难掌握,我们在书中使用多幅截图以提供学习的便利。该部分内容是我们本章学习的重点和难点部分。

ACDsee 和 Adobe Photoshop 是当前最优秀的视图和图像处理软件,有很实际的应用价值。它们都具有对已拍摄好的照片进行后期处理的能力。因此,在该章中我们也采用文字结合截图的方法进行重点讲授。

## 第一节　常用汉字输入法

汉字输入法是计算机中文信息处理的重要技术。对计算机信息系统而言,它的基本功能就是信息的采集、输入和处理。目前,计算机汉字输入法主要有三种:键盘输入、汉字字型识别输入和汉字语音识别输入,其中最常用的是汉字键盘输入法。

汉字键盘输入法是指利用西文键盘将人工输入的中文信息转换为计算机能够识别和处理的二进制码的一种编码方式,这里我们介绍两个常用的输入法:五笔字型输入法和智能 ABC 输入法。

### 一、五笔字型输入法

五笔字型输入法具有规则可循、输入简便、重码率低、便于盲打等优点。在练习五笔字型输入法之前,首先我们应该了解汉字的构成。

(一)汉字的构成

我们可以看到汉字都是方块的,而一个个的方块字又都是由较小的块拼合而成的。如日、月、金、木、土、口等小方块就是构成汉字最基本的单位,我们把这些小方块叫做字根,汉字就是由字根构成的。

(二)字根

什么叫字根呢?一个完整汉字都是由若干笔画复合连接交叉而形成的相对不变的结构,我们把这种相对不变的结构叫做字根;再将字根按一定的位置关系拼合起来就形成了汉字。

五笔字型的字根总数有125种。有的字根中,还包含有几个辅助字根,主要有:

1. 源相同的字根。如:心、忄;火、 ;水、氵等。

2. 形态相近的字根。如:艹、廿、廾;己、已、巳等。

3. 便于联想的字根。如:卩、耳、阝等。

所有的辅助字根都与其主字根是"一家人",作为辅助字根,它们同在一个键位上,编码时使用同一个代码。

(三)汉字的分解

分解汉字的过程是构成汉字的逆过程。解决的办法是按汉字的构成把汉字分解成字根,例如将"汉"字分解成"氵、又",将"字"字分解成"宀、子"等等。这样我们把处理成千上万个汉字的问题,变成了只处理125种字根的问题。

(四)五种笔画

汉字是由字根组成的,字根又是由笔画组成的。那么什么是笔画呢?在书写汉字时,一次写成的一个连续不断的线段,叫做汉字的笔画。经过科学的归纳,我们把汉字的笔画划分为横、竖、撇、捺、折五种。为了便于记忆和应用,根据其使用频率的高低,依次用1、2、3、4、5作为代号。如表2.1所示。

表2.1

| 代号 | 笔画名称 | 笔画走向 | 笔画及其变形 |
|---|---|---|---|
| 1 | 横 | 左－右 | 一 ㇀ |
| 2 | 竖 | 上－下 | 亅 丨 |
| 3 | 撇 | 右上－左下 | 丿 |
| 4 | 捺 | 左上－右下 | 丶 |
| 5 | 折 | 带转折 | 乙 乚 ㇆ |

五笔画组成字根时,笔画间的关系可以分为以下四种情况:

1. 单:即五笔画自身。

2. 散:组成字根的笔画之间有一定间距。如:三、八、氵等。

3. 连:组成字根的笔画之间是相连接的。如:厂、人、弓、尸等。

4. 交:组成字根之间的笔画是相互交叉的,如:力、十、又、车等。

当然还会有混合的情况,即一个字的各笔画间,有连又有交或有散。例如:"雨、禾"等字。由笔画构成字根,由字根构成单字。所以汉字可以分为三个层次:笔画、字根和单字。

(五)汉字的三种字型

根据构成汉字的各字根之间的位置关系,我们可以把方块汉字分为三种字型:左右型、上下型、杂合型。按照各种类型拥有汉字的多少从1到3给以代号。如表2.2所示。

表2.2

| 字型 | 字型代号 | 字 例 |
|---|---|---|
| 左右 | 1 | 江 给 汉 到 刘 |
| 上下 | 2 | 字 空 定 花 杂 |
| 杂合 | 3 | 困 因 风 道 太<br>重 天 且 成 还 |

三种字型的划分有利于对汉字整体轮廓的认识,指的是整个汉字中字根之间排列的相互位置关系。下面详细予以说明:

1. 一型:左右型汉字。包括两种情况:

在双合字中,两个部分分列左右,其间有一定的距离。如"林"、"胡"等字。

在三合字中,整字的三个部分从左右并列,或者单独占据一边的部分与另外两部分呈左右排列。如"湖、较、新、树、别、况"等字。

2. 二型:上下型汉字。包括两种情况:

双合字中,两个部分分列上下,其间有一定距离。如"要、等、字"等。

三合字中,三个部分上下排列,或者单占一层部分的与另外两部分呈上下排列。如"型、想、晶"字等。

3. 三型:杂合(单体、内外、包围)。

三型字是指组成整字的各部分之间没有简单明确的左右或上下型关

系者。如“因、也、周、本、成”字等。

(六)汉字的结构分析和拆分原则

基本字根在组成汉字时按照它们之间的位置关系可以分为四种类型:

1. 单:基本字根本身就单独成为一个汉字。如“王、八、六”等。

2. 散:指构成汉字的基本字根之间可以保持一定的距离,不相连也不相交。如“字、型、别”等。

3. 连:指的是基本字根加上一笔,但不相交。如“首、术、产”等。

4. 交:指几个基本字根交叉套迭,基本字根之间没有距离。如“自、必、果”等。

字根组字中,还有一种情况是混合型,字根之间既有连的关系,又有交的关系。如“重、丙、两”等。

拆分原则可概括如下:

1. 连笔结构:拆成为单字与基本字根。如“自”拆成“丿、目”,“天”拆成“一、大”等。

2. 交叉结构或交连混合结构:按书写顺序拆分成几个已知的最大字根,以“增加一笔不能构成已知字根”来决定笔划分组。如“耒”字只能拆成“三、小”字,而不能拆成“二、木”。

以上两种中属于第一种情况时,就不能再按第二种结构进行拆分,在具体拆分过程中,要掌握以下四个要点:

1. 取大优先:指的是在各种可能的拆分中,保证按书写顺序每次都拆分出尽可能大的字根,也叫“能大不能小”。如“无”拆成“二、儿”而不是“一、大”。

2. 能散不连:指的是一个汉字结构可以视为几个基本字根的散的关系,就不要认为是连的关系。如“非”拆成“三、刂、三”字等。

3. 能连不交:指的是一个汉字结构能按连的关系拆分的,就不要按相交的关系拆分。如“于”拆成“一、十”,而不要拆成“二、丨”。

4. 兼顾直观:指的是为了照顾字根的完整性,使拆得的字根有较好的直观性,给输入带来方便,而不得不放弃“书写顺序”和“取大优先”的原则。如“因”拆成“口、大”,而不是“冂、大、一”。

总之,拆分应当兼顾几方面的要求。一般来说,应当保证每次拆出最大

的基本字根。在拆出字根数目相同时,“散”比“连”优先,“连”比“交”优先。

(七)五笔汉字输入方法

为了便于掌握汉字输入方法,先介绍一下“五笔字型”的取码规则,编成一首编码歌如下:

五笔字型均直观,依照笔顺把码编;

键名汉字打四下,基本字根请照搬。

一二三末取四码,顺序拆分大优先;

不足四码要注意,交叉识别补后边。

为了便于记忆基本字根在键盘上的位置,五笔字型的创始人还编写了字根助记词。

1(横)区字根键位排列:

11G 王旁青头戋(兼)五一 12F 土士二干十寸雨

13D 大犬三羊古石厂 14S 木丁西

15A 工戈草头右框七

2(竖)区字根键位排列:

21H 目具上止卜虎皮 22J 日早两竖与虫依

23K 口与川,字根稀 24L 田甲方框四车力

25M 山由贝,下框几

3(撇)区字根键位排列:

31T 禾竹一撇双人立 反文条头共三一

32R 白手看头三二斤 33E 月彡(衫)乃用家衣底

34W 人和八,三四里 35Q 金勺缺点无尾鱼 犬旁留乂儿一点夕,氏无七

4(捺)区字根键排列:

41Y 言文方广在四一 高头一捺谁人去

42U 立辛两点六门疒

43I 水旁兴头小倒立

44O 火业头,四点米(“火”、“业”、“灬”)

45P 之宝盖,摘礻(示)(衣)

5(折)区字根键位排列:

51N　已半巳满不出己　左框折尸心和羽

52B　子耳了也框向上（“框向上”　指“凵”）

53V　女刀九臼山朝西（“山朝西”为“彐”）

54C　又巴马,丢矢矣（“矣”丢掉“矢”为“厶”）

55X　慈母无心弓和匕　幼无力（“幼”去掉“力”为“幺”）

1. 键名输入法

各个键上的第一个字根,即中打头的那个字根,我们称之为“键名”,把所在键连打四下。如“王”字为“GGGG”。

2. 五种单笔画的输入

一为(GGLL)　丨为(HHLL)　丿为(TTLL)　丶为(YYLL)　乙为(NNLL)

3. 成字字根的输入

先打一下它所在的键(称为报户口),再根据“字根拆成单笔画”的原则,打它的第一个单笔,第二个单笔画以及其最后一个单笔画,不足四键时,加打一次空格键。如“小”拆分为“小、丨、丿、丶”,“乃”拆分为“乃、丿、乙、乙”。

4. 合体字的输入

在键盘字根总表中没有的汉字,称为合体字。它们均应按书写顺序,依次拆成为总表中已有的最大字根,以“增加一笔不能形成已有的最大字根”来决定笔划分组,直到把整个汉字拆分完毕。拆分原则前面已经讲过,拆分“合体字”时,一定要按照正确的书写顺序进行。如“新”字只能拆成“立、木、斤”,而不能拆成“立、斤、木”,“中”字只能拆成“口、丨”,而不能拆成“丨、口”。

(1)“多字根”的取码规则

当一个汉字的字根多于四个时,我们只按顺序取其第一、二、三及最后一个字根,简称“一二三末”,共取四码。如“整”字:拆分成“一、口、小、止”,即(GKIH),“编”字:拆分成“纟、丶、尸、廾”,即(XYNA)。

(2)“四字码”的取码规则

当一个汉字刚好拆成四个字根时,就依照顺序把四个字根取完。如“照”字:拆分成“日、刀、口、灬”,“砸”字:拆分成“石、匚、冂、丨”。

(3)不足四个字根的取码规则

当一个汉字拆不够四个字根时,应该先打完字根码,再打一个"末笔字型识别码",简称"识别码"。"识别码"是由"末笔"代号加"字型"代号而构成的一个附加码。如"沐"字拆分为"氵、木、丶","弄"字拆分为"王、廾、刂","世"拆分为"廿、乙、巛"。

(4)简码输入

常用汉字中,多数可只取其前边的一至三个字根,再加空格键输入,这称为简码。一般的五笔字型输入法在输入一个有简码的汉字的全码的时候会提示该字的简码。

| 键名 | Q | W | E | R | T | Y | U | I | O | P |
|---|---|---|---|---|---|---|---|---|---|---|
| 简码 | 我 | 人 | 有 | 的 | 和 | 主 | 产 | 不 | 为 | 这 |
| 键名 | A | S | D | F | G | H | J | K | L | |
| 简码 | 工 | 要 | 在 | 地 | 一 | 上 | 是 | 中 | 国 | |
| 键名 | Z | X | C | V | B | N | M | | | |
| 简码 | | 经 | 以 | 发 | 了 | 民 | 同 | | | |

图2.1

一级简码:打一个字母键,再打一空格键输入。

二级简码:打二个字母键,再打空格键输入。

三级简码:打三个字母键,再打空格键输入。

(5)词组输入

词组输入分为二字词组、三字词组、四字词组和多字词组。

二字词组:每字取其前二码,共四码组成。如"经济"拆为"纟、又、氵、文"。

三字词组:前二字各取首码,最后一字取其前二码。如"同志们"拆为"冂、士、亻、门"。

四字词组:每字各取其首码,共四码。如"中共中央"拆为"口、廿、口、冂"

多字词组:多字词组取其第一、二、三及最后一个汉字的第一码,共四码。如"中华人民共和国"拆为"口、亻、人、囗"。

(6)重码和容错码

有相同编码的字叫"重码字",敲入重码字编码时,系统会显示该码对应的所有汉字并编以序号让输入者选取所需要的字。如键入"YEU",会显示"哀"和"衣"两字。

对容易弄错编码的字,容许按错码输入,叫“容错码”。如“长”字,可拆分为“七、丿、丶”和“丿、七、丶”。

(7)万能学习键“Z”

“Z”键为万能学习键,它不但可以代替“识别码”,而且还可以代替一时记不清或拆分不准的任何字根,并通过提示行,使用户知道“Z”对应的键码或字根。

(8)“五笔字型”编码规则总图

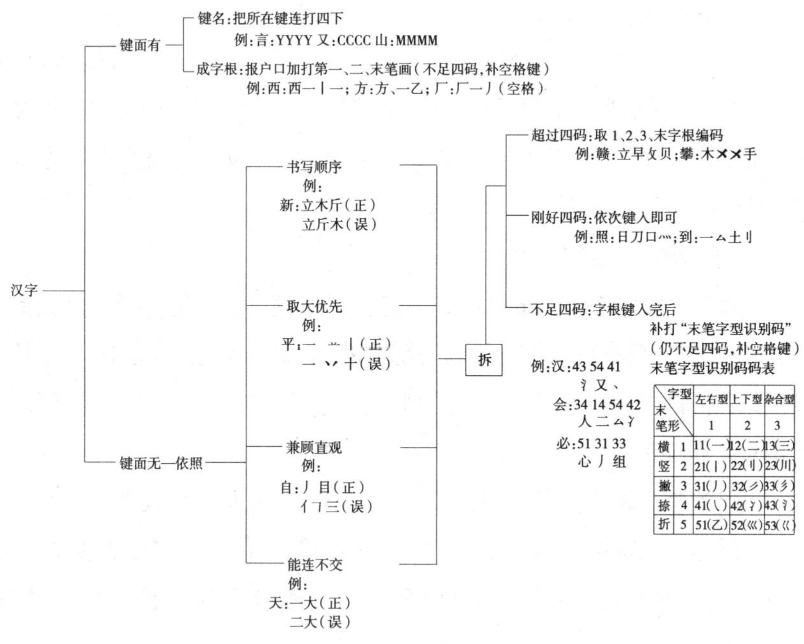


| 末笔形 \ 字型 | | 左右型 1 | 上下型 2 | 杂合型 3 |
|---|---|---|---|---|
| 横 | 1 | 11(一) | 12(二) | 13(三) |
| 竖 | 2 | 21(丨) | 22(刂) | 23(川) |
| 撇 | 3 | 31(丿) | 32(彡) | 33(彡) |
| 捺 | 4 | 41(㇏) | 42(冫) | 43(氵) |
| 折 | 5 | 51(乙) | 52(巛) | 53(巜) |

图 2.2　编码规则总表

## 二、“智能 ABC”输入法

“智能 ABC”输入法的基本规则是“标准变换”,即按字词的标准发音键入其全部元素,并在此基础上进行变换,采用其缩略形式或者是拼音与笔形的组合形式。以词的输入为主,并对单字的输入兼用“以词定字”的输入方法。

(一)基本输入规则

1. 基本输入方法

(1)全拼输入:按字词的拼音把全部字母都输入进去。如“计算机”,输

入为“jisuanji”。可连续输入多个字词，词与词之间用空格或标点隔开。

(2)简拼输入：按汉字的声母或第一个拼音字母输入。如“计算机”，输入为“jsj”。

(3)混拼输入：将一个词按各个字的声韵母随意拆分输入，即在两个音节以上的一个词中，有的输入声母，有的采用全拼，有的采用简拼。如“计算机”，输入为“jsuanj、jisj、jsji”。

2. 零声母字的输入和特殊符号的使用

(1)零声母字的输入

零声母字是指没有声母只有韵母的字。若该字是在开头输入，可直接键入其拼音；如果它作为词的后部分或跟在其他字后输入，则必须在它的前面键入一个隔音符号“'”，以区别同音单字，如“奇案”输入为“qi'an”以区别于前“qian”。

(2)特殊键的使用

①大/小写锁定键“Caps Lock”。若按了此键，键入的是大写字母，此时不能输入汉字，只有再次按此键，转换到“小写”输入状态，才能输入汉字。

②空格键“Space Bar”。结束一次输入过程，同时具有按字或词语实现由拼音到汉字变换的功能。

③取消键“Esc”。在各种输入方式下，取消输入过程或者变换结果。

④退格键“Back Space”。由右向左删除输入信息或者变换结果。

⑤重复键“Ctrl + -”。如果要重复输入刚键入的字符，可以在按住“Ctrl”键的同时按下“-”键，就能得到多个相同的字符。

3. 词组和单字的输入方法

(1)词库中词组的输入方法

在“智能ABC”输入法中应尽可能采用汉字词语输入方式，如双词组、多字词组和短语，这样能够大大降低输入的重码率，提高输入速度。

①常用词的输入：汉字中普遍使用的是词组，它们可以用“简拼”输入。如“计算机”输入为“jsj”，“问题”输入为“wt”。

②普通词的输入：汉字的普通词可采取“混拼”、“全拼”等方式输入。如“研究生”输入为“yanjs”，“仅仅”输入为“jinj”。

③专有名词输入：输入一些地名和人名时，将第一个字母大写，可降

低重码率。如要输入“湖南”则键入“Hn”,“马克思”则键入“Mks”。

(2)单字的输入方法

①高频字的输入:有23个使用频率很高的字,可以直接键入它们的声母或相应的键位。

②“以词定字”输入单字:“以词定字”的方法是在输入的词组后使用“[”和“]”两个键来选择词中的一个字,以减少选择重码的麻烦。

4. 中文的标点符号和数量词的输入方法

(1)中文标点符号的转换

在“智能ABC”的标准状态下,每一个中文标点符号都对应一个键位。如表2.3。

**表2.3 中文标点符号与输入键位对照**

| 中文标点符号 | 说明 | 键位 | 中文标点符号 | 说 明 | 键 位 |
| --- | --- | --- | --- | --- | --- |
| 。 | 句号 | . | < | 左单书名号 | 〈 |
| , | 逗号 | , | > | 右单书名号 | 〉 |
| ; | 分号 | : | 《 | 左双书名号 | < |
| : | 冒号 | ; | 》 | 右双书名号 | > |
| ? | 问号 | ? | …… | 省略号 | ^ |
| ! | 感叹号 | ! | — | 破折号 | - |
| “” | 双引号 | " | 、 | 顿号 | \ |
| ‘’ | 单引号 | ´ | · | 间隔号 | @ |
| ( | 左括号 | ( | — | 连接号 | & |
| ) | 右括号 | ) | ¥ | 人民币符号 | $ |

(2)中文数量词及计量单位的简化输入

在“智能ABC”中,可以很方便地实现西文阿拉伯数字、年、月、日以及常用计量单位与中文大、小写字符的转换。系统规定:小写字母“i”为输入小写中文数字的前缀标记,大写字母“I”为输入大写中文数字的标记。系统还规定了一些字符键位所代表的常用计量单位:

G[个] S[十,拾] B[百,佰] Q[千,仟] W[万] E[亿]
Z[兆] D[第] N[年]Y[月]R[日] H[时]A[秒] T[吨]
J[斤] P[磅] k[克] $[元] F[分] C[厘] L[里] M[米]
I[毫] U[微] O[度]

如:i2004n9y1r,输入后为二OO四年九月一日

## 第二节 Windows 2000 入门

### 一、Windows 2000 简介

Windows 2000 是 Microsoft 公司新一代操作系统,它结合并强化了 Windows NT 的性能和稳定性以及 Windows 9X 的简易与可操作性,并且扩展了许多新的特性,是一种适用面非常广的图形操作系统。

Windows 2000 有 4 个版本,本书以 Windows 2000 Professional 作为介绍对象。

1. Windows 2000 Professional。它是 Windows NT Workstation 的新版本,是为商务用户开发的供台式和便携式电脑使用的操作系统。它继承了 Windows NT 的先进技术,并具有更强的安全性、稳定性和系统性能。

2. Windows 2000 Server。它是 Windows NT Server 4.0 Windows 2000 Professional 的后继产品,是为服务器开发的多用途操作系统。它能有效地简化网络用户及资源的管理,是一种性能稳定可靠、易于管理的网络操作系统平台。

3. Windows 2000 Advanced Server。它是以 Windows 2000 Server 为基础,除了具有 Windows 2000 Server 的所有功能外,还具有群集、网络负载平衡、高性能数据集排序以及更强的对称多处理器支持等大型企业级服务器功能,能够承担数据库、记录和通告、联机交易处理和企业资源管理等业务软件的运行。

4. Windows 2000 Datacenter Server。它是 Microsoft 提供的功能最为强大的服务器操作系统。除了具有 Windows 2000 Advanced Server 的功能外,还为大型的数据仓库、经济分析、科学计算、工程模拟、联机交易服务等应用作了专门的优化。

## 二、Windows 2000 Professional

Windows 2000 Professional 主要是面向台式计算机和笔记本电脑,它的目标是为了代替 Windows 9X 和 Windows NT Workstation 成为新一代办公操作系统。Windows 2000 具有支持多任务、多线程与多处理的特点,有便捷的即插即用硬件安装功能,能够支持多语种的使用,有出色的多媒体和图像处理功能,并且提供更强的系统安全和网络支持。

### (一)启动 Windows 2000

安装后,打开机器,稍候片刻就可以进入 Windows 2000 了。在启动系统界面之前首先要登录,确认身份。在安装 Windows 2000 系统时,需要设置系统管理员 Administrator 的密码,第一次登录系统时,请使用设置的账号和密码进入 Windows 2000 系统。

登录后,操作系统启动,第一次登录系统时,需要对一些即插即用硬件进行安装,安装过程如下:

1. 搜索并标识安装在计算机上的每一个设备;
2. 确定每个设备的资源需求;
3. 建立一个没有冲突的配置,并为每一个即插即用设备分配资源;
4. 为每个设备加载驱动程序,并将最新配置通知操作系统。

系统一般都会自动引导你完成安装过程,你只需要按提示做些操作即可。如果所要增加的设备不支持即插即用的特性,则只能通过“控制面板”进行手工安装和配置该设备了。其安装程序和配置方法参见后面介绍的添加或删除硬件。

### (二)Windows 2000 的界面和桌面布局

Windows 2000 的界面和 Windows 98 一样,主要包括两个最关键的部分:桌面和任务栏。

1. 桌面(Desktop)是屏幕的整个背景区域,它是组织和管理资源的一种有效方式。一般在安装 Windows 2000 时,系统会自动在桌面上创建5个图标:“我的电脑”、“我的文档”、“Internet Explorer”、“网上邻居”和“回收站”。

“我的电脑”文件夹用于管理 PC 机能够使用的所有磁盘资源,如 PC 中的各个驱动器(包括网络共享驱动器)。如图 2.3 所示。

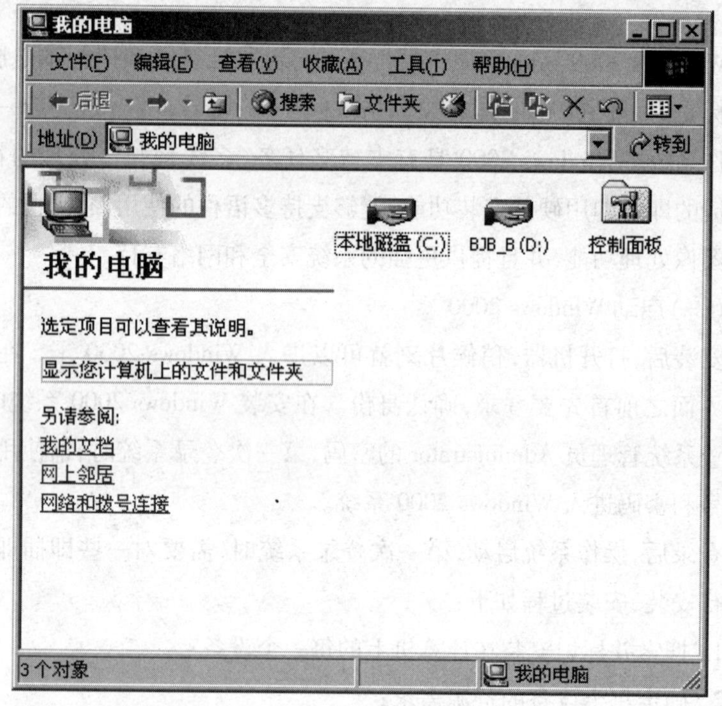


图 2.3

“我的文档”中的内容是在每个用户的基础上进行存储的,即使有多个用户共用一台计算机,一个用户也不会看到另一个用户的文档。初始情况下,该文件夹图标指向一个具体的文件夹,如管理员用户的“我的文档”一般指向 C:\Documents and Settings\Administrator\My Documents。如图 2.4。

“Internet Explorer”图标的功能是启动 Microsoft Internet Explorer 上网浏览信息。

“网上邻居”是用来访问当前计算机所在局域网中的硬件和软件资源。如访问网络打印机等。如图 2.5。

我的文档
文件(F) 编辑(E) 查看(V) 收藏(A) 工具(T) 帮助(H)
后退 搜索 文件夹
地址(D) 我的文档 转到
我的文档
选定项目可以查看其说明。
存储并管理文档
另请参阅:
网上邻居
我的电脑
hs
My Music
My Pictures
My Webs
霍山黃芽
论文
人事任免
省、市、县级负责同…
我接收到的文件
58 个对象
46.3 MB
我的电脑

图 2.4

网上邻居
文件(F) 编辑(E) 查看(V) 收藏(A) 工具(T) 帮助(H)
后退 搜索 文件夹
地址(D) 网上邻居 转到
网上邻居
用该文件夹打开其他计算机上的文件和文件夹，并安装网络打印机。
要在您的计算机上设置网络，请单击网络和拨号连接。
选定项目可以查看其说明。
另请参阅:
我的文档
我的电脑
添加网上邻居
整个网络
20030117工具碟 在 图…
d 在 办公室 上
dw4 在 机房 上
D 在 编辑部a 上
D 在 网络部a 上
files 的位置在 www.grs.y…
18 个对象

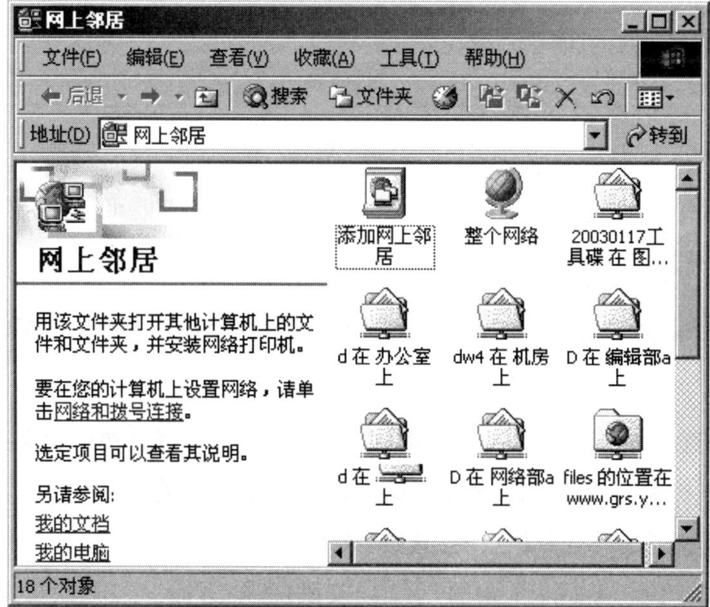

图 2.5

"回收站"用于暂时存放从硬盘文件夹或桌面上被删除的文件及其他对象。倘若因误操作删除了个文件,则可以从"回收站"中安全地取回来。但一旦执行文件菜单中的"清空回收站"命令,则就永久地删除了它里面的内容,再也找不回来了。如图 2.6。

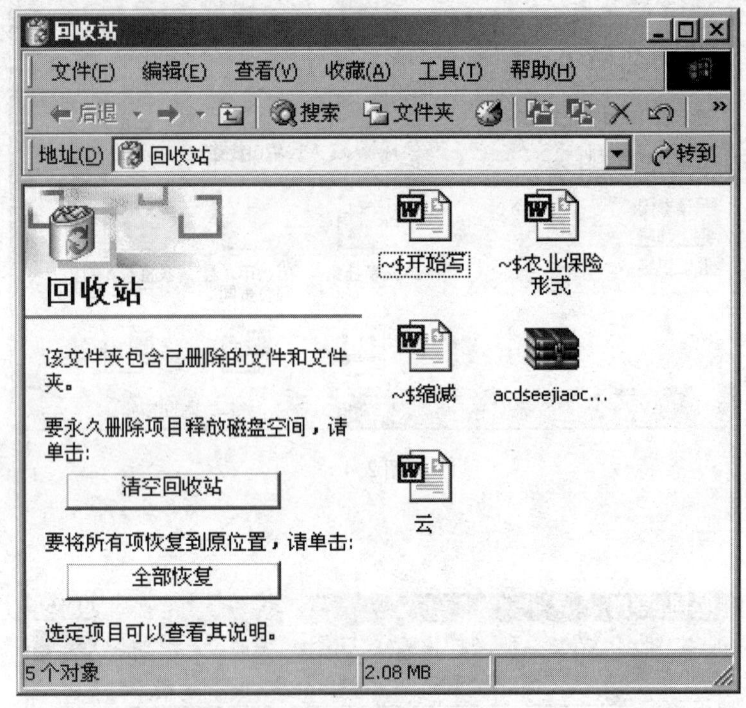


图 2.6

2. 任务栏通常位于桌面下方的灰色条形框里,它既可以作为任务切换器,又是状态栏。如图 2.7。

图 2.7

所有正在运行的应用程序和打开的文件夹均以任务按钮的形式显示在任务栏上,要切换到某个应用程序或文件窗口,只要单击按钮即可。下面我们介绍一下任务栏里的"开始"菜单。

单击位于桌面左下角的"开始"按钮打开"开始"菜单,便可运行程序、打开文档及执行其他常规任务。用户要求的功能,99%都可以由"开始”菜单提供。“开始”菜单中的主要功能选项有:程序选项、文档选项、设置选项、搜索选项、帮助选项、运行选项和关机选项。如图 2.8。

程序选项:通过这一选项可以让用户启动一个应用程序。

文档选项:这里一般记录了用户最近访问过的一些文档文件,直接点击文档名可以让用户打开文档及相应的处理程序,使操作变得非常容易。

设置选项:由四个项目组成:“控制面板”、“打印机”、“任务栏和开始菜单”和“网络和拨号链接”。它们可以让用户按个人喜好来设定 Windows 2000 的显示状态及行为。

搜索选项:通过它可以打开“搜索结果”对话框,用于查找系统中的某些项目。如查找文件。

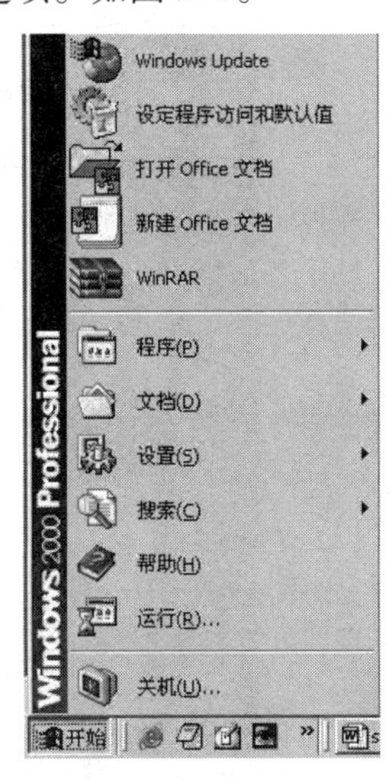


图 2.8

帮助选项:选择它可以打开 Windows 2000 帮助目录对话框。用户在使用中出现的问题都可以求助于系统的联机帮助,获取有关信息。

运行选项:提供了一种通过输入命令字符串来启动程序、打开文档或文件夹以及浏览 Web 站点的方法。

关机选项:提供了正常的关机、注销、重启等程序。

(三) Windows 2000 的程序和文件管理

Windows 2000 操作系统的功能是为其他各式各样的应用程序提供一个基础工作环境,负责完成程序和硬件之间的通信、内存管理等基本功能。

1. Windows 2000 程序管理

在使用计算机过程中,经常需要安装和更新一些程序,并对之进行管理。所谓程序是指以文件的形式存放,并能够实现某种功能的一类文件。通常我们把它们叫做可执行文件(文件扩展名多为. exe)。

(1)安装和卸载应用程序

Windows 2000 继承并改进了 Windows 9x 的“添加/删除程序”工具,打开“控制面板”,双击该图标,即可打开,并对程序进行添加和删除。

"添加/删除程序"对话框如下图2.9。

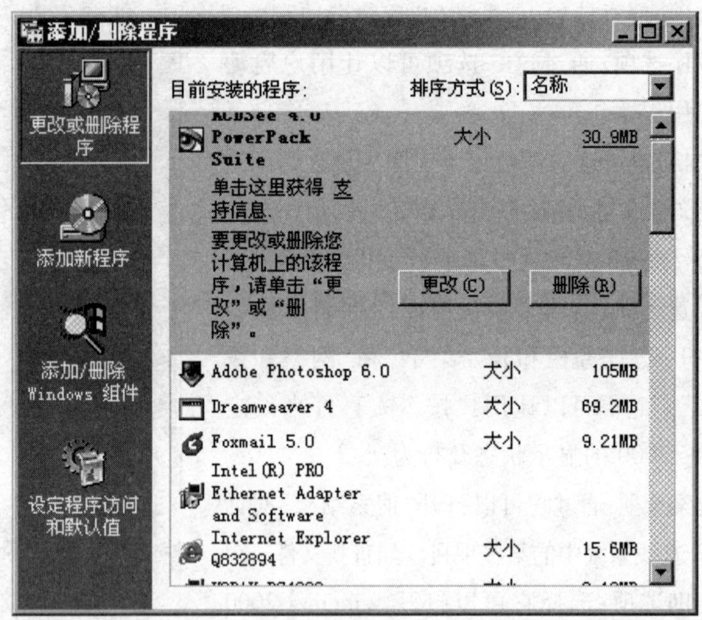

图2.9

"添加/删除程序"对话框中的按钮分别完成以下功能:

①更改或删除程序:单击列表中的程序图标,选中该程序,单击该程序的"更改/删除"按钮,即可开始更改或删除该程序了。

②添加新程序:单击"添加新程序"按钮进入安装状态,一般按提示进行。

③删除/添加 Windows 组件:单击"删除/添加 Windows 组件"按钮,打开"Windows 组件向导"对话框,对组件进行安装、删除或配置。

(2)安装硬件的驱动程序

安装驱动程序就是在操作系统与硬件设备之间建立一种链接关系,用以将操作系统所执行的各种命令请求转换成硬件设备具体的一组动作。所谓驱动程序,是指驱动计算机中的各种硬件设备工作的程序。对于大部分计算机来说,操作系统的安装程序中都自带了各种常用硬件设备的驱动程序,在安装操作系统中,将会自动安装计算机中的各种硬件设备的驱动程序。对于操作系统中没有驱动程序的硬件,则需要动手安装。

先将驱动程序准备好,在“控制面板”中双击“添加/删除硬件”图标,启动该程序向导。然后根据提示进行安装“添加/删除硬件向导:”。如图2.10。

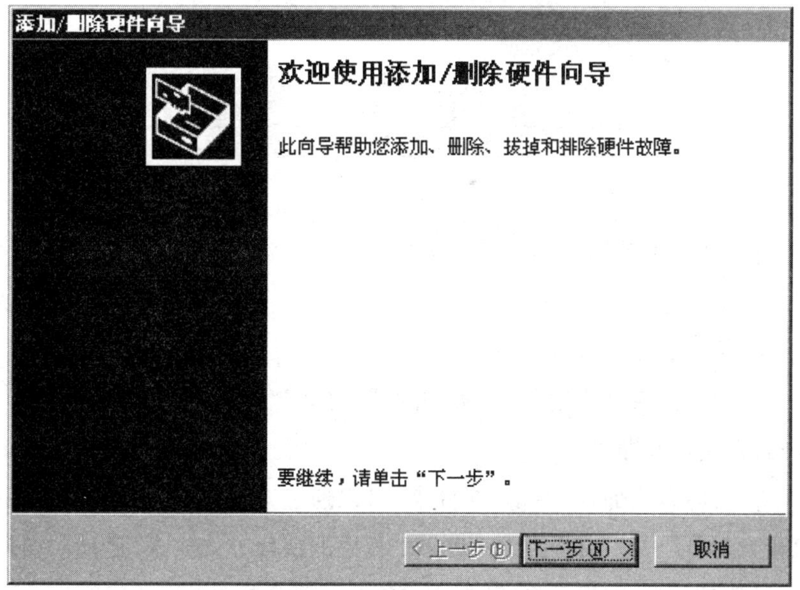


图2.10

(3)程序的运行

①Windows 2000 为我们提供了多种启动程序的方法,其中包括:

- 使用快捷方式。
- 选择“开始”菜单中的“运行”命令。
- 在“我的电脑”或“资源管理器”中双击程序图标。
- 通过某个具体的文档,直接打开编辑该文档的应用程序和文档本身。
- 将程序的快捷方式拖入“启动”文件夹中,使 Windows 在每次启动时自动运行该程序。

使用快捷方式:启动该程序时只要在桌面或文件夹中找到该程序的快捷方式,双击即可。这是最简便的运行程序的方法。

使用“开始”菜单中的“运行”命令:单击“开始”按钮,在“开始”菜单中选择“运行”命令,将出现如下图所示的对话框。这时将要使用的程序

的路径名、文件名填写在对话框中即可。如图 2. 11。

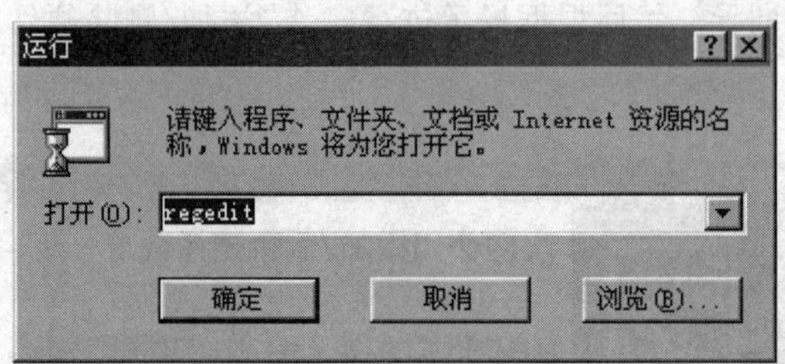


图 2. 11

在“我的电脑”或“资源管理器”中双击程序图标:启动程序的一个基本方法是通过“我的电脑”或“资源管理器”打开程序文件所在的文件夹，找到程序图标，双击即可。

通过文档启动应用程序:从“开始”菜单的“文档”中选取某个具体的文档，直接打开即可。

将快捷方式加入“启动”文件夹:可以通过“开始”、“设置”、“任务栏和开始菜单”中的“添加功能”将某一程序的快捷方式放入“启动”文件夹中。这样当你每次启动系统时，程序便会自动运行。

②程序间进行切换。这里介绍两种切换方法:

利用任务栏切换:在任务栏上单击某个程序对应的按钮便可切换到该窗口。

利用键盘切换:利用快捷键在程序间快速切换。

③创建和使用快捷方式。快捷方式提供了一种简便的工作捷径。快捷方式可以和用户界面的任意对象相连，它是一种特殊类型的文件。它包含了为启动一个程序、编辑一个文档或打开一个文件夹所需的全部信息。快捷方式用一个左下角带有弧形的图标表示，称为快捷图标。如图 2. 12。

图 2. 12

a. 创建快捷图标:找到要创建快捷方式的文档，用鼠标选取该文档图标，单击右键，选取“创建快捷方式”命令，将出现一个快捷图标，用鼠标将其拖动到桌面即可。

b. 使用快捷图标:使用鼠标双击要使用的快捷图标即可。删除时，用鼠标选中该对象后直接拖入“回收站”即可,或鼠标右击该图标,在弹出的菜单中选择删除快捷方式,也可以在“任务栏和开始菜单性情属性”对话框中,选取“高级”选项,单击“删除”按钮,会弹出“删除快捷方式/文件夹”的列表框,从中选取要删除的对象删除即可。

(4)使用 MS - DOS 程序

使用“开始”、“程序”、“附件”、“命令提示符”命令打开一个 MS - DOS 命令窗口,在其中运行基于 MS - DOS 的应用程序就行。“命令提示符”窗口如下图 2.13。

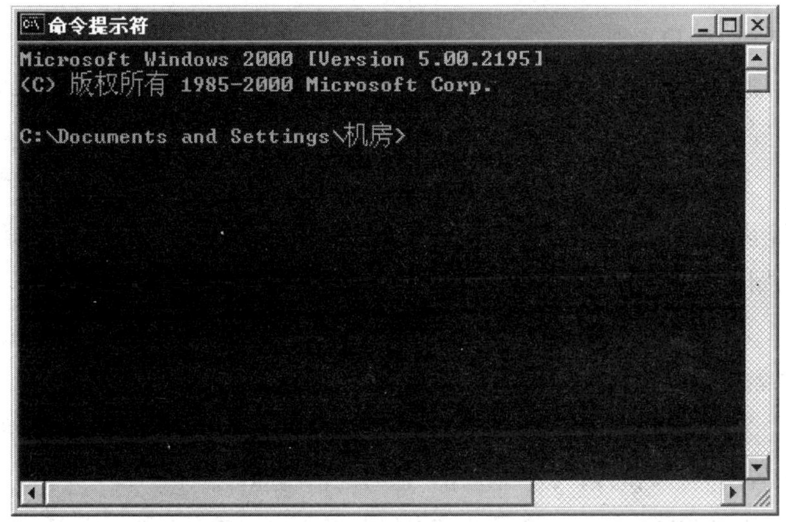


图 2.13

(5)在应用程序间交换数据

在 Windows 中,应用程序之间的数据交换有三种方式,即静态移动和复制、嵌入和链接。静态移动和复制是指程序间数据交换的结果和源程序不再有任何联系。嵌入和连接是指利用 OLE 对象技术,将一个程序中的数据直接应用到另一个程序的某文档中,来实现资源共享。在数据交换中,利用剪贴板来做传递和中介作用。“剪贴板”是在数据交换过程中,用于保留交换数据的内存区域。

2. Windows 2000 文件管理

Windows 2000 采用了文件夹图标、文档图标和应用程序图标,对信息的显示和组织提供了一种统一的管理方法。所谓文件,是指操作系统用来存储管理信息的基本单位。文件可用来保存各种信息:用文字处理软件制作的文档,用计算机语言编写的程序以及进入计算机的各种媒体信息。文件夹是用于存储程序、文档、快捷方式和其他子文件夹的地方。多数情况下,一个文件夹对应一块磁盘空间,它的路径是一个地址。文件管理放到下一大节即 Windows 中新闻稿的管理中具体讲解。

3. Windows 2000 的计算机管理

计算机管理主要包括用户管理、磁盘管理、系统的日常维护、使用联机帮助和中文输入法的使用。下面分别加以介绍:

(1)用户管理

通过用户管理功能,可以使多个用户共用一台计算机,而且各自拥有自己的工作界面,互不影响。具体包括:

①创建用户:在“用户和密码”对话框中,单击“添加”按钮,打开“添加新用户”对话框,在其中可以完成创建新本地用户账号。用户账号不同,则权限不同,Administrator(管理员)拥有对计算机的完全控制权。

②删除用户:在“用户和密码”对话框中,选择要删除的用户账号,单击“删除”按钮后确认即可。

③修改用户密码:在“用户和密码”对话框中,选择用户账号后,单击“设置密码”按钮,输入并确认用户账号的密码即可。

④修改用户属性:在“用户和密码”对话框中,选择用户账号后,单击“属性”按钮,打开“用户属性”对话框,在“常规”选项中修改即可。

⑤注销用户账号:从计算机上注销当前使用的用户账号,以便其他用户使用。单击“开始”按钮,选择“关机”选项,打开“Windows 安全”对话框,单击“注销”即可。

(2)磁盘管理

磁盘是计算机的重要组成部分,计算机中的所有文件以及所安装的操作系统、应用程序都保存在它上面。磁盘分为硬盘和软盘。对磁盘的管理主要有磁盘格式化、分区和查看。其具体管理操作如下:

①查看磁盘容量:在桌面上双击“我的电脑”,打开其窗口,用鼠标单击要查看的磁盘驱动器图标,窗口底部状态栏上就会显示出当前磁盘的

总容量和可用的剩余空间信息(软盘不能用此方法查看)或用鼠标右键单击需要查看的磁盘驱动器图标,在弹出的快捷菜单中选择“属性”命令,打开该磁盘的“属性”对话框查看。

②磁盘格式化:在桌面上双击“我的电脑”,打开其窗口,用鼠标单击要格式化的磁盘驱动器图标,从“文件”菜单中选择“格式化”命令,此时出现“格式化”对话框,按提示输入参数,执行格式化命令即可。

③查看磁盘分区:在“控制面板”中双击“管理工具”图标,打开其窗口,再双击“计算机管理”,打开其窗口,单击“磁盘管理”,分区信息即出现在右窗格中。

磁盘管理器是 Windows 2000 的一个功能强大的图形界面的磁盘管理工具,通过它可以进行格式化分区、创建和删除磁盘分区和更改驱动器名等操作。

(3)系统的日常维护

为了使操作系统安全平稳运行,应该定期对系统进行一些简单的维护。如定期运行“磁盘扫描程序”和“磁盘碎片整理程序”,用以查找和纠正对磁盘的逻辑结构造成的任何损坏以及整理磁盘碎片,使文件能够存放在连续的块中。其维护通常包括以下几个方面:

①磁盘碎片整理

磁盘碎片是指在使用磁盘的过程中,由于不断地删除、添加文件,经过一段时间后所形成的物理位置不连续的文件。磁盘碎片会降低磁盘的访问效率。“磁盘碎片整理程序”则可以清除磁盘上的碎片,重新整理文件,将每个文件存储在连续的簇块中,并且将最常用的程序移到访问时间最短的磁盘位置,以加快程序的启动速度。

执行“开始”|“程序”|“附件”|“系统工具”|“磁盘碎片整理程序”命令,运行磁盘碎片整理工具或在“计算机管理”窗口中打开该工具。

Windows 2000 的磁盘碎片整理程序具有强大的分析能力,读者可以使用分析功能判断进行磁盘碎片整理是否能改善计算机性能,并给出是否要进行磁盘碎片整理的建议。

②数据备份

为了防止由于磁盘故障、停电、病毒感染等造成的严重数据丢失或损坏,经常要对重要的程序或文件进行备份。一旦出现硬件故障、意外删除或其他数据丢失或损坏时,可使用备份的数据还原系统或复原文件。

执行“开始”|“程序”|“附件”|“系统工具”|“备份”命令,打开“备份”窗口,按系统向导进行备份。

③程序维护

如果你的计算机与因特网相连,则可以使用“开始”菜单中的“Windows Update”工具访问网页 http://windows update. microsoft. com/用以查看是否存在可以用于系统组件的较新的补丁和驱动程序,如有则可以下载用以更新。

(4)使用联机帮助系统

联机帮助为大家提供了一条使用新软件的捷径,它代替了书面用户手册,提供了一个面向任务的帮助信息查询环境,借助它可以在上机过程中随时查询有关信息。下面介绍获取联机帮助的途径:

①Windows 自带的联机帮助。这是指关于 Windows 2000 自身的联机帮助。

获得有关 Windows 2000 的联机帮助有以下常用的两种方法:

• 单击“开始”菜单中的“帮助”,启动帮助主题对话窗口。

• 在 Windows 2000 的任何地方都可以单击 F1 功能键,直接进入联机帮助系统。

②应用程序的联机帮助。获取有关某个应用程序的联机帮助通常有两种方法:

• 如果当前处于某个应用程序工作环境,可单击 F1 功能键,启动应用程序自带的联机帮助系统。

• 打开该程序菜单中的“帮助”菜单,从中选取进入联机帮助的方法。

③对话框中的联机帮助。Windows 以对话框方式提供的联机帮助,用户能够及时查看对话框中的每一个组成部件的帮助信息,这个帮助被称为“这是什么”的联机帮助。

(5)使用中文输入法

中文输入与字体管理是一个中文操作系统所应具有的基本功能。

Windows 2000 在系统安装时已预装了“微软拼音输入法”、“全拼输入法”、“郑码输入法”、“智能 ABC 输入法”等多种输入法。用户根据自己需要还可以任意安装或删除某种输入法。中文输入法的安装与其他应用程序的安装基本相同。如图 2.14。

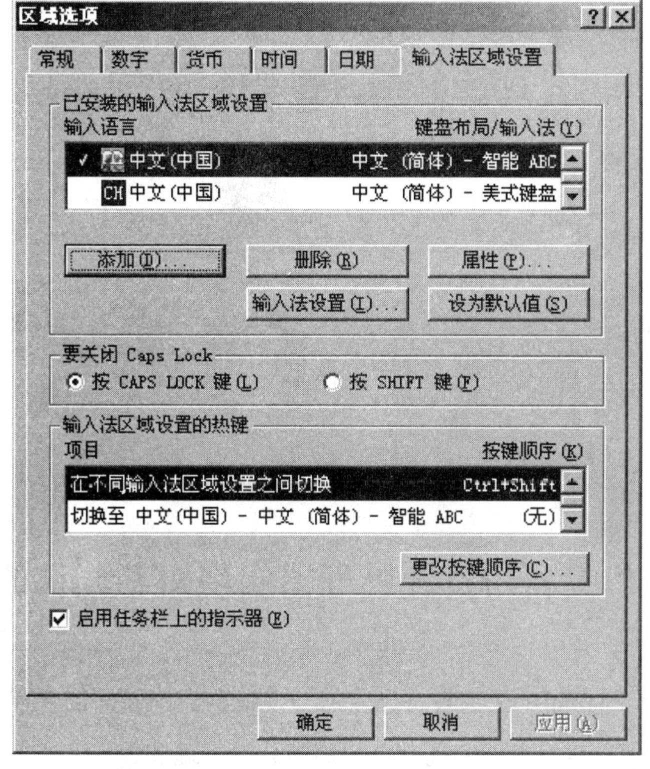


图 2.14

①添加和删除输入法。在“控制面板”文件夹窗口,双击“区域选项”图标,打开其对话框,打开“输入法区域设置”选项卡,单击“添加”按钮,打开“添加输入法区域设置”对话框,在其中选择“中文”选项,在“键盘布局/输入法”下拉表中选择某种中文输入法,单击“确定”按钮即可。

删除输入法的操作更为简单,只需在“区域选项”对话框的“输入法区域设置”选项中,从“已安装的输入法区域设置”列表框中选择要删除的输入法,然后点击“删除”按钮即可。

②输入法的使用。安装中文输入法后,可以使用键盘命令或鼠标操

作来启动或关闭中文输入法，或者使用组合键 Ctrl + Shift 实现在各种输入法之间的切换。当你选择某种输入法之后，这时屏幕上会出现一个输入法窗口界面，由三个部分构成：输入法状态窗口、输入窗口和候选窗口。如下图所示，这时你就可以在光标当前位置输入汉字了。

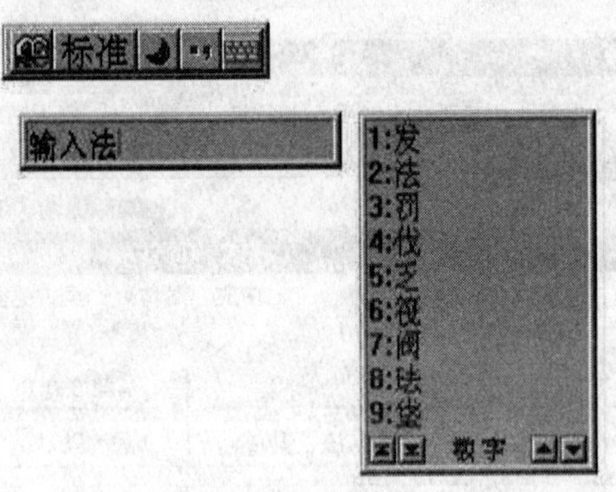


图 2.15

## 第三节　利用资源管理器实现对新闻稿的管理

一般的新闻单位都有自己专门开发或购买的新闻稿管理和发稿系统，这些系统本身就能实现对新闻稿的分类管理和编辑发布。在我们介绍的 Windows 操作系统中，新闻稿是以文件的形式存在和出现的，因此在这里，我们就介绍一下 Windows 系统中的文件管理，了解了文件管理也就可以实现在 Windows 中的新闻稿管理了。

新闻稿可以按新闻的不同属性进行分类，如按写稿时间、稿件内容、类别等分类。为了便于调用和管理，需要建立不同的文件夹予以存放。通常我们可以使用文件夹窗口来直接访问大部分文件。但是为了让文件管理看起来井井有条，更加方便和有序，则最好使用"Windows 资源管理器"来管理文件，特别是在要使用大量的对象或者拷贝和删除整个文件夹的时候，使用"Windows 资源管理器"会觉得更轻松和有条不紊。

“Windows 资源管理器”是 Windows 提供的一个查看和管理计算机上所有资源的应用程序。如下图,可以通过“文件”、“编辑”等命令实现新建文件或文件夹、移动复制文件或文件夹等常规命令。

图 2.16

资源管理器的四种启动方法:

1. 单击“快速启动”工具栏中的“资源管理器”按钮。

2. 用鼠标右键单击“开始”按钮,在弹出的菜单中选择“资源管理器”命令。

3. 用鼠标右键单击桌面上的“我的电脑”、“我的文档”和“网上邻居”图标,从弹出的菜单中选择“资源管理器”命令。

4. 打开“开始”菜单,选择“程序”|“附件”|“资源管理器”命令。

## 一、“Windows 资源管理器”的基本使用方法

### (一)改变文件的显示方式

在“文件夹”窗口双击某个所选对象图标,所打开的内容就显示在其右窗口中。系统提供了几种不同的显示方式,可以根据需要,通过单

击工具栏中的“查看”按钮来改变显示方式,你可以选择“按 WEB 页”、“大图标”、“小图标”、“列表”、“详细资料”等几种显示方式。如下图 2.17。

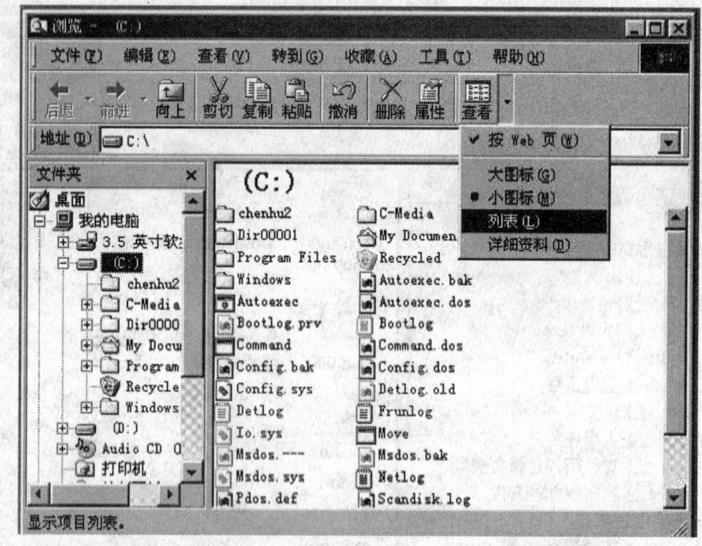


图 2.17

(二)调整文件显示的顺序

你可以进入“查看”菜单项,选择“排列图标”命令中的各种排列选项,来调整文件的显示顺序,如“按名称”、“按类型”、“按大小”、“按日期”等方式,以方便地在文件之间进行比较或快速选取。

(三)打开文件

在“资源管理器”窗口中进入目标文件所在的文件夹后,用鼠标双击要选取的对象文件,就打开了目标文件。

## 二、使用“资源管理器”进行文件搜索

Windows 2000 把“查找”功能集成到了“资源管理器”中,可以在工具菜单栏中打开“查找”命令,如图 2.18 所示。选定查找“文件和文件夹”后,出现“查找:所有文件”的对话框,用户可以按提示方便地查找所需文件和文件夹。可以从以下几方面进行查找:

1. 时间信息,包括修改日期;

2. 文档的正文内容；

3. 对象类型；

4. 文件大小；

5. 普通表达式(利用通配符)。

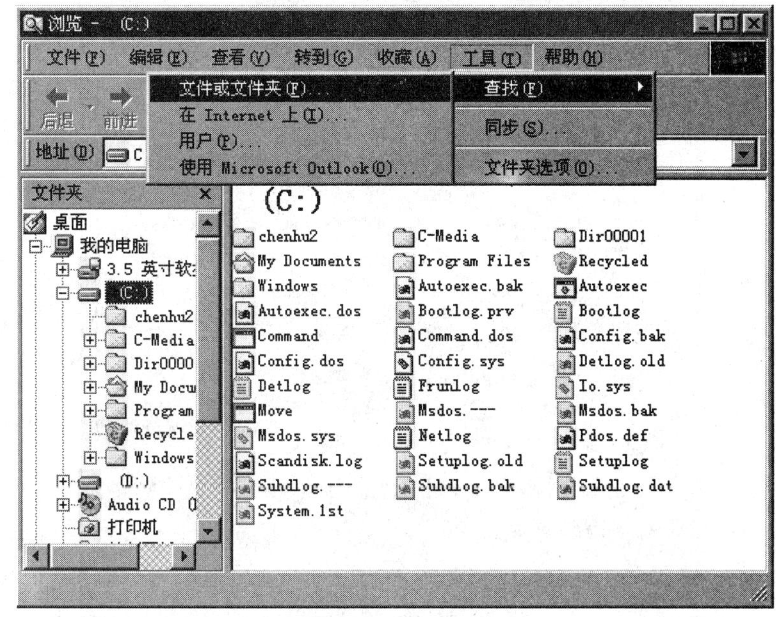


图 2.18

## 三、查看文件和文件属性

属性是文件系统用来识别文件的某种性质的记号。文件、文件夹和快捷方式可以没有属性，也可以是只读、隐藏和存档等属性的任意组合。用鼠标右键单击文件夹或文件对象，从弹出的“快捷菜单”中选择“属性”命令，即可以查看该对象的属性信息，也可以进行属性修改。属性对话框包括常规、内容、摘要、统计、自定义等选项卡。包括的具体内容主要有：

1. 文件或文件夹属性(只读、隐藏和存档)；

2. 文件类型和存贮位置；

3. 文件大小；

4. 文件夹中所包含的文件和子文件夹的数量；

5. 三个时间信息:文件创建时间、最后一次修改时间、最近一次打开时间。

如下图 2.19 tpbj. doc 对话框。

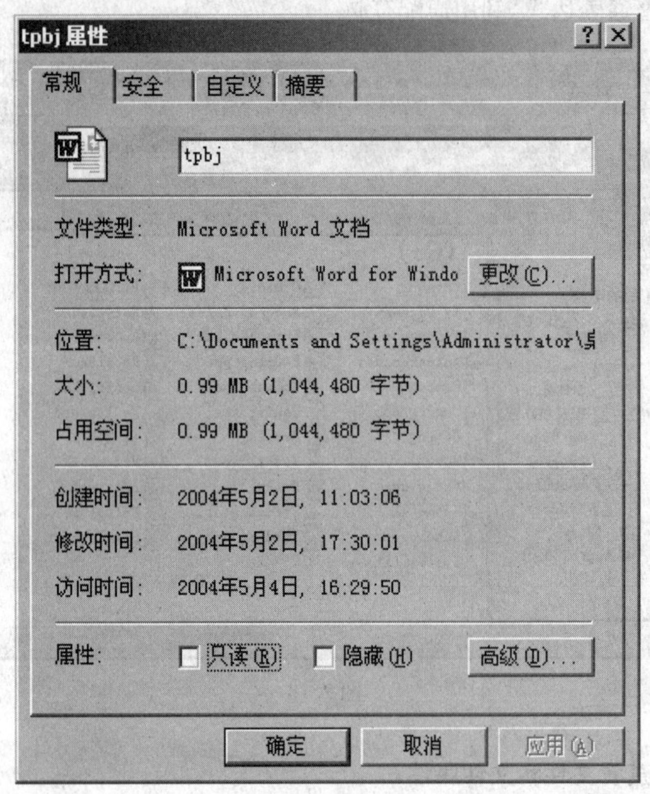


图 2.19

## 第四节 计算机网络基础

计算机网络是计算机与通讯技术相结合的产物,其主要目的是为了给不同的计算机和用户之间提供资源共享。首先我们对网络资源加以简单介绍,再着重讲述网络信息资源的查询和获取。

## 一、网络资源简介

联网的计算机能够共享的资源有以下几种：

（一）硬件资源

在我们自己的计算机的配置还不够高的情况下，为了更为快捷地来处理一些事物，我们可以通过网络把作业转交给别的大型机来处理，然后把处理的结果取回，共享大型机的硬件资源。

（二）软件资源

网络用户可以通过网络登录到远程计算机上去下载某些资源，特别是一些大型机上的各种软件到本地机上使用。在网络环境下，一些公用的网络版软件也可以安装在服务器上供网络用户调用。

（三）数据与信息

计算机上的数据库和各种文件中都存有大量的信息资源，通过网络我们可以查询和利用这些资源。

## 二、网络信息查询

网络信息资源（Network Information Resourse）是指以电子数据的形式将文字、图像、声音、动画等多种形式的信息存放在光磁等非印刷介质的载体中，并通过网络通信、计算机或终端等方式再现出来的信息资源。对于信息的查询，我们可以通过浏览器 IE、搜索引擎（search engine）和“网上邻居”等来获取信息。

（一）浏览器 IE 的基本使用方法

1. 信息浏览

在地址栏中输入网址，按回车键后就可以浏览具体的页面信息，如果想中断时，则单击工具栏中的“停止”按钮，中断和服务器的连接。还可以刷新当前的页面信息，在网址之间跳转，可同时开启多个浏览窗口和查找当前的页面文字信息。

2. 保存页面信息

可以通过 IE 提供的菜单功能下载并保存当前页面信息在本地计算机中，以供日后使用。

3. 高级应用

主要通过一些命令来加快页面的显示速度,设置起始页面地址,将网址添加到收藏夹、管理收藏夹、导入和导出收藏夹以及利用历史记录脱机浏览等。

(二)利用搜索引擎(search engine)

搜索引擎是随着 WEB 信息的迅速增加而发展起来的技术,它是一种浏览和检索数据集的工具。通常的"搜索引擎"是因特网上的一些站点,它们有自己的数据库,并保存了因特网上的很多网页的检索信息。当需要查询某个关键字时,所有在页面内容中包含了该关键词的网页都将作为搜索结果被搜索出来。

1. 目前因特网上的搜索引擎分类

(1)一般搜索引擎:利用网络蜘蛛对网络资源进行检索,通常无需人工干预。网络蜘蛛是一个程序,通过自动读取一篇文档来遍历其中的超链接结构,递归来获得被引用的所有文档。

(2)元搜索引擎:接受一个搜索请求,然后将该请求转交给其他若干个搜索引擎同时处理,最后再对多个引擎的搜索结果进行整合处理后返回给查询者。

(3)专用搜索引擎:指一些依赖于具体的数据库的引擎。

2. 搜索引擎进行信息查询的方法

(1)利用关键字检索

在检索的关键字中,可以使用一些描述符号对检索进行限制:

• 用双引号("")来查询完全匹配关键字串的网站。如查询"http://www.sohu.com"。

• 用"+"号来限定某关键字必须出现在检索结果中。

• 用"_"号来限定某关键字不能出现在检索结果中。

当在浏览器地址栏中输入 www.baidu.com 时,回车则会显示百度搜索网页,如下图 2.20。

在搜寻框中输入所要查找的关键字,如"萨达姆 + 布什",单击"百度搜索"按钮,就可以检索有关站点。如图 2.21 为执行后的页面,列出了所有与"萨达姆"+"布什"相关的网页信息及链接地址。

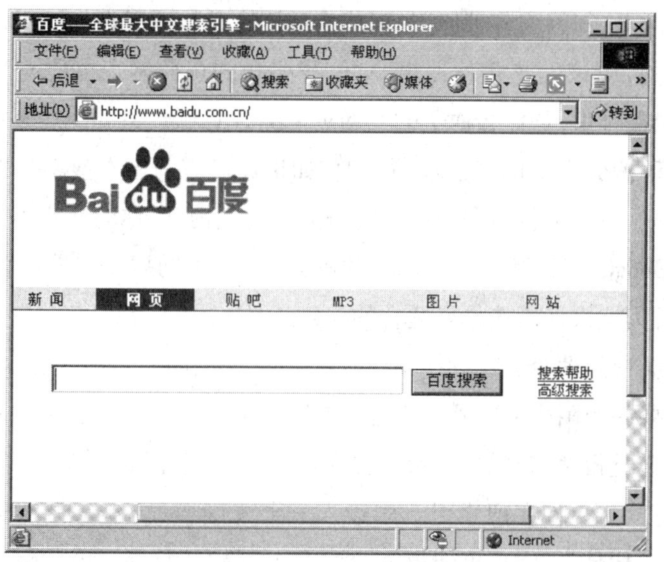


图 2.20

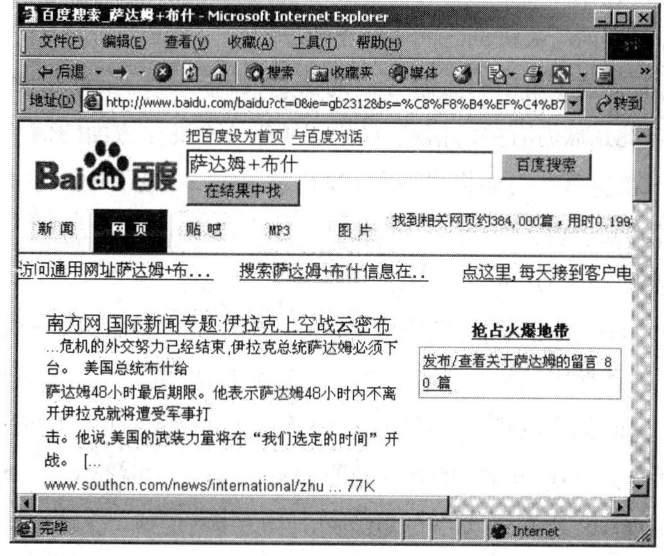


图 2.21

3. 搜索引擎使用技巧

目前常用的搜索引擎有：GOOGLE、百度、雅虎中国、天网等。下面就来介绍几种最基本也是最有效的搜索技巧。

(1)搜索之前先思考

搜索引擎本事再大，也搜索不到网上没有的内容，而且，有些内容虽然存在网上，却因为各种原因，而成为漏网之鱼。所以在你使用搜索引擎搜索之前，应该先花几秒种想一下，我要找的东西网上可能有吗？如果有，可能在哪里，是什么样子的？网页上会含有哪些关键字？

各种搜索引擎的特点泾渭分明，如果你没有为每次搜索分别选择正确的搜索工具，你将浪费掉大量的时间。每次搜索，你应该使用新浪还是搜狐？Google 还是百度？分析你的需求，比较不同搜索引擎的强项和弱点，然后为这次搜索选择最适合的搜索工具。

学会使用两个关键词搜索

如果一个陌生人突然走近你，向你问道："山东"，你会怎样回答？大多数人会觉得莫名其妙，然后会再问这个人到底想问"山东"哪方面的事情。同样，如果你在搜索引擎中输入一个关键词"山东"，搜索引擎也不知道你要找什么，它也可能返回很多莫名其妙的结果。因此你要养成使用多个关键词搜索的习惯，当然，大多数情况下使用两个关键词搜索已经足够了，关键词与关键词之间以空格隔开。

比如，你想了解山东旅游方面的信息，就输入"山东　旅游"这样才能获取与北京旅游有关的信息；如果想了解山东花生方面的信息，可以输入"山东 花生"搜索；如果要下载名叫"××××"的 MP3，就输入"××××下载"来搜索。

学会使用减号"－"

"－"的作用是为了去除无关的搜索结果，提高搜索结果相关性。有的时候，你在搜索结果中见到一些想要的结果，但也发现很多不相关的搜索结果，这时你可以找出那些不相关结果的特征关键词，把它减掉。

比如，你要找"申花"的企业信息，输入"申花"却找到一大堆申花队踢足球的新闻，在发现这些新闻的共同特征是"足球"后，输入"申花　－足球"来搜索，就不会再有体育新闻来麻烦你了。

点击搜索结果前先思考

一次成功的搜索由两个部分组成：正确的搜索关键词，有用的搜索结果。在你点击任何一条搜索结果之前，快速地分析一下你的搜索结果的标题、网址、摘要，会有助于你选出更准确的结果，帮你节省大量的时间。当然，到底哪一个是你需要的内容，取决于你在寻找什么，评估网络内容

的质量和权威性是搜索的重要步骤。

一次成功的搜索也经常是由好几次搜索组成的,如果对自己搜索的内容不熟,即使是搜索专家,也不能保证第一次搜索就能找到想要的内容。搜索专家会先用简单的关键词测试,他们不会忙着仔细查看各条搜索结果,而是先从搜索结果页面里寻找更多的信息,再设计一个更好的关键词重新搜索,这样重复多次以后,就能设计出很棒的搜索关键词,也就能搜索到满意的搜索结果了。

善于改正错误

经常会有这样的事情发生:你似乎已尽了全力来搜索,但是依然没有找到需要的答案。这个时候,请不要放弃,认真回顾检查你的搜索过程,也许只是因为一个小差错。一个看上去毫无希望的搜索,很有可能在你检讨完自己的搜索策略后获得成功。

下面总结了初学者搜索时容易犯的5个低级错误和解决方法,正是因为你经常犯这些错误,所以你总是得到无用的、荒谬的或者完全没有意义的搜索结果。而一旦你认识到这些错误,将很容易搜索到你想要的东西。

常见错误1:错别字

经常发生的一种错误是,你输入的关键词含有错别字。笔者所做的统计表明,常有大量的错误搜索,光一个谢霆锋就有“谢庭锋”、“谢霆峰”、“谢廷锋”、“谢庭峰”、“谢廷峰”5种查法,还有什么“星际争吧”、“以德制国”之类的,这样的关键词能搜索到什么有用资料吗?所以每当你觉得某种内容网上应该有不少、却搜索不到结果时,你应该先查一下是否有错别字。

常见错误2:关键词太常见

搜索引擎对常见词的搜索存在缺陷,因为这些词曝光率太高了,以至于出现在成百万网页中,使得它们事实上不能被用来帮你找到什么有用的内容。比如,搜索“电话”,有无数网站提供跟“电话”相关的信息,从网上黄页到电话零售商到个人电话号码都有。所以当搜索结果太多太乱的时候,你应该尝试使用更多的关键词或者减号来搜索,不使用过于通用的词汇来搜索,设计一个类似“上海常用电话”这样特殊的搜索关键词,会给你真正有用的结果。当然,如果你想找的是一串汽车网站或一串MP3

网站,那么用“汽车”、“MP3”搜索就是正确的。

常见错误3:多义词

要小心使用多义词,比如搜索“Java”,你要找的信息究竟是太平洋上的一个岛、一种著名的咖啡、还是一种计算机语言?搜索引擎是不能理解辨别多义词的。最好的解决办法是,在搜索之前先问自己这个问题,然后用短语、用多个关键词或者用其他的词语来代替多义词作为搜索关键词。比如用“爪哇印尼”、“爪哇咖啡”、“Java 语言”分别搜索可以满足不同的需求。

常见错误4:不会输关键词,想要什么输什么

搜索失败的另一个常见原因是类似这样的搜索:“现代爱情故事歌词”、“信息早报在济南发行情况”、“羚羊车的各种图案”、“上海到成都列车时刻表”。

网友错把搜索引擎当成是听话的服务员了,其实搜索引擎是很机械的,当你用关键词搜索的时候,它只会把含有这个关键词的网页找出来,根本不管网页上的内容是什么。

而问题在于,没有一个网页上会含有“现代爱情故事歌词”和“上海到成都列车时刻表”这样的关键词,所以搜索引擎也找不到这样的网页。但是真正含有你想找的内容的网页,应该含有的关键词是“现代爱情故事”、“歌词”,“上海”、“成都”、“列车”、“时刻表”,所以你应该这样搜索:“现代 爱情故事 歌词”、“信息早报 济南 发行”、“上海 成都 列车 时刻表”。

注意:不要用你心中想的大白话去搜索,当搜索结果太少甚至没有的时候,你应该输入更简单的关键词来搜索,猜测你找的网页中可能含有的关键词,然后用那些关键词搜索。

常见错误5:在错误的地方搜索

搜索引擎从抓取网页、解析、索引到提供检索是有一个周期的,各搜索引擎的信息滞后周期从一周到一月不等,所以找最新内容应该去看新闻,用搜索引擎是找不到最新内容,只能找到一个星期或一个月以前的内容。另外,搜索引擎对动态内容,如:论坛、数据库内容,以及带 frame 结构的网页检索能力较弱,所以这类信息也不适合用搜索引擎搜索,而是应该去相关的网站寻找,当然,寻找相关网站的任务搜索引擎是当仁不让的。

在你逐渐获得网络搜索经验的过程中,避免这些常见的搜索错误将成为一种自然而然的习惯。无论何时,当你得不到或得到意料之外的搜索结果时,记得检查一下你用的搜索关键词,分析一下搜索结果,弄明白发生了什么事,你可能会发现又一个需要避免的搜索错误。

搜索引擎是个好东西,掌握使用技巧后,你会发现互联网远比想象中的精彩。

(2)按内容分类检索

如果我们对内容没有明确的关键字表示时,而只有大致的内容方面的分类,则可以通过搜索引擎提供的页面内容分类的"Web"指南来进行检索。

(三)利用"网上邻居"访问资源

"网上邻居"是进入可用网络资源的一种快捷途径。

双击桌面上的"网上邻居"图标,打开其窗口:

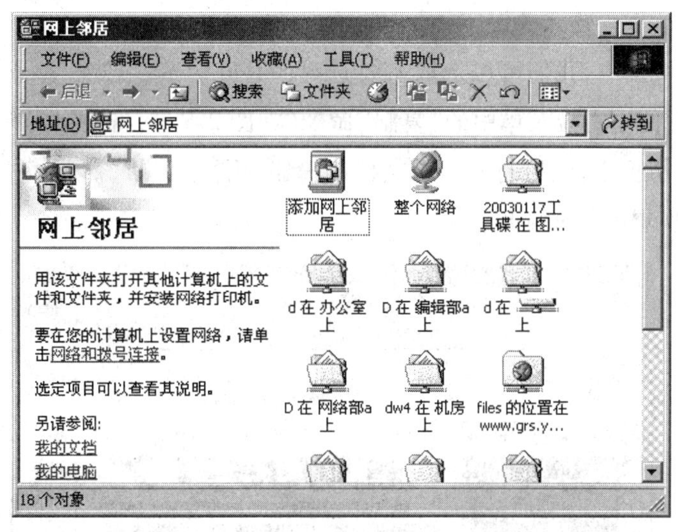


图 2.22

双击"整个网络"图标,打开其窗口,单击窗口左下角的"全部内容"就可以查看网络上的全部计算机,双击"Microsoft Windows 网络"图标,则列出了网络中所有的域和工作组的名字。通常情况下,域和工作组的图标是以 3 台计算机联网的方式表示的,图标下方是域和工作组的名字,如果要访问某域,则双击该图标,即可查看该域中的所有计算机。

双击具体某个计算机图标,则可查看该计算机上的共享文件夹和打印机信息。

## 三、从网络中资料获取

我们上网的主要目的就是为了获取有用的信息资源,特别是网络上丰富的文字和图片资料对于我们编辑新闻稿件是非常有用的,下面我们将分述如何获取网络上免费提供的文字和图片资料。在网络上还有一些专门提供经过加工整理的高价值信息的服务商,如各类数据库查询系统、网络工具书服务商等,这些网站是需要注册付费才能获取其信息的。

(一)文字资料查询和获取

我们按前面浏览器(IE)所讲的,进入页面查找当前页面文字信息。当页面文字信息较多时,可以使用浏览器提供的在页面内的查找功能,快速查找该页面中的某个关键字。选择"编辑"菜单中的"查找"命令,在弹出的对话框中输入关键字,回车即可。

在页面中,我们可以选取所要选择的某几个或某段文字,用鼠标选中,然后使用右拉菜单中的"复制"命令(如图 2.23),将文字资料保存到系统剪切板中,然后打开一个文档编辑器,执行"粘贴"命令将文本保存下来,做进一步的编辑。

图 2.23

(二)图片资料获取

图片资料的获取也非常简单,当我们进入页面后,选取目标图片,单击鼠标右键,在弹出的快捷菜单中,选择“图片另存为”命令,这时弹出保存图片对话框,如图2.24。

图2.24

指定保存的位置和文件名,单击“保存”按钮即可完成。

有时我们还需要保存页面背景图像,其方法是:用鼠标右键单击页面中的没有插图也没有超链接的任意区域,在弹出的快捷菜单中,选择“背景另存为”命令,如图2.25。

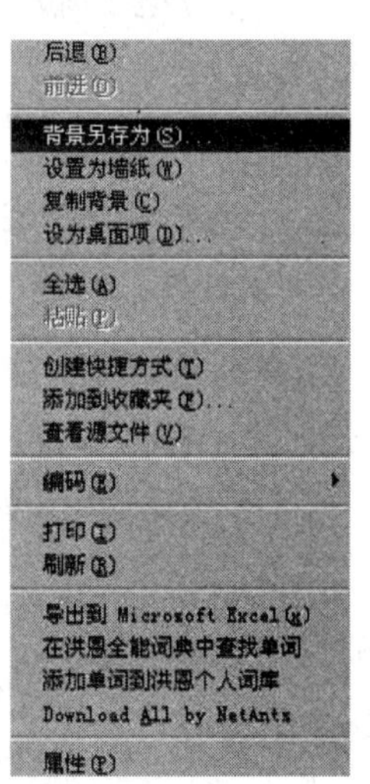


图2.25

然后在“保存图片”对话框中,指定保存的位置和文件名,单击“保存”按钮即可。

## 四、电子邮件

电子邮件又叫电子函件,即通常我们所说的E-mail(electronic mail的简写)。它是互联网最受欢迎和最流行的功能之一,是互联网上或常规计算机网络上的各个用户之间信息的一种传递和联络方式。电子邮件具有收发快捷方便、内容的多媒体性与易复制性等特点。电子邮件和我们通过邮局发送的信件从功能上讲没有什么不同，它们都是一种信息载体，是用来帮助人们进行沟通的工具，只是实现的方式有所不同。多媒体电子邮件不仅可以传送文本信息，还可以传送声音、视频等多种类型的文件。

在使用电子邮件前，首先我们要建立一个电子邮箱，它是由提供电子邮政服务的机构为我们提供的。所谓电子邮箱，就是指因特网上的某台计算机为你分配的专用于存放来往信件的磁盘存储区域，只是这个存储区域是由电子邮件系统软件负责管理和存取的。

电子邮件系统通常具有以下几种功能：

1. 邮件制作与编辑；
2. 信件发送；
3. 收信通知；
4. 信件阅读与检索；
5. 信件回复与转发；
6. 信件管理。

（一）电子邮箱地址

因特网上的电子邮箱地址组成是：用户名@电子邮件服务器名。它表示以用户名命名的信箱是建立在符号“@”后面说明的电子邮件服务器上，该服务器就是向用户提供电子邮政服务的“邮局机”。如 Zhan San @ sohu. com，就是一个信箱名。用户的 E－mail 地址在 Internet 上是唯一的，不会存在重复现象。

（二）电子邮件服务器

在因特网上有很多处理电子邮件的计算机，它们就像是一个个邮局，采用存储—转发方式为用户传递电子邮件。

从你的计算机发出的邮件要经过多个这样的“邮局”中转，才能到达你的最终的目的地。这些“邮局”称作电子邮件服务器。和我们最直接相关的电子服务器有两种类型：“发送邮件服务器”（SMTP 服务器）和“接收邮件服务器”（POP3 服务器）。发送邮件服务器遵循的是 SMTP 协议，其作用是将用户编写的电子邮件转交到收件人手中，接收邮件服务器采用 POP3 协议，用于将其他人发送给你的电子邮件发送到你的电子邮箱中暂时寄存，直到你从服务器上将邮件存取到本地机上阅读。E - mail 地址中的“@”后面的电子邮件服务器就是一个 POP3 服务器名称。通常同一台电子邮件服务器既完成发送邮件的任务，也能让用户从它那里接收邮件，这时 SMTP 服务器和 POP3 服务器的名称是相同的。

（三）申请和使用电子信箱

因特网上的电子信箱有收费和免费两种，一般来说收费的信箱能够提供更大的空间、更好更安全的服务，但如果你的信件不多，申请免费邮箱是个不错的选择。在因特网上，有大量的站点为我们提供免费电子信箱服务。如中文雅虎（www. yahoo. com. cn）、搜狐（www. sohu. com）、新浪（www. sina. com）等著名站点都接受免费电子信箱申请。下面我们以中文雅虎为例来介绍免费电子信箱的申请和使用。

1. 在中文雅虎上申请免费电子信箱

（1）使用网络浏览器进入中文 Yahoo！即在 IE 浏览器中输入网址：www. yahoo. com. cn 或者中文名称打开雅虎主页，如下图：

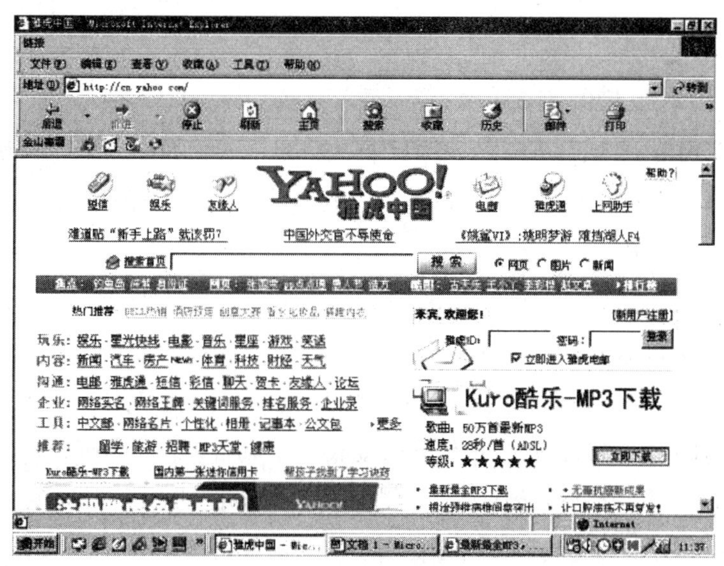


图 2.26

单击“电邮”图标或“免费邮件”超链接，将进入中文 Yahoo！的免费电子信箱服务页面。

(2)进行申请

单击“现在马上注册”,系统将要求你阅读“服务协议条款”,并接受协议,点击“确认”后,将进入用户注册页面如下图:

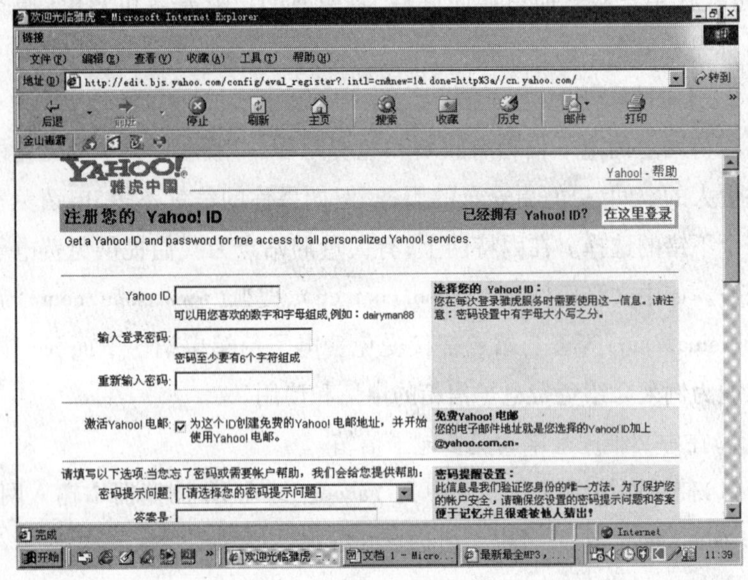


图 2.27

(3)填写表单,完成申请

在表单中,填写用户名、密码(每次登录电子信箱必须填入的密码)以及用户个人资料表中的项目。其中带“*”号的为必须填写的项目,其他的可以不填。

表单填写完成后,单击“发送”按钮。Yahoo! 将提醒你是否申请成功。

2. 免费电子信箱的使用

我们可以通过两种方式使用免费电子信箱。一是使用在本机上安装的专门的电子邮件软件来发送和接收电子邮件,如 Outlook Express 和 Foxmail 等。二是登录到你的免费电子邮件服务提供商的网站上,进行电子邮件的发送和接收以及管理你的免费信箱空间。

在因特网上,进入中文 Yahoo! 免费邮件服务网页,如图 2.28。

在“我已是 Yahoo! 的注册用户”提示下的文本框中,输入你的用户名和密码,单击“登录”按钮,则可以进入你的免费电子信箱了。如

图 2.29所示。

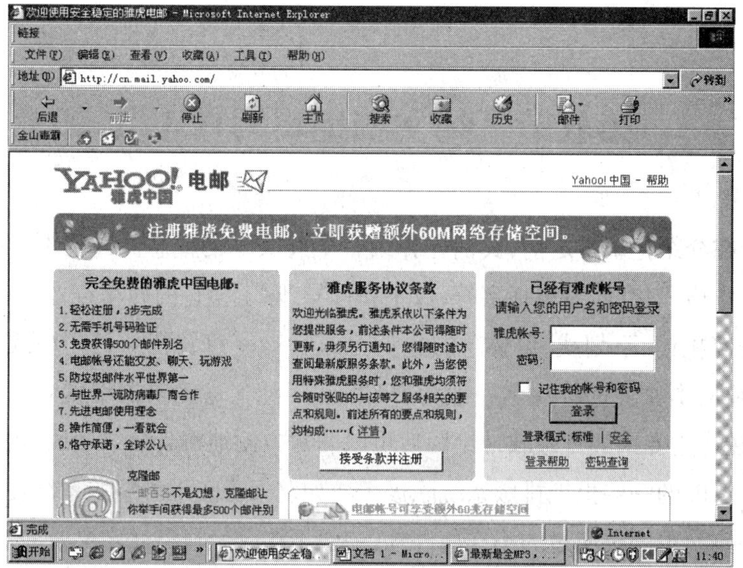


图 2.28

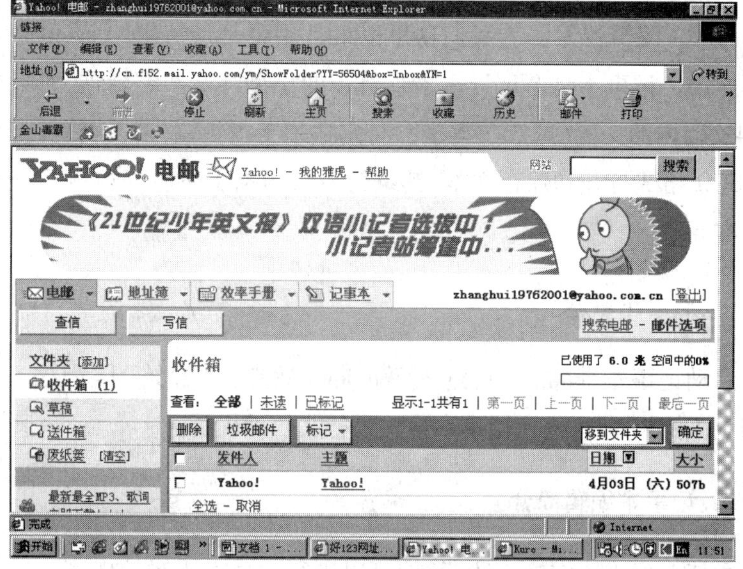


图 2.29

在电子信箱网页的左栏中，通过选择查信、写信、文件夹等选项，就可以实现相应的信箱功能。

## 第五节 纯文档编辑写作工具

在介绍记事本之前，我们先介绍一下纯文本的概念。纯文本是指没有特殊格式化的，只包括字符、数字和符号，除了换行的回车符外，一般没有任何粗体、下划线、斜体、图形、符号或特殊字符及特殊打印格式的文本，纯文本文件的扩展名一般为.TXT，运用纯文本编辑器编辑录入的稿件，在运用专用的排版软件组版后可以非常方便地将其插入版面，进行编排。目前的一些报纸排版系统除极少数如北大方正维思组版系统可以接收一些简单的定义过的小样稿件外，一般不接受经过格式定义过的文本，即只能接受纯文本。专门用于纯文本编辑的编辑器很多，有 Windows 自带的如记事本 notepad，写字板 wordpad，北大方正维思报刊组版系统组件中的 CEdit 编辑器等等。我们这里以最常用也是最易用的 notepad 为例简单介绍。记事本是 Windows 系统自带的小型纯文本编辑器，它只能处理 64K 以内的文稿（约 3.2 万字），特别适用于报纸稿件的编辑。记事本按 ASCII 格式打开和保存文本，其编辑窗口包括了所有的窗口系统拥有的标准元素。

### 一、启动记事本

启动记事本非常简单，进入 Windows 后点击“开始”|“程序”|“附件”|“记事本”即可进入记事本窗口进行文档编辑了。

### 二、记事本编辑简介

在任务栏中选定输入法后，就可以进行文稿录入和编辑了。记事本没有直观的工具栏，命令都以菜单的形式出现，记事本包括四个菜单项：文件、编辑、搜索、帮助。文件菜单包括对文件的一些操作，如“新建”、“打开”、“保存”、“另存为”、文档“页面设置”、文档“打印”和“退出”七个选项。编辑菜单则控制对当前文本的一些编辑操作，如“撤消”上一次操作、“剪切”当前选中文本、“复制”剪切板中文本到指定位置、“粘贴”剪切中文本到指定位置，“删除”选定文本、“全选”所有文本、在当前位置插入“日期/时间”、设置按当前编辑器宽度“自动换行”、“设置字体”等九个选项。搜索菜单实现在当前文本中“查找”指定字符和“查找下一个”指定字符的功能。帮助菜单实现对操作者提供帮助的功能，与Windows 的帮助系统一样使用，这里不再赘述。

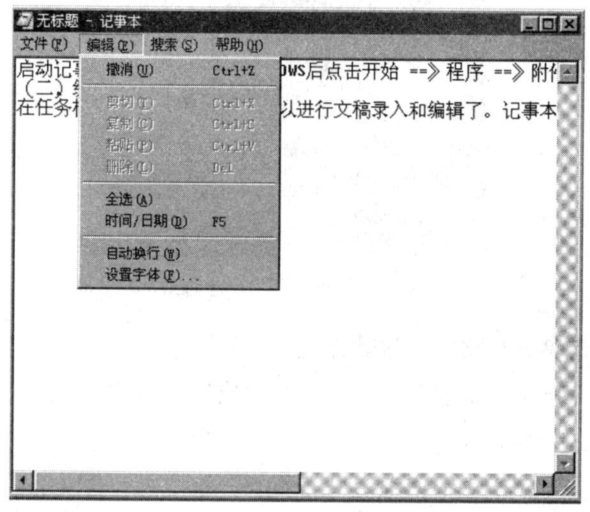


图 2.30

（注：记事本特别适合于编写新闻稿。）

## 第六节　文字处理工具 Word 2000

### 一、认识 Word 2000

（一）Word 2000 简介

在微软公司推出的 Office 系列办公软件中，Word 主要用于文字处理。随着 Office 软件版本的不断升级，Word 的功能越来越强大，逐渐占据了世界文字处理软件的绝大部分市场份额。

（二）打开 Word 2000

启动 Word 2000 有多种途径，这里介绍如下：

1. 从开始菜单启动 Word 2000

这是最常用的方法,单击“开始”→“程序”→“Microsoft Word”即可。如图 2.31。

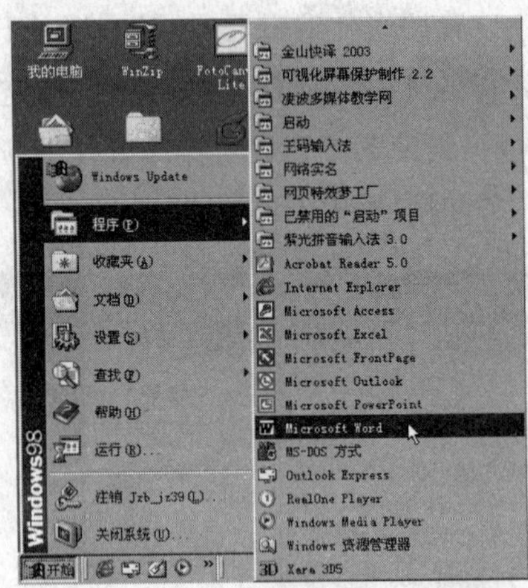


图 2.31　从“开始”菜单启动 Word 2000

2. 通过 Word 2000 的快捷方式

在 Windows 桌面建立 Word 2000 的快捷方式以后,就可以通过双击它启动 Word 2000。如图 2.32。

关于如何建立一个快捷方式的问题,请参见本书 Windows 基本操作的部分。

3. 直接打开一个 Word 文档

通过以上两种方法打开 Word 2000,Word 会自动新建一个空白文档,等待用户输入文字。此外,也可以直接双击已存在硬盘或软盘上的 Word 文档的图标,Word 会直接把这个文档打开。相比之下,这种操作方式的效率最高。如图 2.33。

图 2.32　Word 2000 的快捷方式图标

图 2.33　Word 文档的图标

(三)熟悉 Word 2000 的窗口

启动 Word 2000 后,它的窗口如图 2.34 所示。

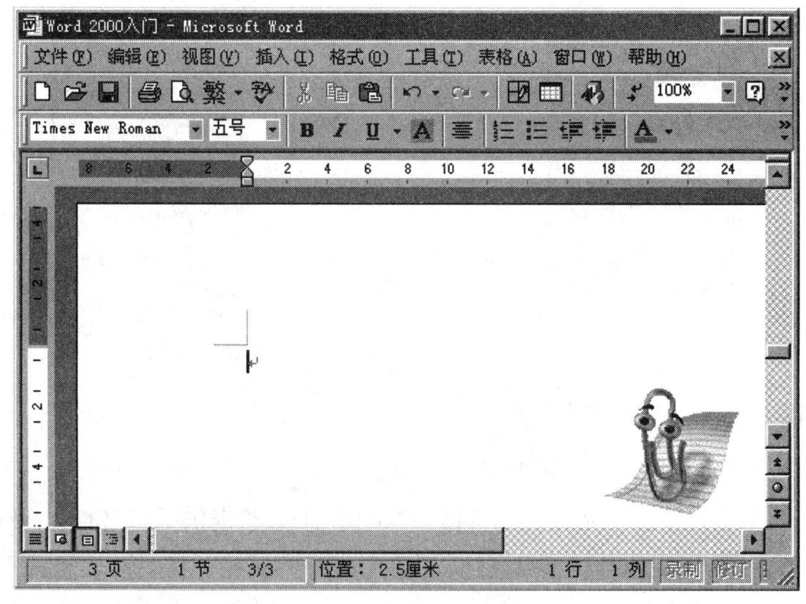


图 2.34　Word 2000 的窗口

这个窗口的组成部分很多,从上到下依次是:

1. 标题栏

标题栏就是窗口最上方的蓝色长条,左端显示当前打开的 Word 文档名称,右端有“最小化”、“最大化/恢复”和“关闭”三个按钮。

2. 菜单栏

标题栏下方就是菜单栏,通过菜单栏可以使用 Word 2000 的所有功能。Word 2000 采用了新的“个性化菜单”,在单击某个菜单项(比如“视图”)时,Word 不会马上把菜单中所有的内容都显示出来,而是仅显示常用功能。单击菜单底部的双箭头或是让鼠标指针在双箭头上停留一秒钟左右,Word 就会展开完整的菜单。如果某项不常用的功能被使用了一次,Word 就会把它列入常用功能,下次打开这个菜单时,该功能将直接出现在菜单中,不必再单击双箭头。如图 2.35、图 2.36 所示。

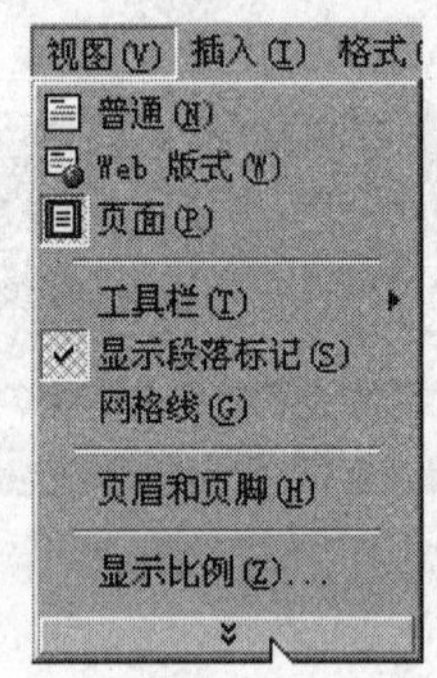

图 2.35　折叠起来的菜单

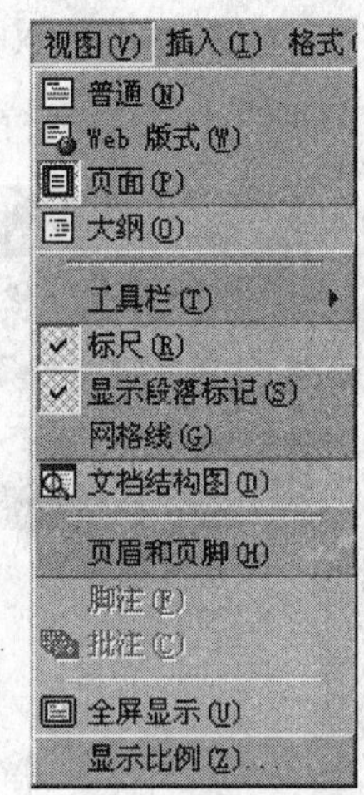


图 2.36　展开的菜单

3. “常用”工具栏和“格式”工具栏

菜单栏下方就是两行工具栏。“常用”工具栏提供了日常操作 Word 2000 时会用到的各种工具按钮，如新建、打开、保存、打印等。“格式”工具栏则能方便快捷地设置文字的格式，如字体、字号，将文字加粗、变成斜体等等。

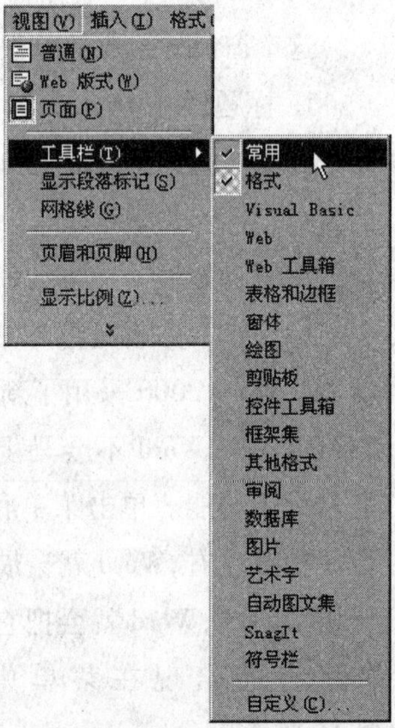

在使用 Word 时，可能别人的 Word 跟自己的不一样，其实是工具栏被拖乱了，或者是“常用”、“格式”工具栏被隐藏起来了。

在“视图”菜单的“工具栏”命令下，可以找到 Word 2000 中的所有工具栏。在工具栏旁边的空白地方单击鼠标右键，会弹出相同的菜单。

当鼠标移动到工具栏的左端（有一根竖条）附近时，箭头会变成十字形，此时拖动鼠标，就能移动工具栏了。

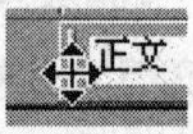

图 2.37

处于浮动状态的“格式”工具栏(如图 2.38),要让它变成常见的样式(紧靠在菜单栏下的一根长条状),只要把它拖动到靠近菜单栏的地方即可。

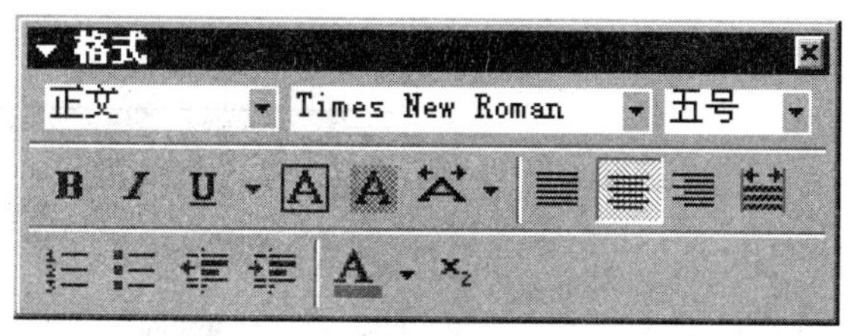


图 2.38

4. 编辑区

Word 窗口的大部分都是由屏幕中间的编辑区占用的。它类似于写文章时用的纸,是进行文字输入、编辑、排版等操作的地方,同时,各种操作的结果也会在这里以直观的方式反馈回来。

编辑区上方和左方是标尺,利用它可以很容易地看到版面的宽和高,也可以用它对版式进行调整。

编辑区右方和下方是滚动条,右滚动条下方的三个按钮分别是“前一页”、“选择浏览对象”和“后一页”。其中“前一页”和“后一页”可以对文档以页为单位前后翻看。“选择浏览对象”可以按选定的某种方式查看文档,有利于对格式复杂的长文档进行管理。下滚动条左边的四个按钮用来切换视图,它们分别代表“普通视图”、“Web 版式视图”、“页面视图”和“大纲视图”。每种视图有各自不同的用途,而且屏幕显示的内容也有所不同。其中,“页面视图”最常用,也是 Word 默认使用的视图。因为“页面视图”最接近实际中纸张的模样,各种操作在屏幕上显示的效果几乎可以认为就是最终的打印结果,无疑方便了对文档的编辑。

5. 状态栏

Word 窗口最下方的一行就是状态栏。左边显示了正在编辑的文档的页数及现在处在哪一页,中间显示了光标所处的位置,右边的几个按钮可以控制 Word 的工作状态。此外,在执行某些操作时,状态栏还会显示相应的提示。

6. Office 助手

屏幕上的那个卡通形象就是 Office 助手。它是 Office 2000 帮助系统的一部分,可以预测用户的操作,并给出相应的提示。如果在 Office 助手上出现一个灯泡,就说明它“有话要说”,单击灯泡即可看到相应的提示。如图 2.39。

(1)灯泡说明 Office 助手有提示　　(2)单击灯泡即可查看提示

图 2.39

(四)退出 Word

在标题栏和菜单栏的右侧都有“关闭”按钮。它们的不同之处在于,若单击标题栏右端的“关闭”按钮,则当前在 Word 中打开的所有文档都将关闭。如果仅要关闭当前打开的文档,请单击紧靠在它下方的“关闭窗口”按钮。

如果在退出 Word 之前对文件内容进行了修改,则 Word 会弹出对话框,询问是否要保存文件,可根据需要选择。如图 2.40。

图 2.40　Word 询问是否要保存文件

## 二、Word 2000 基本操作

(一)新建文档

在第一部分中,我们了解了三种启动 Word 的方法,其中,用第一种方法(从开始菜单中启动 Word)和第二种方法(双击 Word 的快捷方式)

打开 Word 2000 后，Word 会自动新建一个空白文档，并把它命名为“文档1”。若要在打开 Word 后再新建一个文档，通常有以下两种方法。

1. 使用常用工具栏的“新建空白文档”按钮

在常用工具栏的最左端，有一个图标🗋，它就是“新建空白文档”按钮。启动 Word 以后，每次单击这个按钮，Word 就会按照默认设置新建一个空白文档，非常方便。

2. 使用“文件”菜单下的“新建…”命令

单击“文件”菜单下的“新建…”命令，Word 会弹出一个对话框。如图 2.41、图 2.42。

图 2.41　单击“文件”菜单下的“新建...”命令

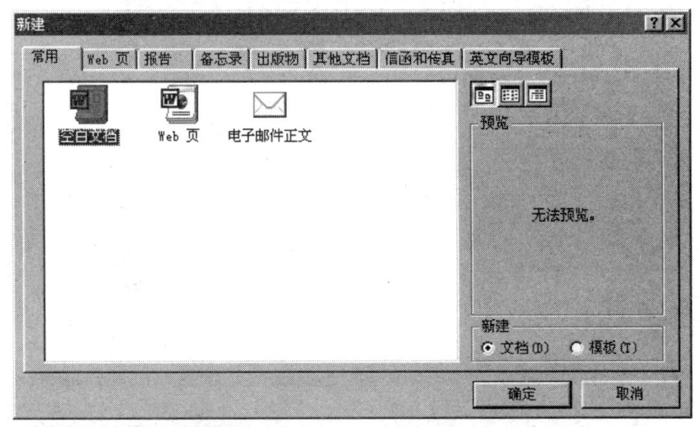


图 2.42　Word 2000 的“新建”对话框

可以发现,"新建"对话框的内容要丰富得多。在这里,Word 分门别类列出了许多项目,它们可以分为两大类:"模板"和"向导"。所谓"模板",就是根据某种用途预先设计好格式和内容的特殊的 Word 文档,它可以反复调用,每次使用时只需输入必要的文字即可,就像填表格一样。因此,"模板"特别适用于有固定格式的文档,比如信件、公文等,可以减少大量的重复劳动。Word 2000 提供了很多模板,图中的"空白文档"其实就是一个模板,选中它,单击"确定"按钮,Word 就会新建一个文档,效果和单击常用工具栏上的"新建空白文档"按钮是一样的。至于其他模板的效果,可在上机时自己观察。

除了"模板"以外,Word 2000 还提供了"向导"。它的图标和模板有所不同,多了一个小魔术棒,如图 2.43。

图 2.43
"向导"的图标

在"新建"对话框中选中某个"向导"后,再单击"确定"按钮,Word 不会直接生成一个新文档,而是弹出一个对话框,一步一步地询问一些问题,最后根据你的要求生成新文档。可见,"向导"的灵活性比"模板"大得多。但是,使用向导只能在 Word 2000 提供的范围之内选择,不像模板可以自己制作,这是它的局限性。图 2.44 是在 Word 中启动"新闻稿向导"后的对话框。

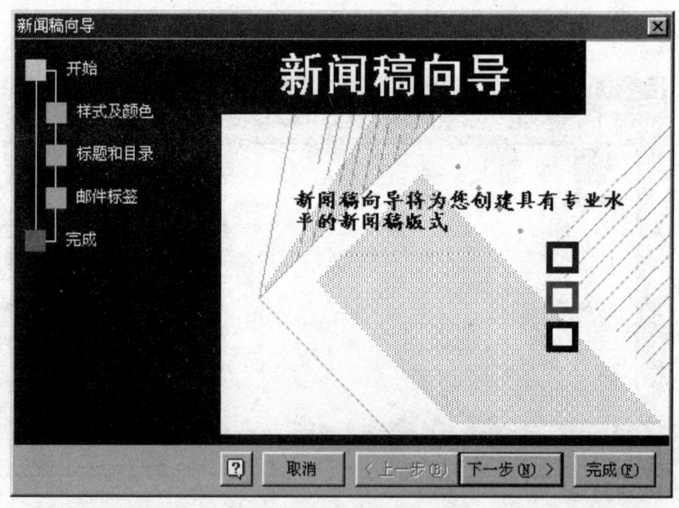


图 2.44　新闻稿向导

请注意，在打开某些模板或向导后，会出现下图所示的对话框。

这并不是出了故障，而是 Word 2000 的一个新功能：“即需即装”（如图 2.45）。也就是在需要使用某个功能的时候再安装。出现这个对话框，说明选中的这个模板或向导暂时还没有安装到计算机上，因此还不能使用，单击“取消”按钮即可。如果以后在使用 Word 2000 的某项功能时出现这个对话框，也是同样的处理方法。

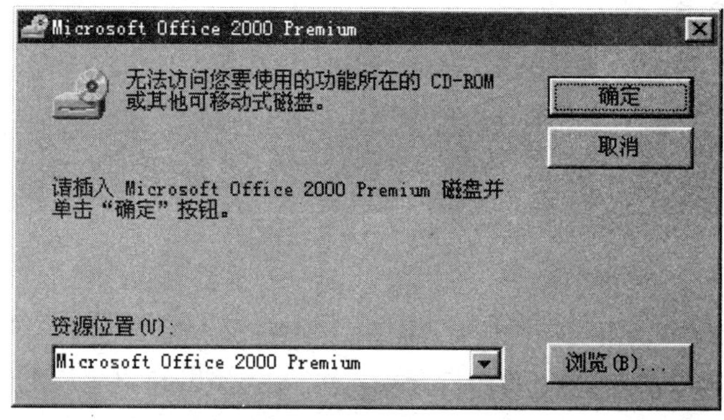


图 2.45　“即需即装”对话框

（二）打开已有文档

在前面“打开 Word 2000”中，我们介绍了双击 Word 文档图标，在打开 Word 的同时自动载入 Word 文档。在这里，我们介绍如何在启动 Word 以后，再打开其他文档。

1. 使用常用工具栏的“打开”按钮

在常用工具栏上，紧靠在“新建空白文档”按钮右边的，就是“打开”按钮。单击这个按钮，Word 会打开对话框。

单击“打开”按钮时，Word 2000 自动打开“My Documents”文件夹，如果你的文档不在这个文件夹，可以单击“查找范围”右侧的下拉列表，找到自己的文档所在位置。选中需要打开的文档，单击对话框中的“打开”按钮，文档即被打开。如图 2.46。

有人习惯在软盘上直接打开 Word 文档进行编辑，这种操作方式不好。由于软盘读写速度较慢，可靠性又不高，不仅影响 Word 的运行速度，而且容易造成死机。建议先将软盘上的 Word 文档复制到硬盘上，从硬盘打开文档编辑，完成后再保存到软盘上。

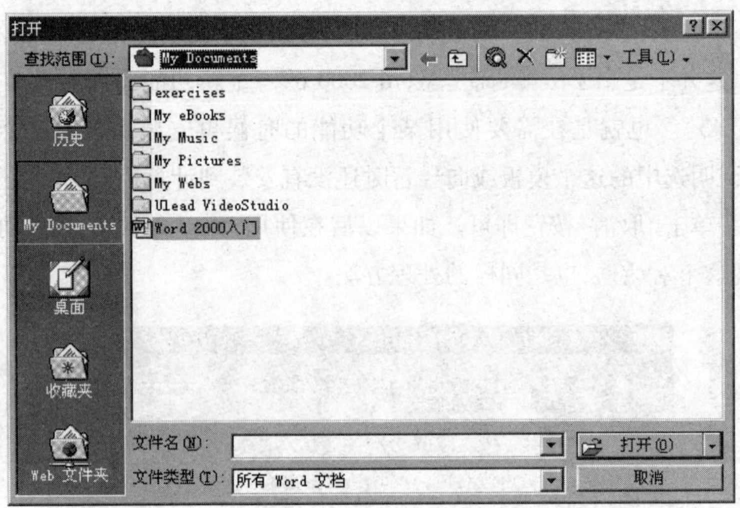


图 2.46 “打开”对话框

2. 使用“文件”菜单下的“打开…”命令

单击“文件”菜单下的“打开…”命令，会弹出和图一样的“打开”对话框，操作方法也完全相同。

（三）输入文字

在 Word 2000 中输入文字很简单，启动需要的中文输入法后直接开始输入即可（关于如何使用中文输入法，参见本书前面“常用输入法”相关部分）。这里提醒大家注意两个问题：

1. 关于换行的问题

在 Word 中有两种换行方式，一是软换行，二是硬换行。所谓软换行，就是在输入文字时，若文字到达了页面的右端（就像是写字时到了纸的右边缘），Word 的光标会自动向下进一行，从页面左端继续显示输入的文字，在这个过程中不需要任何的人工干预。所谓硬换行，就是在输入文章时，一个自然段结束后，不管文字有没有到达页面的右端，都需要换行。这时，需要按一下回车键，这等于告诉 Word，这个自然段已经结束了。

由此可见，在输入文字时，只有在一段结束时才需要按回车键。对于 Word 来说，所谓“一段”，就是两个回车键之间的所有文字，所以不要随意按回车键。

2. 养成良好的使用 Word 的习惯

有人在使用 Word 时,习惯于一边输入文字,一边设置文字格式,如字体、字号,或是为了让每段文字开头空两格,就连按空格键等等。其实,Word 的排版功能十分强大,完全可以把输入文字和设置格式分为两步,输入的时候专心输入,不用管字体之类的问题。这样,工作的效率会更高。

(四)编辑文字

就像在纸上写文章打草稿时要涂涂改改一样,在电脑上输入文字经常也要修改。不同的是,在纸上改,稿子往往会越改越乱,而要是用电脑,不管改多少,屏幕上总是整整齐齐的。

1. 控制光标移动

光标就是在编辑区里不停闪动的一根竖条。只有把光标移动到需要修改的文字那里,才能进行下一步操作。因此,我们先来看看如何控制光标移动。

(1)使用鼠标

使用鼠标最方便。首先用滚动条找到文档中需要放置光标的地方,让它显示在屏幕上,然后把鼠标指针移动到文字上,单击鼠标左键,光标就移动到指定的位置。

(2)使用方向键

在键盘上有四个键,分别标有↑、↓、←、→,用它们就可以控制光标了。按一次左(或右)方向键,光标就会向左(或右)移动一个字符,按一次上(或下)方向键,光标就会向上(或下)移动一行,若是按住方向键不松手,光标就会向那个方向快速连续移动。

(3)快速移动光标

使用前面两种方法,在有些时候,特别是文档很长的时候,仍然不是很方便。在键盘上还有“Home”和“End”两个键,按“Home”键,光标定位到所在行的开头,按“End”键,光标定位到所在行的末尾。按“Ctrl + Home”组合键,光标定位到文档开头,按“Ctrl + End”组合键,光标定位到文档末尾。

2. “插入”方式和“改写”方式

定位好光标以后，我们就可以添加文字了。在一般状态下，在光标所在处输入文字，光标后面的文字会逐字后退，这种状态叫做“插入”方式。若按键盘上的“Insert”键，则会进入“改写”方式，此时在光标处输入文字会直接覆盖后面的文字，这种状态叫做“改写”。怎样才能知道目前是“插入”状态还是“改写”状态呢？Word 工作窗口最下方状态栏的右侧有“改写”两个字，如果它是灰色的，则当前处在“插入”状态，反之则处在“改写”状态。如图 2.47、图 2.48。

图 2.47 “插入”方式

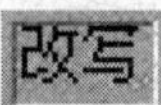


图 2.48 “改写”方式

3. 删除文字

若要删除文字，就要用到键盘上的“Backspace”键和“Delete”键。“Backspace”键一般位于主键区的右上角，上面经常标有“←”，并没有文字。就像箭头方向所指的那样，按 Backspace 键时，Word 会删掉光标左边的文字，而 Delete 正好相反，是删去光标右边的文字。如果按住这两个键不放，Word 会一直删下去，所以要小心。

4. 用鼠标选定文字

用上面介绍的方法，删除一行或一段文字并不方便。如果要一次删除大段文字，我们就需要先用鼠标选中它们，然后再按“Delete”键。其实在 Word 中，用鼠标选中文字是很重要的基本操作，在后面我们将提到的复制、粘贴以及对文字进行修饰等，都需要先选中文字。Word 提供了多种多样的方法，以下介绍一些常用的选中操作。

(1)用鼠标拖动选中文字

将鼠标指针移动到要选中的第一个字符的左边，按住鼠标左键不放，拖过要选中的文字，此时文字会反白显示(即由白底黑字变成黑底白字)，待需要选中的文字都已反白显示时，即可松开鼠标左键，这些文字就被选中了。

进行这个操作时，鼠标的拖动要平稳，速度不宜太快，以免选中不需

要的文字。另外，最好先用滚动条把需要选中的文字滚动到屏幕中间，否则鼠标拖动时有可能造成 Word 滚屏，带来不必要的麻烦。

(2)选中一行文字

如果要选中一行文字，有更简单的办法：将鼠标指针移到屏幕左侧靠近边缘的地方，当指针变成向右的斜箭头时，单击鼠标左键，即可选中箭头所指的那一行。进行这个操作时，鼠标移动速度要慢一些，否则有可能注意不到指针形状的变化。

(3)选中多行文字

选中多行文字的步骤与选中一行文字类似，也要将鼠标指针移到屏幕右侧，使之变成向右的斜箭头，然后按住鼠标左键拖动，即可选中多行文字。

若需要选中的文字很长，一屏显示不下，也可以用拖动的方法。当鼠标指针移动到 Word 编辑区的下方时，Word 会自动滚动窗口的内容，但是这就使得对鼠标的控制有些困难。在这种情况下，可以采取另一种方法：用前面介绍的方法，首先选中第一行，然后找到需要选中的最后一行，按住键盘上的“Shift”键不放，再选中最后一行，这样，两行之间的所有内容就都被选中了。

(4)选中一段或整篇文档

开始的操作都是一样的，让鼠标箭头变成向右的斜箭头，若双击鼠标左键，Word 会选中一段文字，若三击鼠标左键，则会选中整篇文档。

5. 剪切、复制、粘贴

在前面 Windows 基本操作的学习中，我们就已经接触了剪切、复制和粘贴等操作。在 Word 中，也有同样的操作，可以移动文字、表格、图片等在 Word 中可编辑的对象。

在“常用”工具栏上，有“剪切”、“复制”和“粘贴”三个按钮，如图2.49 至图 2.51。

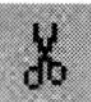

图 2.49 “剪切”按钮

图 2.50 “复制”按钮

图 2.51 “粘贴”按钮

这三个按钮不仅在外观上与 Windows 中“我的电脑”和“资源管理

器”的相应按钮相同，用法也相似：先选中一段文字，再单击“剪切”或“复制”按钮，最后把光标定位在要插入文字的地方，按“粘贴”按钮即可。“剪切”与“复制”的不同在于，“剪切”会删掉原先的文字，而“复制”则不会。

不同于 Windows 提供的“剪贴板”一次只能存储一段文字，Word 2000 提供的“Office 剪贴板”可以存储 12 个项目，这些项目可以是文字，也可以是图片，并且能够方便地插入到 Word 文档中。

如果在 Word 2000 中连续进行了两次“剪切”或“复制”操作，Word 2000 会自动弹出“剪贴板”对话框，如图 2.52 所示。

图 2.52 “Office 剪贴板”

在这个对话框中，每一次“剪切”或“复制”命令所形成的文字、图片等都被一项一项列了出来，每项有一个单独的图标。当鼠标指针移动到图标上时，会有相应的提示，如果是文字，Word 会提示文字内容，如果是图片，则会显示“图片 1”等，以方便区分。要使用剪贴板里的内容，只要定位好光标位置，再单击剪贴板上的图标即可。

在“Office 剪贴板”上还有三个按钮，从左到右分别是“复制”、“全部粘贴”和“清空‘剪贴板’”，其中“复制”按钮的作用和“常用”工具栏上的“复制”是一样的，另外两个按钮的作用很明显，不再赘述。

6. 拆分窗口

有时，我们会遇到很长的文档，修改时在编辑区里频繁地拖动滚动条，进行复制、粘贴等操作，不仅速度慢，而且也容易疲劳。为此，Word 提供了拆分窗口的功能，可以在一个编辑区内让一篇文档同时在两部分内显示，操作方法如下。

单击菜单栏“窗口”→“拆分”，Word 会在编辑区中央显示一条水平线，中间有一个垂直双箭头，此时我们可以垂直移动鼠标到合适位置，单击鼠标左键，Word 就在水平线所在位置把编辑区一分为二，如图 2.53 所示。

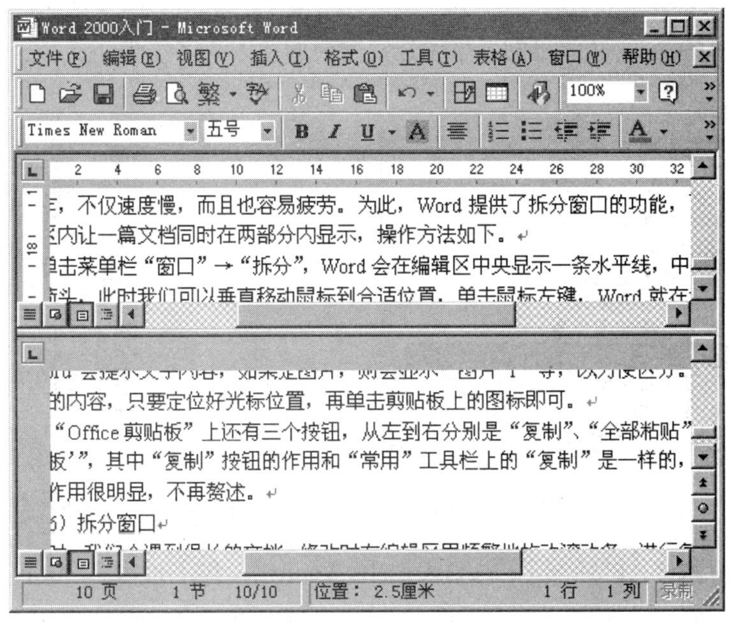


图 2.53　Word 的拆分窗口

虽然这仍然是一个窗口，但上下两部分均有自己的滚动条，可以分别显示一篇文档的不同部分。而且，拖动屏幕中间的横条，就可以自由调整上下两部分的大小比例。若要在两个子窗口之间切换，只需在子窗口内单击一下即可。这样，在两个窗口之间进行剪切、复制、粘贴等操作，效率会高得多。

若要取消窗口拆分，有两种方法，一是单击菜单栏“窗口”→“取消拆分”即可；二是拖动窗口中央的水平分隔线到编辑区顶端，即可取消拆分。

(五)美化文档

Word 2000 不仅能方便地编辑文字，更能对文字运用复杂多样的格式，制作出美观大方的文档。在这一部分，我们来学习如何美化我们的文档。

1. 设置字体、字号

在 Word 窗口的“格式”工具栏中,有两个下拉列表框,用它们可以改变文档的字体和字号,如图 2.54、图 2.55。

若要改变文字的字体和字号,首先要选中文字,然后单击这两个列表框右边的箭头,从弹出的菜单中选定需要的字体和字号即可。

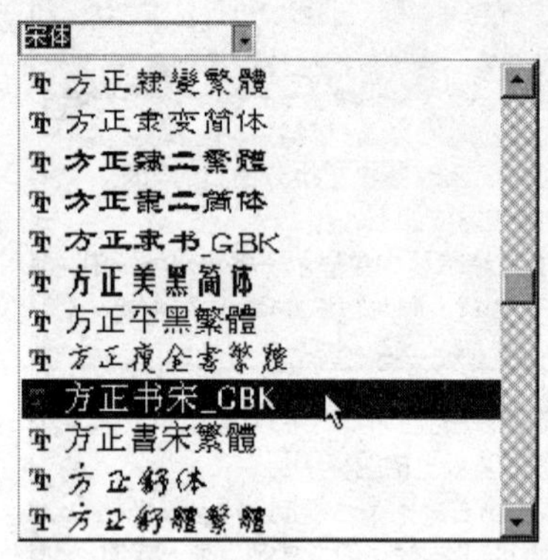


图 2.54 “字体”下拉列表框

图 2.55 “字号”下拉列表框

请注意,在“字号”下拉列表框中,Word 仅提供了最大 72 号字,有时这并不能满足我们的需要。其实,我们也可以直接在“字号”框中输入字号,范围从 1 到 1638。

2. 设置特殊文字格式

了解使用“格式”工具栏上的快捷按钮设置加粗、斜体等特殊格式。需要强调的是,在设置任何格式之前,都必须先选中相应的文字、图像等,否则设置无效。见图 2.56。

| B | I | U | A | A | A |
|---|---|---|---|---|---|
| “加粗”按钮 | “倾斜”按钮 | “下划线”按钮 | “字符边框”按钮 | “字符底纹”按钮 | “字符缩放”按钮 |

图 2.56

3. 使用“字体”对话框

了解使用“字体”对话框可以设置复杂的文字格式。见图 2.57、

图 2. 58。

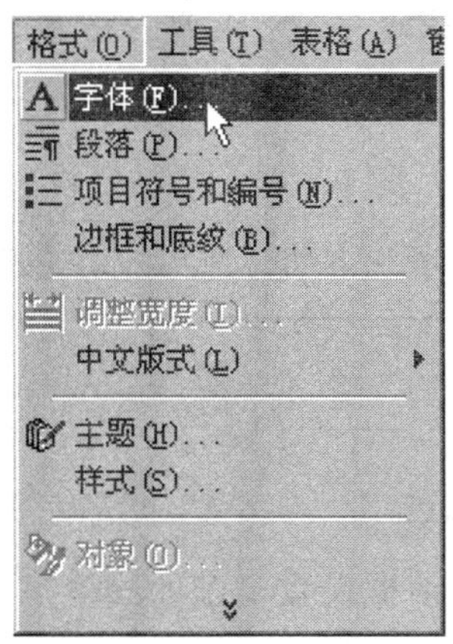


图 2. 57 “格式”菜单下的“字体…”项

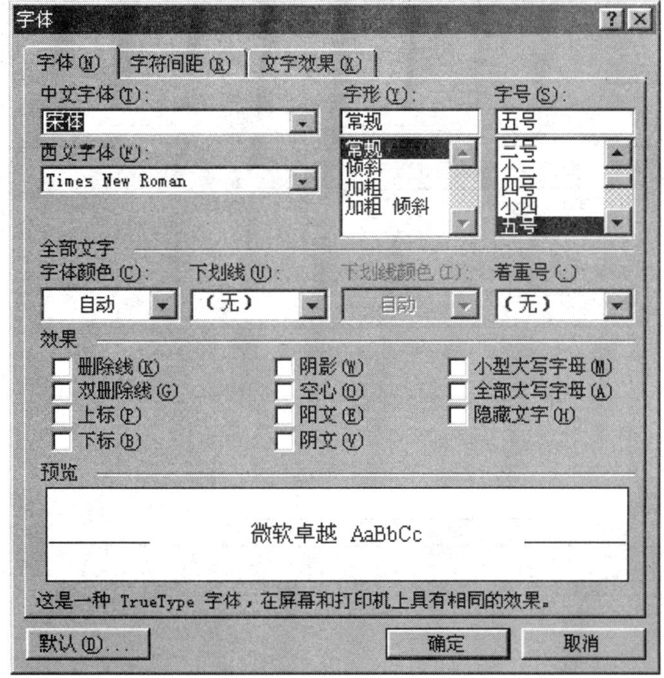


图 2. 58 “字体”对话框

4. 设置对齐方式

了解使用“格式”工具栏上的快捷按钮设置文字的对齐方式。此节以下是有关段落格式设置的部分。在设置段落格式时，一般只需将光标

定位到该段落的任意位置即可,不必选中整个段落。当然,选中整段也有相同的效果。也可以考虑统一要求设置格式前选中对象。见图 2.59。

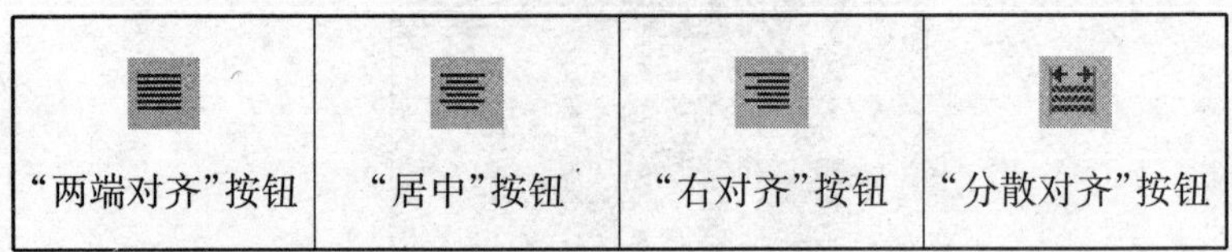


图 2.59

5. 使用“段落”对话框

了解使用“段落”对话框设置复杂的段落格式。重点了解如何设置段首空两格——“首行缩进”。见图 2.60。

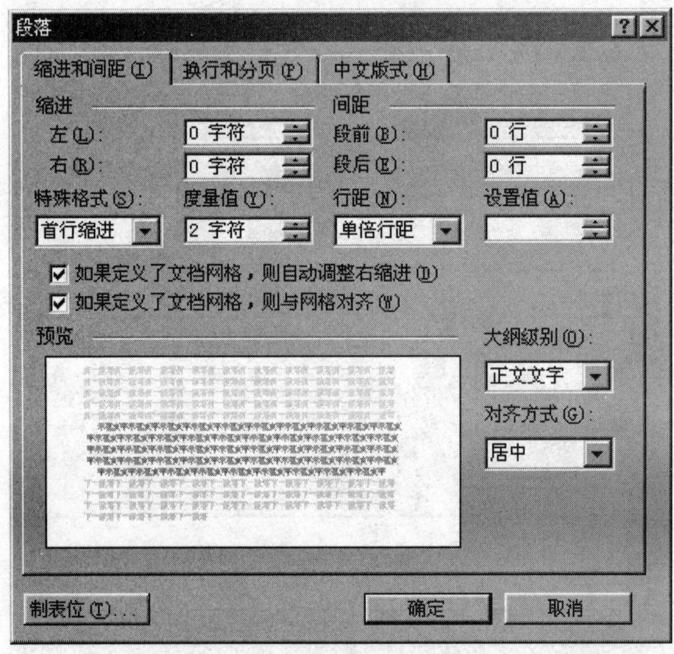


图 2.60 “段落”对话框

6. 设置“项目符号”和“编号”

了解如何在工具栏中设置“项目符号”和“编号”。见图 2.61。

了解如何从格式工具栏中设置更多类型的“项目符号”和“编号”。见图 2.62。

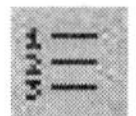

(1)“编号”按钮

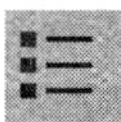

(2)“项目符号”按钮

图 2.61

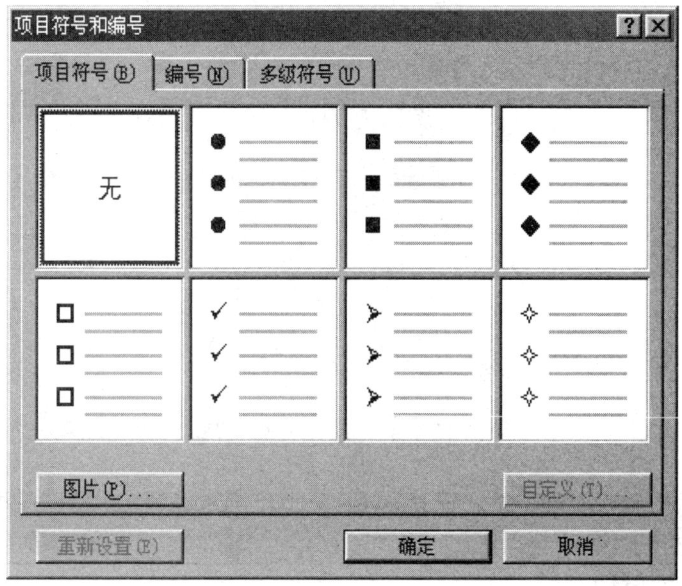


图 2.62　“项目符号和编号”对话框

7. 使用“格式刷”

了解如何使用“格式刷”快速设置文本的格式。见图 2.63。

图 2.63　“格式刷”按钮

图 2.64　“保存”按钮

(六)保存文件

1. 快速存盘

了解如何使用“常用”工具栏上的“保存”按钮存盘。第一次存盘和再次存盘不同:第一次存盘会提示取文件名并指定保存位置,再次存盘则不会。见图 2.64。

2. 换名存盘

了解“另存为”命令。见图 2.65。

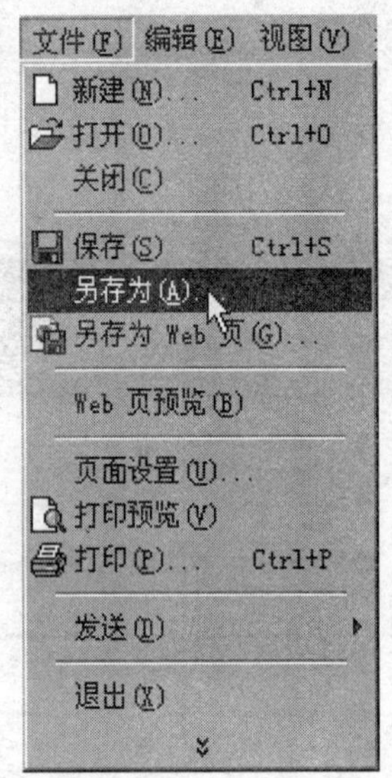


"文件"菜单下的"另存为…"命令

图 2.65 "另存为"对话框



3. 另存为模板

在基本操作中,已经介绍了模板的建立,这里了解怎样创建自己的模板。见图 2.66。

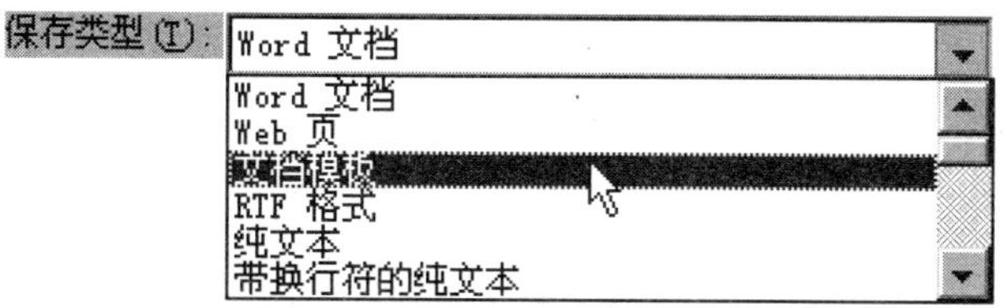


图 2.66　在“保存类型”列表框中选择“文档模板”

4. 自动存盘

了解自动存盘功能，设置存盘时间间隔，养成随时存盘的好习惯。见图 2.67。

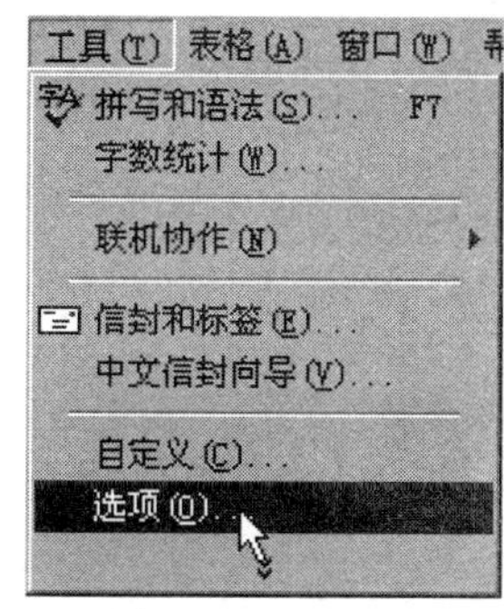


“工具”菜单下的“选项…”命令

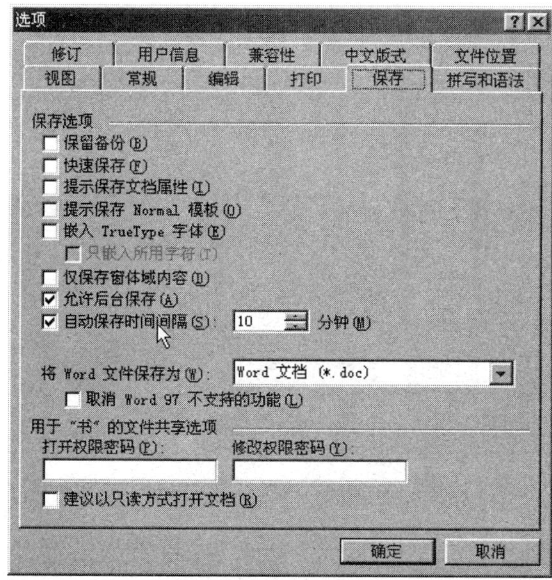


图 2.67　“选项”对话框，可以设置自动保存时间间隔

（七）打印文档

1. 页面设置

了解如何设置页面，自定义纸张大小。见图 2.68、图 2.69。

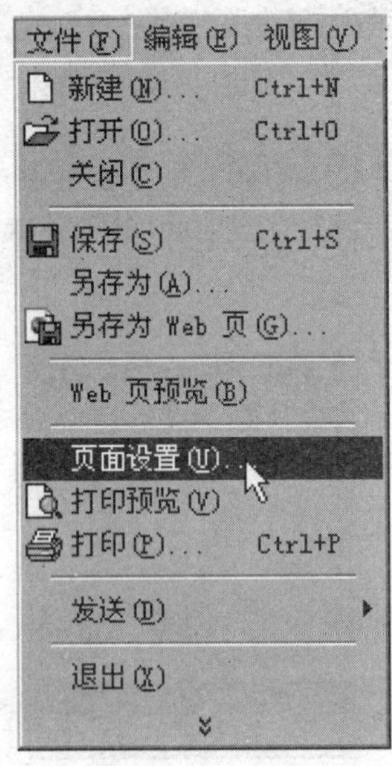


“文件”菜单下的“页面设置…”、“打印预览”和“打印…”命令

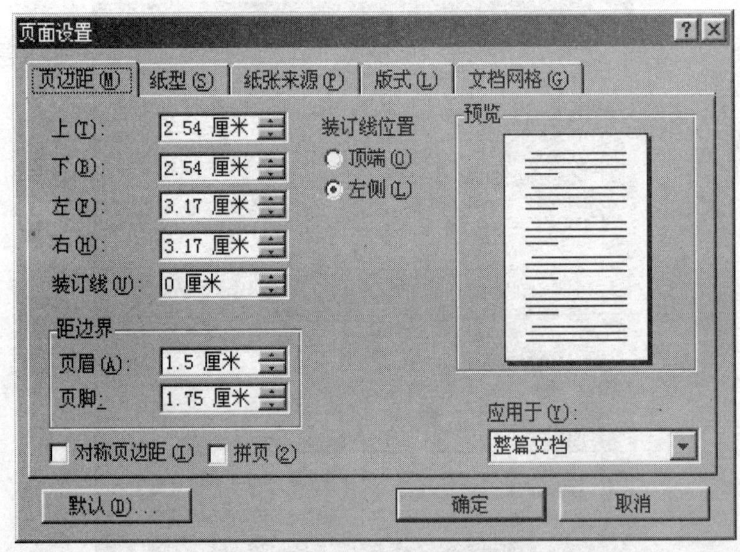


图 2.68 “页面设置”对话框，可设置页边距

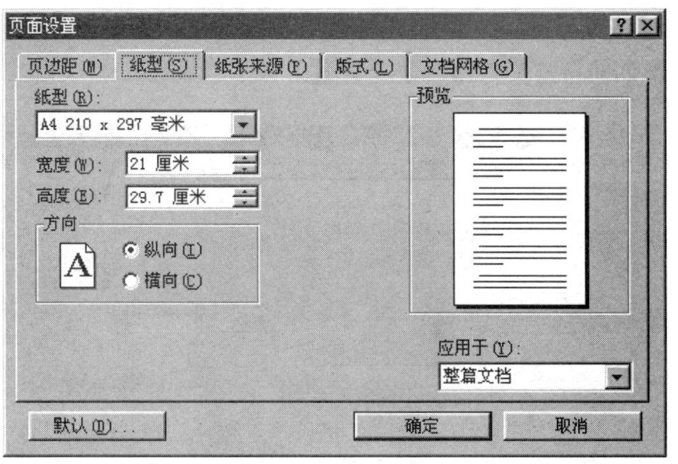


图 2.69　设置“纸型”,即纸张大小

2. 打印预览

了解如何使用打印预览对话框。见图 2.70、图 2.71。

图 2.70　“打印预览”按钮

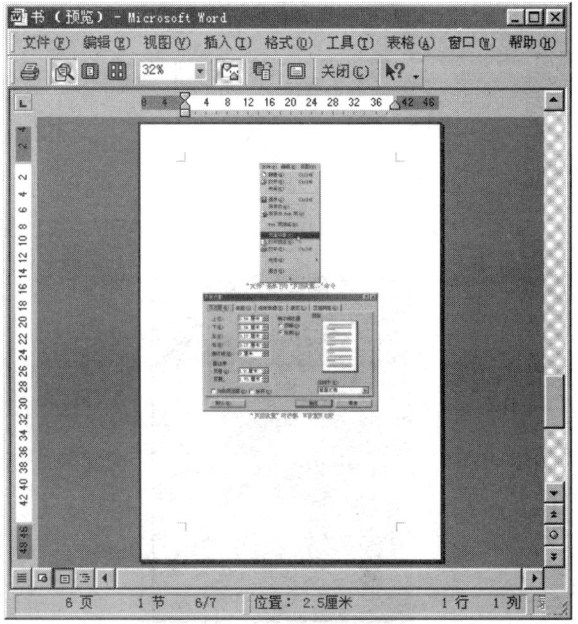


图 2.71　“打印预览”窗口

3. 打印设置

了解如何自定义打印选项。见图 2.72。

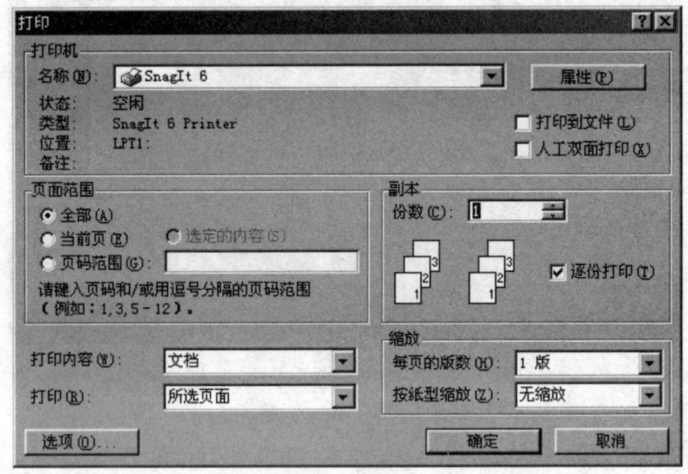


图 2.72 “打印”对话框

4. 快速打印

了解如何使用“常用”工具栏上的“打印”按钮快速打印。见图 2.73。

图 2.73 “打印”按钮

(八) Word 2000 中提高效率的工具

1. 字数统计

了解该工具的使用方法,可统计全文或选中文本的字数。见图 2.74(b)。

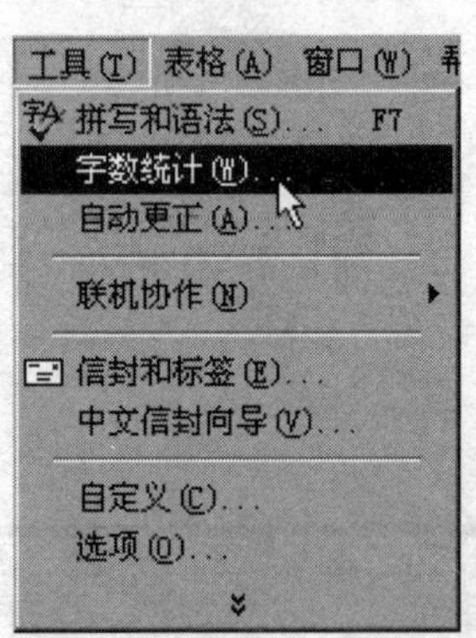


图 2.74(a) “工具”菜单下的“字数统计…”和“自动更正…”命令

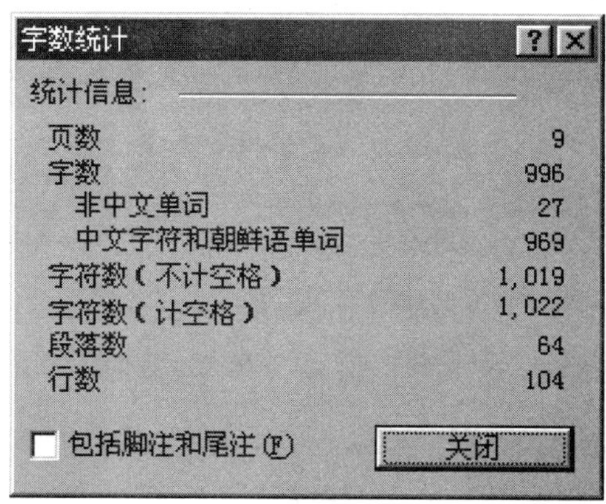


图 2.74(b) “字数统计”对话框

2. 自动更正

了解什么是自动更正,以及如何设置自己的自动更正条目,以提高效率。见图 2.75。

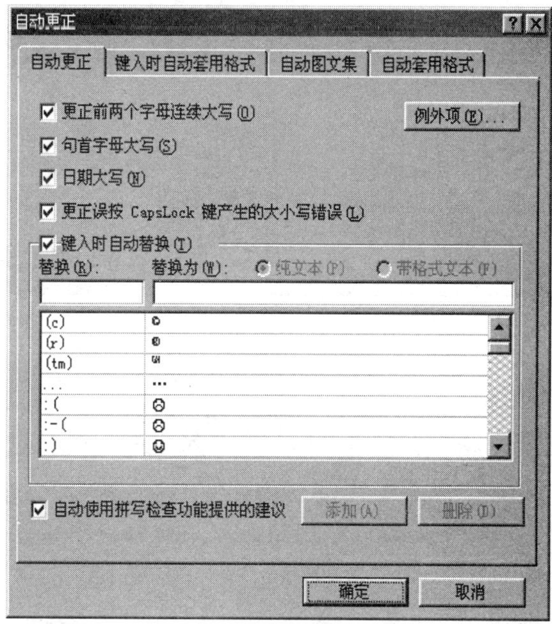


图 2.75 “自动更正”对话框

3. 插入时间和日期

了解如何使用该命令。注意“自动更新”的用途。见图 2.76(b)。

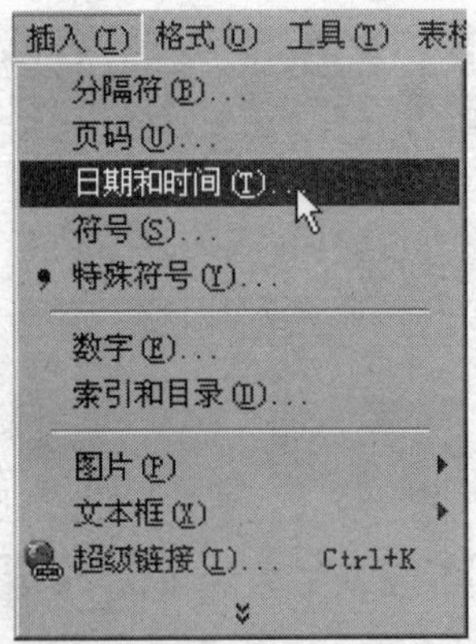


图 2.76(a) “插入”菜单下的“日期和时间…”命令

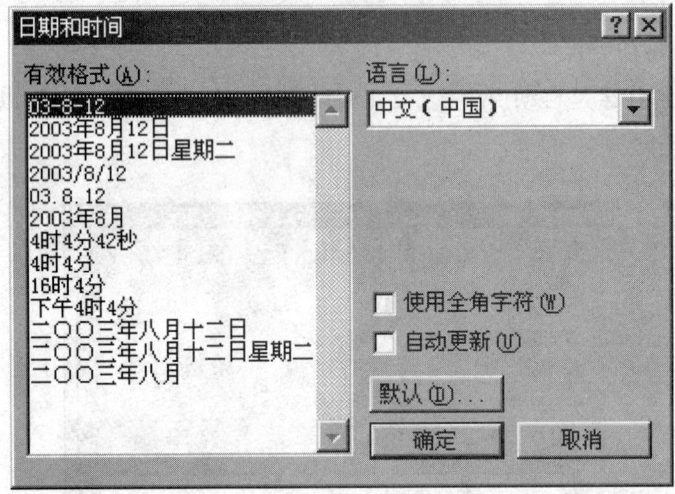


图 2.76(b) “日期和时间”对话框

4. 插入页码

了解页码的位置和对齐方式的设置。见图 2.77。

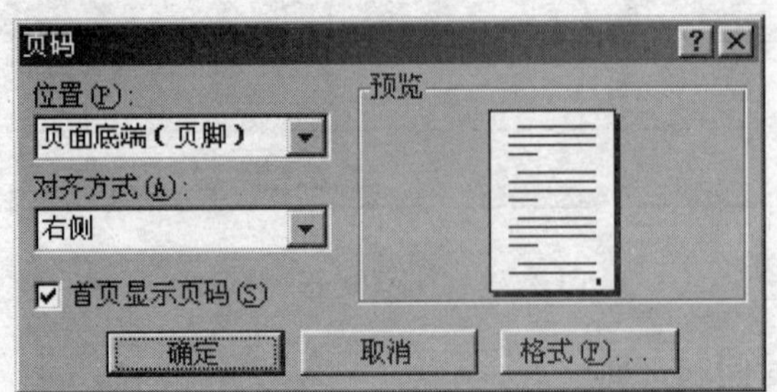


图 2.77 “页码”对话框

5. 插入特殊符号

了解如何插入各种符号。见图 2.78。

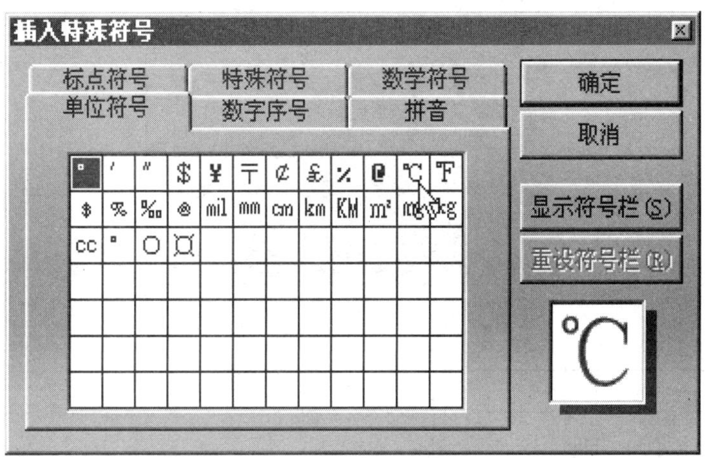


图 2.78 “插入特殊符号”对话框

## 三、Word 2000 高级操作

### (一)表格

1. 插入表格

(1)通过菜单插入表格。见图 2.79(b)。

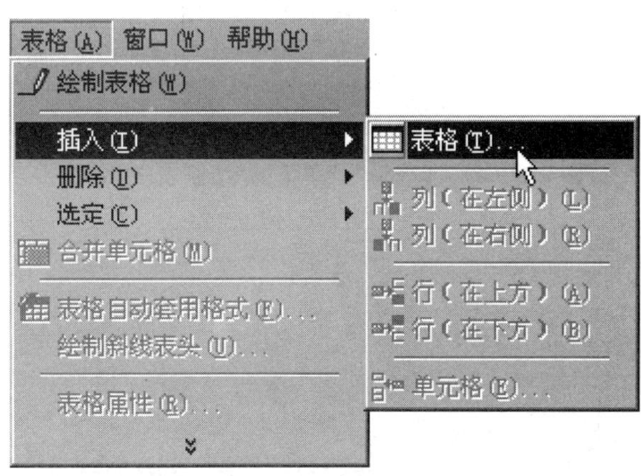


图 2.79(a) “表格”菜单下的“插入”命令

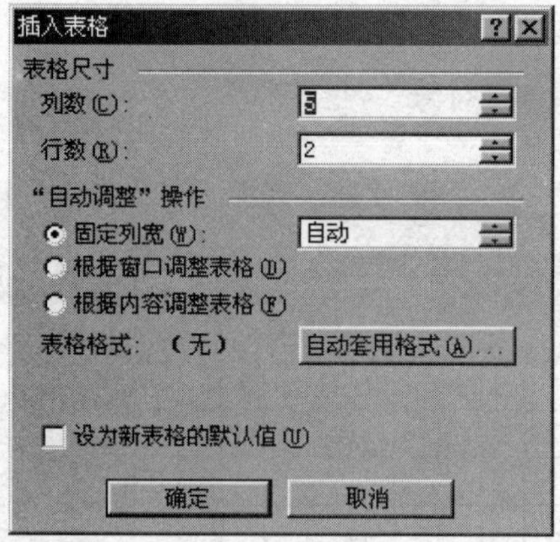


图 2.79(b) "插入表格"对话框

图 2.79(c) 文档中插入了一个 5×3 的表格

(2)使用"手绘表格"。见图 2.80(d)。

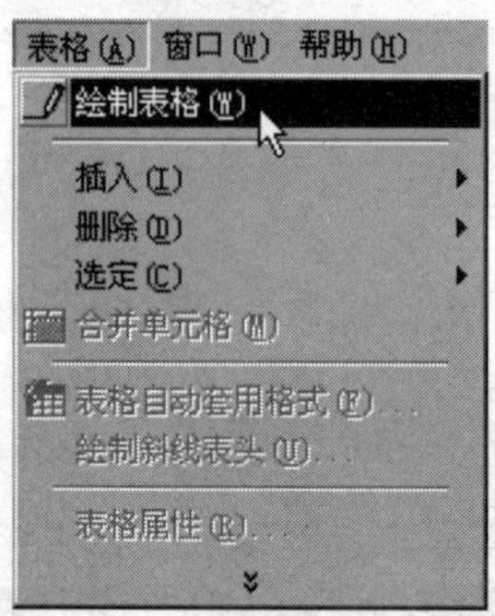


图 2.80(a) "表格"菜单下的"绘制表格"命令

图 2.80(b) 斜向拖动鼠标,绘制出表格的大致轮廓

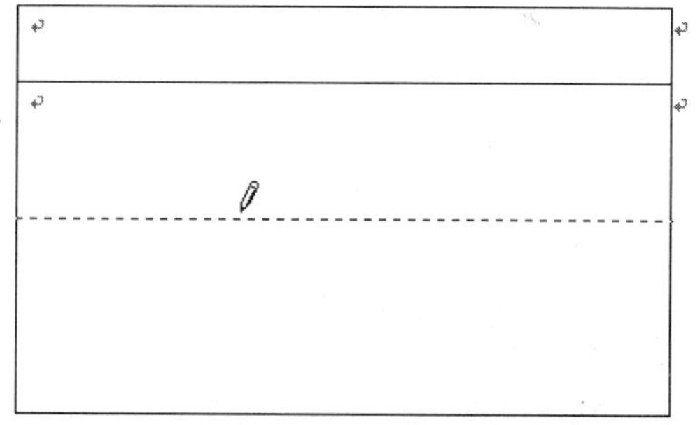

图 2.80(c)　沿水平方向拖动鼠标，绘出水平表格线。沿垂直方向可绘出垂直表格线

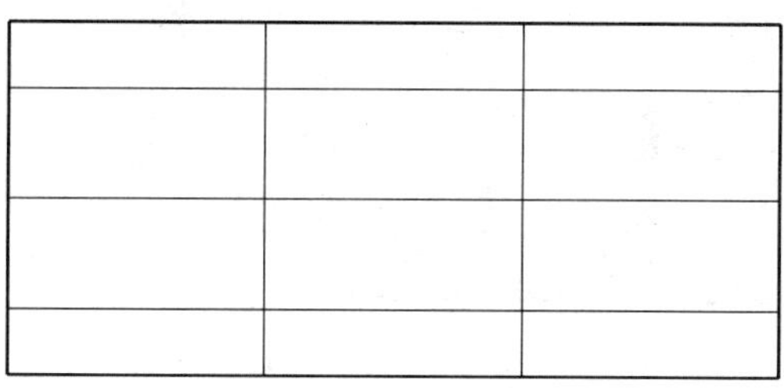

图 2.80(d)　绘制完成的表格

说明：每个单元格中的文字和普通的文字没什么两样，都可以进行各种编辑。如设置对齐方式、字体、字号，以及各种特殊格式。

2. 调整表格的宽度和高度

了解如何用鼠标拖动的方法改变某行的高度、某列的宽度，或者是整个表格的宽和高。见图 2.81。

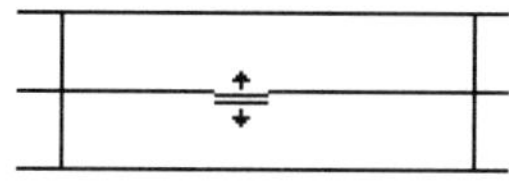

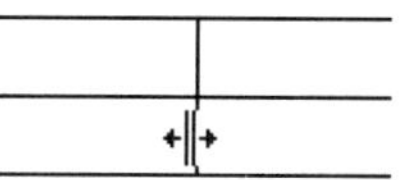

图 2.81

在表格线附近，当鼠标箭头变成上图所示的样子时，拖动即可改变高度或宽度。见图 2.82。

3. 选中单元格

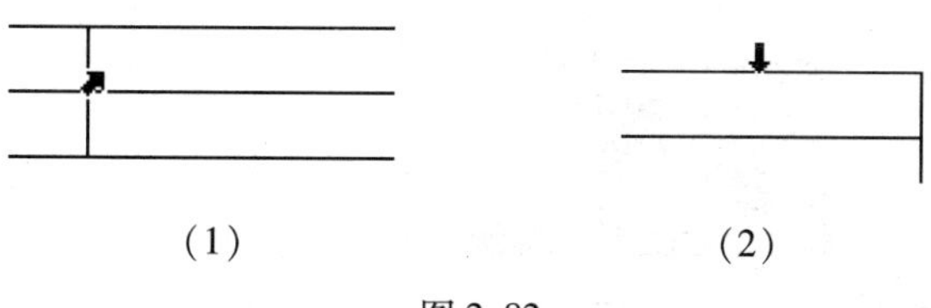


图 2.82

鼠标箭头变成图 2.82(1)的样子时,单击即可选中所指向的单元格,拖动可选中多个单元格。当鼠标箭头显示为图 2.82(2)的样子时,单击鼠标左键,可选中整列。

4. 增加行、列、单元格

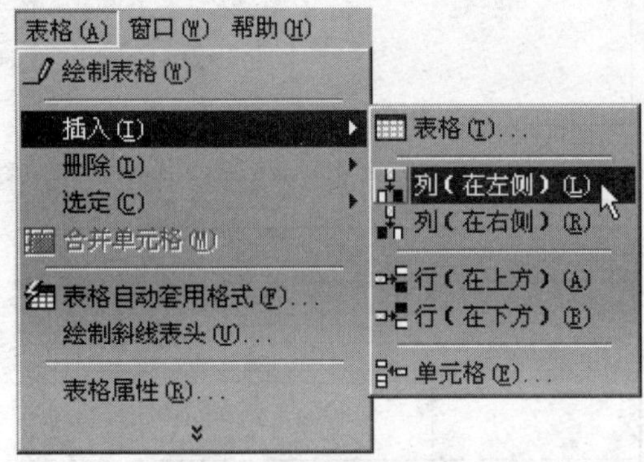


图 2.83(a)　在这里可以增加行、列、单元格

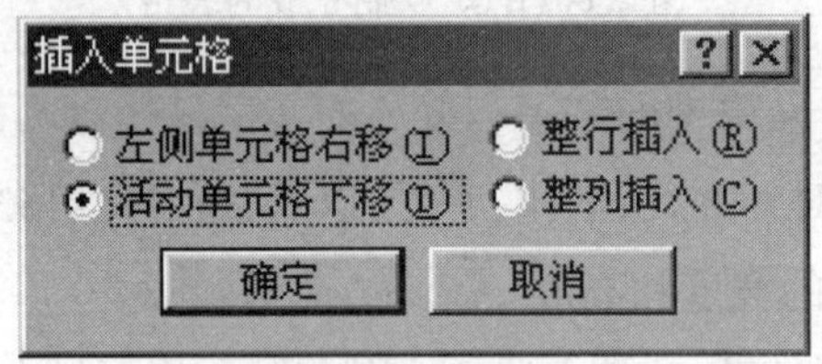


图 2.83(b)　"插入单元格"对话框

这里需要提醒的是,首先要把光标定位到紧邻插入位置的行或列的某个单元格内,不一定要选中。见图 2.83(b)。

5. 删除行、列、单元格和整个表格

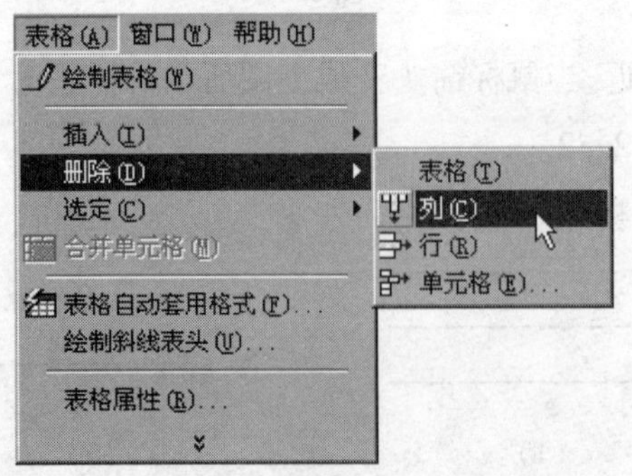


图 2.84(a)　在这里可以删除列、行、单元格,甚至整个表格

执行这个操作之前,同样要定位好光标。见图 2.84(b)。

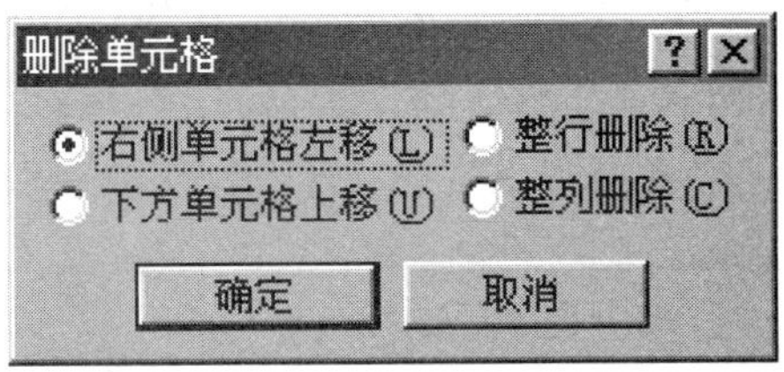


图 2.84(b) “删除单元格”对话框

6. 合并、拆分单元格

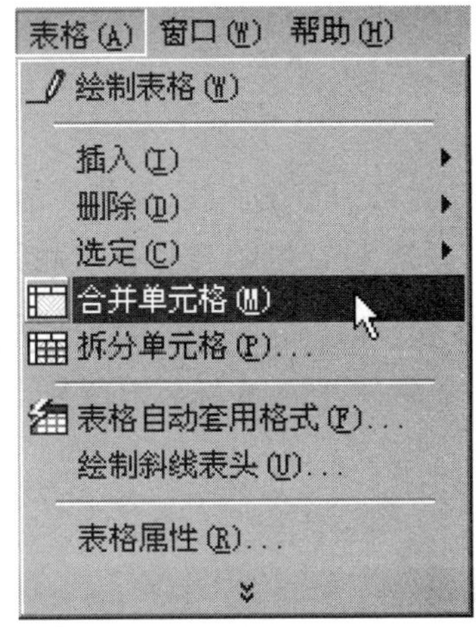


图 2.84(a) “表格”菜单下的“合并单元格”和“拆分单元格…”命令

应当强调,在执行“合并单元格”命令之前,要选中所有要合并到一起的单元格,否则该命令是灰色的,不可用。见图 2.85(b)。

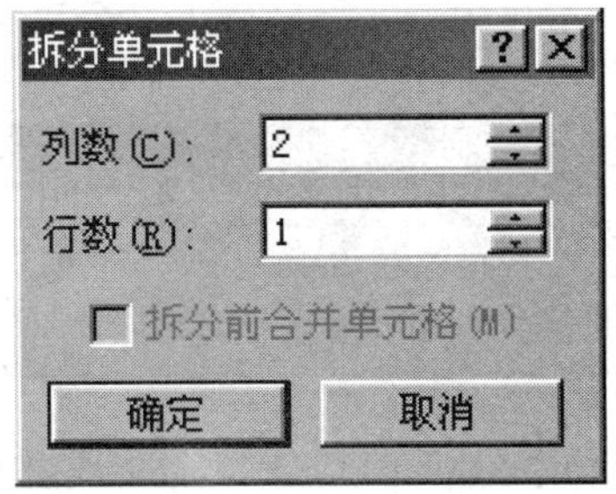


图 2.85(b) “拆分单元格”对话框

7. 用“擦除”工具完成删除、合并操作

位于“表格和边框”工具栏上的“擦除”按钮，单击它，沿着需要删除的表格线拖动鼠标，松开鼠标左键后，表格线就被删除了。见图 2.86、图 2.87。

图 2.86

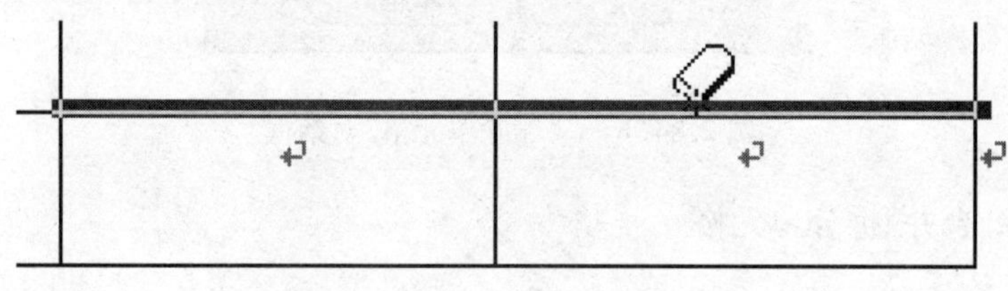

图 2.87

8. 绘制斜线表头

用手绘工具也能在表格内绘出斜线，但是不能在被斜线分割出的各区域内输入文本，换句话说，这样的斜线只是看起来是斜线而已，该单元格仍然是一个整体。这点可向同学说明。若要使用斜线表头，应当从菜单访问。另外，执行这个命令之前，光标要定位到需要绘制斜线表头的单元格内。见图 2.88(b)。

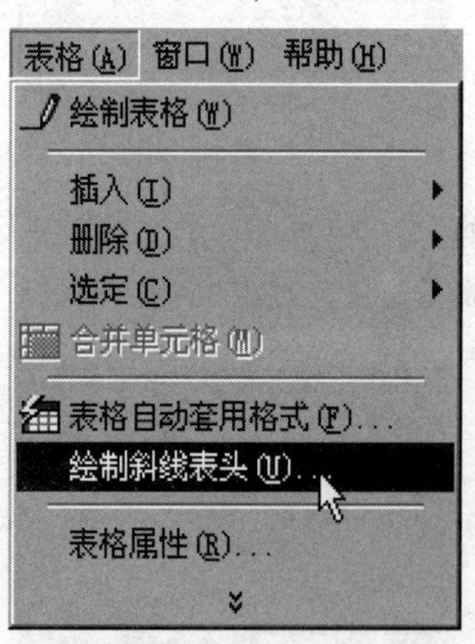


图 2.88(a)　“表格”菜单下的“绘制斜线表头…”命令

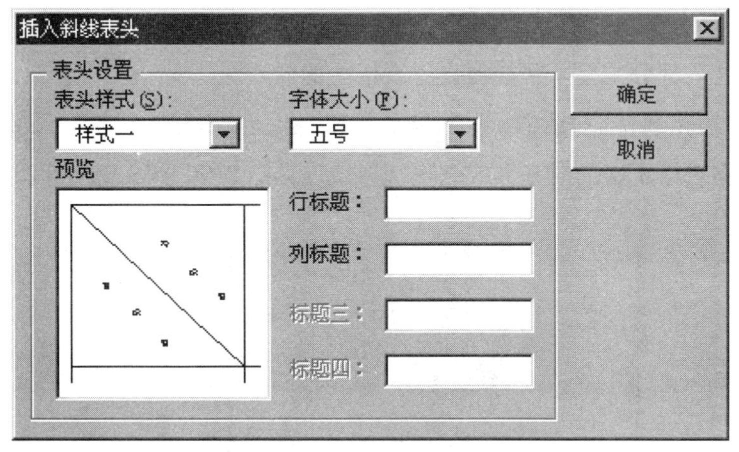


图 2.88(b) “插入斜线表头”对话框

9. 设置表格的对齐方式

因为表格的对齐与纯文本有所不同,不仅有水平居中,还有垂直居中,这里需要了解如何让表格中的文本排列整齐。这里要用到右键快捷菜单。

在表格上单击鼠标右键,在弹出的快捷菜单中就可以设置单元格内文本的对齐方式。见图 2.89。

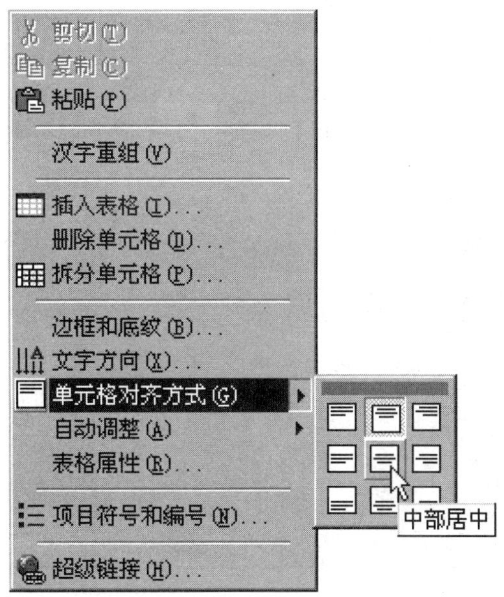


图 2.89

10. 设置表格样式

这一部分主要了解如何设置表格线的样式。

“表格属性”对话框,可以精确设置表格、行、列和单元格的尺寸以及表格相对于正文的对齐方式和环绕方式。见图 2.90、图 2.91、图 2.92。

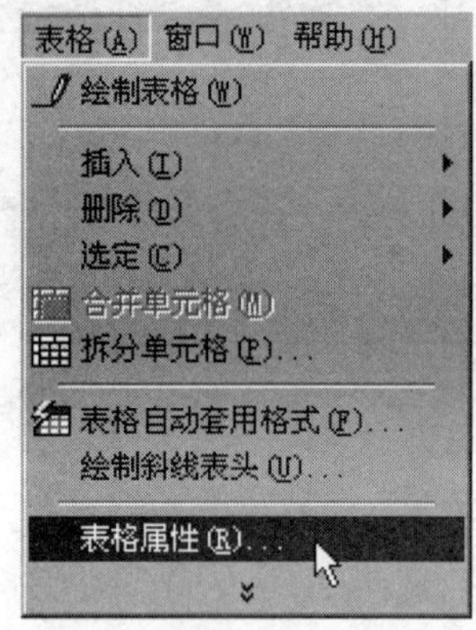


图 2.90 “表格”菜单下的“表格属性…”命令,用快捷菜单也可进入

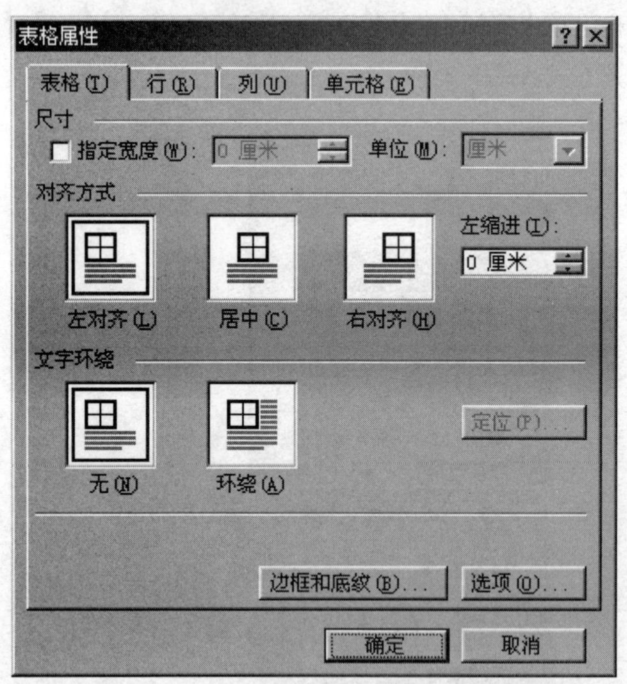


图 2.91

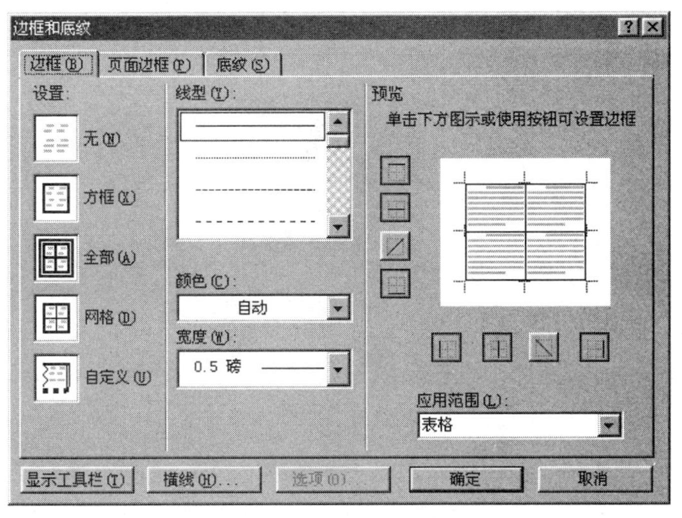


图 2.92 “边框和底纹”对话框,可以详细设置表格线的样式

关于表格的内容很多,作为入门教材,不可能讲得非常详细。Word 2000 提供了手绘表格的功能,如果能熟练掌握,则使用起来十分方便,但对于初学者可能有些困难,主要是能否熟练使用鼠标的问题。另外,可启发学生灵活运用表格进行排版。比如在某些要求对齐的地方,可以先用表格排版,然后把表格线设为“无”,这样,排版既快又好。

(二)页眉与页脚

首先要了解什么是页眉和页脚。见图 2.93 至图 2.97。

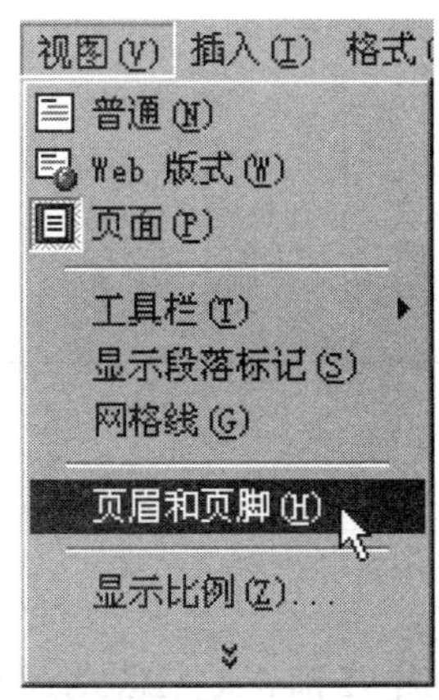


图 2.93 “视图”菜单下的“页眉和页脚”命令

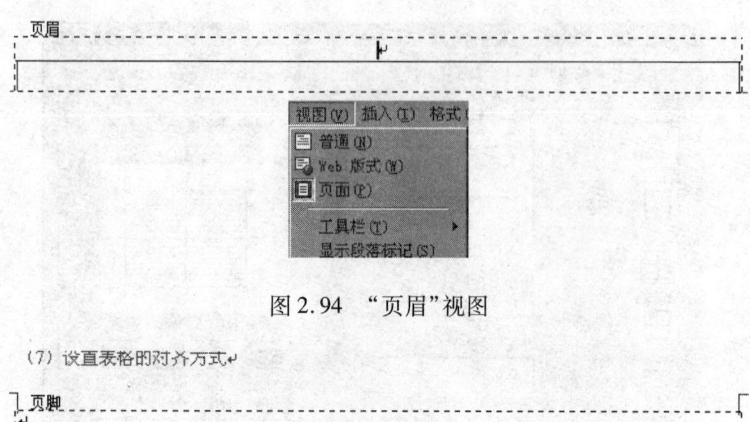


图 2.94 “页眉”视图

(7) 设直表格的对齐方式

页脚

图 2.95 “页脚”视图

图 2.96 “页眉和页脚”工具栏

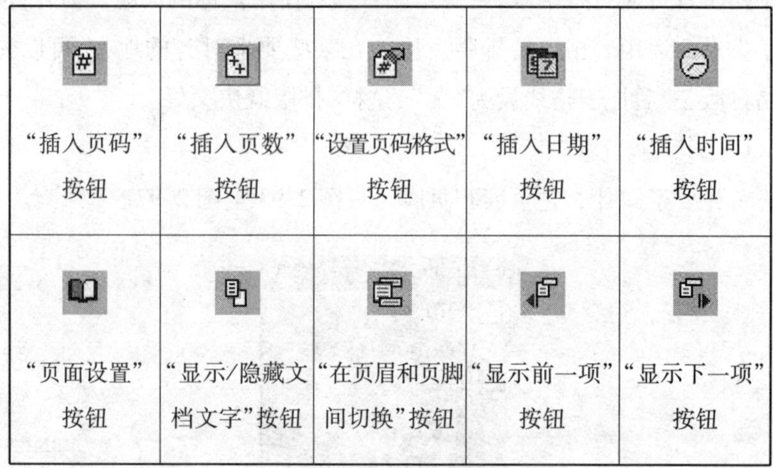

| “插入页码”按钮 | “插入页数”按钮 | “设置页码格式”按钮 | “插入日期”按钮 | “插入时间”按钮 |
|---|---|---|---|---|
| “页面设置”按钮 | “显示/隐藏文档文字”按钮 | “在页眉和页脚间切换”按钮 | “显示前一项”按钮 | “显示下一项”按钮 |

图 2.97 各按钮的功能

(三)图文混排

1. 插入图片

要注意的是,插入图片之前,要注意光标是不是处在需要的插入点上。

"插入"菜单下的"图片"命令中,可以选择图片的多种来源。常用的是"来自文件…"和"艺术字…"。见图 2.98、图 2.99。

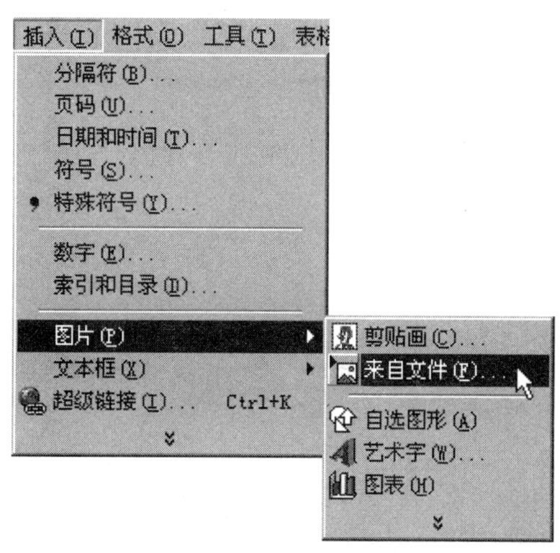


图 2.98

图 2.99 "插入图片"对话框,在这里可以预览图片

2. 修改图片

Word 2000 中的图片编辑功能比较弱,而且处理速度也较慢,应当先用 Photoshop 等软件处理过后,再插入 Word 中。

(1) 改变图片大小

讲解如何拖动控制点改变图片大小。

单击图片，四周就会出现八个控制点，拖动它们就可以改变图片的大小。见图 2.100。

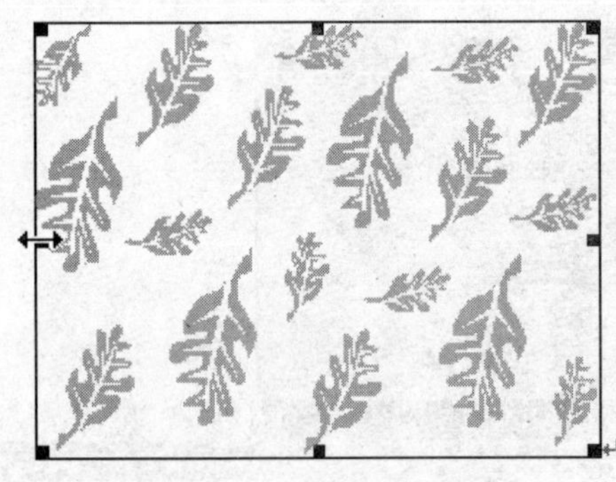

图 2.100

(2)使用“图片”工具栏

讲解如何使用“图片”工具栏对图片本身进行简单的加工处理。见图 2.101、图 2.102。

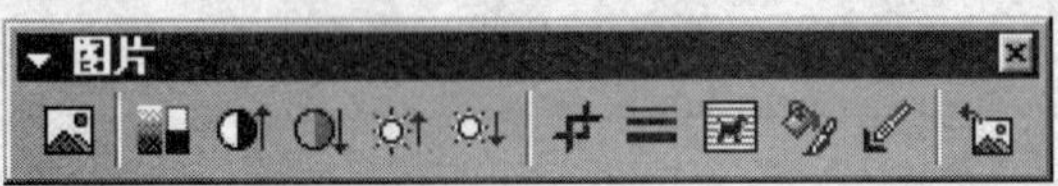


图 2.101　单击一幅图片，就会出现“图片”工具栏

| “插入图片”按钮 | “图像控制”按钮 | “增加对比度”按钮 | “降低对比度”按钮 | “增加亮度”按钮 | “降低亮度”按钮 |
|---|---|---|---|---|---|
| “裁剪”按钮 | “线型”按钮 | “文字环绕”按钮 | “设置对象格式”按钮 | “设置透明色”按钮 | “重设图片”按钮 |

图 2.102

3. 设置图片格式

了解如何使用“设置图片格式”对话框设置图片属性。

(1)打开“设置图片格式”对话框

在图片上单击鼠标右键,在弹出的快捷菜单中有“设置图片格式…”命令。见图2.103。

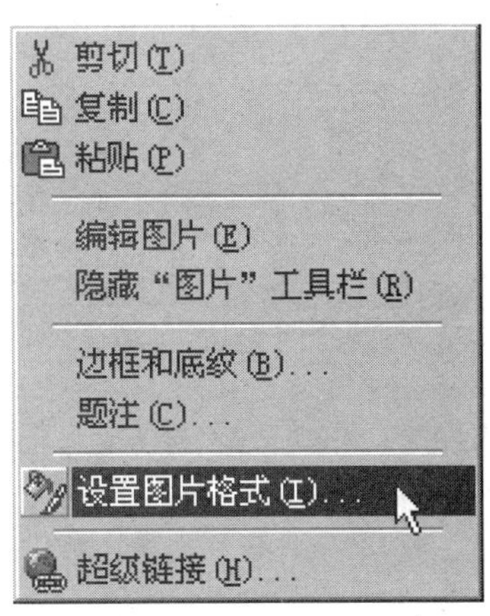


图2.103

(2)设置图片大小

在这里可以精确控制图片的高度和宽度。见图2.104。

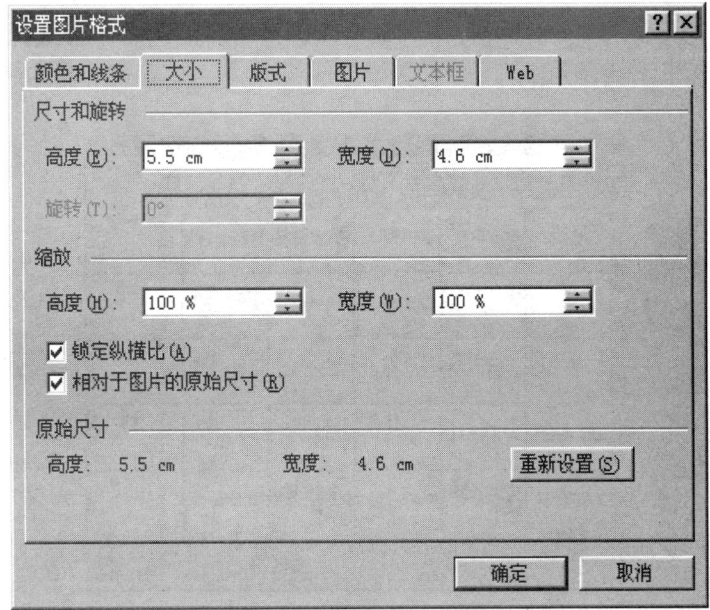


图2.104

(3)设置文字环绕方式

在这里可以设置文字环绕方式。见图2.105。

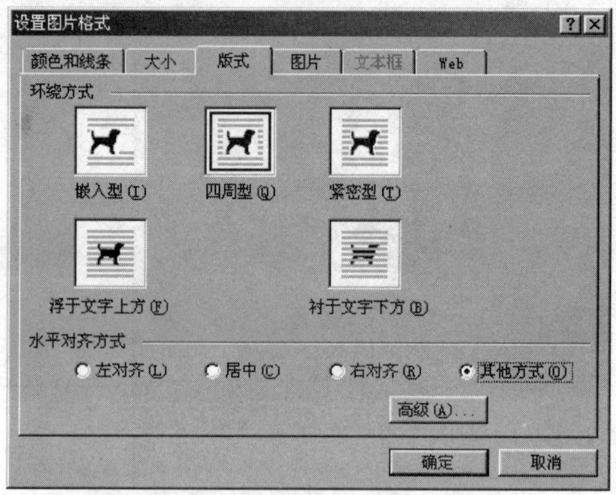


图2.105

4. 插入艺术字

(1)插入艺术字

菜单命令截图见前文。

“‘艺术字’库”对话框,在这里可以选择需要的艺术字样式,然后单击“确定”。见图2.106。

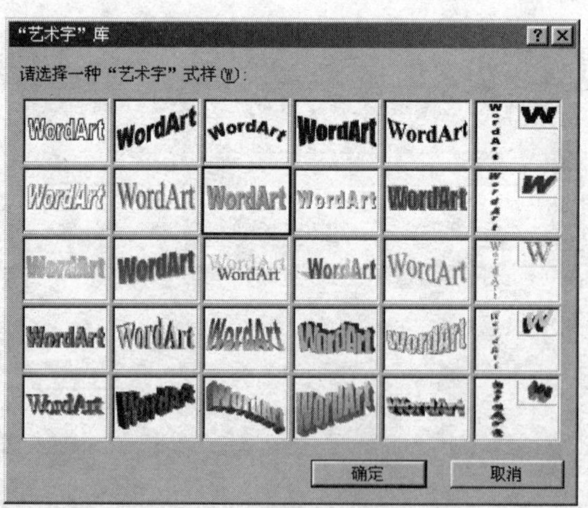


图2.106

"编辑'艺术字'文字"对话框,修改完成后单击"确定"。见图 2.107。

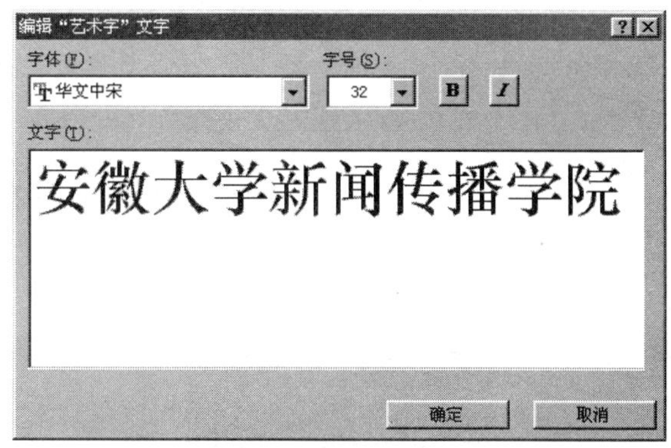


图 2.107

插入文档中的艺术字。见图 2.108。

图 2.108

(2)修改艺术字

①修改艺术字的大小

在 Word 中,艺术字和图片的属性有许多相同之处,比如改变大小都是通过拖动控制点的方法进行的。但是,艺术字四周控制点的外观与其文字环绕方式的设定有关,见图 2.109。

图 2.109

当文字环绕方式设为"嵌入型"时,单击艺术字,其四周出现的控制点与图片相同。见图 2.110。

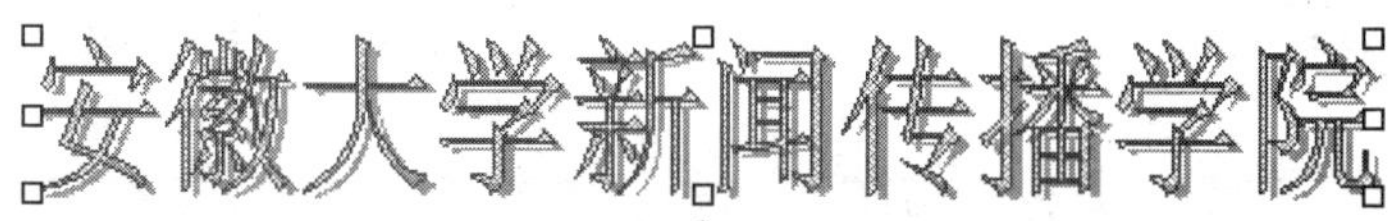


图 2.110

当文字环绕方式设为其他类型时，控制点是这样的。此时，不仅能改变艺术字的大小，还能使之倾斜（拖动黄色的菱形控制点）或自由移动。

②使用“艺术字”工具栏

说明：一般来说，当单击艺术字时，“艺术字”工具栏会自动弹出，但是如果关闭了这个工具栏，则下次单击艺术字时，就不会自动弹出了。保险起见，再说明一下如何打开这个工具栏，见图 2.111。

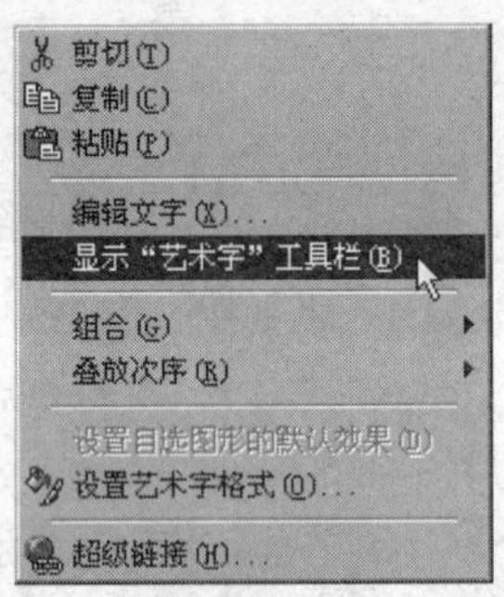


图 2.111

在艺术字上单击右键，在弹出的菜单中选择“显示‘艺术字’工具栏”命令即可。见图 2.112。

图 2.112

“艺术字”工具栏。见图 2.113。

| “插入艺术字”按钮 | 编辑文字(X)...<br>“编辑文字…”按钮 | “艺术字库”按钮 | “设置艺术字格式”按钮 | “艺术字形状”按钮 | “自由旋转”按钮 |
|---|---|---|---|---|---|
| “文字环绕”按钮 | “艺术字字母高度相同”按钮 | “艺术字竖排文字”按钮 | “艺术字对齐方式”按钮 | “艺术字字符间距”按钮 | |

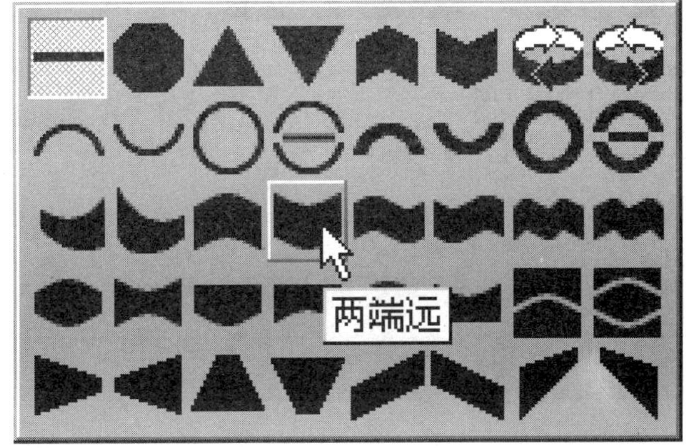


图 2.113

单击“艺术字形状”按钮后，可以对艺术字的形状进行设置。

**四、在 Word 中实现数据共享**

前面我们讲述了 Word 的基本操作，下面讲述在 Word 文档中引入及编辑其他应用软件产生的数据。我们可以在 Word 中插入由其他软件制作的艺术字体、电子表格、统计图形、数学公式等，这样就能在 Word 中借助其他软件的功能，丰富 Word 文档的内容。这里我们主要以 OLE 技术为例讲述。

对象链接与嵌入（OLE）技术支持用户在 Word 文档中插入已由 Office 应用程序或其他支持 OLE 技术的应用软件创建的全部或部分数据，也可以创建新对象，然后将它插入到文档中。在 Word 中使用 OLE 技术的常用方法是在“插入”菜单中选取“对象”（即插入对象），在其对话框中（如图 2.114 所示）会出现所有支持 OLE 的应用程序列表。可以根据需要选取一个应用程序，进入其编辑界面，并用它制作一个对象。对象制作完成后退出该应用程序而回到 Word 文档窗口中。这时创建的对象就会插入到 Word 文档中，双击该对象又可在相应的应用程序中打开并编辑它。

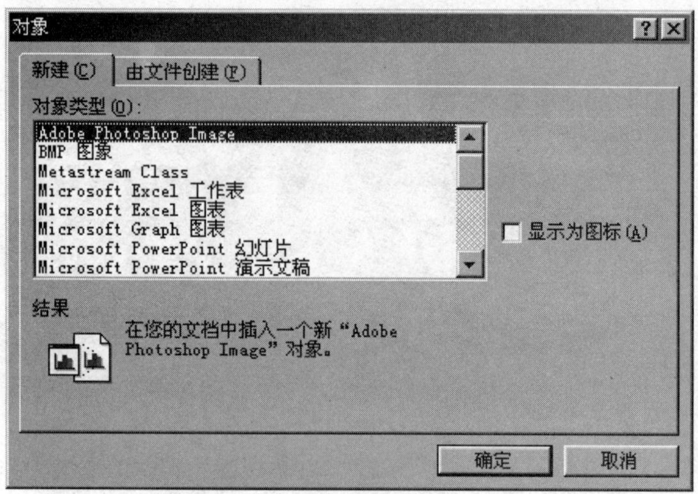


图 2.114

## 第七节　新闻图片的编辑

我们在新闻采访过程中摄来的许多图片往往都要在不影响其真实性的基础上做一些简单的处理再应用于版面形成报道,如简单的缩放、图片色彩的调整等,这些都需要我们报编人员掌握简单的图片处理技能,下面我们就介绍常见的图片处理软件及其与新闻图片处理相关的一些应用。

### 一、专业的看图软件——ACDsee

ACDsee 是 ACD Syetem 公司公司开发的应用于 Windows 平台上的一个著名的看图软件,它能广泛应用于图片的获取、管理、浏览和优化,使用 ACDsee 最享盛名的图片浏览器,可以从数码相机和扫描仪高效获取图片,并进行便捷的查找、组织和预览。ACDsee 识别超过 50 种的常用多媒体图片格式,作为专业级别的看图软件,它能快速、高质量显示图片,如果再配以内置的音频播放器,还可以用它播放精彩的幻灯片。ACDsee 还能处理如 Mpeg 之类常用的视频文件。此外 ACDsee 是您最得心应手的图片编辑工具，轻松处理数码影像，拥有的功能像去除红眼、剪切图像、锐化、浮雕特效、曝光调整、旋转、镜像等等，还能进行对图像进行批量处理，此外，大量的编辑功能可以制作具有专业水平的电子相册、屏幕保护和精彩幻灯片。我们以 ACDsee 9 Photo Manager 为例，结合常见的新闻图片的浏览和处理，介绍一下它的应用。

打开 ACDsee 9 Photo Manager，主程序界面如图 2. 115，窗口从上至下依次为菜单栏、主要工具栏、活跃工具栏，主窗口的左上边是一个类似于 WINDOWS 资源管理器的浏览器选项栏，在这里你可以选择进入的目录，确定要查看的文件。左下面是一个对当前选中图片的预览窗口。右边最大的窗口为清单选项栏和以缩略图形式显示的清单列表。最下面一栏为状态栏。

图 2. 115

在文件清单窗口双击你要查看的图片文件，如例中的“长春蔓 . jpg”则启动了图片查看窗口，如图 2. 116，查看窗口集中了我们需要用到的实用工具。

你可以使用“缩小”、“放大”、“缩放”按钮对当前图片显示大小进行缩放，使用图片的放大和缩小功能可以用来看一个图片的局部，或者来看一个大图像的全貌。当图像的长度或宽度超过屏幕的显示时，鼠标箭头指针就会改变为手型指针，此时拖动鼠标，就可四面移动图像来查看，也可用键盘上的光标键来控制图像的移动。

图 2. 116

观看图片时，你可以用快捷键 Ctrl + F 将看图模式设置为全屏模式，这时，窗口已经不再存在，只有当前图片显示在屏幕中央，再次键入“Ctrl + F”将恢复原来的窗口模式。

你可以单击“下一幅”按钮观看当前图片所在目录的下一张图片，也可以单击“上一幅”按钮观看上一张图片。我们也可以用键盘上的“Page-UP”和“PageDown”键来实现向前或向后翻页。

“自动播放”是系统提供的连续播放图片的功能，单击“自动播放”按钮，系统就会自动播放当前目录下的所有图片文件。你还可以单击菜单栏上的“视图”菜单，在弹出的菜单中的“自动播放”子菜单中的“选项”中调整自动播放的延迟时间以改变播放速度，并且有不同顺序和是否重复以及背景音乐的选项。在自动播放的过程中你可以随时敲一下 Pause Break 键停止自动播放。此功能是取代之前版本中的“幻灯片演示”功能而设计的，系统另外提供了更为强大的新版“幻灯片显示”功能，在主界面中点击“幻灯片”按钮即可打开。

ACDsee 还提供了编辑图像的功能，新版本中此功能有所变动，你可以在图片查看窗口中点击工具栏上的“编辑图像”按钮进入 ACDsee 自带的图像编辑功能界面，也可以点击“编辑图像”按钮旁边的下拉三角按钮选择其他第三方的图像编辑软件诸如 Photoshop 等进行编辑。图像编辑功能界面如图 2.117。

图 2.117

在这里你可以对图片进行剪裁、调整大小、去除人物红眼、调整颜色、调整曝光等操作，由于这些功能的实现在 Photoshop 中有着更精彩的演绎，我们留待下面细述。

如果你想对当前进行裁剪，先选中“剪裁”图片按钮启动剪裁工具，用工具在图像中选择你想剪存下来的一个矩形区域，可以通过按住鼠标拖动以调整目标区域大小，完成之后双击鼠标，即完成剪裁，编辑器显示你所剪裁下来的区域，如图 2.118。

ACDsee 还自带了方便实用的屏幕抓图功能，即捕获当前活动窗口作为图片。让我们回到 ACDsee 的主窗口，选择“获取”按钮，点击下面出现的活动工具栏中的“屏幕”，就进入屏幕捕获窗口，如图 2.119。

图 2. 118

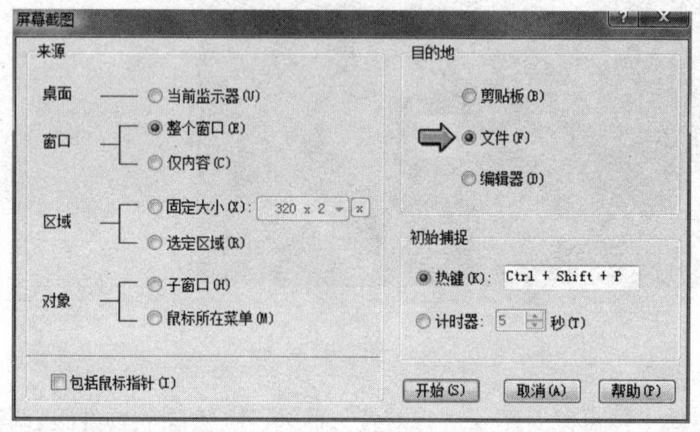


图 2. 119

根据需要在“来源”区选择屏幕捕捉的范围,如果想在捕获的图像中显示出鼠标指针,则选中“包含鼠标指针”选项。在“目标”位置处,可以设置将捕获到的屏幕图像文件保存到何处,如果选择“编辑器”,ACDsee会直接在编辑器中打开所捕捉的屏幕图像。可以在“热键”处修改屏幕捕捉热键设置。完成设置后,点击“开始”按钮退出,这里在屏幕右下方出现一个照相机模样的图标,表明屏幕捕捉功能准备就绪。你可以进入目标图片窗口,按下捕捉热键完成屏幕捕捉工作,系统会提示你对图片进行保存或直接打开编辑器,进入编辑状态。

## 二、优秀的专业图片处理工具— Adobe Photoshop

Photoshop 是 Adobe 公司推出的一个优秀的图像处理软件，一直占据着图像处理软件的领袖地位，是平面设计、建筑装修设计三维动画制作及网页设计的必用软件。它强大的功能也引起广大业余图像处理爱好者的强烈兴趣。

图 2. 120

(一) Photoshop 主要功能

1. 图像编辑：可以对图像做各种变换如放大、缩小、旋转、倾斜、镜象、透视等；也可进行复制、去除斑点、修补、修饰图像的残损等。

2. 图像合成：这是将几幅图像通过图层操作、工具应用合成完整的，传送明确意义的图像。

3. 校色调色：是深具威力的功能之一，可方便快捷地对图像的颜色进行明暗、色编的调整和校正，也可在不同颜色进行切换以满足图像在不同领域如网页设计、印刷、多媒体等方面应用。

4. 特效制作：主要由滤镜、通道及工具综合应用完成。包括图像的特效创意和特效字的制作，如油画、浮雕、石膏画、素描等常用的传统美术技巧都可藉此特效完成。而各种特效字的制作更是很多美术设计师热衷于 Photoshop 的研究的原因。

(二)Photoshop 用法

我们这里以其最新的 CS3 版本为例,结合我们新闻图片处理常用的一些工具介绍其用法。启动 Photoshop 后的界面如图 2. 121:

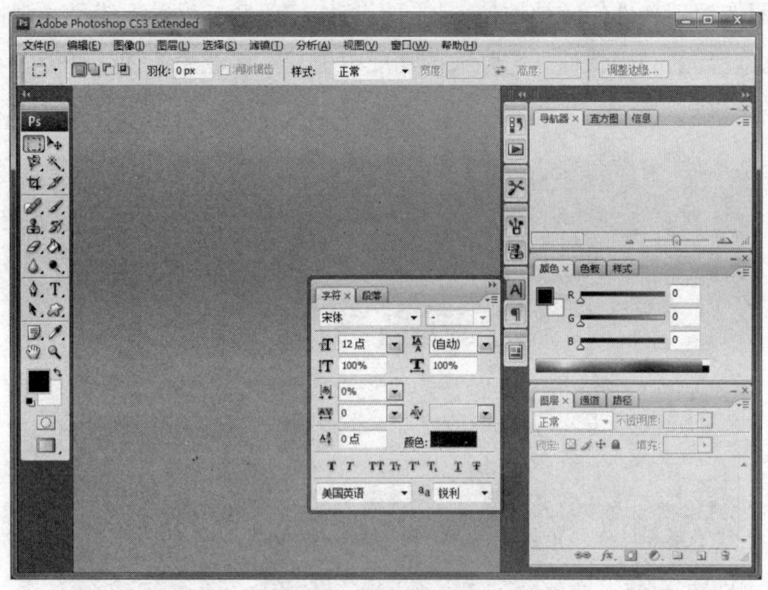


图 2. 121

窗口上端是标题栏和菜单栏,下端在打开文件后会出现状态栏,中间为工作区。工作区左边为工具箱,右上为导航器、信息、直方图控制面板组,右中为颜色、色板、样式控制面板组,右下为图层、通道、路径控制面板组,中部为字符、段落控制面板组。

1. 打开图片文件

打开图片文件可以通过文件菜单中的"打开"命令,单击打开命令后跳出"打开"文件对话框,如下图 2. 122. 1:我们以系统提供的例子文件"小鸭"为例,选中文件后单击打开,文件就显示在窗口的工作区中了。

2. 新建图片文件

点击文件菜单中的"新建"命令,系统跳出新建文件对话框,如下图 2. 122. 2,在这个对话框中,你需要对要新建文件的名称、大小、模式、内容进行设置,这将确定系统将给你展开的画布的大小和属性,完成后单击"确定",在窗口工作区就会出现一个符合你设定属性的工作窗口,里面有一块空白的画布，你就可以在这块画布上开始你的工作了。

图 2. 122. 1

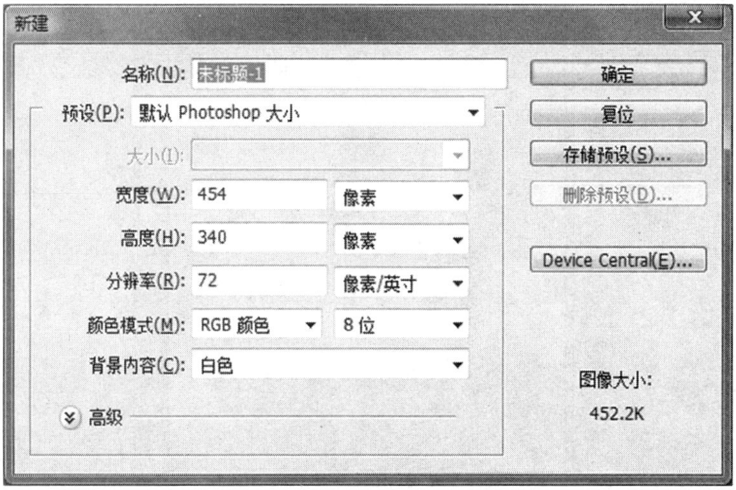

图 2. 122. 2

3. 选择图片的某一区域

在编辑图像时，通常需要对图片的局部进行调整，在调整之前我们就需选取目标区域，在 PHOTOSHOP 中选中的区域会用沿顺时针转动的黑白线（也称做浮动的蚂蚁线）表示。选取区域就是用来编辑的范围。在

不取消选择的情况下，一切命令只对选取区域有效，下面我们介绍一下选取工具，如图 2. 123 所示。

(1)规则图片的选取工具——矩形和椭圆选取工具

①矩形选取工具：按钮为，它可以用鼠标在图层上拉出矩形选框。先单击，鼠标在图片上变为“＋”字形，这时在选项菜单栏中出现如下的矩形选取工具任务栏：

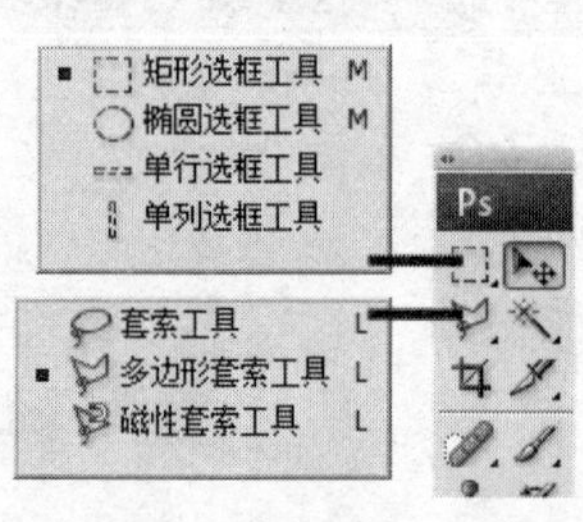


图 2. 123

图 2. 124

用鼠标拖动在图像中画出一个矩形。所选中区域的线变为高亮虚线。即可进一步对选中区域进行其他操作。

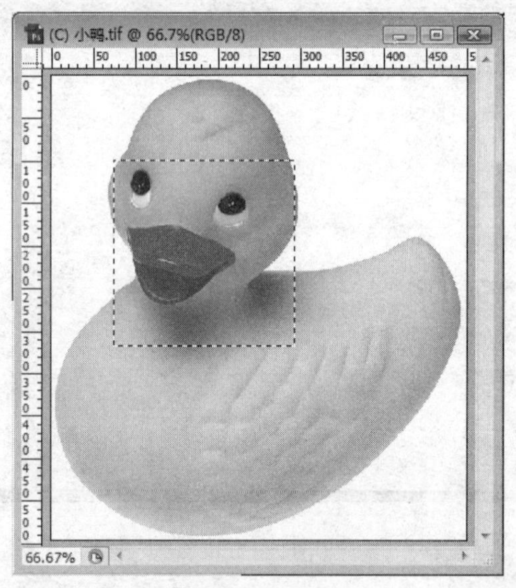


图 2. 125

还可以通过矩形框选取任务栏提供的修改工具进行任意组合，形成你所想要的不规则矩形框组合。

如要选取图 A，则先通过矩形框工具选择图 B 中的区域，再选择减去选择按钮，在旧的选择区域中，减去新的选择区域与旧的选择区域相交的部分，如图 C，形成最终的选择区 A。

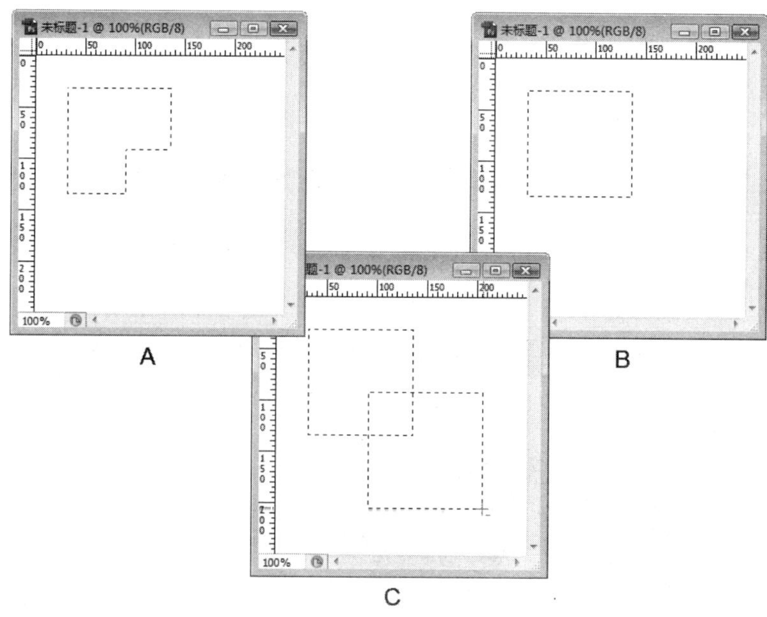


图 2.126（A、B、C）

你还可以使用选择工具任务栏中的羽化工具消除选择区域的正常硬变边界，对其进行柔化，也就是使边界产生一个过渡段（如图 2.127 所示），其取值在 2－255pixels 之间。

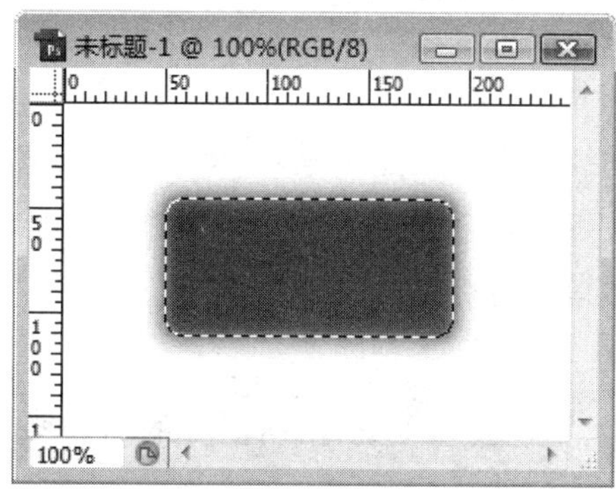


图 2.127

②椭圆选取工具:其使用与矩形大致相同。如果你想选取的图片形态是不规则的,就需要利用 Photoshop8.0 的套索和魔棒工具。

(2)不规则形态图片的选取工具——套索工具、魔棒工具

①套索工具:包括套索工具、多边形套索工具、磁性套索工具。套索工具是以手画的方式描绘出不规则形状的选取区域(如图 2.129 所示)。套索选项面板如图 2.128 所示。

图 2.128

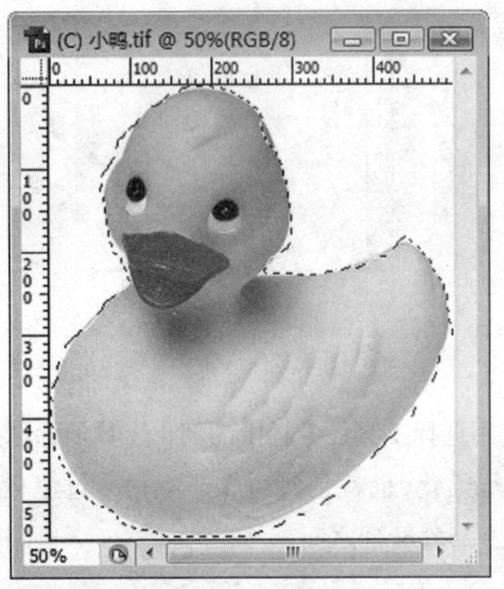


图 2.129

如果选取的曲线终点和起点未重合,则 Photoshop8.0 会自动封闭成完整的曲线。在按下 Alt 键的同时,同时拖动鼠标,也能形成任意曲线,只需在起点和终点单击就会以直线相连。

a. 套索工具

按住鼠标左键,拖动套索工具,沿所需要的图形移动鼠标,当回到起点时会形成闭合的曲线。

b. 多边形套索工具

多边形套索工具可以在图像中选取出不规则的多边图形。将鼠标移到图像点处单击，然后再单击每一顶点，来确定每一条直线。当回到起点时，光标下就会出现一个小圆圈，表示选择区域已封闭，再单击鼠标即完成此操作(如图 2. 130 所示)。

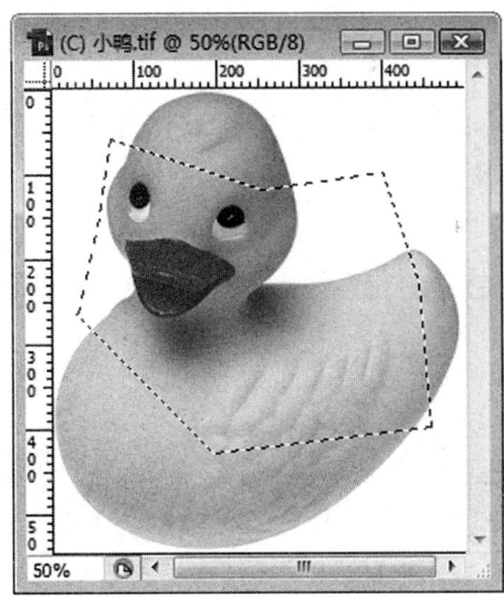


图 2. 130

c. 磁性套索工具

磁性套索工具是一种具有可识别边缘的套索工具。可在图像中选出不规则的但图形颜色和背景颜色反差较大的图形。选中按钮，任务栏也就相应地显示为磁性套索工具的选项，如图 2. 131 所示，与以上套索有点不同，多了套索宽度和频率，前者用于设置磁性套索工具在选取时探查距离，后者用来制定套索连接点的连接频率。鼠标移到图像上单击选取起点，然后沿图形边缘移动鼠标(如图 2. 132 所示)，无需按住鼠标，回到起点时会在鼠标的右下角出现一个小圆圈，表示区域已封闭，此时单击鼠标即可完成此操作。Delete 键和 Alt 键的操作和套索一样。

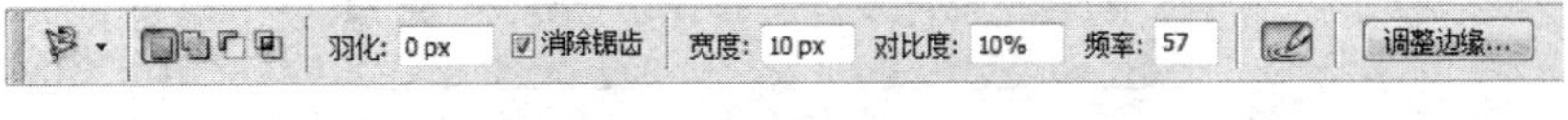


图 2. 131

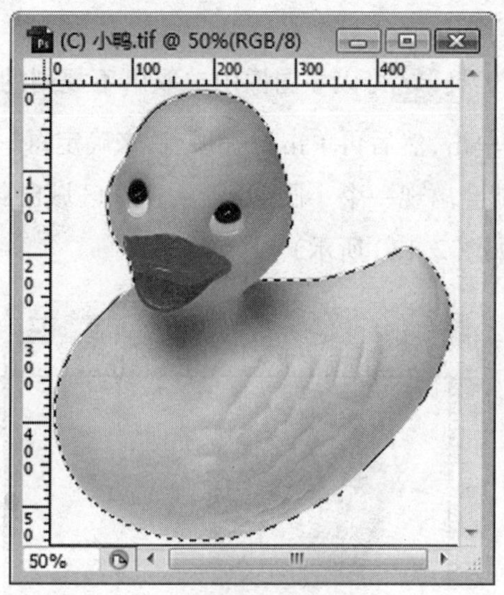


图 2. 132

②魔术棒

魔术棒是一个神奇的选取工具。可以用来选取图像中颜色相似的区域(如图 2. 133 所示),当用魔术棒单击某个点时,与该点颜色相似和相近的区域将被选中,可以在一些情况下节省大量的精力来达到意想不到的结果。

图 2. 133

魔术棒的任务栏包括选取方式、羽化与消除锯齿、容差，应用所有图层。容差 容差: 32 是用来控制颜色的误差范围。值越大，选择区域越广。数值范围在 0～255 之间，系统默认为 32。

在选取区域后，这部分是画布上唯一被激活了的内容，就能够在上面进行所需要的操作。但是如果要转到其他区域，必须先取消该选取区域。取消选取区域只需用任何一种选取框工具单击选取区域以外的任何地方，或者单击鼠标右键，在跳出的快捷菜单中选择"取消"。选取区域之后，你还可以改变选取区域的大小。首先选取该对象或要改变大小的图像。在选取框处于激活状态时，选取 编辑(E)、变换、缩放(S) 命令。这时在选取的对象周围出现一个类似于裁切框的窗口，拖动方框四周的任何一处的一个控制手柄即可改变选取对象的大小。如果拖动插槽的同时按住 Shift 键，还可以保持对象的高宽比例。如果拖动方框侧面的手柄，即可相应拉伸或缩小选择区域的高度或宽度。

4. 重新设置图像的尺寸

要重新设置图像的尺寸，可以选取 图象(I)、图像大小(I)... Alt+Ctrl+I 命令，打开如图 2.134 所示的对话框。在这里重新设置后点击确定就会回到工作窗口，看见改变尺寸后的图片。

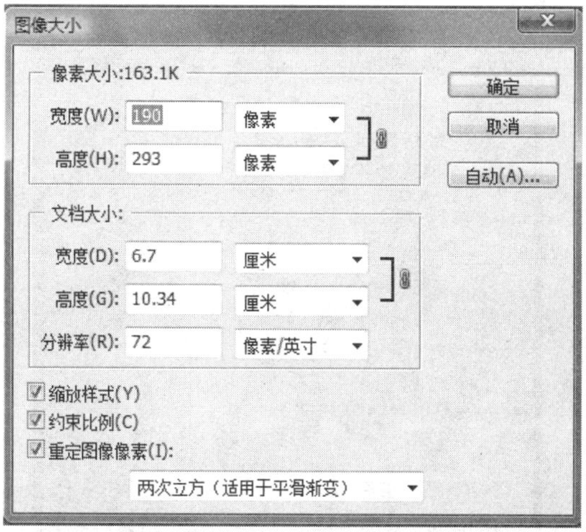

图 2.134

(1)像素大小——它显示的初始值是当前图像的大小,可以通过重新设置图像的宽度和高度来改变图像的大小。如果选择了约束比例选项,会出现右边的链条,表示图像的宽度和高度将始终保持原始比例。

(2)文档大小——在这里,可以查看图像的物理尺寸以打印,也可以通过调整宽度、高度和分辨率来改变打印尺寸。可以选择的单位有百分比、英寸、厘米、派卡、列、点。若保持图像的分辨率不变,改变像素大小和文档大小其中一个选项组的宽度或高度设置时,另一个选项组的宽度和高度也会发生改变。

(3)重定图像像素——改变图像尺寸时,Photoshop 会将原图的像素颜色按一定的内插方式重新分配给新的像素。两次立方是最精确的分配方式。

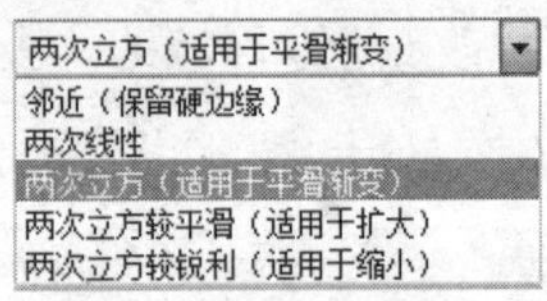


图 2. 135

5. 重新设置画布大小

画布尺寸大小命令可以让用户修改当前图像周围的工作空间,即画布尺寸的大小。也可以通过减小画布尺寸来裁剪图像。画布尺寸放大后,新添加的空间将会用当前的背景色来填充。因此在改变画布的大小之前要先确定工具箱中的背景色是所需要的颜色。白色是常用的颜色。

单击 图像(I) 菜单中 画布大小(S)... Alt+Ctrl+C 命令,弹出如图 2. 136 所示的对话框。

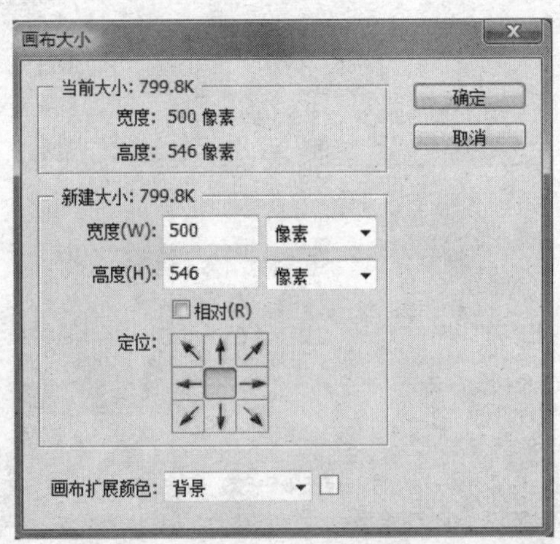


图 2. 136

你可以从弹出的对话框中选择自己喜欢的度量系统。输入要改变后的画布尺寸大小。点击“确定”即可。你还可以利用对话框中定位锚点(图 2.137 中)来决定把图像放置在画布的什么位置。如单击右上角,图中的图像会置于画布的右上角去。

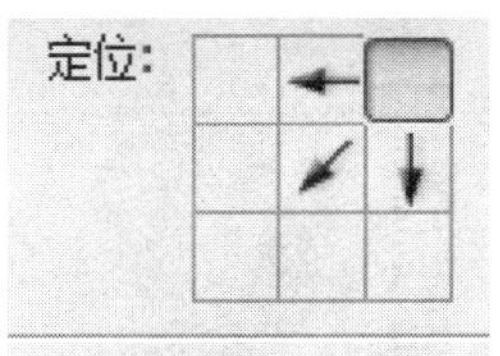


图 2.137

6. 图片的剪切、复制与粘贴

执行 编辑(E) 下的 剪切(T) Ctrl+X 或 复制(C) Ctrl+C 命令,可以将当前操作层上的选取区域剪下来或者复制下来,Photoshop 自动将选取内容复制到计算机剪贴板中,再执行 粘贴(P) Ctrl+V 命令,就会将剪贴板上的内容拷贝到当前工作文件中并放到一个新的图层上。

(1)打开两张图片。如下图:

图 2.138

图 2.139

(2)用魔棒工具 ,然后选择 选择(S) 下的 反选(I) Shft+Ctrl+I 命令,将小鸭选中。如下图 2.140 所示:

(3)选择 编辑(E) 下的 剪切(T) Ctrl+X 或 复制(C) Ctrl+C 命令,点击风景照为当前工作文件,选择 编辑(E) 下的 粘贴(P) Ctrl+V 命令,将刚才复制的图像粘贴过来,如图 2.141。

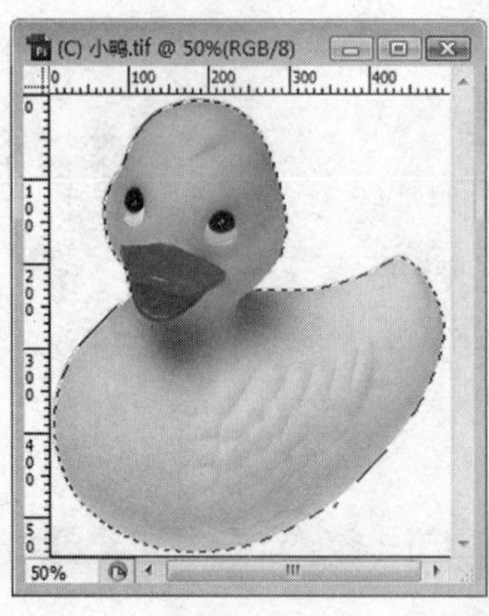

图 2. 140

图 2. 141

(4)选择图层的移动工具，将小鸭移动到合适位置。

7. 图片裁剪

裁剪在 Photoshop 中可以看做是特殊的选取工具。具体操作步骤如下：

(1)选中裁剪工具。

在任务栏中确定号裁剪工具的属性(如图 2. 142 所示)。

图 2. 142

(2)在所需剪裁的图像上,用鼠标拖拉出剪切区间框(如图 2. 143 所示)。

图 2. 143

(3)对剪切框进行调节。达到预定效果。

(4)按 Shift 键或在框内双击鼠标进行剪切(如图 2.144)。

图 2.144

可以通过设定来设定剪裁后的图像的大小和分辨率。

8. 图片的移动、变换

(1)使用移动工具可以对图层进行选择、变换、排列和分发。它的任务栏如图 2.145 所示。

图 2.145

选择图层可以在任务栏中勾选,用鼠标在图像上单击,可自动选择鼠标所在的非透明图像的那一层。变换图层勾选,用鼠标单击图像后,可对已选中的一个或多个图层进行变换。选中边框后单击鼠标右键会出现一下拉菜单,在菜单中可选择变换方式(如图 2.146 所示)。

(2)变换选取对象

上面的变换方式既可以针对整个画布也可以针对所选取的对象。下

面我们介绍只对所选取的对象起作用的一些变换方式。

选取好区域后,单击 编辑(E)、变换 命令,下拉菜单如图 2. 147 所示。

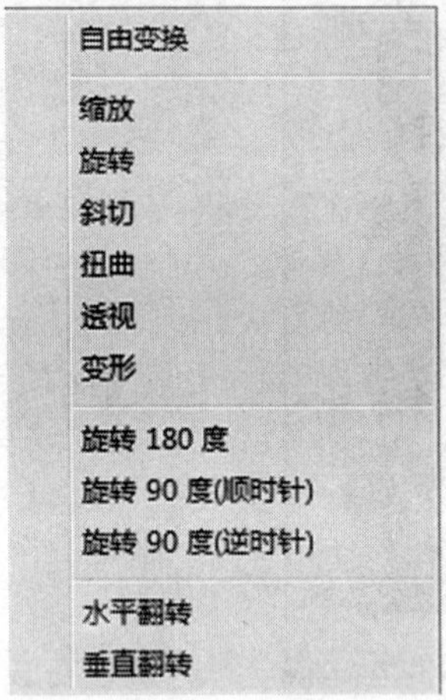

自由变换

缩放
旋转
斜切
扭曲
透视
变形

旋转 180 度
旋转 90 度(顺时针)
旋转 90 度(逆时针)

水平翻转
垂直翻转

图 2. 146

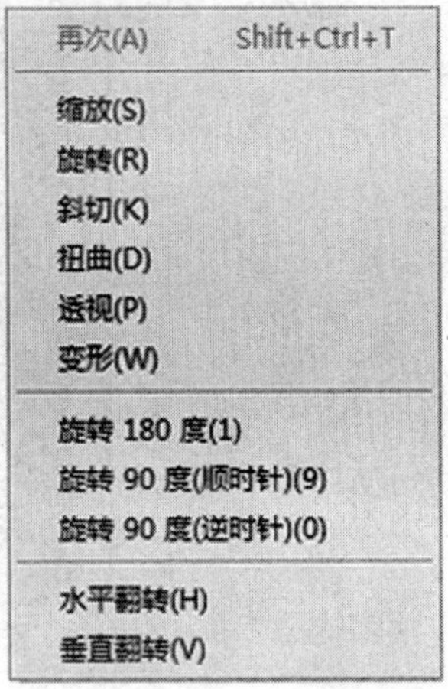

再次(A) Shift+Ctrl+T

缩放(S)
旋转(R)
斜切(K)
扭曲(D)
透视(P)
变形(W)

旋转 180 度(1)
旋转 90 度(顺时针)(9)
旋转 90 度(逆时针)(0)

水平翻转(H)
垂直翻转(V)

图 2. 147

选中缩放,图像四周出现控制点,直接拖动这些控制点将会直观地改变图像的大小,若按住 Shift 的同时拖动控制点,图像将按长和宽等比例改变大小。

选中旋转,将光标移至选中区域外部,光标变成旋转光标后,拖动鼠标即可旋转所选区域。

选中斜切,这个命令不仅是将图片区域倾斜一定的角度,它还可以把图像扭曲、伸展和变形。就好像一块橡皮泥一样,可以任意变换。它可以使选取对象在所有可能的方向上扭曲,我们只需拖动控制手柄并拖动选取区域就能够完成这种操作。完成后按回车键即可。

扭曲命令不改变图像的尺寸,而是挤压和拉伸图形。

透视命令,要创建近大远小效果的图像,透视工具就有了用武之地。它的运动非常直观。当拖住某个顶角处的控制手柄时,它的对角会做镜像运动——单击一个控制手柄并从选取区域向外拖动鼠标时对角的镜像手柄也将向相反方向做镜像运动。反之,如果向选取区域内拖动锚点,对角的镜像手柄也会向内运动。如图 2. 148。

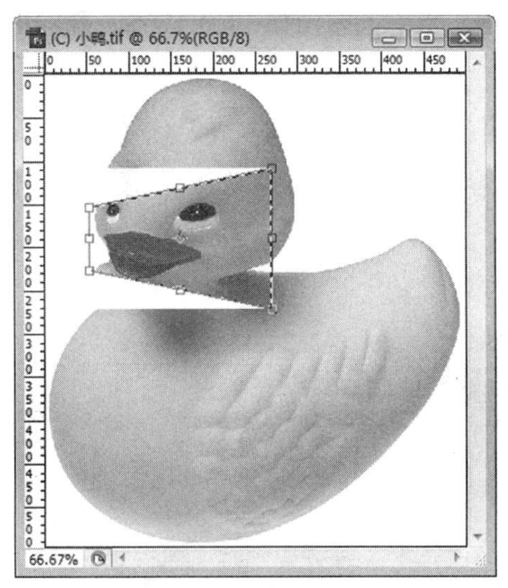


图 2.148

9. 图片的旋转、镜像

(1)旋转。图像在处理的时候,为了更有效方便地操作,需要旋转。Photoshop 中提供了强大的精确的旋转工具。执行 图像(I) 、 旋转画布(E) 命令,它的菜单如图 2.149 所示。

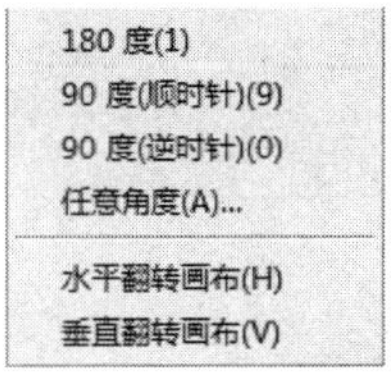

180 度(1)
90 度(顺时针)(9)
90 度(逆时针)(0)
任意角度(A)...
水平翻转画布(H)
垂直翻转画布(V)

图 2.149

如果不按菜单提供的固定角度旋转画布,则可以选择 图像(I) 、 旋转画布(E) 、 任意角度(A)... 命令自行设置旋转角度,打开如图 2.150 所示的对话框。

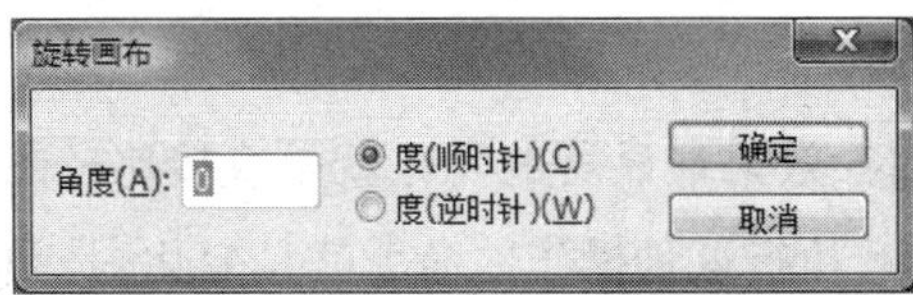


图 2.150

在对话框中输入要旋转的角度值。单击 确定 完成。

(2)水平翻转、垂直翻转

这两种翻转实际上是图片的镜像翻转,即像照镜子一样,可以水平翻转即以垂直轴为中心水平翻转图像，也可以垂直翻转即以水平轴为中心垂直翻转图像。

10. 图片的颜色调整

Photoshop 有着强大的颜色调整功能，如图 2. 151 菜单所示，我们选择几个加以介绍。

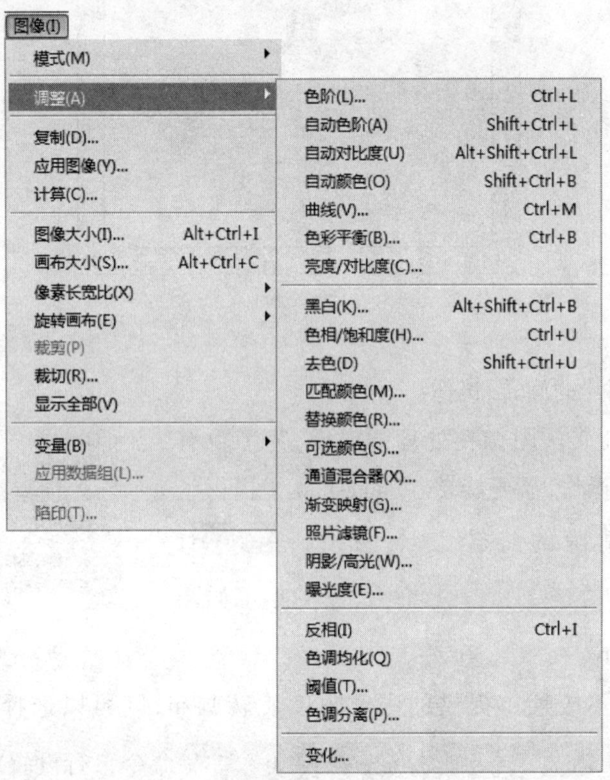


图 2. 151

(1)用变化调整

在进行调整时，效果最显著的变化就是直接比较图像调整前后的差异。Photoshop6 中，执行这种操作的命令就是变化，是颜色调整菜单中的最后一项。变化实际上是由几个图像调整工具组合而成的一个容易使用的系统。可以用该命令调节图像的色相和亮度，通过缩略图来观察对比效果，然后用鼠标单击最满意的那个缩略图。打开一幅彩色图像文件，选择 图象(I)、调整(A)、变换 命令，对话框如图 2. 152 所示。

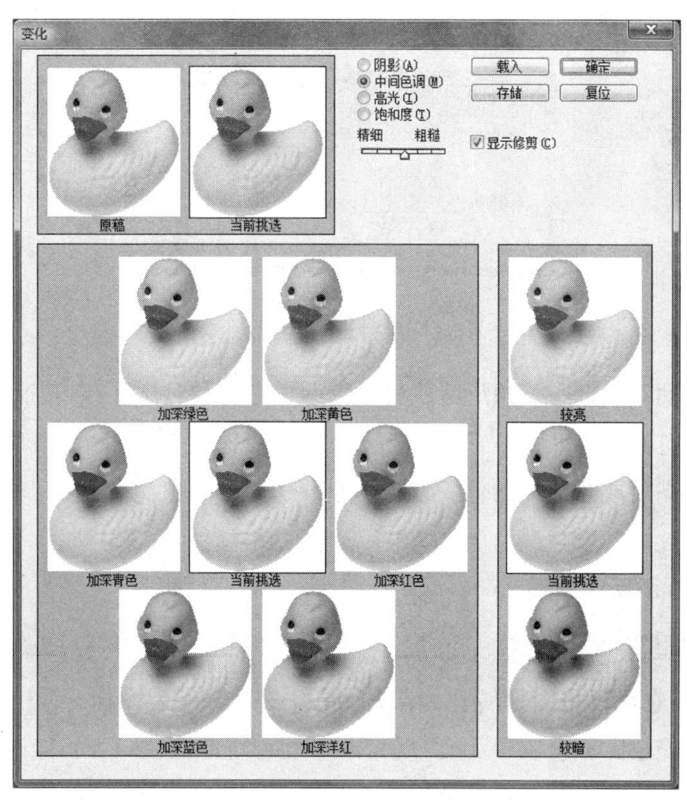


图 2. 152

对话框右上角的选项分别为暗调、中间调和高光或者饱和度，对它们分别进行调整，然后移动精细和粗糙之间的三角滑块以确定每次调整的数量。

调整方法是：如果要在图像中增加颜色，只需单击相应的颜色缩略图就可以了。如果要从图像中减去颜色，可单击色轮上的相对颜色。

对话框顶部的两个缩略图分别为原图像（或原选区）和调整效果的预视图（或预视选区）。右面的缩略图是用来调整图像亮度的（单击其中一个缩略图，所有的缩略图都会随之改变）。中间的缩略图是反映当前的调整状况的。下面各图分别代表增加某色后的情况。

单击确定完成。

（2）用亮度/对比度调整

亮度/对比度 亮度/对比度(C)... 命令主要用来调节

图像的亮度和对比度。利用它可以对图像的色调范围进行简单调节。对话框如图 2. 153 所示。

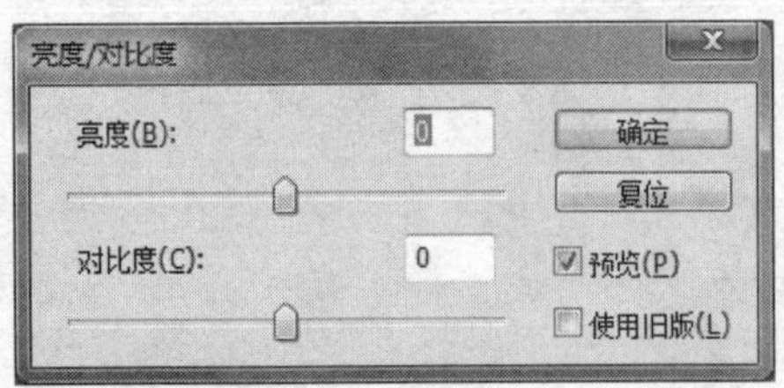


图 2. 153

拖动对话框中三角形滑块就可以调整亮度和对比度:向左拖动,图像亮度和对比度降低;向右拖动时,则亮度和对比度增加(每个滑块的数值显示有亮度或对比度的值,范围为 -0 ~ 100),调整至合适后,单击确定完成。

(3)用反相调整

反相 反相(I) Ctrl+I 命令能对图像进行反相,运用它可以将图像转化为阴片,或将阴片转换为图像。(不过,反相命令对扫描的彩色胶片无效)反相命令没有对话框,执行时,通道中每个像素的亮度值会被直接转换为颜色刻度上的相反的值:白色变为黑色,其他的中间像素值取其对应值(255 - 原像素值 = 新像素值)。

效果如下面两图所示。

图 2. 154

图 2. 155

(4)增加图像局部亮度

使用工具箱中的减淡工具可将图像局部加亮,打开一个需要进行局部加亮处理的图像文件,用选择工具选取图像中某个需要增亮的区域;用鼠标选取工具箱中的减淡工具,单击减淡工具使选取的图像局部加亮,直到达到满意的效果为止。

11. 使用滤镜

通过使用滤镜,可以清除和修饰照片,应用能够为图像提供素描或印象派绘画外观的特殊艺术效果,还可以使用扭曲和光照效果创建独特的变换。Adobe 提供的滤镜显示在"滤镜"菜单中。第三方开发商提供的某些滤镜可以作为增效工具使用。在安装后,这些增效工具滤镜出现在"滤镜"菜单的底部。

单击菜单中的"滤镜"按钮,便可看到一系列的滤镜菜单。其中比较常用的是模糊和锐化。

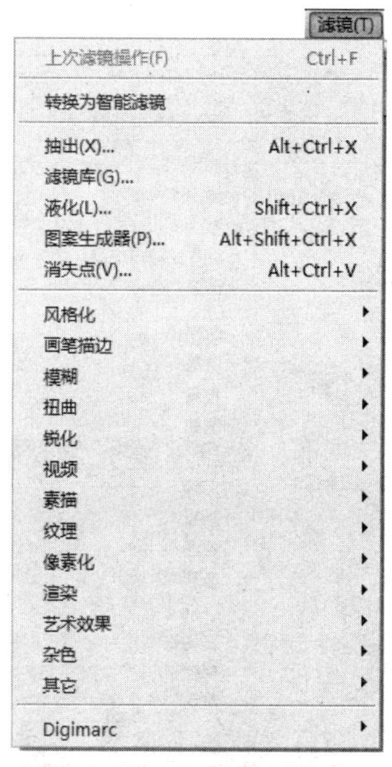


图 2. 156

滤镜(T)
上次滤镜操作(F) Ctrl+F
转换为智能滤镜
抽出(X)... Alt+Ctrl+X
滤镜库(G)...
液化(L)... Shift+Ctrl+X
图案生成器(P)... Alt+Shift+Ctrl+X
消失点(V)... Alt+Ctrl+V
风格化
画笔描边
模糊
扭曲
锐化
视频
素描
纹理
像素化
渲染
艺术效果
杂色
其它
Digimarc
表面模糊...
动感模糊...
方框模糊...
高斯模糊...
进一步模糊
镜头模糊...
径向模糊...
模糊
平均
特殊模糊...
形状模糊...

图 2. 157

滤镜(T)
上次滤镜操作(F) Ctrl+F
转换为智能滤镜
抽出(X)... Alt+Ctrl+X
滤镜库(G)...
液化(L)... Shift+Ctrl+X
图案生成器(P)... Alt+Shift+Ctrl+X
消失点(V)... Alt+Ctrl+V
风格化
画笔描边
模糊
扭曲
锐化
视频
素描
纹理
像素化
渲染
艺术效果
杂色
其它
Digimarc
USM 锐化...
进一步锐化
锐化
锐化边缘
智能锐化...

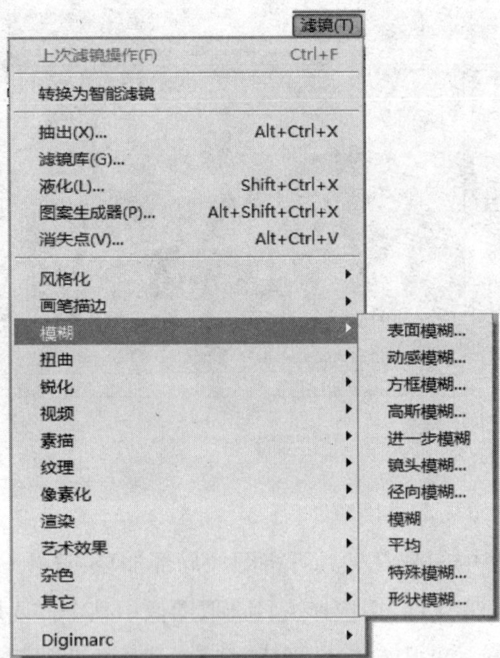

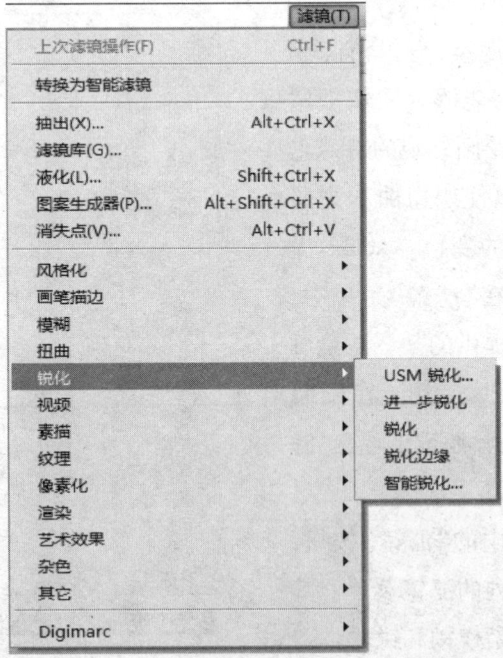

图 2. 158

正如图中所见，模糊和锐化下有一系列的不同程度不同模式的效果选项，以下分别就模糊和锐化分别讲解。

（1）模糊

“模糊”滤镜柔化选区或整个图像，这对于修饰非常有用。它们通过平衡图像中已定义的线条和遮蔽区域的清晰边缘旁边的像素，使变化显得柔和。

平均找出图像或选区的平均颜色，然后用该颜色填充图像或选区以创建平滑的外观。

模糊和进一步模糊在图像中有显著颜色变化的地方消除杂色。“模糊”滤镜通过平衡已定义的线条和遮蔽区域的清晰边缘旁边的像素，使变化显得柔和。“进一步模糊”滤镜的效果比“模糊”滤镜强三到四倍。

方框模糊基于相邻像素的平均颜色值来模糊图像。此滤镜用于创建特殊效果。可以调整用于计算给定像素的平均值的区域大小；半径越大，产生的模糊效果越好。

高斯模糊使用可调整的量快速模糊选区。高斯是指当 Photoshop 将加权平均应用于像素时生成的钟形曲线。“高斯模糊”滤镜添加低频细节，并产生一种朦胧效果。

镜头模糊向图像中添加模糊以产生更窄的景深效果，以便使图像中的一些对象在焦点内，而使另一些区域变模糊。

动感模糊沿指定方向（－360 度至 ＋360 度）以指定强度（1 至 999）进行模糊。此滤镜的效果类似于以固定的曝光时间给一个移动的对象拍照。

径向模糊模拟缩放或旋转的相机所产生的模糊，产生一种柔化的模糊。选取“旋转”，沿同心圆环线模糊，然后指定旋转的度数。选取“缩放”，沿径向线模糊，好像是在放大或缩小图像，然后指定 1 到 100 之间的值。模糊的品质范围从“草图”到“好”和“最好”。通过拖动“中心模糊”框中的图案，指定模糊的原点。

形状模糊使用指定的内核来创建模糊。从自定形状预设列表中选取一种内核，并使用“半径”滑块来调整其大小。通过单击三角形并从列表中进行选取，可以载入不同的形状库。半径决定了内核的大小；内核越

大,模糊效果越好。

特殊模糊精确地模糊图像。可以指定半径、阈值和模糊品质。半径值确定在其中搜索不同像素的区域大小。阈值确定像素具有多大差异后才会受到影响。也可以为整个选区设置模式(正常),或为颜色转变的边缘设置模式(“仅限边缘”和“叠加”)。在对比度显著的地方,“仅限边缘”应用黑白混合的边缘,而“叠加边缘”应用白色的边缘。

表面模糊在保留边缘的同时模糊图像。此滤镜用于创建特殊效果并消除杂色或粒度。“半径”选项指定模糊取样区域的大小。“阈值”选项控制相邻像素色调值与中心像素值相差多大时才能成为模糊的一部分。色调值差小于阈值的像素被排除在模糊之外。

以高斯模糊为例简单介绍操作方法:

图 2.159

高斯模糊的操作界面如图 2.159,其中,最大部分是预览框,给操作者提供操作结果的实时预览,勾选右侧的预览框便可实现这一效果,下边是对预览框的显示百分比的调整,可以放大查看细节,也可以缩小查看概括效果。最下边是模糊半径的调整,半径越大,模糊效果越明显。

(2)锐化

“锐化”滤镜通过增加相邻像素的对比度来聚焦模糊的图像。

锐化和进一步锐化聚焦选区并提高其清晰度。“进一步锐化”滤镜比“锐化”滤镜应用更强的锐化效果。

锐化边缘和 USM 锐化查找图像中颜色发生显著变化的区域，然后将其锐化。“锐化边缘”滤镜只锐化图像的边缘，同时保留总体的平滑度。使用此滤镜在不指定数量的情况下锐化边缘。对于专业色彩校正，可使用“USM 锐化”滤镜调整边缘细节的对比度，并在边缘的每侧生成一条亮线和一条暗线。此过程将使边缘突出，造成图像更加锐化的错觉。

智能锐化通过设置锐化算法或控制阴影和高光中的锐化量来锐化图像。

以 USM 锐化和智能锐化为例简单介绍操作方法：

① 使用 USM 锐化进行锐化处理

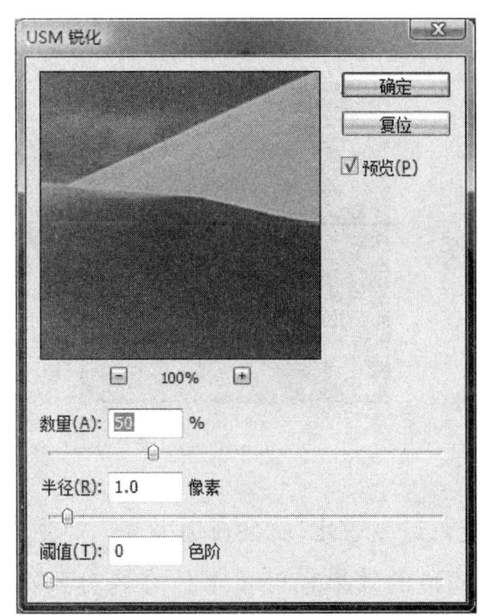


图 2.160

“USM 锐化”通过增加图像边缘的对比度来锐化图像。“USM 锐化”不检测图像中的边缘。相反，它会按您指定的阈值找到值与周围像素不同的像素。然后，它将按指定的量增强邻近像素的对比度。因此，对于邻近像素，较亮的像素将变得更亮，而较暗的像素将变得更暗。

另外，可以指定每个像素相比较的区域半径。半径越大，边缘效果越明显。

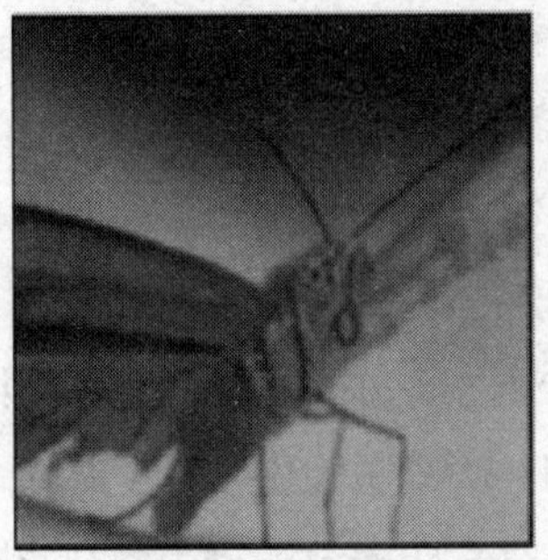 

图 2.161

上图为原图像和应用了"USM 锐化"的图像对比图。

应用到图像的锐化程度通常取决于个人的喜好。但是,如果对图像进行过度锐化,则会在边缘周围产生光晕效果。

图 2.162

如果对图像进行过度锐化,就会在边缘周围产生光晕效果。

"USM 锐化"滤镜的效果在屏幕上比在高分辨率输出时显著得多。如果最终的目的是打印,请试验确定最适合图像的设置。

如果您的图像是多图层图像,请选择包含要想锐化的图像的图层。即使这些图层是链接图层或组合图层,也只能一次向一个图层应用"USM 锐化"。在应用"USM 锐化"滤镜之前,可以合并图层。

选取"滤镜" > "锐化" > "USM 锐化"。确保"预览"选项已被选中。

在预览窗口中单击图像,并按住鼠标查看图像在未锐化时的外观。在预览窗口中拖动,查看图像的不同部分,然后单击 + 号或 - 号放大或缩小。

拖动“半径”滑块或输入一个值，确定边缘像素周围影响锐化的像素数目。半径值越大，边缘效果的范围越广，而边缘效果的范围越广，锐化也就越明显。

“半径”值随主体、最终复制品的大小以及输出方法的不同而不同。对于高分辨率图像，通常建议使用 1 和 2 之间的“半径”值。较低的数值仅锐化边缘像素，较高的数值则锐化范围更宽的像素。这种效果在打印时没有在屏幕上时明显，因为 2 像素的半径在高分辨率输出图像中表示更小的区域。

拖动“数量”滑块或输入一个值，确定增加像素对比度的数量。对于高分辨率的打印图像，建议使用 150% 和 200% 之间的数量。

拖动“阈值”滑块或输入一个值，确定锐化的像素必须与周围区域相差多少，才被滤镜看作边缘像素并被锐化。例如，如果阈值为 4，则会按 0 到 255 的比例影响色调值差异为 4 或更多的所有像素。因此，如果相邻像素的色调值为 128 和 129，它们将会不受到影响。为了避免带入杂色或出现海报化效果（如在色调较饱和的图像中），请使用边缘蒙版，或尝试用 2 和 20 之间的“阈值”值进行试验。默认的阈值 (0) 将锐化图像中的所有像素。

② 使用智能锐化进行锐化处理

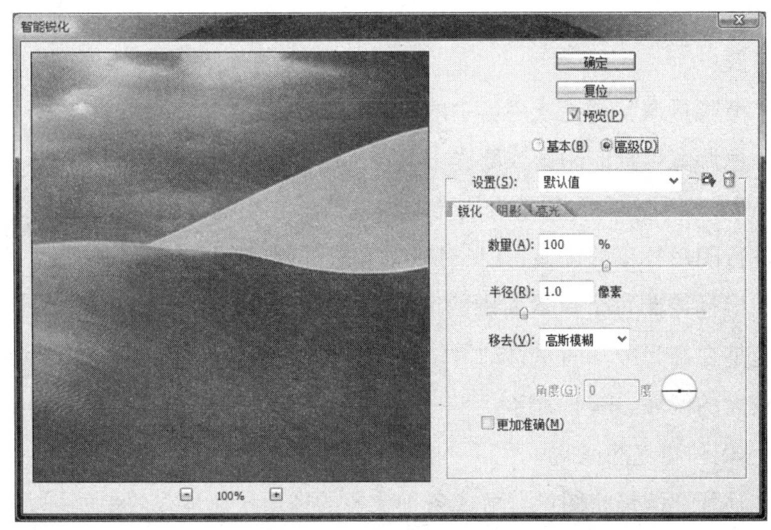


图 2.163

"智能锐化"滤镜具有"USM 锐化"滤镜所没有的锐化控制功能。可以设置锐化算法,或控制在阴影和高光区域中进行的锐化量。

将文档窗口缩放到 100%,以便精确地查看锐化效果。

选取"滤镜">"锐化">"智能锐化"。

设置"锐化"选项卡中的控件:

数量设置锐化量。较大的值将会增强边缘像素之间的对比度,从而看起来更加锐利。

半径决定边缘像素周围受锐化影响的像素数量。半径值越大,受影响的边缘就越宽,锐化的效果也就越明显。

移去设置用于对图像进行锐化的锐化算法。"高斯模糊"是"USM 锐化"滤镜使用的方法。"镜头模糊"将检测图像中的边缘和细节,可对细节进行更精细的锐化,并减少了锐化光晕。"动感模糊"将尝试减少由于相机或主体移动而导致的模糊效果。如果选取了"动感模糊",请设置"角度"控件。

角度为"移去"控件的"动感模糊"选项设置运动方向。

更加准确用更慢的速度处理文件,以便更精确地移去模糊。

使用"阴影"和"高光"选项卡调整较暗和较亮区域的锐化。(单击"高级"按钮可显示这些选项卡)如果暗的或亮的锐化光晕看起来过于强烈,可以使用这些控件减少光晕,这仅对于 8 位/通道和 16 位/通道的图像有效:

渐隐量调整高光或阴影中的锐化量。

色调宽度控制阴影或高光中色调的修改范围。向左移动滑块会减小"色调宽度"值,向右移动滑块会增加该值。较小的值会限制只对较暗区域进行阴影校正的调整,并只对较亮区域进行"高光"校正的调整。

半径控制每个像素周围的区域的大小,该大小用于决定像素是在阴影还是在高光中。向左移动滑块会指定较小的区域,向右移动滑块会指定较大的区域。单击确定。

③ 马赛克滤镜

马赛克滤镜将图像分解成各种颜色的像素块。最终效果就是大家常见的马赛克效果。在滤镜菜单里其位置见图 2. 164。马赛克滤镜在处理某些不适宜公开发布的图片部分内容时具有很大作用。掌握它的使用对新闻图片编辑具有很大帮助。

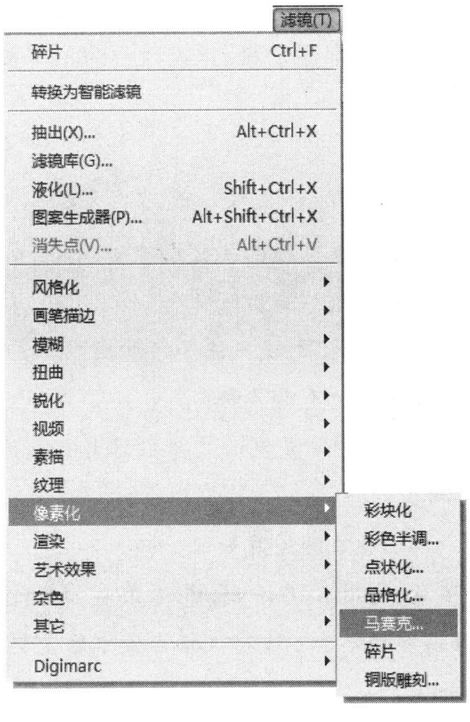


图 2. 164

图 2. 165

对话框中,最大部分是预览框,可以实时查看滤镜执行效果。勾选右边的预览可以在原图上看到整体效果。下边的单元格大小定义了组成马赛克的小方格的大小,其数值越大马赛克越明显,细节越不明显。

当然 Photoshop 中还有各种滤镜,这里就不一一举例了,操作步骤和前面的操作基本一致。

**【思考与练习】**

1. 五笔字型输入法的字型结构共有几种?

2.“尴尬”二字用五笔输入法如何输入?

3. 在 Windows 操作系统下,输入法如何切换?

4. 电脑存储容量的单位有哪几种?

5. 使用 WORD 时,从别处复制的文章段落与自己原文章的字间距,行间距不同,如何调整?

6. 在网上看到自己喜欢的图片如何下载?

7. 照片曝光不足,使用 ACDsee 或 Photoshop 如何补光?

8. Windows 在有些操作中不支持鼠标右键中的复制、粘贴功能,这时可以使用什么快捷键?

9. 在 Photoshop 中如何进行颜色的调整?

10. 在 Photoshop 中如何使用液化功能?

# 第三章

## 飞腾排版软件概述

**【本章学习要点】**

从本章开始详细介绍飞腾电子排版软件的使用。飞腾是由北大方正公司为满足报社、出版社、杂志社、印刷厂以及广告公司提高工作效率的要求而开发的一款电子排版系统软件。国内很多高校新闻专业为使自己的学生在校所学与工作单位的实践相联系,也引进了这套软件用于教学。本章首先介绍了飞腾软件在电脑上安装的配置要求;接着概述飞腾的一些功能,如文字排版、图形排版、图像排版、创意设计、彩色功能、不同软件的集成、过滤器技术、软插件技术的应用、表格功能等;最后介绍如何安装飞腾软件。

在众多中文排版软件层出不穷的今天，无论是报社、出版社、杂志社、印刷厂还是广告公司都在不断寻找着适合自己的中文排版软件，目前，方正飞腾4.0(FIT4.0)以其专业版面设计的要求，适时地满足了创作和设计版面的需要。飞腾排版软件是大型的、面向对象的彩色排版软件。它不仅自身具有强大的排版功能，还可以通过使用OLE(Object Linking and Embeding，对象链接和嵌入)技术使各种软件系统集成在一起，并且通过使用插件技术，其系统功能很容易扩充。其应用范围既包括专业出版印刷领域，又包括轻印刷及办公室自动化领域，它既可以排报纸，又可以排图书、杂志、广告等，是一个应用广泛的通用排版系统。该软件于1994年发布1.0版，2003年推出了新版本4.1版，2007年推出了飞腾创艺5.0版。目前，90%的报社用的是方正飞腾排版软件。

飞腾软件在许多高校新闻专业中都有应用，主要都是模拟一个现代电子报业环境，让学生熟悉信息化时代的电子编辑，让学生能更加理性地理解版面编排的意义，注重版面语言的力量。当学生模拟编辑时，可以根据新闻稿件的质量、时效，报纸定位、报道方针、报道内容、风格及特点做出自己的判断。

## 第一节　飞腾排版软件的配置要求

运行飞腾4.0需要PC机具有如下的配置：

- 主机：建议使用Pentium Ⅱ机型。
- 内存：至少要求64M，建议使用256M以上。
- 硬盘：安装飞腾软件需要250M。
- 显示器：MS－Windows支持的所有显示器。
- 操作系统：MS－Windows98/2000/XP，建议使用Windows 2000中文版。

字库占有空间由字体安装的多少决定。

输出系统:方正世纪 RIP2.1 或 PSPPRO2.0 及以上版本。

飞腾软件在报社中还可以配合文韬采编系统、颐美图片管理系统、渊博仓储系统等一起使用。

## 第二节　飞腾排版软件的主要功能

### 一、标准化

飞腾排版软件支持各种国内和国际标准,是开放式的中文排版软件。它的输出结果为 PostScriptLevel II,并支持 OPI 等标准,同时飞腾排版软件采用了开放式的字体名,用户可以自己添加或修改字体名,以适应其他公司采用的字体名。

### 二、文字排版、图形排版和图像排版

飞腾排版软件集成了文字、图形、图像排版的功能。在文字排版方面,飞腾排版软件继承了方正排版软件 20 多年的经验,满足海内外中文排版的各种要求。例如文字的横竖排、禁排处理、纵中横排、行距、字距、标点类型、分栏等,文字还可以在任意区域内排版。

另外,它还具有强大的沿线排版功能,不仅可以让文字沿着图形的轮廓边线排,还可以设置文字颜色和字号的渐变效果,文字在线上的起点和终点也可以由用户来设置。

在图形排版方面,飞腾排版软件提供了矩形、圆角矩形、椭圆、菱形、直线、多边形和三次曲线等丰富的图元工具,图元的组合可以生成复杂的图形,利用贝赛尔曲线可以画出各种各样的图形。

飞腾还提供了单双线、文武线、点线、短划线、单双点划线、单双波线、箭头等线型和 273 种底纹。线的颜色可以设置渐变,有单向渐变和循环渐变两种渐变方式;底纹的颜色也可以渐变,其渐变方式多达十几种。使

用图元工具，应用线型、底纹和颜色的不同组合，可以画出各式各样的图形。

在图像排版方面，飞腾排版软件能接收的图像式有 TIF，TGA，EPS，GRH，BMP，GIF，PCX，JPS 和 PS，还能对图像进行自动色边、旋转、倾斜和镜像等操作。

## 三、创意设计

飞腾版面上的对象分为文字、图形和图像 3 种，飞腾排版系统提供了丰富的对象操作功能，为创意设计提供了很好的手段。例如，文字块、图形、图像都可以旋转、倾斜和镜像；封闭的图形作为裁剪路径，可以裁剪任何对象；文字的轮廓也可以作为裁剪路径；通过图元合并可以形成复杂的裁剪路径等等。该系统还可以调用库管理中的飞腾软件提供的各种由贝赛尔曲线组成的图形进行修改，建立自己想要的图形。

## 四、彩色功能

飞腾的彩色功能很强，不仅可以对任何文字和图形指定颜色，还可以指定立体字的阴影颜色渐变、指定线（直线、圆等）的颜色渐变等等；此外，飞腾排版软件实现了漏白处理，可以提高高档彩色版面的印刷质量。

## 五、不同软件的集成

飞腾排版软件实现了 OLE 2.0，并支持拖放及就地编辑（In - Place Edit）功能，使飞腾排版软件可以调用任何支持 OLE 的软件，实现了不同软件的高度集成。例如，Photoshop、CorelDraw 制作的版面可以直接用鼠标拖进飞腾的版面。

## 六、过滤器技术

飞腾版面中的文字部分通常由字处理软件录入，然后在排软件中进行排版。由于字处理软件种类很多，文件的格式也很多，如 BD 语言、WPS、TXT、BIG5 码、MS Word 的 DOC 或 RTF 等等。为了正确读入这些文件，飞腾排版软件采用了过滤器技术。每一个过滤器转换一种格式的文件,并且保留原文件的排版信息,使之插入版面时,原来的排版格式保持不变。这样的过滤器设计不仅提高了排版的效率,更重要的是,过滤器的不断增加使排版软件的功能不断扩充,系统更加开放、更加通用。

### 七、软插件技术的应用

由于各种各样的需要,编程者不但很难把所有要求都考虑在内,而且更不可能预料到将来会产生什么样的新需求。如果编程者只是被动地跟着需求的变化而去改变排版软件的设计,局部的变化就可能导致全局的改变,这样软件的可靠性将大大下降,而且编程者将被繁重的维护与升级工作所束缚。另外,某些特定的功能对有些用户毫无用处,如果把所有的功能都做在一个软件里,会使程序过于庞大,运行效率降低。因此,最好根据用户的需要,能对排版软件的功能进行有选择的组合。

软插件是为实现一些特定的功能而做的程序组件,可以作为选件加入软件中。对于飞腾排版软件来说,排报纸的用户可以安装与报纸制作有关的软插件,如打开 PUB 文件、插入 S2 文件等;排杂志的用户可以安装素材窗口软插件,用它方便灵活地生成常用的图形。飞腾排版软件通过软插件技术,使得系统更加开放。随着软插件的不断增加,飞腾排版软件的应用领域也会不断拓宽。

### 八、表格功能

表格可以分页和分栏、设定表头、创建反表和阶梯表以及灌文顺序多样化等;在单元格内可以设置底纹、线型、斜线等,利用 F/B 键可自由移动单元格间的内容;能根据需求设定表格内容自动涨大或表格内容自动缩小;对行列操作时,能进行表格行列复制粘贴、平均分布、调整行高列宽、插入通栏行等操作,同时行列可以自动增加;表内符号对齐可以设定单元格内容按照特殊符号对齐;在表格控制上可编排横竖多个方向的跨页表格;灌文顺序可由用户任意指定;用户还可按照习惯顺序生成小样文件,灌入表格。

## 九、其他功能

除了以上功能之外，飞腾排版软件还有其他很多的功能，如小样编辑器、数学公式、表格、流程图的排版功能以及库管理、块对齐、排版格式等各种版面设计工具。

# 第三节 飞腾软件的安装

## 一、安装加密狗

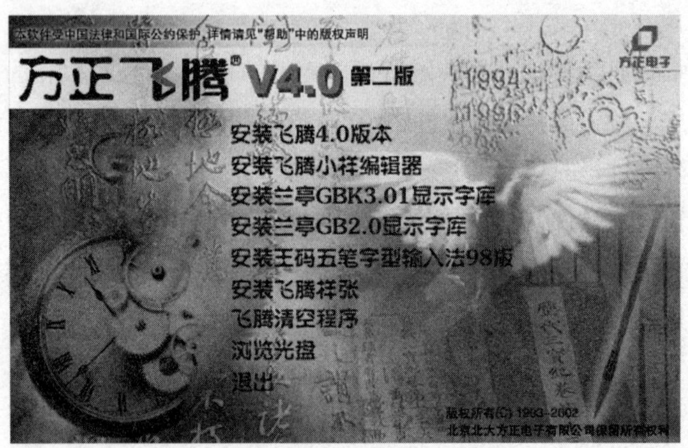


图 3.1　飞腾排版软件的安装画面

飞腾软件的安装与一般的排版软件的安装不一样，它的安装步骤如下：

(1)安装加密狗(加密锁)分为单机版和网络版。

(2)安装字体。

(3)安装飞腾 4.0 主程序。

如果不安装加密狗，飞腾软件将无法运行。加密狗的安装可以在任何时候进行。其安装步骤如下：

(1)关闭计算机。

(2)将加密狗插入到并行口上；打印机接口可插在加密狗上，不影响使用。

(3)打开计算机即可使用。(如是方正电脑，只需要在 BIOS 中，将并口模式设为 ECP 或 EPP，其他电脑需要到方正网站 WWW. FOUNDER. COM. CN 下载加密狗驱动安装执行)

## 二、安装字体

方正公司的字体软件是全国闻名的。

方正飞腾带有大量美观的专业字形中英文字体，能满足大多数用户的需求。它不光能在飞腾软件中用，而且能在 Windows 的其他应用程序中使用。

1. 先安装“兰亭 GBK3. 01 显示字库”，自己可根据需要选择安装字体。如图 3. 2 所示。

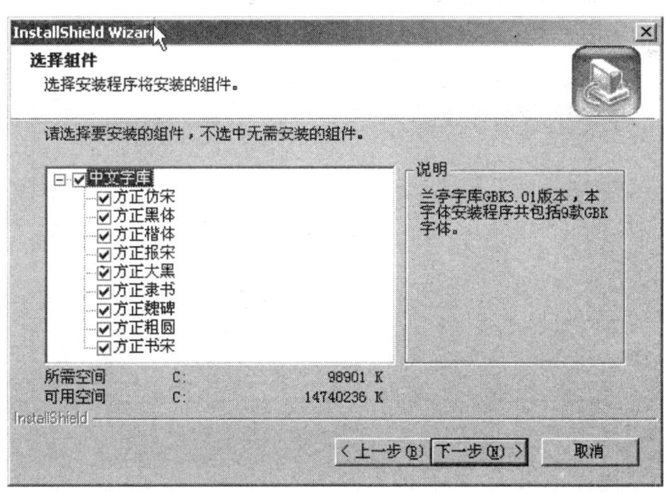


图 3. 2　安装字体对话框

2. 安装后重新启动计算机。

3. 接着在安装光盘的初始界面中，选择“安装兰亭 GB2. 0 显示字库”。其中有 50 款字库供选择。如图 3. 3 所示。

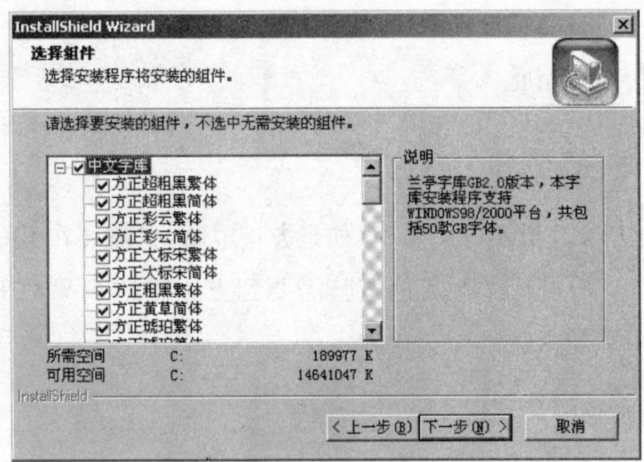


图 3.3　兰亭 GB2.0 显示字库安装对话框

## 三、安装飞腾 4.0

飞腾 4.0 主程序的安装有 3 种安装类型:典型安装、简洁安装、自定义安装。如图 3.4 所示。

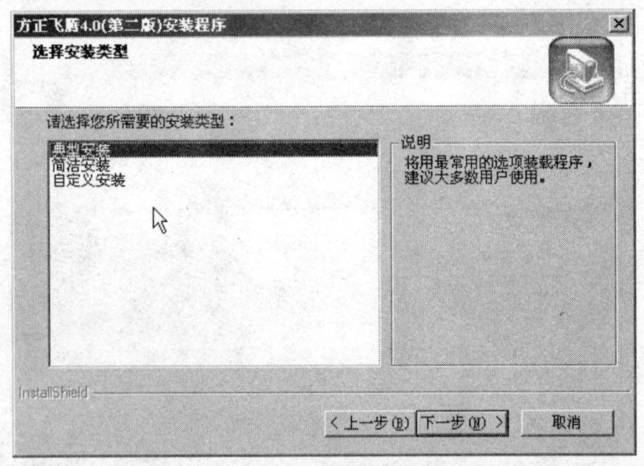


图 3.4　选择安装类型

1. 典型安装实际上是默认安装,飞腾 4.0 的典型安装会安装所有组件,并自动设置系统的一些参数。

2. 简洁安装用于安装最基本的组件,占用空间最小。

3. 自定义安装是由用户自己根据需要安装组件。

以下重点介绍飞腾 4.0 的自定义安装:

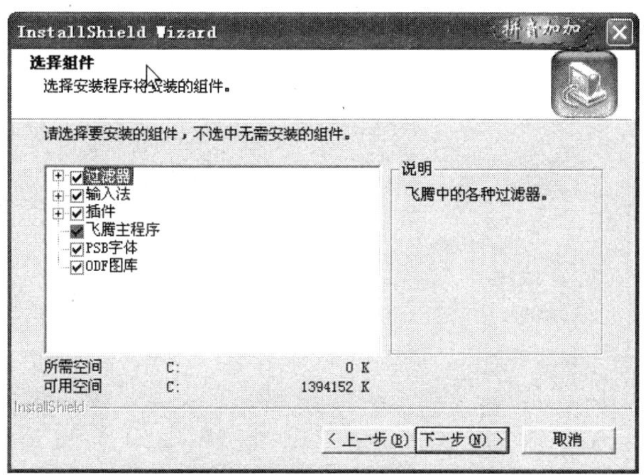


图 3.5　选择安装组件

可根据实际需要选择安装组件，需安装的组件，选中复选框。

对于选中的组件，前面有加号的（+）组件可以展开再进行选择具体的选项。如图 3.5 所示。

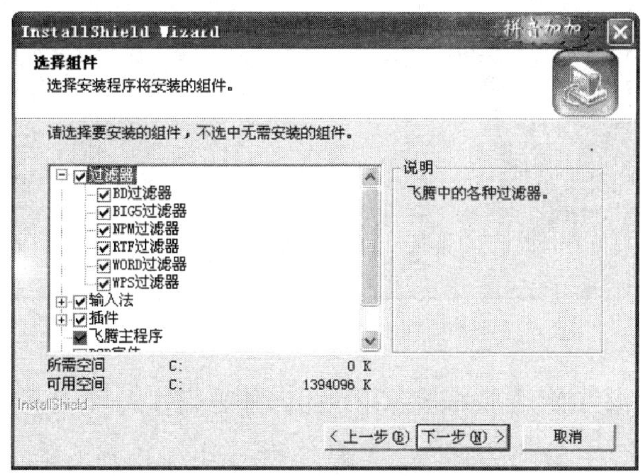


图 3.6　过滤器列表

通过复选框的选择安装多种排版格式的过滤器，过滤器的作用是：例如，利用 Doc 过滤器，可以把 Word 文档直接排入飞腾版面，并保持文件中的文字格式。有利于多种文件格式的文件资料排入飞腾版面，是飞腾软件开放式的一种表现。如图 3.6 所示。

可根据具体需求和实际情况选择安装输入法。如图 3.7 所示。

可根据具体需求和实际情况选择插件。如图 3.8 所示。

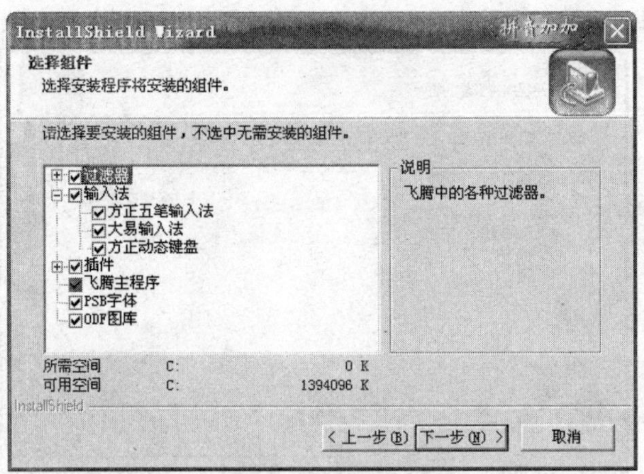


图 3.7　输入法选项

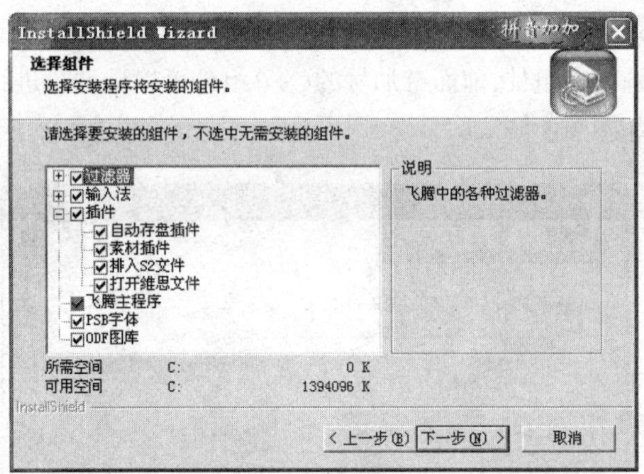


图 3.8　插件列表

选中“海外版”复选框表示用户用海外排版方式，海外排版方式主要特点是字心字身比为98%，非海外版海外排版方式的字心字身比为93%。

“转换为国际”的功能是将灌入和录入的ASCII码数字、标点、英文字母转换成国标码。

“发排路径”：存放发排产生的PS文件的目录，默认为：“C:\PROGRAM FILFS\FOUNDER\方正飞腾集成排版系统4.0\”，可根据需要自己指定存放目录。

“附加路径”：飞腾排版文件存放的默认路径。可用于存放图文件，如果打开文件和发排文件时，在当前目录没有找到所排入的图文件，就到附加路径所指定的目录去查找。如图 3.9 所示。

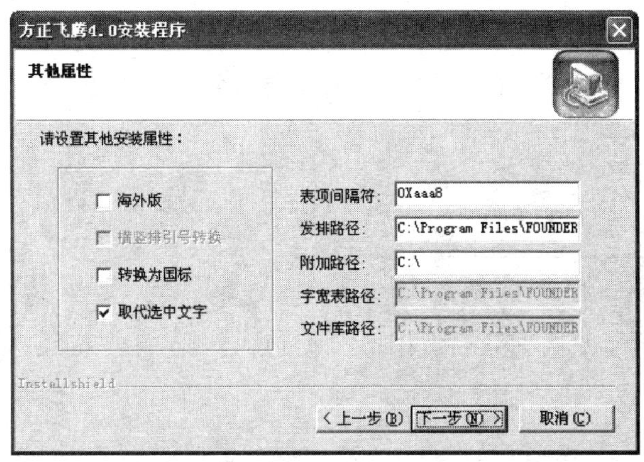


图 3.9　其他属性对话框

最后，按“下一步”按钮即可。

【思考与练习】

1. 飞腾软件的应用范围主要有哪些？
2. 飞腾软件对主机的配置要求有哪些？
3. 飞腾软件的强大能力体现在它的哪些功能上？
4. 飞腾软件使用什么工具进行画图操作？
5. 飞腾软件中通用哪几种图片格式？
6. 加密狗的作用是什么？
7. 安装加密狗的过程中方正电脑如何操作，其他电脑又如何操作？
8. 多种排版格式的过滤器的作用是什么？
9. 非“海外排版方式”与“海外排版方式”的区别在哪里？
10. 安装飞腾软件要注意什么？

# 第四章

# 飞腾软件菜单简介

**【本章学习要点】**

本章结合图像介绍飞腾软件的页面菜单中的主要功能按键的作用。第一幅图介绍的是进入飞腾界面后的页面布局，图 4.2 是在文件菜单下各选项按键的功能。图 4.3 是在编辑菜单下各选项菜单的功能。图 4.4 是在显示菜单下各选项菜单的功能。图 4.5 是在版面菜单下各选项菜单的功能。图 4.6 是在格式菜单下各选项菜单的功能。图 4.7 是在文字属性菜单下各选项菜单的功能。图 4.8 是在美工菜单下各选项菜单的功能。图 4.9 是在表格菜单下各选项菜单的功能。图 4.10 是在窗口菜单下各选项菜单的功能。

飞腾排版系统(FIT4.0 中文版)有很强大的功能，这里对主窗口和主窗口中的菜单做一个整体的介绍，使读者对飞腾的功能有一个感性的认识。

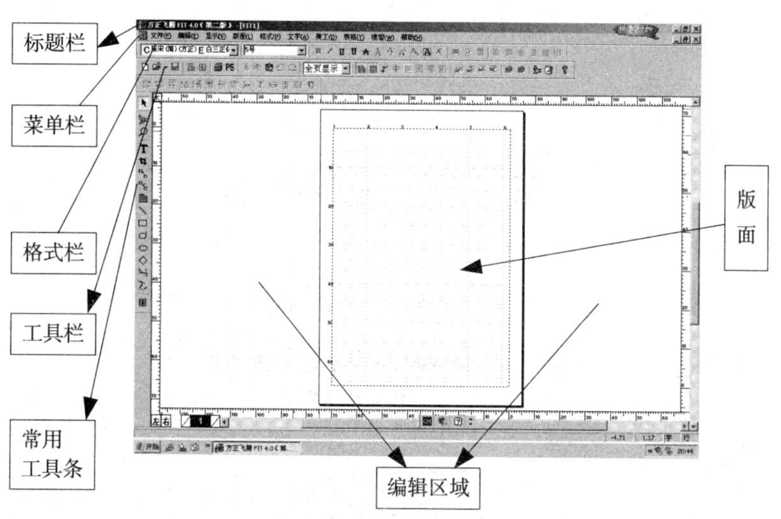


图 4.1　主窗口界面

# 第一节　文件菜单

| 菜单项 | 快捷键 | 说明 |
| --- | --- | --- |
| 新建(N)... | Ctrl+N | ·新建一个飞腾文件 |
| 打开(O)... | Ctrl+O | ·打开一个飞腾文件 |
| 关闭(C) | | ·关闭当前编辑的飞腾文件 |
| 存文件(S) | Ctrl+S | ·保存当前正在编辑的飞腾文件 |
| 另存为(A)... | | ·保存为新文件,也可以用来复制文件 |
| 放弃修改(R) | | ·将彩色版面转成黑白版 |
| 转黑白版(K)... | | ·将版面中的文字块输出成文本格式(★.TXT)文件 |
| 原文件输出(U)... | | ·将事先准备好的文字文件灌入版面 |
| 排入文字(L)... | Ctrl+D | ·向版面中灌入 S2 文件。安装飞腾时在安装软插件中选了“排入 S2 文件”,才会有些命令 |
| 排入S2文件(J)... | | ·将事先准备好的图像文件灌入版面 |
| 排入图像(I)... | Ctrl+Shift+D | ·读入其他飞腾文件,并将其排到当前的 FIT 文件后面 |
| 合版(H)... | | ·将几个飞腾文件合成一个版面 |
| 文件合并(M)... | | ·设置当前文档的版面格式 |
| 版面设置(G)... | | ·设置飞腾的操作环境 |
| 设置选项(X) ▸ | | ·自动储存的相关设置和选项 |
| ✔ 自动储存设置(Z)... | | ·将飞腾文件输出成 PS 文件 |
| 发排(E)... | Ctrl+P | ·将当前页或当前选中的对象输出成 PS 或 EPS 文件 |
| 部分发排(B)... | | ·从打印机输出文件 |
| 打印(P)... | | ·选择要使用的打印机,设置打印纸类型等打印参数 |
| 打印设置(T)... | | ·可以显示最近打开的文件 |
| 最新文件 | | ·关闭当前打开的文件,退出飞腾 |
| 退出(Q) | | |

图 4.2　文件菜单

# 第二节　编辑菜单

撤消(U)　Ctrl+Z
恢复(R)　Ctrl+Y
**重复操作(K)　Ctrl+F5**

剪切(T)　Ctrl+X
复制(C)　Ctrl+C
**粘贴(P)　Ctrl+V**
粘贴透视属性(Q)
删除(V)　Delete
删注解(D)　Alt+Backspace
**选中(X)** ▸

**查找/替换(F)...**
**查找未排完文字块(M)...**
**重新排入文字块(B)...**

**插入对象(I)...**
**动态粘贴(S)**
对象链接(L)...
对象(O)

**数学(H)...**
**编辑窗口(W)　Ctrl+'**

PUB文件转换错误信息(A)

·取消最近一次进行的操作
·恢复最近的一次删除的操作
·重复最近一次进行的操作
·将选中的对象裁剪到剪贴版上
·复制对象
·粘贴被复制或裁剪的对象
·删除对象
·删除被选中的文字块或者文字中的内部注解,即取消其内部的各种属性设置
·选中对象
·"查找/替换"文字
·检索没有被排入文字块的文字
·重排本页或所选的文章
·在OLE客户程序中新建OLE服务器程序
·对OLE服务器程序中的数据进行复制或裁剪,粘贴到飞腾中
·设置对象的连接
·调用OLE服务器程序,对OLE对象进行编辑等操作。这是一个动态的菜单项,根据选中的OLE对象不同,会出现不同的相应的应用程序项
·进入数学子窗口
·进入小样编辑窗口

图4.3　编辑菜单

# 第三节 显示菜单

| 菜单项 | 快捷键 | 说明 |
|---|---|---|
| 显示比例(C) ▸ | | ·设置画面显示比例 |
| 翻页(G)... | Ctrl+E | ·显示任意页 |
| 插页(I)... | | ·插入新的页 |
| 删页(R)... | | ·删除页 |
| 移动页(M)... | | ·改变页的位置 |
| 工具条(B)... | | ·选择显示的工具条 |
| ✔ 尺子(U) | | ·显示水平和垂直的尺子 |
| ✔ 卷动条(S) | | ·显示卷动条 |
| ✔ 状态条(W) | | ·显示状态条 |
| ✔ 背景格(D) | | ·显示背景格 |
| 提示线(X) ▸ | | ·显示提示线,可以方便在一定位置上 |
| 部分显示(L) | F2 | ·显示部分文字块 |
| ✔ 显示主页(F) | | ·显示主页内容 |
| 显示页码(Y) | | ·显示当前页面的页码 |
| 不显示表格(J) | | ·不显示表格 |
| 不显示图像(N) | Shift+F2 | ·选择在版面上是否显示图像 |
| 图像显示精度(P) ▸ | | ·选择图像显示的精度 |
| ✔ 显示文字块边框(T) | | ·选择是否显示文字块的边框线 |
| 刷新(H) | F5 | ·将屏幕刷新一次 |
| ✔ 不显示S2(Z) | | ·不显示飞腾文件中的 S2 文件 |
| S2图片路径(A)... | | ·只显示 S2 图片路径 |

图 4.4 显示菜单

## 第四节　版面菜单

|  |  |
|---|---|
| 分栏(C) ▸ | ·飞腾中缺省设置为通栏，利用对话框，可进行分栏 |
| 排版方式(S) ▸ | ·排版方式菜单 |
| 图文互斥(E)... | ·文字块与对象（包括文字块）重叠放置时，可以指定重叠部分是否互斥，指定重叠放置的对象顺序 |
| 捕捉(N) ▸ | ·设定吸引对象的基准位置 |
| 层次(H) ▸ | ·选中叠加在一起的对象中的任意一个对象 |
| 块锁定(B) ▸ | ·将一个或多个对象固定在版面上 |
| 块拷贝(O)... | ·生成多个相同的对象 |
| 块合并(M)　F4 | ·将多个对象合并成一个对象的功能 |
| 块编辑(F) | ·对合并后的块中的块单独进行编辑 |
| 块分离(P)　Shift+F4 | ·解除对象合并的状态 |
| 块参数(A)...　F7 | ·对块的位置和旋转角度、大小等设置 |
| 图片参数(I)... | ·对飞腾内的图片进行属性设置 |
| 对位排版(G) | ·让文字块中的每一行文字都必须排在版心字整行的位置上 |
| 文本自动调整(T) | ·使文字充满整个文字块 |
| 文字块底齐(D) | ·设置不同的文字块底部 |
| 漏白预校(R)... | ·设置预校值，避免各种对象间的交接处出现漏白 |
| 页码(U) ▸ | ·增删或设置档案的页码 |
| 软插件(V) ▸ | ·下级菜单是飞腾安装的所有软插件 |

图4.5　版面菜单

# 第五节　格式菜单

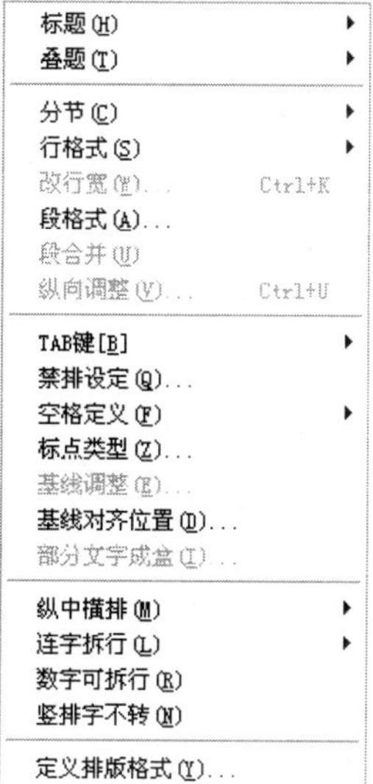


·新建、设置或删除文字块中的标题
·就是在一行中排列多行文字的功能
·相当于 WORD 中的分页
·文字的对齐方式
·设置行的宽度
·设置段的格式
·把几个段落合并成一段
·文字块的纵向调整
·需要输入 TAB 键时,可以定义 TAB 键
·行首行尾禁止排版的对象
·设置文字间的空格
·设置标点、数字类型
·基线调整是指以基线为基准,按照数值在垂直方向上调整文字位置的功能
·定义当前块的基线位置
·可将文字做成盒子,做成盒子的文字不会随文字块大小的变化而变化
·在竖排中可对少于 8 个字的英文、数字、汉字的排版方向改变
·主要对英文按音节等分行
·数字可以分行
·竖排时缺省将英文和数字旋转 90 度。选中该项,英文和数字与汉字一样竖直放置,不作旋转
·飞腾里可让用户自定义的排版方式,以备多次使用
·自动执行不禁排的处理

图 4.6　格式菜单

## 第六节　文字属性菜单

| 字体号(F)...　Ctrl+F | ·给选字中的文字设置字体和字号 |
|---|---|
| 改字体(Q)... | ·改变已输入文字的字体 |
| 改字号(S)... | ·改变已输入文字的字号 |
| 长扁字(C) ▸ | ·给选中的字设置不同类型的长、扁字 |
| 变体字(V)...　Ctrl+H | ·给选中的文字设置立体、勾边、粗细、倾斜、空心、旋转等属性 |
| 装饰字(R)... | ·飞腾可以定义装饰字,即给文字加上装饰形状以及线型、花边和底纹 |
| 复合字(I)... | ·将几个字或几个字和几个符号合成一个字 |
| 段首大字(P)... | ·给段落设置段首大字 |
| 上/下标字(D) ▸ | ·将选中文字变为上标字、下标字 |
| 着重点(T) ▸ | ·设置着重点 |
| 复原(N) | ·复原 |
| 拼/注音排版(Z)... | ·在汉字的旁边排入拼音或注音 |
| 编码转换(Y) ▸ | ·文字的简繁转换和全半角转换 |
| 插入盒子(X) | ·在当前文本中插入盒子 |
| 复制盒子(Q) | ·复制盒子 |
| 字母间距(K)... | ·设置字母之间的间距 |
| 字距和字间(W)...　Ctrl+M | ·文字的字距和字间的设置 |
| 行距与行间(L)...　Ctrl+J | ·相邻行的行距和行间的设置 |
| 底纹与划线(H)... | ·给文字加上划线,给文字背景加上边框和底纹 |
| 文字块渐变(G)... | ·文字块的渐变设置 |
| 取消文字块渐变(M) | ·取消文字块的渐变设置 |

图4.7　文字菜单

# 第七节　美工菜单

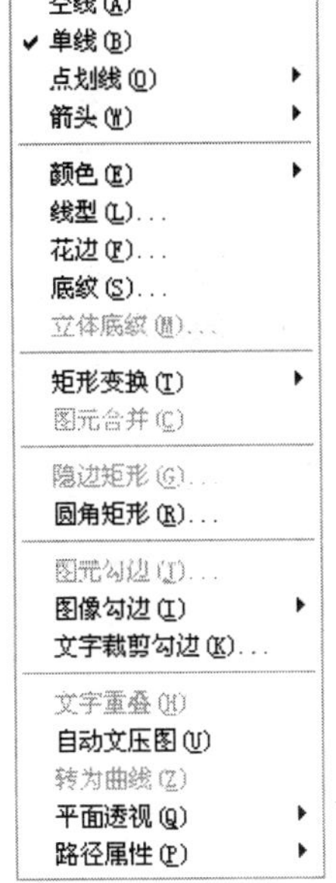


· 设置当前选中的对象的线型为空线
· 设置当前选中的对象的线型为单线
· 设置当前选中的对象的线型为点划线
· 设置线型的箭头

· 设置字和线的颜色
· 将选中图元对象的线型
· 设置花边线和字符线
· 设置图元、文字块或文字的底纹
· 设置图元的立体底纹

· 矩形合并和分割
· 图元合并

· 隐藏边的矩形
· 圆角边的矩形

· 对图元对象进行勾边
· 对图像截图和不截图的处理
· 图像和图形上的文字块和文字的勾边

· 文字重叠的设置
· 使飞腾文件中的文字块位于图片之上
· 转化成贝塞尔曲线的功能
· 使文字图形实现一种平面透视的美术效果
· 对文字块和封闭的图元设置不同的路径属性

图 4.8　美工菜单

## 第八节　表格菜单

| 菜单项 | 快捷键 | 说明 |
|---|---|---|
| 新建表格(A)... | Ctrl+/,N | · 建立表格 |
| 表格环境量(O)... | | · 表格的一些参数设置 |
| 选中操作(Q) | ▸ | · 表格的选择范围操作 |
| 行列操作(Z) | ▸ | · 行和例的操作 |
| 表头操作(H) | ▸ | · 表头的操作 |
| 斜线操作(\) | ▸ | · 斜线操作 |
| 单元格操作(R) | ▸ | · 表格中单元格的操作、设置 |
| 表格块操作(K) | ▸ | · 表格块的选中、拖动、复制和删除等基本操作 |
| 阶梯表(J)... | Ctrl+/,T | · 用阶梯的方式选中表格中的单元格 |
| 表格外边框(F)... | Ctrl+/,F | · 设置表格外边框的线形 |
| 符号对齐(L)... | Ctrl+/,. | · 表格中的符号对齐 |
| 纵向对齐方式(F)... | Ctrl+/,V | · 纵向对齐方式 |
| 锁定灌文顺序(B) | | · 锁定灌文顺序 |
| 移动单元格内容(W)... | | · 移动单元格内容 |
| 导出为纯文本(U)... | | · 将表格内容导出为纯文本 |
| 查找未排完单元格(C) | | · 查找未排完的单元格 |

图 4.9　表格菜单

# 第九节　视窗菜单

|  |  |
| --- | --- |
| 调色板(C) | ·线和底纹的颜色设置窗口 |
| 扩展字符(E) | ·扩展字符的输入 |
| 状态窗口(G) | ·状态窗口 |
| 镜像窗口(M) | ·镜像窗口的使用 |
| 库管理窗口(L) | ·库管理的使用 |
| 层管理窗口(I) | ·层管理的使用 |
| 排版格式窗口(S) | ·排版格式调用窗口 |
| 页面管理窗口(P) | ·添加和删除页面的窗口 |
| 图像管理窗口(N) | ·图像管理窗口 |
| 花边底纹窗口(D) | ·花边底纹的设置窗口 |
| 沿线排版窗口(B) | ·沿线排版的设置窗口 |
| 平铺(T) | ·窗口的平铺 |
| 层叠(F) | ·窗口的层叠 |
| 排列图标(A) | ·排列图标 |
| ✔ 1 FIT1 | |

图 4.10　窗口菜单

## 【思考与练习】

1. 文件菜单下的文件合并的作用是什么?
2. 美工菜单下的平面透视选项的作用是什么?
3. 格式菜单下的叠题选项的作用是什么?
4. 格式菜单下的定义排版格式选项的作用是什么?
5. 文件菜单下的设置选项的作用是什么?
6. 将选定的文字或图片在版面中固定下来,使用什么功能选项?
7. 文章分栏在何处设置?
8. 对选中的文字进行装饰处理如何操作?
9. 文字编排的横排竖排如何转换?
10. 为避免图片和文字在排入时相互覆盖,选择什么操作?

# 第五章

# 飞腾软件环境设置

**【本章学习要点】**

本章着重在飞腾环境设置界面下对相应的操作进行详细的讲解。环境设置是要通过环境变量的变换来设置需要编辑的版面的一系列参数。环境变量的种类包含:度量单位、显示状态、打印发排、排版参数等。如果不改变设置,这些环境变量将采取系统相应的默认设置。

## 第一节 工作环境设置量的分类

飞腾系统的环境变量有3种:系统全局量、文字全局量、对象量。

### 一、系统全局量

系统全局量是对系统的整个操作过程都起作用的环境量。

系统全局变量一般在无文件打开的情况下进行设置。在无文件打开的情况下设置也可以在文件打开情况下设置的系统全局量有:“环境设置”中除了“设置背景格”外的其他选项、“版面设置”下“设置边空版心”中的“自动调整页面大小”和“自动设置分栏”、“基线设置”、“字体设置”、“打印设置”、“版面”下的“漏白预效”。(见图 5.1 设置选项 > 环境设置)

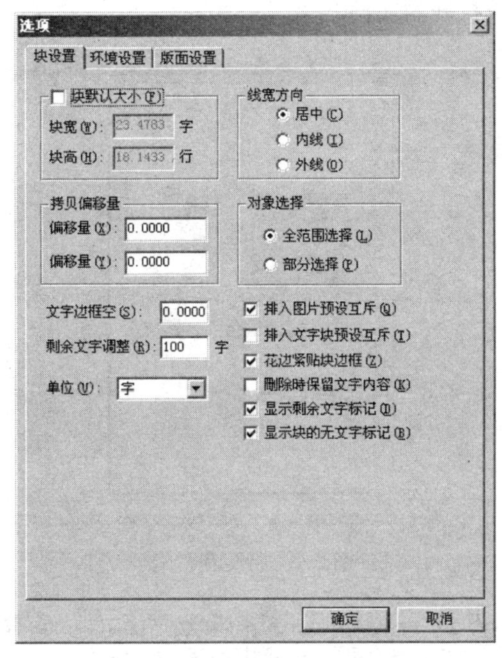


图 5.1　文件 > 设置选项 > 环境设置

飞腾退出运行时,系统全局量会被保存到名为 FIT. CNF 的文件中去,再次启动飞腾时,这些环境量自动被调动,所以系统全局量只需设置一次,除非以后需要改动。例如:将“行距”全局量高为 5mm,则以后所有新建文件中排入的文字,缺省行距都是 5mm,直到修改为止。对某个文件来说,当它的某些文件全局量与系统全局量不同时,取它的文件全局量属性。文件全局量保存在文件中。

## 二、文件全局变量

对单个文件的整个操作过程有影响的环境量称为文件全局变量。

文件全局量是在文件打开后设置的,文件全局量保存在FIT文件中。下面举一个例子:

1. 打开一个文件,不选中任何对象,按快捷键Ctrl+J,弹出"行距与行间"对话框,将"行距"的文本框定为0.25字。(见图5.2行距与行间)

2. 再排入文字的行距就是0.25个字,直到被修改为止。图5.3是将把1~2行的行距设为0.25,2~3行设为2个字。这个值的改变不会影响其他新建或打开的文件。

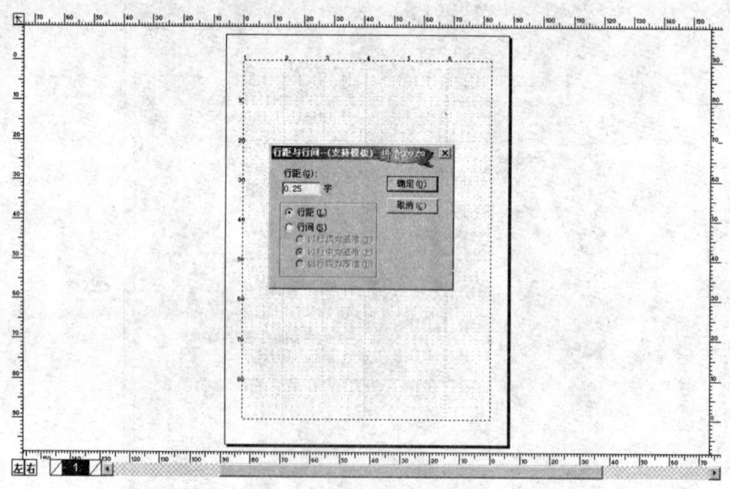


图5.2　行距和行间

新闻传播学院下设新闻学、编辑出版学、广播电视新闻学、广告学
新闻传播学院下设新闻学、编辑出版学、广播电视新闻学、广告学
新闻传播学院下设新闻学、编辑出版学、广播电视新闻学、广告学

图5.3　行距修改后的前后效果

### 三、对象量

只对某一对象设定,只影响该对象的属性,对文件中其他对象没有影响的环境量称为对象量。下面举一个例子:

1. 打开一个文件,选取文字工具 T ,选中要改变字号的文字。如图5.4所示。

2. 将选中文字的字号设置为4号字。如图5.5所示。

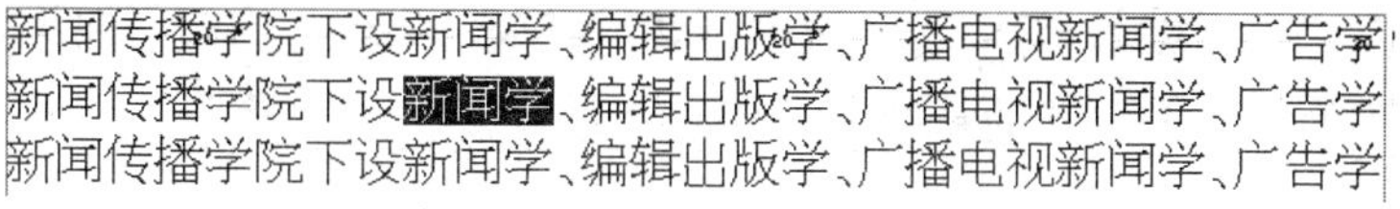

新闻传播学院下设新闻学、编辑出版学、广播电视新闻学、广告学
新闻传播学院下设新闻学、编辑出版学、广播电视新闻学、广告学
新闻传播学院下设新闻学、编辑出版学、广播电视新闻学、广告学

图 5.4　选中文字

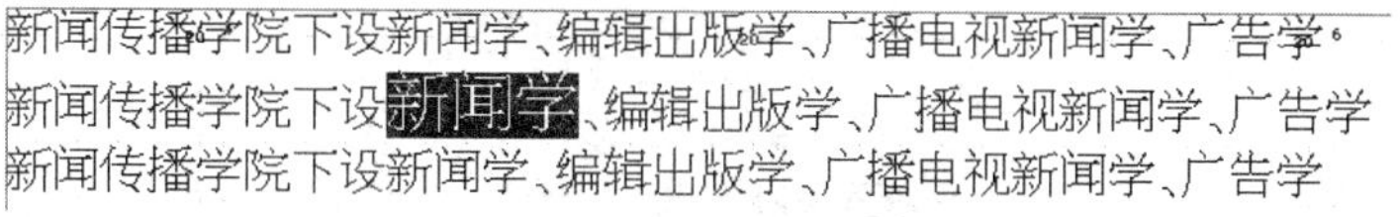

新闻传播学院下设新闻学、编辑出版学、广播电视新闻学、广告学
新闻传播学院下设新闻学、编辑出版学、广播电视新闻学、广告学
新闻传播学院下设新闻学、编辑出版学、广播电视新闻学、广告学

图 5.5　改变选中字的字号大小

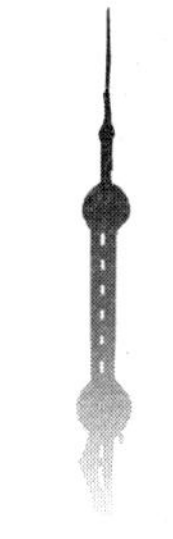

# 第二节　版面设置

新建排版文件时，首先要根据需要、要求设置相应的版面参数，如文件的页面大小、横排还是竖排、装订次序、页数、缺省的字体和字号、文字距页边的距离、设置裁接线等。

版面设置
页面
页面大小(A): A3 (297x420)
宽度(B): 94.306
单位(D):
高度(E): 133.362
字
单面印刷(F)
双页排版(G)
起始页为右页(H)
确定(O)
取消(C)
打开文件(N)...
页数设置
起始页码(K): 1
(1-9999)
终止页码: 1
页数(M): 1
(1-9999)
第二页码
起始页码(L): 1
终止页码: 1
装订次序
左订(L)
右订(J)
纸张方向
垂直(T)
水平(U)
文字排版方向
竖排(Y)
横排(X)
版面对齐标记(A)...
设置边空版心(P)...
裁接线(Q)...
版心及背景格字号(R)...
页码类型(S)...

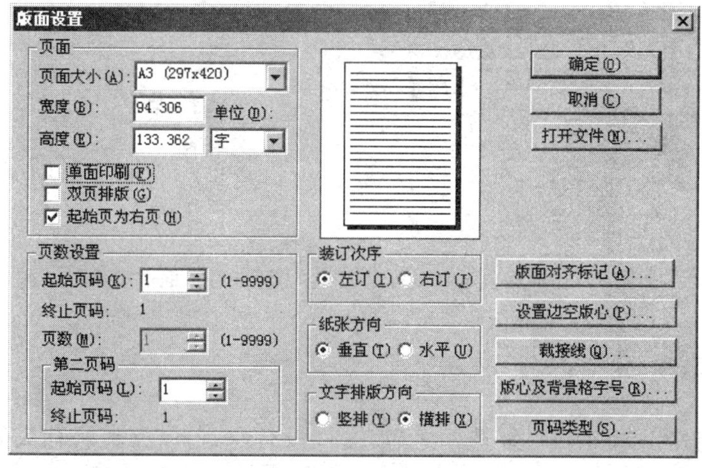

图 5.6　版面设置

## 一、页面大小

单击“页面大小”右侧向下的下拉按钮，在弹出的下拉列表内可对页

面的大小进行设置,如图 5.7 所示,系统提供了 43 种常用的页面尺寸,并将常用的每一个尺寸的具体大小列在括号内。

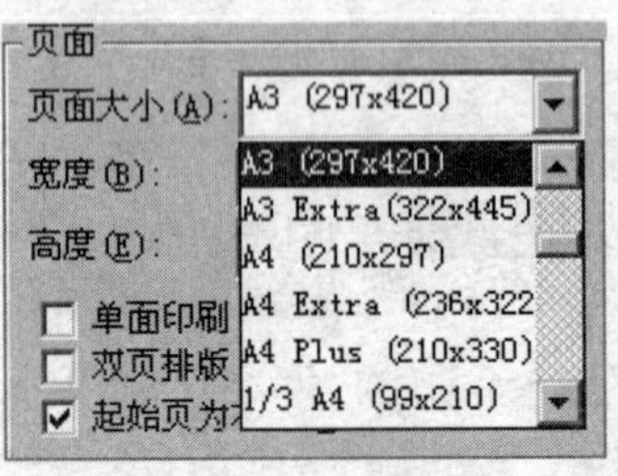


图 5.7 页面大小

在进行页面大小的设置时,如果这 43 种规格内没有我们需要的尺寸,可以选择其中的"Custom"选项,也就是自定尺寸,然后再在下面的"宽度"和"高度"栏内输入页面的大小。如图 5.8 所示。

## 二、单位

选择"单位"下拉列表,可以对页面大小的度量单位进行设置,如图 5.9 所示,在缺省状态下,单位为毫米。

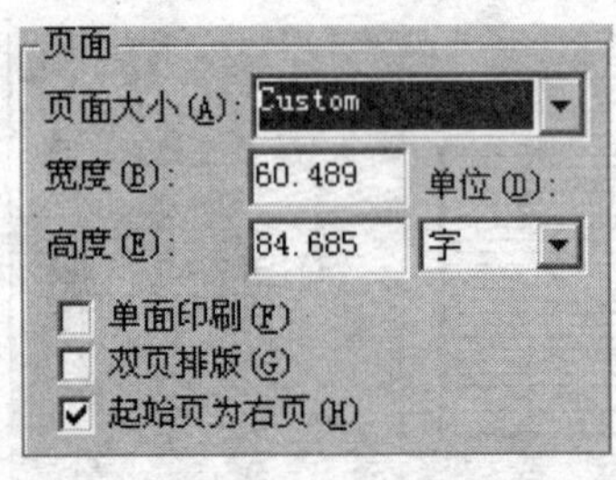


图 5.8 页面自定义设置

图 5.9 页面大小单位设置

## 三、单面印刷

选中"单面印刷"复选框之后,文件没有左右页之分,所有页的版心都相同,并且使用同一个主页进行共同内容的设置。

此项处于不选中状态时,页面会分为左主页和右主页。左主页和右主页可以有不同的版心,可以进行不同的内容设置,例如可以设置不同的书眉和页脚,在进行书籍或者杂志的排版时经常需要进行此项目的设置。

不选择“单面印刷”选项后，版面设置内的“双页排版”及“起始页为右页”项目同时变成可选状态，需要分别进行设置。

## 四、双页排版

选择“双页排版”后，在页面上可以同时看到两页的显示，如图5.10所示。

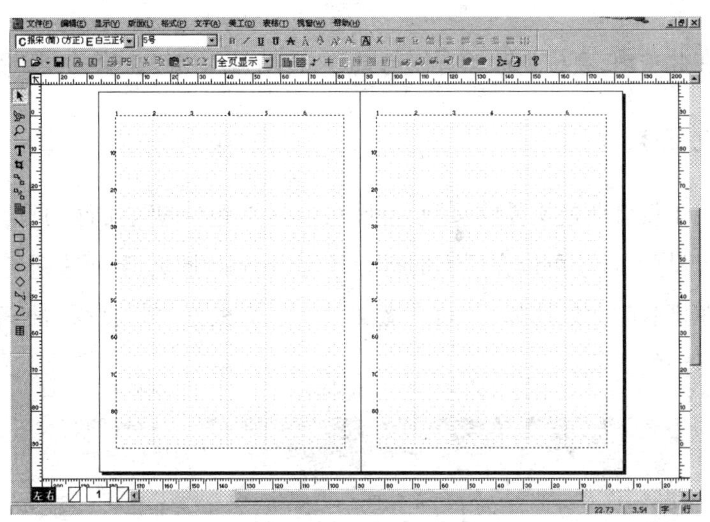


图5.10 双页排版的显示

此时可以同时排版两页，这种显示状态非常有利于一些杂志的彩页编排，在排版时就可以对左右页的版式及色彩是否和谐进行预示，以便更好地进行版式的设计。

## 五、起始页为右页

选择此项时，页面的起始页为右页，如果此项不选，则起始页为左页。

## 六、装订次序

选择“装订次序”为“从左到右”时，订口在左，裁口在右，一般的横排书刊都是这种格式；选择“装订次序”为“从右到左”时，订口在右，裁口在左，一般的竖排书刊使用这种格式；缺省的设置为“从左到右”。

## 七、起始页码

设置起始页的页码号，范围可以从 1 到 9 999 页，缺省的设置为 1，一般进行书籍的排版时，每一章会排一个文件，所以每一章都会建立一个新的起始页码。

## 八、终止页码

在此项内，会根据起始页码与页数，自动显示出终止页的页码数。

## 九、页数

用于设置新建文件的页数，范围可以从 1 到 9 999，文件的页数在此处进行设置后，还可以在后面的排版过程中，通过插页、删页来进行修改。

在排版时如果选择了“自动灌文”，系统会根据排版文章的长短自动生成所需的页数。

图 5.11　垂直排列的版式

## 十、纸张方向

可以选择“垂直”或者“水平”，从而决定以后页面的方向，所以在页面大小设置时，两个数值输入的前后顺序是没有关系的，如图 5.11 为垂直排列的版式，图 5.12 为水平排列的版式。

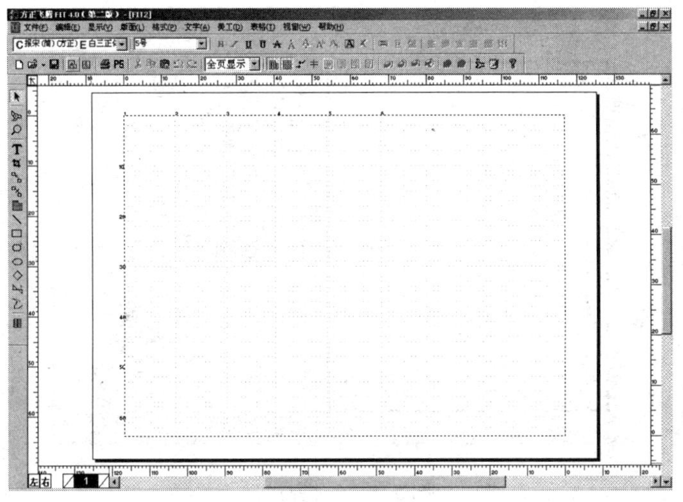

图 5.12　水平排列的版式

## 十一、文字排版方向

设置文件中大量文字的排版方向为“横排”或者“竖排”（图 5.13），如果少量文字的排版方向不同，可以在文件中进行转换。（港台地区常用竖排）

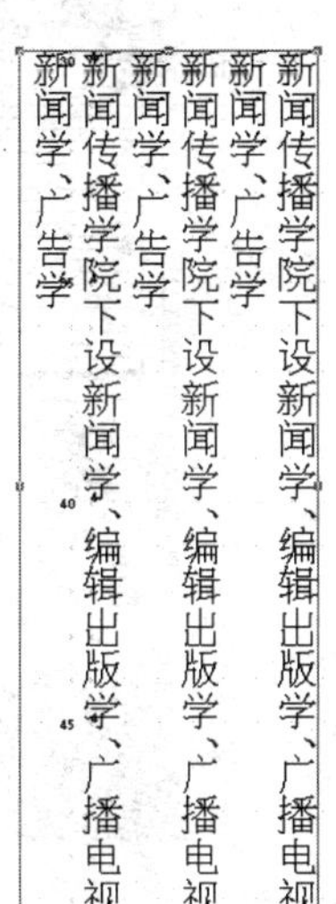


图 5.13　文字竖排格式

## 十二、版面对齐标记

在“版面设置”对话框内，单击右侧的“版面对齐标记”按钮，出现如图 5.14 所示的对话框，此对话框用来设置版面对齐标记的形状和位置。选择“标记类型”下的方形标记是裁剪标记，它标注最终印刷成品的大小，供裁剪时使用；圆形、十字形和 T 形标记是印刷定位标记，只在分色打印时才有用。

## 十三、设置边空版心

在图 5.6 所示“版面设置”对话框内，单击右侧的“设置边空版心”按

钮,会出现如图 5.15 所示的对话框,在其中可以进行页面版心及页边空、背景格及栏宽的设置。

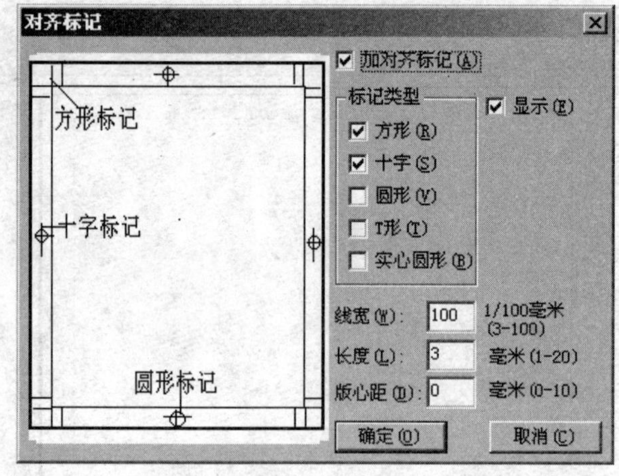


图 5.14　对齐标记

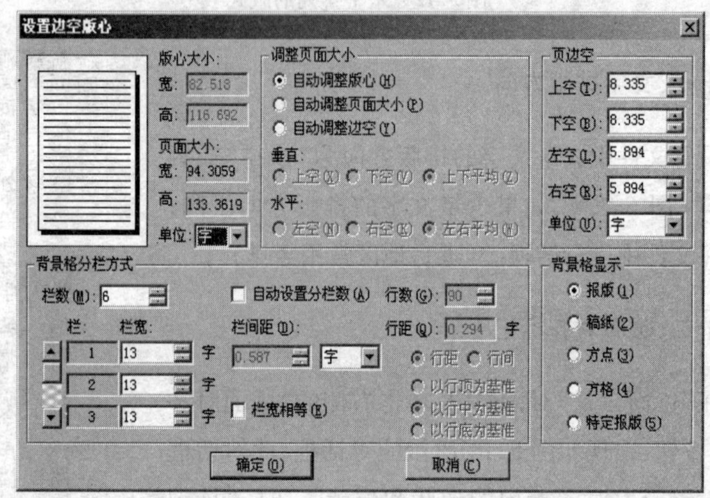


图 5.15　设置边空版心

(一)调整页面大小

在此提供 3 种调整页面大小的方式:自动调整版心、自动调整页面大小、自动调整边空。

1. 自动调整版心:选择此项后,能够激活"页边空"的各项数值,通过页边空的各项数值对版心的大小进行调整,如图 5.16 所示。

2. 自动调整页面大小：此项选择后，可以激活“版心”内的“栏数”、“行数”以及“页边空”的数字框，系统会根据所设的版心栏数和行数以及页边空的数值，来调整页面的大小，排报纸的用户一般使用此种方式进行报纸版面大小的设置。

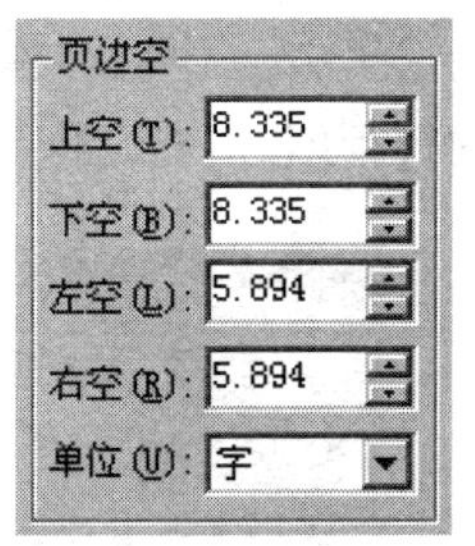

图 5.16 页边空选项

3. 自动调整边空：选择此项后，可以激活“版心”内的“栏数”、“行数”及“页边空”方式，通过调整版心内的栏数、行数以及页边空的方式，调整页边空的大小。

（二）页边空

如图 5.16 用于设置页面上、下、左、右与面页面边缘所空出的距离，边空之内的部分就是页面的版心部分，进行排版时，一般都在版心之内，在缺省状态时，上下边空数值相等，左右边空数值相等。

（三）背景格分栏方式

在其中可以进行“背景格分栏方式”的设置，缺省的数值为 6 栏，每栏 13 个背景格，即每栏可以排 13 个字符。“栏间距”用于设置背景格栏与栏之间的距离。

（四）版心

单击“自动调整页面大小”或“自动调整边空”单选按钮，即可激活该区域，“栏数”和“行数”的设置可以决定版心的大小。

栏的宽度取决于“背景格栏”的设置，“行数”数值与“行距”及版心字号的大小有关，一行的数值等于版心字号一行文字的高度加上版心行距的数值。所以在进行“版心”的“行数”及“栏数”设置之前，需要先设置背景格栏和行距。

（五）“背景格设置”

单击“背景格设置”按钮，就会弹如图 5.17 所示的“背景格显示”，可以设置背景格显示的样式。

（六）“行距”、“行间”

单击“行距”复选框，如图 5.18 所示的“行距”对话框，用于设置版心的行距值，行距的度量单位可以在长度单位对话框内进行设置。

单击“行间”复选框,如图5.19所示的“行间”对话框,用于设置版心的行距值。(行之间距离分别以行顶、行中、行底为基准点)

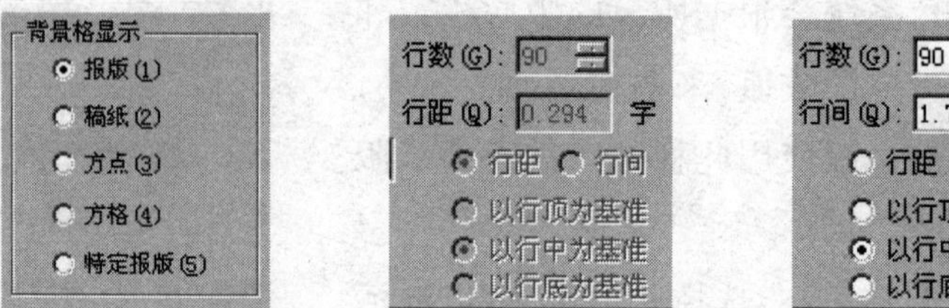


图5.17 “背景格”对话框　图5.18 “行距”对话框　图5.19 “行间”对话框

(七)自动设置分栏数

选中此项后,排入页面的文字会自动按背景格的栏数进行分栏。

**十四、设置裁接线**

在图5.6所示的“版面设置”对话框内单击“裁接线”按钮,就会弹出如图5.20所示的“定义裁接线”对话框。

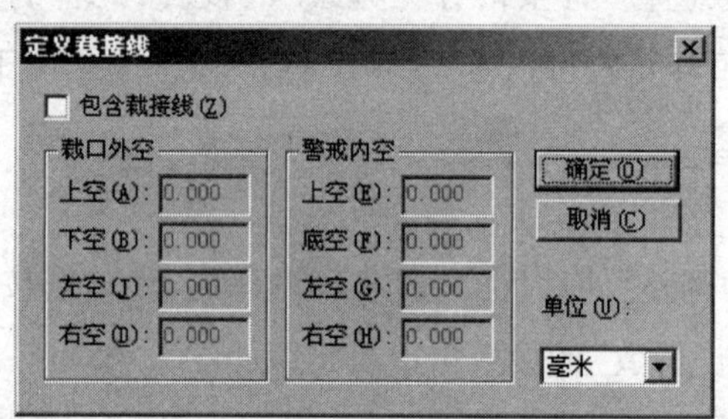


图5.20 “定义裁接线”对话框

“包含裁接线”复选框、“裁口外空”及“警戒内空”就同时被激活了。“裁口外空”用于设置出血线的位置,出血线位于页面框的外侧,出血线边框确定了图片的最大输出范围,当各个参数都设置为0时,出血线与页面的边框相重合,一般“裁口外空”的数值设置为3毫米。

“警戒内容”可决定文字警戒线的位置,它位于页面框的内侧,用于提醒用户:文字不要排出警戒线,否则在成品裁切时,由于误差很可能导致文字被切掉,当参数都设置为0时,警戒内空与页面的边框相重合。一般“警戒内容”的数值设置为2毫米。

进行裁接线设置的具体步骤如下：

1. 单击“包含裁接线”复选框，将“裁口外空”及“警戒内容”激活。

2. 从“单位”下列表内选择设置时使用的单位。

3. 分别输入“裁口外空”及“警戒内空”的上、下、左、右四边相对于边框的距离。

4. 各个项目设置完成后，单击“确定”按钮进行确认。

## 十五、设置字体号

1. 在“文字”菜单下单击“字体号”按钮，就会出现如图5.21所示的“字体号”对话框。

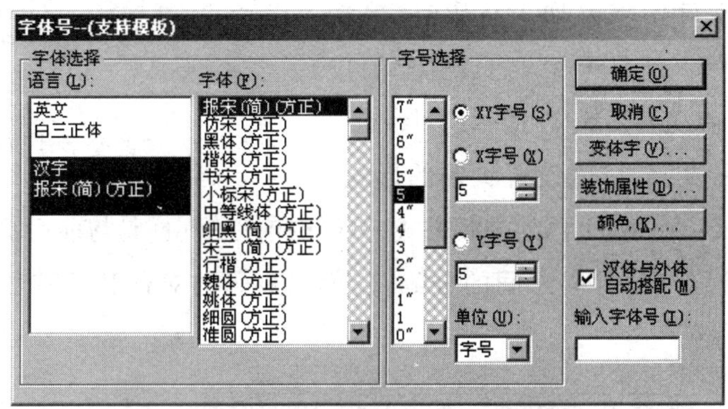


图5.21 “字体号”对话框

此对话框用于设置版心的字体和字号，版心的字体及字号将作为整个文件的一个基准，影响整个文件，尤其是以字为度量单位时，它将影响文件中的很多量，例如行距、字距等。

2. 字体号设置的过程如下：

(1)在弹出的“字体号”对话框“语言”栏内选择“英文”或者“汉字”状态。

(2)相对于选择“英文”或者“汉字”，在“字体”列表中选择适当的英文或者中文字体。

(3)在“单位”项目下选择字号的单位，缺省设置为“磅”。

(4)从“字号”列表中选择“英文”或者“中文”的字号大小，也可以在右边的“X字号”和“Y字号”框内直接键入字号的大小，或者单击数字框右侧上下移动箭头来调整字号的大小。如果选择的单位为“磅”,则每次增减的范围为0.25磅。

(5)如果希望字号的宽度与长度不同,可以分别选择“X字号”及“Y字号”进行设置,两者相同时,选择“XY字号”。

(6)设置完成后,单击“确定”按钮。

3. 在“版面设置”对话框下单击“版心及背景格字”按钮,就会出现如图5.22所示的“改变字体”对话框。

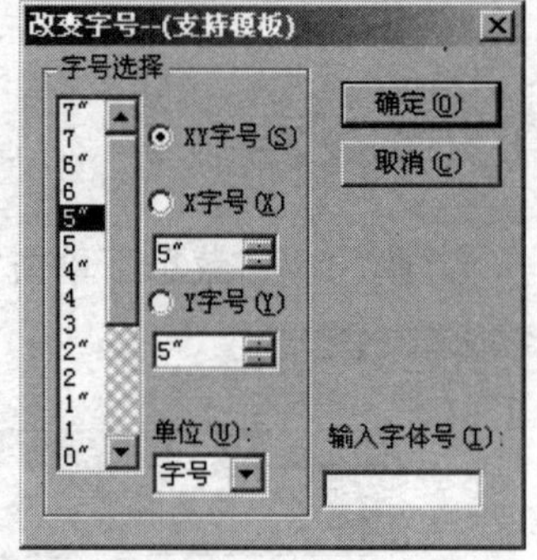


图5.22 “改变字号”对话框

## 十六、设置页码类型

当文件中需要加入页码时,单击“版面设置”对话框内的“页码类型”按钮,就会弹出如图5.23所示的对话框。

对于页码,可以设置页码的形式、页码的文字类型、页码的排版方式、页码的前后缀、页码与前后缀间的距离、主页码与分页码之间的分隔符、单双页码的对称和特殊数字的选用等。

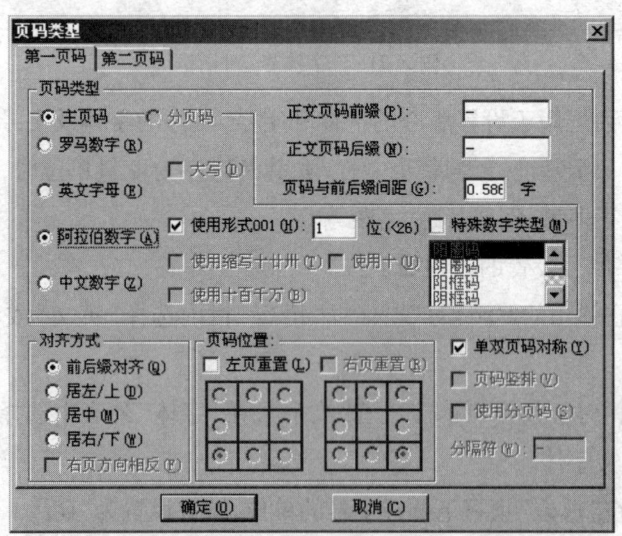


图5.23 “页码类型”对话框

(注:此处只是对页码的类型进行设置,并不是加入页码,进行页码的填加需要在主页内进行,使用“版面”菜单下的“加页码”命令。)

1. 主页码类型和分页码类型

“主页码类型”项目用于设置主页码的类型,选择“分页号”复选框,此项会变为“分页码类型”,用于设置分页码的类型。

页码的类型可以在“阿拉伯数字”、“中文数字”、“罗马数字”及“英文字母”4 种类型中进行选择,这 4 种类型都可以分别进行横排及竖排的设置。

2. 分页码

在排带有分页号的书时,选择“分页号”复选框,可以分别设置“分页码类型”及“主页码”与“分页码”之间的分隔符。此项目只能在新建文件中进行设置,以后无法进行修改。

3. 正文页码前缀和后缀

在“正文页码前缀”或者“正文页码后缀”框内可以输入一个中文或者英文字符,缺省的设置为“-”。

例如:页码类型选择“阿拉伯数字”,“正文页码前缀”后输入“第”,“正文页码后缀”后输入“页”,当给版面加入版面页码后,会显示“第 1 页”“第 2 页”……

4. 页码与后缀间距

用于设置页码与前后缀之间的间距,在进行此项设置时,必须以页码可能的最大位数进行考虑,否则对于多位数字,会出现页码与前后缀相重叠的现象。

5. 分隔符(主要在排书用)

选中“分页号”复选框后,此项起作用,用于设置主码与分页码之间的分隔间距可以是一个中文或者英文的字符。

例如:12-1、12/1 为带有分隔符的页码。

6. 使用十百千万和使用缩写十廿卅

页码的数型选择为“中文数字”格式时,可以使用十百千万的表示方式,此项选中后,页码中的“一二三”将会排成“一百二十三”的样式。

选择“使用十百千万”后,可以选择“使用缩写十廿卅”。此后页码中的“二十”将以“廿”进行替代,“三十”将使用“卅”进行替代。

7. 使用形式 001

当页码类型设置为“阿拉伯数字”时,可以选择此种表示方式,在编辑框中输入页码的位数,例如当位数输入为 5 时,页码 12 会变成 00012 的格式。

8. 大写

页码类型为“罗马数字”及“英文字母”时可以选择用大写或者小写的形式。

9. 竖排

选择“竖排”的方式后,页码就会按照竖排的格式进行设置,位置在左右边空上,此项不选择时,页码会按照横排的方式进行设置,位置在上下边空上。

10. 单双页码对称

选择此项命令后,单双页的页码会进行对称排列,例如修改了左页的页码位置,右页的页码位置会自动进行重新排列,与左页的页码进行对称。

11. 特殊数字类型

当页码类型选择“阿拉伯数字”或者“中文数字”时,可以从此项内选择页码的数字类型,例如阴圈码、阳圈码等。

12. 页码位置

页码的位置可通过“页码位置”选项组进行调整,有左上、左下、右上、右下、左中、左右、右中、上中、下中 8 个位置可选。当选中“单双页码对称”复选框后,在选中“左页重置”复选框,选中相应的位置即可。当左页页码位置调整后,右页页码位置会自动进行调整。

# 第三节　设置选项

在对文件进行排版之前，要先设置工作环境，有了合适的工作环境，工作起来才会得心应手。当设置"设置选项"里的设置作为系统全局量和文件全局量时都会对飞腾文件起作用。

打开"文件"下的"设置选项"，选择"环境设置"，在环境设置中有关于"块设置"、"环境设置"、"版面设置"的设置。

## 一、环境设置

(一)块设置

如图 5.24 所示为进行设置的对话框，下面逐项进行说明。

1. 块缺省大小：用于设置文字块、图元块的缺省大小。选中此项后，当用"排版"命令进行文字的输入时，用鼠标在版面上单击，飞腾系统就会自动在版面上按此处设置的块的大小值生成一个文字块。否则就会弹出一个名为"缺省块大小"的对话框，临时设置块的大小，图元块也是如此。(注：此项的设置值，总是作为系统全局量)当每次排入的文章都较大幅度超过默认块大小时，一般才进行更改默认块大小的设置。

2. 拷贝偏移量：指复制的对象与粘贴生成的对象之间的偏移量。

3. 线宽方向：指矩形对象的边框线线宽的方向，也可以认为是指边框线的位置所在。"居中"表示边框线的中心与矩形边框重叠，边框线的一半在矩形块的内侧，另外的一半在矩形边框的外侧。"外线"表示边框画在矩形边框的外侧。"内线"表示边框线画在边框的内侧。

4. 排入图片预设互斥：选择此项后，排入的图片都被设置为具有"图文互斥"属性。

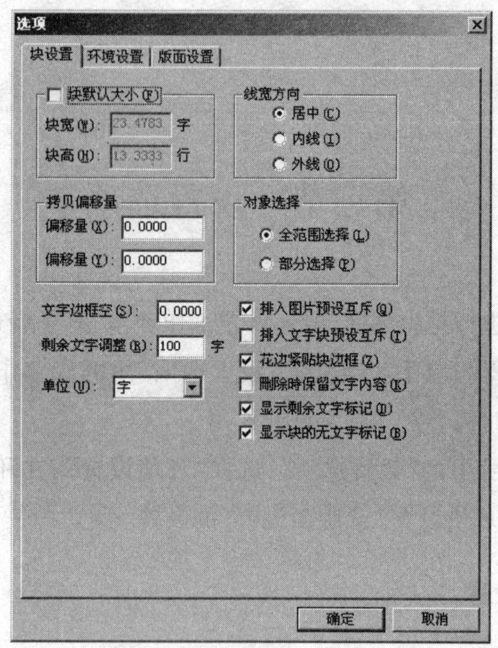


图 5.24 “块设置”标签页

(二)环境设置

“文件”菜单的“环境设置”命令涉及的环境量主要是操作方面的。

这部分的参数主要是与文件的新建、输出、字体搭配有关。选择“环境设置”命令后，在弹出的“选项”对话框中选择“环境设置”标签页，如图 5.25 所示，下面介绍其各项内容的设置。

1. 输出分辨率：用于设置输出的分辨率，根据需要及设置的情况进行设置。

2. 渐变输出等级：设置渐变颜色的输出级数，取值范围可以从 0 ~ 256。级数越大，渐变的效果越好，但输出速度变慢；级数越小，渐变效果越差，中间会出现明显条纹，但输出的速度快。一般情况下，将此数值设置为 80 左右。

3. 新建时设置版面参数：如果选择此项，在进行文件的新建时，首先会弹出新建“版面设置”对话框，如果不选此项时，就会直接使用“版面设置”系统全局量进行新文件的创建，而不让用户进行“版面参数”的设置。此项无论何时设置，总是作为系统全局量。

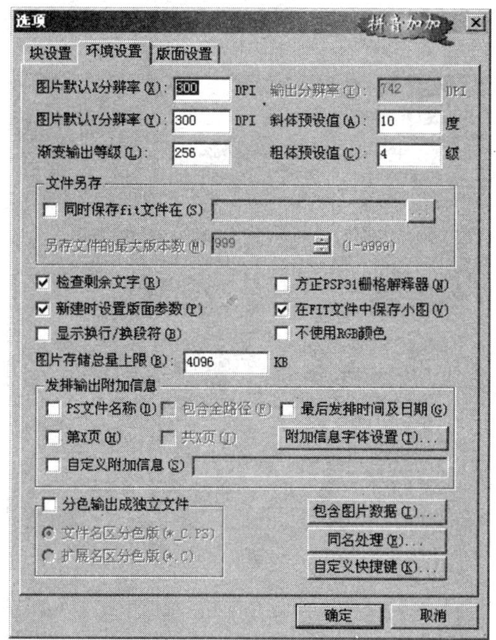


图 5.25 “环境设置”标签页

4. 检查剩余文字:选择此项后,当文件中没有排完文字的文字块时,存储时会给出提示框。此项无论何时设置,总是作为系统全局量。

5. 包含图片数据:选中此项目后飞腾发排生成的 PS 文件中将包含排入的图片数据,此后,用 RIP 输出 PS 文件时,无需再另附图片文件。不过这样生成的文件会很大。

6. 在 FIT 文件中存小图:选中此项,飞腾会在存盘时以一个低分辨率的图像代替当前文件中的图像写入飞腾文件。这样将提高再一次打开时图像的显示速度,不影响发排。

7. 方正 PSP31 栅格解释器:此项选择主要针对经过 LZW 压缩图片,这样的图片在 PSP31 上需要经过特殊的处理才能正常输出。所以建议用户如果使用 PSP31 作为输出设备,而不能明确文件是包含了经过 LZW 压缩的图片,最好选择此项。另外,如果当前版面中插入 PS 图文件,该 PS 文件的来源最好与当前文件的输出一致,此项无论何时设置,总是作为系统全局量。

(三)版面设置

这部分的参数主要与显示状态和显示精度有关,选择“设置选项”

后,选择“选项”对话框中的“版面设置”标签页,如图 5.26 所示。

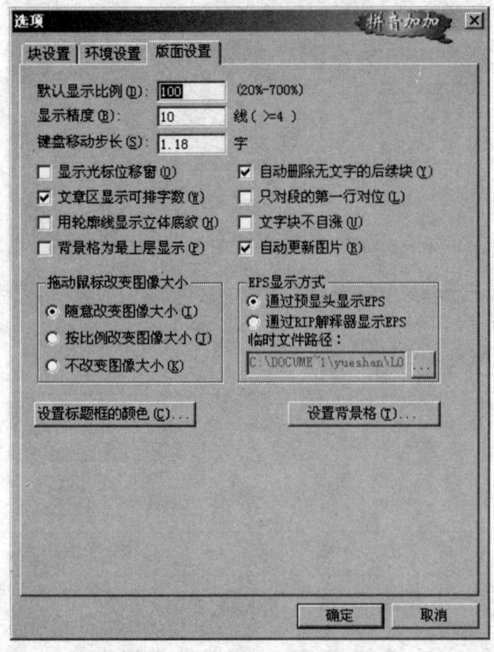


图 5.26 “版面设置”标签页

1. 默认显示比例:用于设置“显示”菜单下“缺省大小”命令执行结果,范围可以从 20% ~700%。此项无论何时设置,总是作为系统全局量。

2. 显示精度:当屏幕上的文字小于该值时,飞腾将用灰块或者灰条来进行显示,以加快显示速度。

3. 键盘移动步长:用于设置在箭头状态下使用键盘上下左右键进行光标移动的步长值,缺省设置为 1 个版心字。此项无论何时设置,总是作为系统全局量。

4. 显示光标位移窗:用于确定画一个块或改变块的大小时,在光标附近是否显示光标移动的相对坐标值。

5. 文章区显示可排字数:选中此项后,当用户在页面上进行文字区域的设置时,飞腾将自动显示该文字区内可以排的文字的个数。此项无论何时设置,总是作为系统全局量。

6. 用轮廓线显示立体底纹:选中此项后,对于立体底纹,只显示其轮廓,这样可以提高显示的速度,而不会影响发排的效果。

7. 设置背景格:单击“设置背景格”按钮,就会弹出如图 5.27 所示的对话框。在对话框内可以设置背景格的种类和间隔以及捕捉精度。

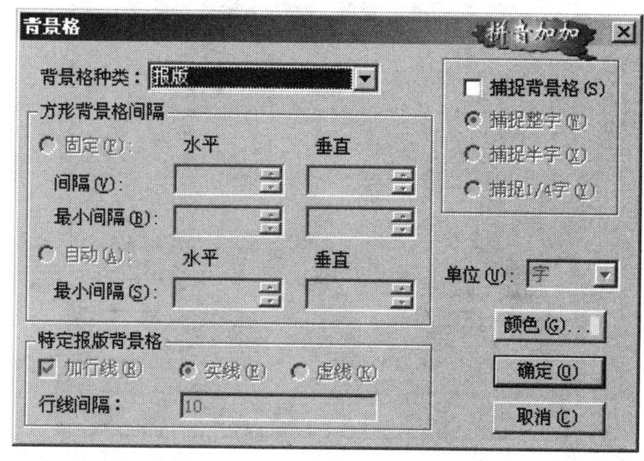


图 5.27　背景格的设置

8. 背景格种类:背景格用于排版时页面对象的定位,它显示于页面框内,有“报版设置”、“方格”、“方点”、“稿纸”、“特定报纸”5 种形式,用以指示版面上整行整字的位置。缺省值是“报版设置”。

选择“报版设置”后,系统将根据“版面设置”对话框中的“设置边空版心”下的“背景格设置”里的“背景格栏数”和“栏间距值”来显示背景格。此时,背景格排在版心内,使得版面看起来就好像是报纸的版样纸。页的边空上显示背景格的行、列坐标,以帮助用户准确地划出文章区、标题区、图片排放位置。横排时背景格坐标原点在页面框的右上角,竖排的背景格坐标原点在页面框的左上角。

9. 自动删除无文字的后续块:当选中它时,文字的后续文字块为空时,会自动删除空文字块。

10. 文字块不自涨:设置当文字块中的文字变大或增多时,文字块大小改变,选中则文字块不改变,出现续排标志。

11. 拖动鼠标改变图像大小:设置对图像大小的改变和不改变。

**二、字体设置**

1. 字体

在打印时,如果打印机不支持 PS 打印,就要选择图 5.28 中的“全部

下载”按钮，让版心上设置的字体打印出来。

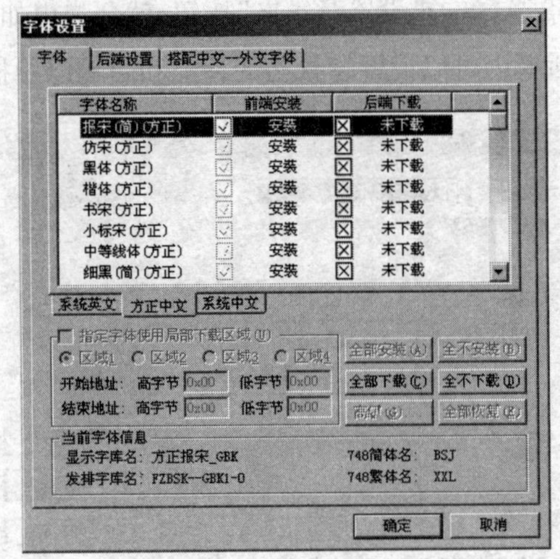


图 5.28 “字体设置”标签页

2. 后端设置

设置后端 748 码和 GBK 字库列表。

3. 搭配中文－外文字体

在“搭配中文－外文字体”对话框中，每一种“中文”都会有一种对应的“英文”，双击某种中文字体对应的英文字体，就会弹出“搭配字体”对话框，在其中可以重新设置对应的外文字体，选中后，单击“确定”即可。此项无论何时设置，总是作为系统全局量。修改外文字体与中文字体的对应关系以后，当“字体号”对话框中选择了“汉体与外体自动搭配”后，每选择一种汉体后，外文字体自动按此处的设置对应改变，即选择一种中文字体，其对应的外文字也被同时选中。

## 三、长度单位

在飞腾中，度量长度的单位叫做长度单位，飞腾提供使用的长度单位有“字”、“磅”、“毫米”、“英寸”、“厘米”、“级”、“PICA”。长度单位是飞腾中最重要、最基本的环境量，很多与长度大小有关的环境量的设置都是以它为基础的。

在第一次启动飞腾后，应当首先选择“文件”菜单中的“长度单位”命令,在弹出的如图 5.29 所示的“长度单位”对话框设置这一环境量。

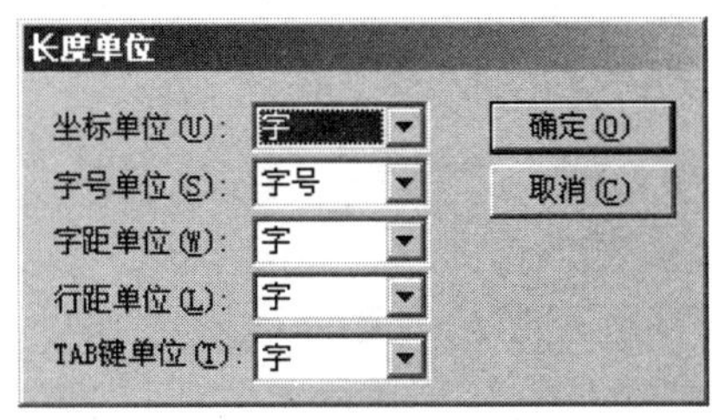


图 5.29 “长度单位”对话框

“长度单位”对话框中可设置 5 类参数的长度单位。除“字号单位”、“字距单位”、“行距单位”、“TAB 键单位”外,所有其他参数的缺省单位都将使用“坐标单位”,只有个别地方固定长度单位为“mm”。

当长度单位选用了“字”之后,其长度与当前字号的环境量有关。另外,当“坐标单位”选用了“字”之后,在有些对话框中与高度有关的参数的单位会变为“行”,如“纵向调整”中的“总高”、“环境设置”中“块缺省大小”内的“块高”、“块参数”中的“块高度”、状态窗口中的 Y 坐标值和高度值。

【思考与练习】

1. 在进行页面大小的设置时,如果飞腾提供的 43 种规格内没有我们需要的尺寸,如何操作?

2. 新建排版文件时,基本的版面参数有哪几项?

3. 文件全局变量是什么概念?

4. 调整页面大小的方式有几种?分别如何操作?

5. 如何进行裁接线设置?

6. 在块设置中选中“排入图文预设互斥”有什么结果?

7. 如何进行字体号设置?

# 第六章

## 飞腾软件文件操作

**【本章学习要点】**

本章详细讲述飞腾软件启动与退出，文件的建立、打开，文字块、文字、图像的输入与保存。这些都是每次使用飞腾时要做的基本操作。

## 第一节　启动飞腾

在中文 Windows 窗口中，用鼠标双击飞腾图标，或在“程序”菜单中点击“北大方正”，“方正 4.0”，“方正 4.0(第 X 版)”命令，则可以启动飞腾排版软件。

如果 Windows 的主窗口中没有飞腾图标，请用 Windows 提供的方法自己建立。

（注：可以同时启动多个飞腾，在两个飞腾中通过“拷贝”、“粘贴”命令交换数据。但要注意，此时将占用大量的系统资源。）

飞腾的排版文件类型：

1. 飞腾文件＊. FIT

是飞腾产生的文件，这种格式保存的文件可用飞腾进行编辑。

2. 飞腾的后备文件＊. BAK

格式与. FIT 相同，在最初保存飞腾文件时自动生成，以后每做一次保存文件操作，则自动更新内容；即先将原 FIT 文件存为 BAK 文件，再将正在编辑的文件存为 FIT 文件。它是 FIT 文件的备份文件，主要用于恢复原有文件，要恢复时将＊. BAK 文件改为 ＊. FIT。

3. 模版文件＊. FTP

格式与. FIT 相同，在存文件时选择文件属性为 FTP. 则可生成. FTP 文件。

模版文件可以作为一种格式文件，打开模板文件即打开一个无标题的 FIT 文件，可以在其版面参数与版面数据的基础上进行编辑，生成模版文件相同版面风格的文件，最后生成 FIT 文件。在报社中常用作制作含有报头或其他每期都含有固定内容（包括：每版的版名、热线电话、电子信箱、编辑姓名等）的版面。编辑或版面编排人员只需要编排剩余位置就行了。

## 第二节　新建文件

使用“文件”菜单的“新建”命令，能够建立一个新的排版文件。新建排版文件时，根据所排内容，设置相应的页面参数，如：页面大小、排版方向、显示方式、页码类型等。

其操作步骤如下：

1. 选择“文件”菜单的“新建”，或直接点击窗口工具条中的“新建文件按钮”( )，或者使用快捷键 Ctrl + N；

2. 弹出“版面设置”对话框；

3. 设置完成，单击“确定”按钮。

## 第三节　打开文件

飞腾中每次只允许打开一个 FIT 文件，打开文件后才可进行文件的编辑。如果安装了“打开 PUB 文件”的软插件，PUB 文件也在此打开。打开的过程中，飞腾将对 PUB 文件中的排版命令进行解释，尽量保持原排版格式，并转换成 FIT 的文件格式。飞腾的模版文件 FIP 与普通的 FIT 文件的打开方式相同，只是在打开时要注意文件类型的选择。

1. 选择“文件”菜单的“打开”，或直接点击窗口工具条中的“打开文件按钮”( )，或者使用快捷键 Ctrl + O。

2. 弹出“打开”对话框(见图 6.1)。

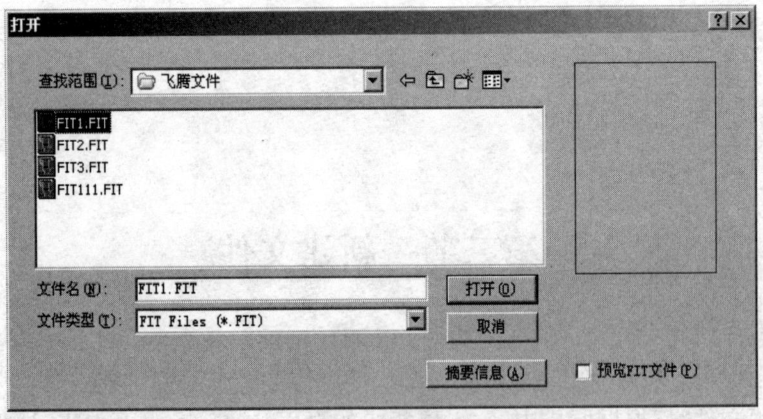


图 6.1　“打开”菜单

3. 在“文件名”编辑框中输入打开文件的路径、名称及扩展名、FIT 或通过路径、文件名的选择得到这些内容。

4. 单击“打开”按钮。

(注:打开 *. FTP 文件和 *. PUB 文件的方法如下:

首先,从图标打开 FTP 文件,双击飞腾文件的图标,启动飞腾并打开该文件。如果用“打开”命令打开 FTP 文件,则与打开 FIT 文件方式相同,只是文件类型要选 *. FTP;如果用“打开”命令打开 PUB 文件,则与打开 FIT 文件方式相同,但是文件类型要选 *. PUB。)

## 第四节　排入文字块和图像

1. 单击菜单“文件|排入文字”或图标( )按钮(图 6.2),查找所需要排入的文章文件。

2. 选中文章,单击“排版”按钮,该对话框关闭,在飞腾窗口中,会出现图标( ),在窗口中单击,会弹出“默认块大小”(图 6.3)。

3. 单击确定按钮,会出现一个红色方框,方框中有文字,这就是文字块。

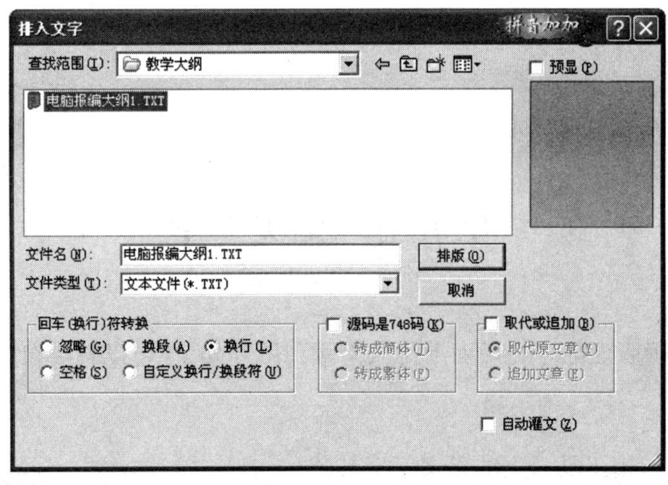


图 6.2　“排入文字”对话框

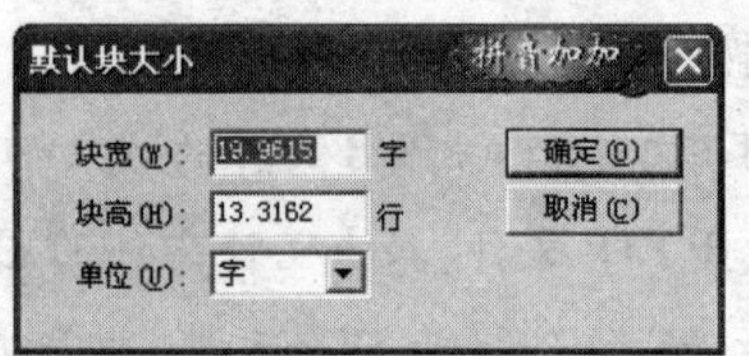


图 6.3 “默认块大小”对话框

4. 单击“文件|排入图像”命令或图标( )，会弹出“图像排版”对话框(图 6.4)。选择需要的图像，然后单击“排版”。

5. 版面上出现( )按钮，在版面上任意处单击，即可排入图像。

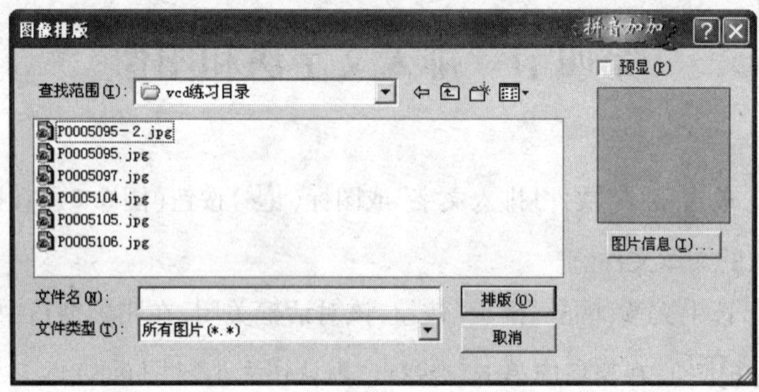


图 6.4 图像排版对话框

(注：排入的文章格式，最好是纯文本格式。排入的图片以 TIF、EPS 格式为主。)

## 第五节 输入文字

飞腾版面除了在版面上排入文章和图片外，还可以直接在版面上输入文字。

1. 单击工具条上的 T 文字工具( )。

2. 在编辑区和版面中任何一个位置，单击鼠标左键，可输入文字。

说明:(1)也可以在排入的文章中添加文字,对文章进行修改。

(2)在图片上也可按上述方法添加文字。



## 第六节　保存文件

“文件”菜单中的“存文件”命令和“另存为”命令都能保存飞腾新建的和打开的文件,所不同的是:“存文件”命令覆盖原文件,而“另存为”命令可将文件换名保存为另外一个文件或另选择一个位置保存。使用“另存为”命令还能建立模板文件。

### 一、保存飞腾文件

1. 保存文件时,选择“文件”菜单的“另存为”或“存文件”命令,或者直接单击工具条中的保存按钮,弹出“另存为”对话框,如图6.5所示。

图6.5　“另存为”对话框

2. 在“文件名”编辑框中输入选取一个文件名。

3. 从“保存类型”下拉式列表中确认文件的类型为“ * . FIT”,缺省即为“ * . FIT”。

4. 从“保存在”中选择存放该文件驱动器，在列表中选择存该文件的文件夹。

5. 设置完成，单击“保存”按钮，当前新建或打开的文件则被存于指定的文件中。

## 二、保存文件时遇到没有排完的文字块

保存文件的执行过程中，如果系统发现某个文字块中有未排完文字（不论文字块在编辑区域还是在版心），则弹出一个显示文章没排完的对话框，如图 6.6 所示。用户在此决定是转去将未排完文字的文字块排完，还是存盘，待下次打开该文件时再做处理。

1. 从“文件名”列表框中选看未排完文字所在的文本文件名。

2. 从“未排内容”中查看未排完文字块中未排的内容。

3. 若要继续编辑当前文件，单击“返回”按钮或“调整调文”按钮，中止存盘操作，转去继续编辑文件。

4. 单击“存盘”按钮，当前文章被保存。

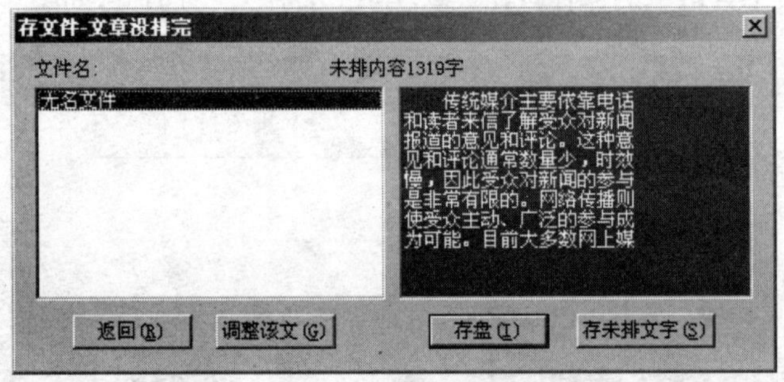


图 6.6 “存文件－文章没排完”对话框

（一）存未排文字

当单击“存未排文字”按钮，会弹出图 6.7 所示，可根据需要决定选择“转版（不含标题）”（一般用在一页排不下时，将剩余内容排到另外版面上）或“连载（含标题）”（一般用在报纸、杂志的小说、报告文学、电视剧内容等的连载上）。选择好后，单击保存，将文件的未排完部分单独保存为一个文件，使连载和转版的文章在下一次能继续使用。

图 6.7 “存未排文字”对话框

(二)建立模板文件

操作步骤与上述的保存飞腾文件的方法基本相同,只是文件的类型要选为“ *. FTP”后缀,可使模板文件区别于其他文件。

## 第七节 关闭文件

单击“文件”菜单的“关闭”命令用于关闭当前打开的 FIT 文件。

如果当前编辑的文件未经存盘,系统给出一个提示信息对话框,如图 6.8 所示,询问是否先存盘然后关闭。

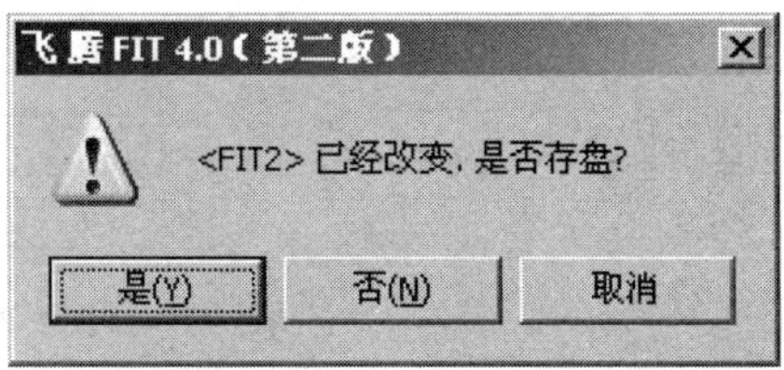


图 6.8 提示对话框

如果需要存盘,则单击“是”按钮,否则单击“否”按钮,文件将不作存盘而被立即关闭。单击“是”按钮后,系统将执行“存文件”命令,保存文件的修改。单击飞腾文件窗口的关闭按钮,也可关闭 FIT 文件。

## 第八节　退出飞腾

执行“文件”菜单的“退出”命令或单击飞腾窗口的关闭按钮则可退出飞腾。如果当前编辑的文件未经存盘，系统会给出图 6.8 显示的提示信息，询问是否先存盘后退出。

## 第九节　原文件输出

“原文件输出”选项的功能是将当前打开的文件的文字或选中的文字块中的文字，以文本 *. txt 格式存储到某一文件中。

### 一、没有选中文字块

如果没有选中文字块，执行“文件”菜单中的“原文件输出”，则弹出“选择文章”对话框，如图 6.9 所示。

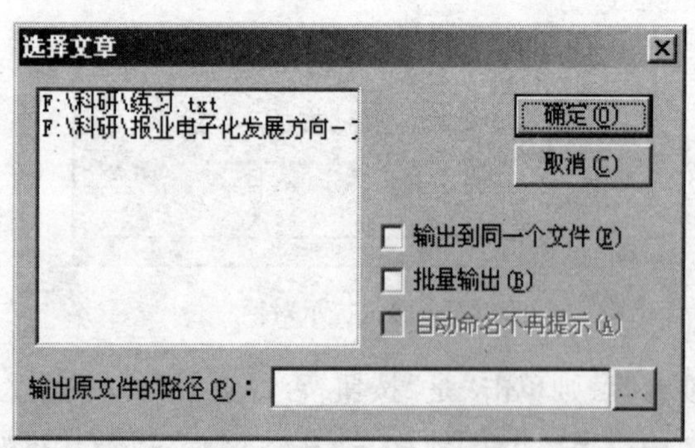


图 6.9　原文件输出“选择文章”对话框

该对话框中列出版面中所有的无名块和所有的用排版命令排入的文本文件名，若选中“无名文件”，输出的是一个无名文字块中的文字；选中一个文件名时，输出的是该文件排版后所在块中的文字。

当选中“批量输出”后，激活了“自动命名不再提示”复选框，如果不选中“自动命名不再提示”，单击“确认”后，弹出“另存为”对话框，如图 6.10 所示。

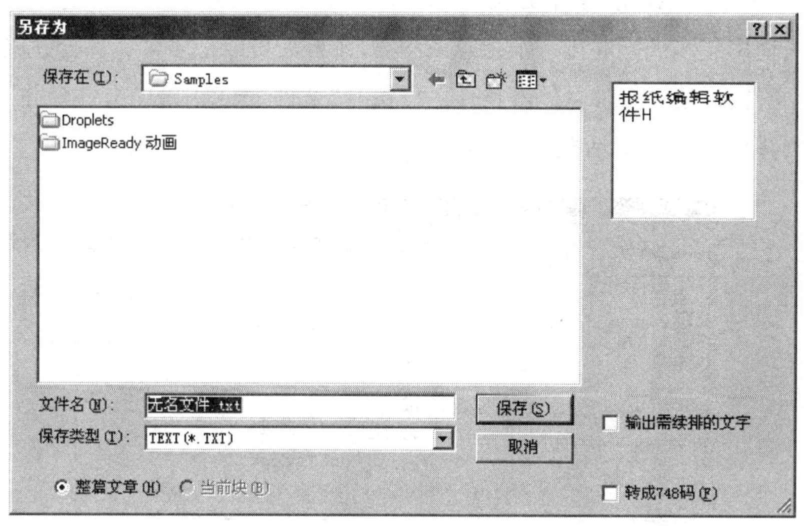


图 6.10　原文件输出——“另存为”对话框

若选中“自动输出剩下文章”选项，则把一篇一篇文章连续输出：若后面的文章不想输出了，则选中“取消输出剩下文章”选项。

当选中“自动命名不再提示”复选框，在“输出原文件的路径”输入框中录入路径，则文件以缺省文件名 Noname 1、Noname 2…存放在指定的目录中。

## 二、选中文字块

如果选中文字块，再执行“文件”菜单的“原文件输出”，则直接弹出“另存为”对话框。在“保存在”选择框中指定文件夹，在文件名录入框中输入文件名，可以选择“整篇文章”或“当前块”，最后单击“确定”按钮即可。

# 第十节　文件合并

如果想把当前操作的文件和以前的某一个 Fit 文件合并成一个文件,适用于多人同时排一本杂志或图书,排好后可以把多个文件合并成一个文件,以便进行加页码等操作。可执行“文件”菜单中的“文件合并”命令,弹出“打开”对话框,如图 6.11 所示。

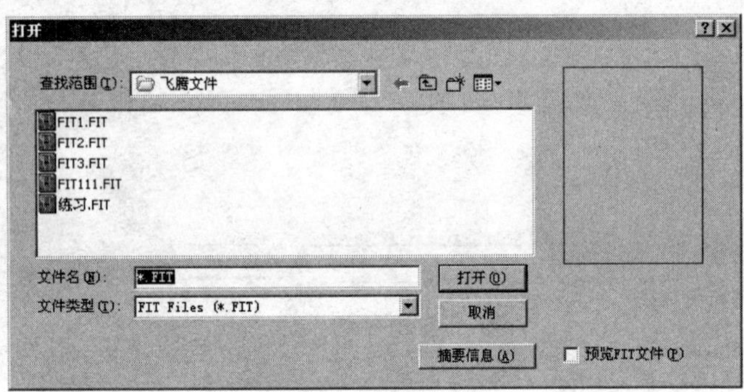


图 6.11　“打开”对话框

将当前正在排版的文件和以前的 FIT 文件合并,操作步骤如下:

1. 单击“文件”下的“文件合并”命令,弹出“打开”对话框。

2. 在“查找范围”的下拉列表中选择文件夹,在其下的列表框中选中要合并的文件,单击“打开”按钮。

3. 弹出“合并文件”对话框,如图 6.12。

4. 如果选中“最后一页”单选按钮,则后打开的文件附加在当前文件的最后一页;如果选中“当前页前”单选按钮,则后打开的文件附加在当前文件的当前页前;如果选中“当前页后”单选按钮,则后打开的文件附加在当前文件的当前页的后面。

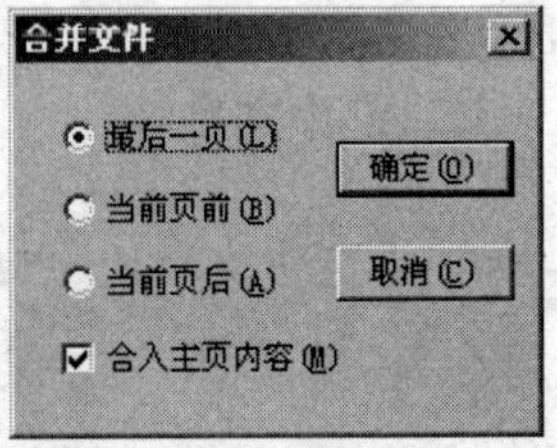


图 6.12　“合并文件”菜单

# 第十一节　“合版”功能

使用合版功能的目的是加快排版速度。在排版作业中，如果版面内容较多或时间较紧，就可以由几个分别制作一个版面的不同部分，然后利用合版功能合到一起，达到加速合版的目的。

## 一、合版要注意的问题

1. 只能合版 FIT 文件的首页，即多于一页的文件，只有首页才能被合版入版面；

2. 合版的几个文件的版面设置最好保持一致，以免过多地调整；

3. 合版时，合版文件的部分内容会丢失，即如果合版文件的部分内容在原文件页面之外，合版后，这部分内容将会丢失。

## 二、合版的操作步骤

1. 在一个打开的文件中，单击“文件”中的“合版”选项，弹出“打开”对话框。

2. 选中所需的文件，单击“打开”按钮，弹出“合版”对话框，如图6.13所示。

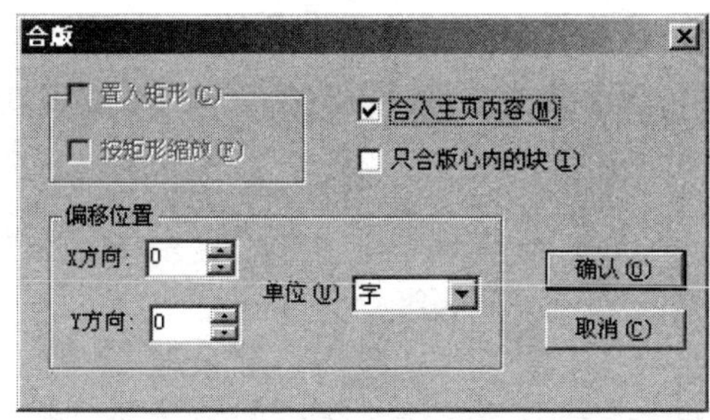


图 6.13　合版对话框

3. 设置各项所需参数,如“偏称位置”、“单位”、“置入矩形”、“按矩形缩放”等。

4. 设置完毕后单击“确认”按钮,完成操作。

例如:在当前文件为图6.14中的图(1)时,执行合版功能;在打开对话框中选择另一文件如图6.14中的图(2)时,图(2)的内容被合版到图(1)的版面中来了,最终的效果如图6.14中的图(3)所示。

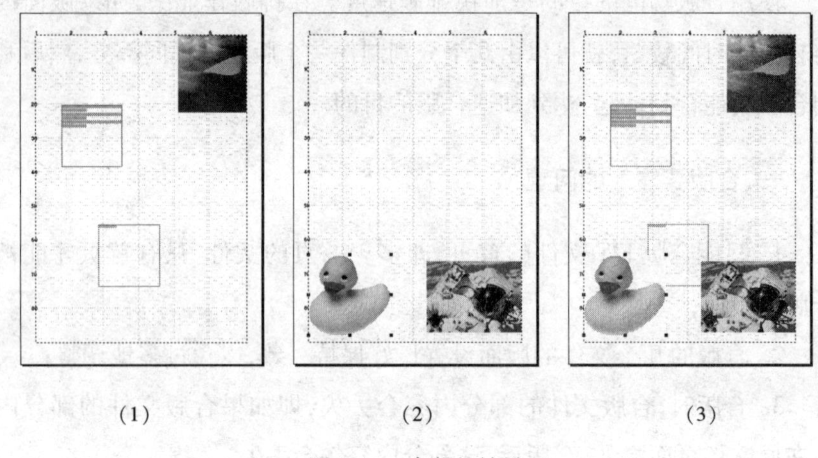

(1) (2) (3)

图6.14 合版的效果

## 第十二节 转黑白版

将彩色版面转换成黑白版。由于设备的原因,有时候排好的彩色版面需要转换成黑白版面才能在设备不支持彩色印刷的地方印刷。

# 第十三节　文件的打印和发排

前面章节介绍的全部是使用飞腾在屏幕上进行排版，不过归根结底，印刷品的制作只有在打印或者印刷出来以后才算完成，效果如何也只有打印出来才能看出来。下面将介绍如何使用飞腾进行打印和印刷的工作。

飞腾中有两种将文章输出的方式：打印和发排。打印就是按照标准的 Windows 打印方法，将飞腾文章在普通的打印机上打印出来。这种方法多用于预览文章的效果，或者直接输出低要求的印刷品。报社、出版社都需要在交付印刷厂之前通过打印查看版面效果。发排就是让飞腾输出 PostScript 文件（简称 PS 文件），进而使用方正 RIP 在照排机上输出印刷用的胶片。如果你需要制作高质量的印刷品，那么需使用发排。

## 一、打印和发排的字体

在前面提到过，飞腾的字体由于分为 GBK 与 GB 两种，因此有些字体能够显示出来，有些字体不能显示出来。那么，打印和发排时字体会是什么样呢？

打印时的结果将完全和屏幕上看到的一样。也就是说，屏幕上不能显示的字体，打印时也不能打印出来。

发排时能正确输出所有的“方正兰亭”字体。发排时还将使用方正 RIP 来解释飞腾输出的 PostScript 文件，因此，即使飞腾中无法显示的字体，在发排时也没有问题。

所以，准备输出飞腾文章时，你需要根据你最终的输出设备来选择合适的字体。

## 二、打印设置

在打印飞腾文章之前,应该先进行打印设置。打印设置只需要一次设定,以后如果你没有改变你的计算机的硬件配置,一般不需要重新设置。

选择"文件"|"打印设置"菜单,就可以弹出"打印设置"对话框,如图 6.15 所示。

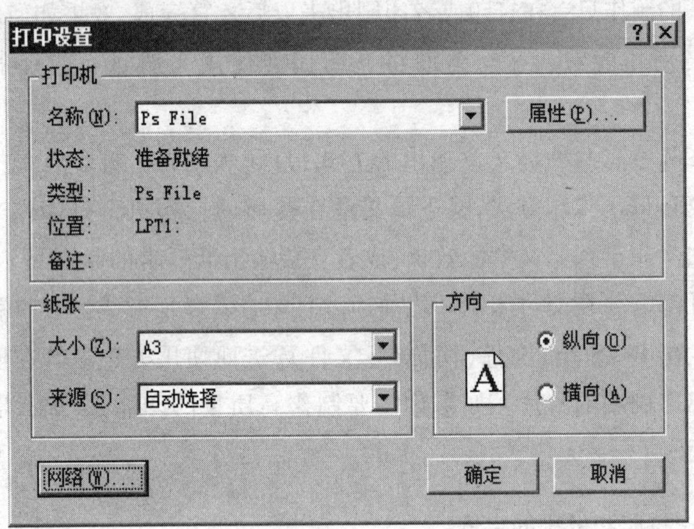


图 6.15 "打印设置"对话框

"打印设置"对话框是 Windows 的标准打印设置对话框,其各项参数的设定也是标准的。通常用户只需要选择纸张的大小和方向,其余参数没有必要改变。

## 三、打印飞腾文章

1. 选择"文件"|"打印"菜单,弹出"打印选项"对话框,如图 6.16 所示;

2. 在"打印选择"对话框中选中"打印前预显"复选框,可以在打印前预览打印的效果;

3. 选中"局部打印"复选框,可以只打印部分页;

(注:打印部分页时,输入页码的方法是,单个的页码用“.”隔开,连续的页码用“-”号隔开。例如,图6.17中输入的页码表示打印第2页到第5页及第8页。)

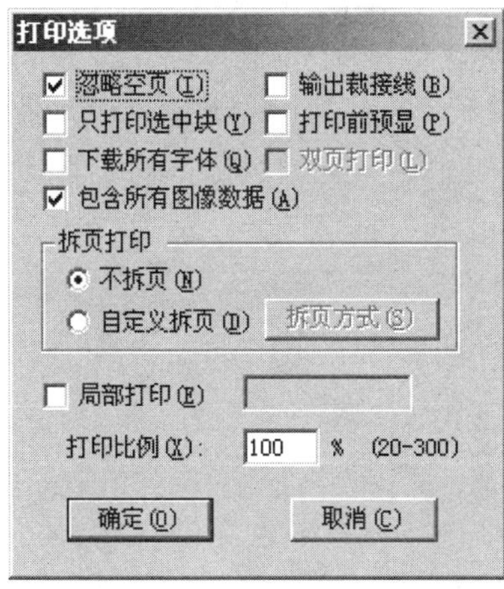


图6.16 “打印选项”对话框

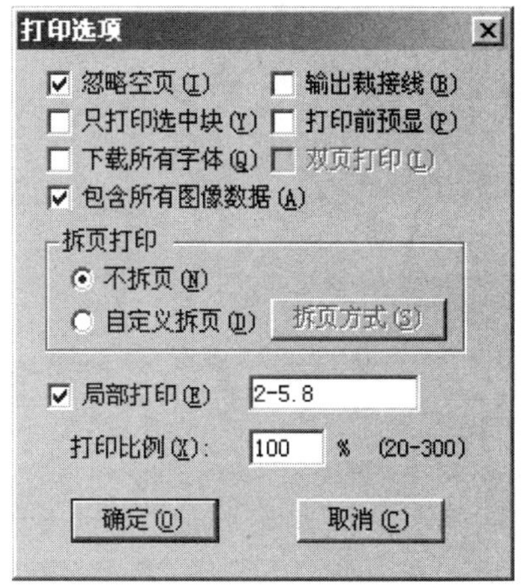


图6.17 “打印选项”对话框

4. 单击“确定”按钮,飞腾弹出“打印”对话框,如图6.18所示;

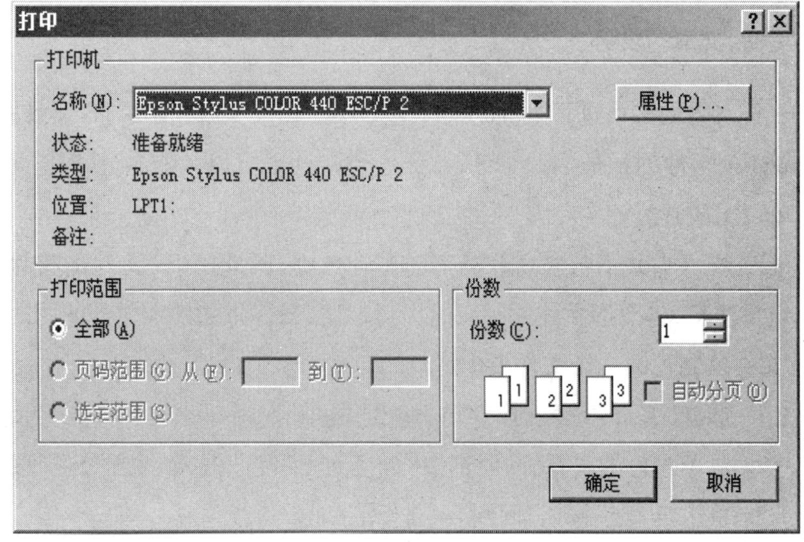


图6.18 “打印”对话框

5. 单击“确定”按钮,飞腾显示出打印效果的预览,如图6.19所示;

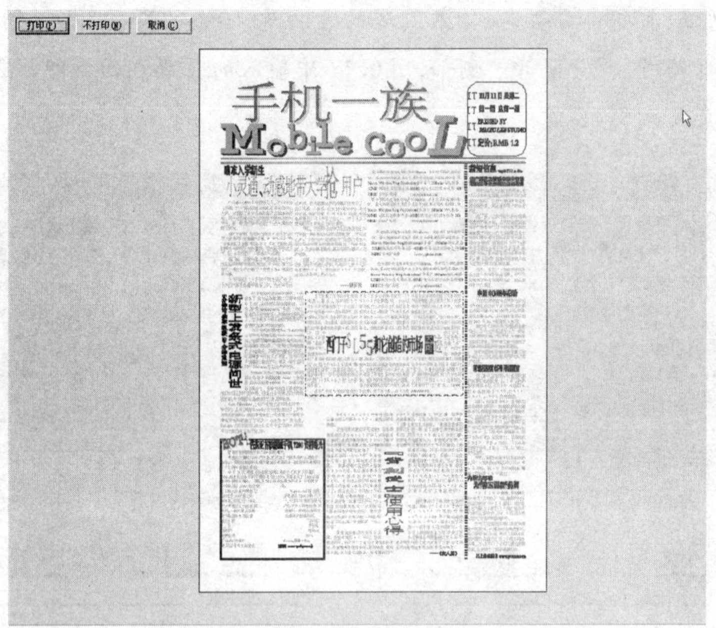


图 6.19　打印效果的预览

6. 单击“打印”按钮开始打印。

## 四、文章的发排

将飞腾的文章进行发排可以产生 PostSciript 文件，简称 PS 文件，其 Windows 文件的扩展名是“PS”。拿这个文件就可以找有方正 RIP 设备的单位出胶片。

PS 文件中并不包含高分辨率的图片数据，因此用 PS 文件出胶片时一定要注意，将图形文件一起交给出片单位，最好将文件中包含的图片与 PS 文件复制到同一个文件夹中。

1. 选择“文件”|“发排”菜单，弹出“发排”对话框，如图 6.20 所示；
2. 对于彩色的文章，需要选中“分色输出”复选框，以输出分色胶片；
3. 单击“确定”按钮，回到“发排”对话框；
4. 选中“忽略图片路径”复选框；

（注：选中了“忽略图片路径”复选框后，你必须记住将 PS 文件与图像文件复制到同一个文件夹中。）

图 6.20 “发排”对话框

5. 选择 PS 文件的路径并输入一个文件名,单击“保存”按钮,飞腾开始发排文章,并将结果保存在 PS 文件中;

6. 发排完成后,飞腾会弹出如图 6.21 所示的进示信息;

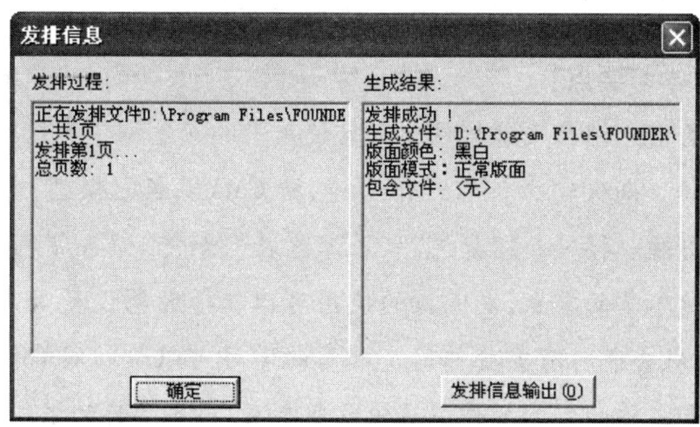


图 6.21 发排完成后的提示信息

(注:“生成结果”无错误时,发排成功。反之要查找错误原因。)

7. 可用支持 PS 格式文件的打印机打印 PS 文件。

## 【思考与练习】

1. 飞腾启动后生成的文件的格式是什么?
2. “存文件”命令与“另存为”命令执行的结果有什么差异?
3. 如何将当前正在排版的文件和以前的 FIT 文件合并?
4. 几个人合作编排一个版面,各自完成后如何将版面拼在一起?

# 第七章

# 飞腾软件颜色编辑

【本章学习要点】

本章着重介绍在飞腾软件中如何使用它的颜色编辑功能对报纸的色彩进行编辑。先从建立新色彩开始,包括 CMYK 颜色模型、颜色值等如何设置和更改。接着介绍如何“装入颜色表”,如何“储存颜色表”。使用调色板也是本章的重点,调色板的使用可以选择颜色设置对象不同的部分,在给报纸套色时有重要作用。本章的学习可以帮助同学们在报纸编辑的学习和工作的实际操作中编出色彩丰富、引人注目的报纸。

## 第一节 颜色的基本概念

飞腾提供了 GMYK、RGB 和灰度颜色模型三种颜色模型,我们选用其中的任何一种,通过选色或者定义各颜色的百分比,都可以给对象设置颜色。在输出胶片时,可以分成 C、M、Y、K 四色版,在后期印刷中,通过将四色进行重叠印刷,可以将对象再现为所设置的颜色。

CMYK 颜色是指利用青色(C)、洋红色(M)、黄色(Y)及黑色(K)四色进行颜色表示的方法。RGB 是将三原色 R(红色)、G(绿色)、B(蓝色)作为基本色组成的各种颜色。灰度颜色模型是可调的灰度级。

飞腾支持 24 位真彩色显示模式,可以显示 1 670 万种颜色。

# 第二节　颜色的编辑

## 一、建立新颜色

1. 选择“美工”|“编辑颜色”|“其他”(快捷键 F6),如图 7.1 所示。

2. 页面内就会弹出如图 7.2 所示的“颜色”对话框,选择颜色时,用鼠标直接单击颜色项,单击“确认”按钮,颜色就会应用到选择的对象上。

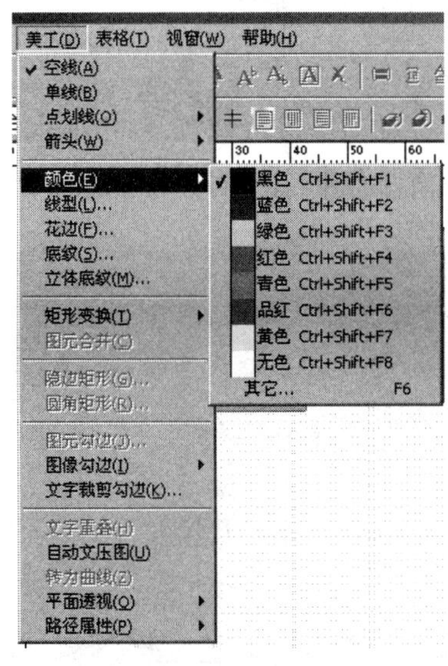


图 7.1　颜色编辑菜单

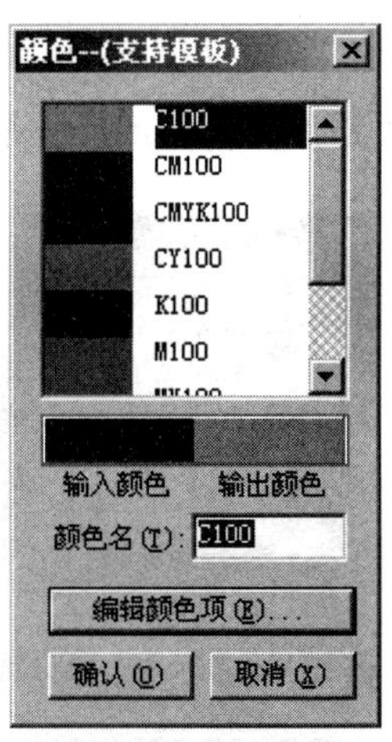


图 7.2　“颜色”对话框

3. 如果需要设置新颜色,可以单击“编辑颜色项”按钮,此时页面内就会出现如图 7.3 所示的“颜色”对话框。

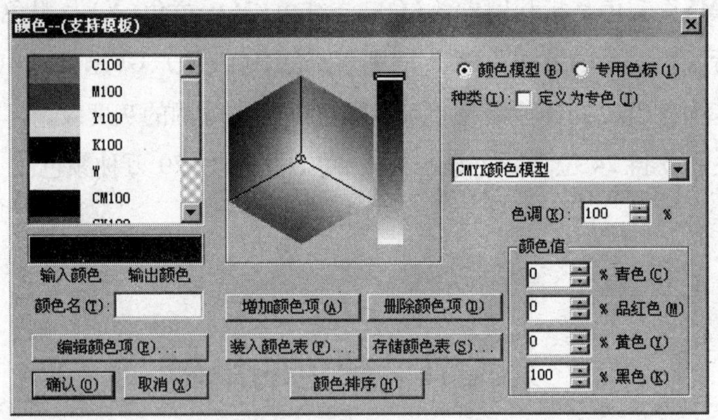


图 7.3 “颜色”对话框

4. 在颜色类型选择项内,选择颜色设置的模型,如图 7.4、图 7.5、图 7.6所示,根据颜色类型的不同,颜色种类的显示也就会不同,例如选择“CMYK 颜色模型”,“颜色值”的显示也就是 CMYK 的百分比,每一个颜色百分比可以从 0 ~ 100 进行设置。新颜色的设置有如下几种方式:

(1)在对话框中的 CMYK 颜色模型内用鼠标单击进行颜色的选取,选中的颜色在“颜色值”内会有具体的数值显示。

(2)在“颜色值”编辑框内直接输入需要的颜色数值。

(3)通过“颜色值”右侧的上下移动箭头进行设置,单击向上箭头,数值向上增加 1%,单击向下箭头,数值会减少 1%。

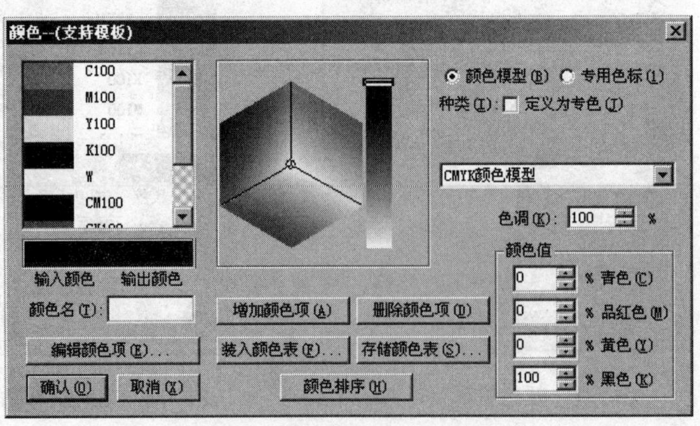


图 7.4 颜色类型的设置

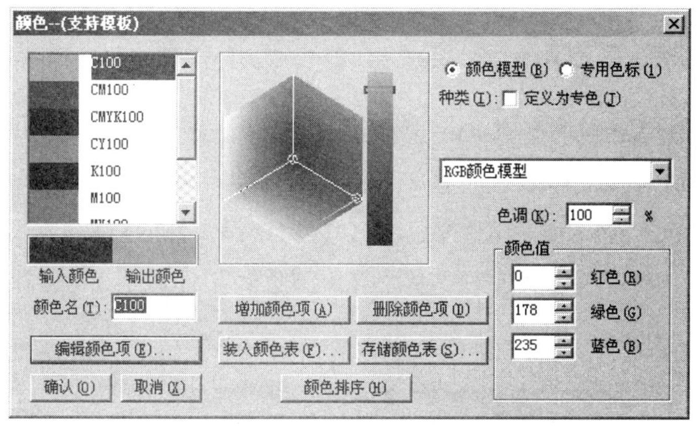


图 7.5　RGB 颜色模型

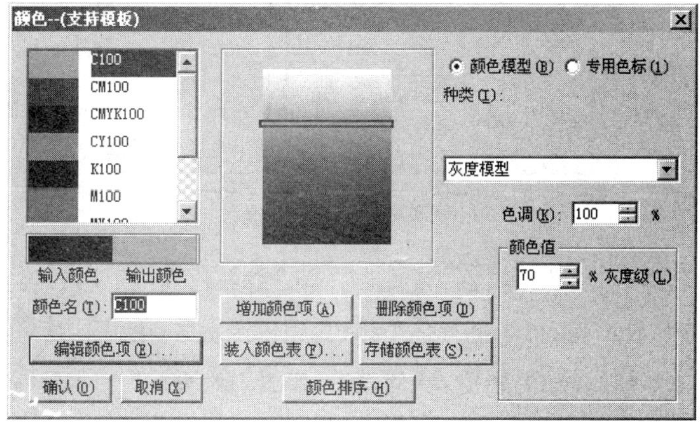


图 7.6　灰度模型

5. 颜色设置完成后，在“颜色名”编辑框中输入新编颜色的名字。

6. 单击“增加颜色项”按钮，调色板中就会显示出新编的颜色。

7. 单击“确认”按钮，新建的颜色立即作用于选中对象，并加进调色板中，可供以后再次调用。

在“颜色”对话框内选择“专用色标”时，可从“种类”列表框中选择系统提供的 16 种专用色标颜色表。此时，对话框的中间区域为专用色标的颜色盘，其中每一方格中是一种色标颜色，用鼠标左键点中方格，即可得到一种颜色，专用色标的颜色会出现在“颜色名”中，单击“增加颜色项”按钮，颜色就会加入到颜色表中。

## 二、装入颜色表

在“颜色”对话框中单击“装入颜色表”按钮，可以将飞腾提供的颜色表读入到调色板中，设置步骤如下：

1. 单击“装入颜色表”按钮，就会弹出选择文件的对话框，飞腾提供了 5 种 CMYK 颜色表，选中一个 CLR 颜色表文件后单击“打开”按钮。如图 7.7 所示。

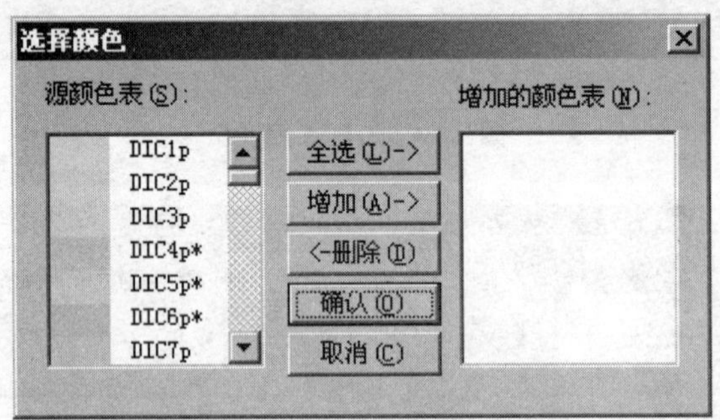


图 7.7　打开对话框

2. 在弹出的“选择颜色”对话框中，在“源颜色表”选项内进行颜色的选择，按下 Shift 键，可以选择多个颜色，颜色选定后，单击“增加”按钮，颜色就会加入到“增加的颜色表”列表中，如图 7.8 所示。

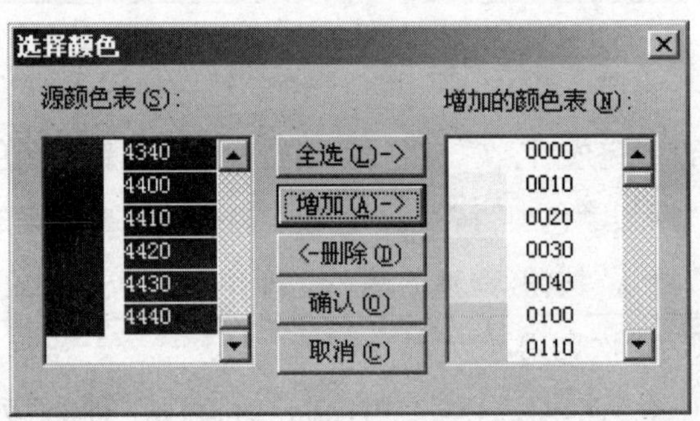


图 7.8　“选择颜色”对话框

3. 回到“颜色”设置对话框，“增加的颜色表”中的颜色已经出现在颜色表中，如图 7.9 所示，单击“确认”按钮，颜色就会被保存，以备以后使用。

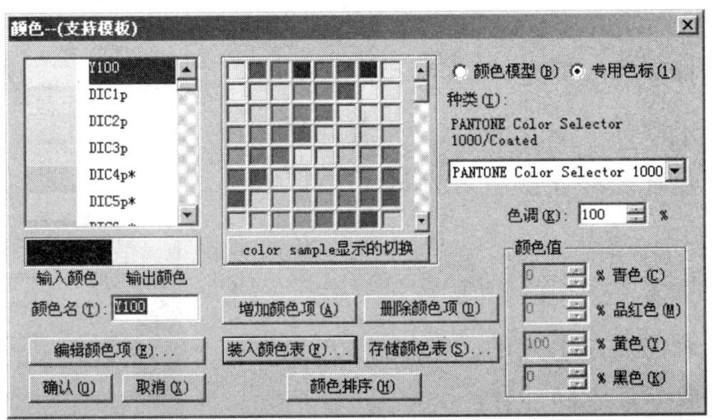


图 7.9　颜色表中的显示

## 三、存储颜色表

单击“颜色”对话框中的“存储颜色表”按钮，页面内就会弹出如图7.10所示的“另存为”对话框，我们可以将目前颜色面板内的一些项目存储为一个新的颜色表，以备以后调用。

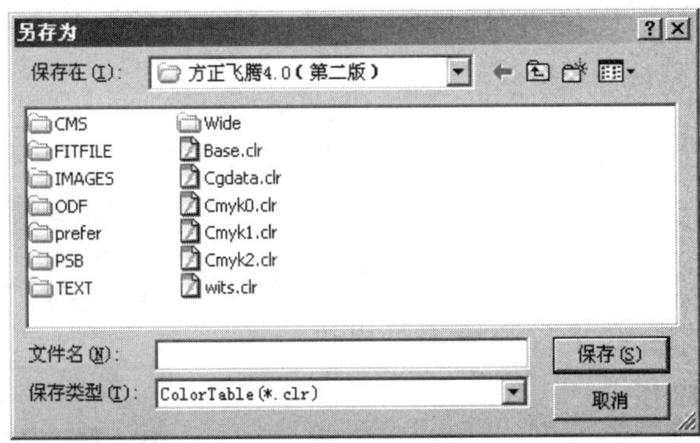


图 7.10　颜色的存储

## 四、使用调色板

在颜色编辑对话框中编辑好的颜色可以在调色板中使用。使用调色板给对象设置颜色的调置步骤如下：

1. 选择“视窗”菜单中的“调色板”；
2. 选中要设置颜色的对象；
3. 根据要进行设置的项目(如线、文字、底纹、底纹线型)按下相应的

按钮；

4. 选择颜色的类型，如单色、渐变类型；

5. 如果选择了渐变类型，要根据设置的是起始颜色还是终止颜色分别按下“#1”和“#2”按钮；

6. 根据需要选择色调值。

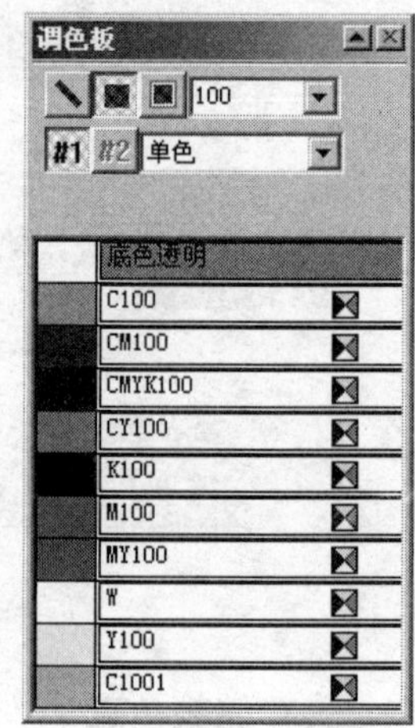


图 7.11　调色板窗口

利用调色板左上方的各个按钮，可以选择颜色设置对象不同部分：

（1）当选中图元时，第一个按钮可以进行图元的线段颜色设置，此按钮会出现的显示状态，并呈凹陷状态，此时可以单击调色板中的某一个颜色，使之作用于选中的对象。

（2）当选中一段文字时，第一个按钮可以进行文字颜色的设置，此按钮会出现的显示状态，并呈凹陷状态，此时单击调色板中的某种颜色，文字的颜色就设置为此颜色了。

（3）选中某个图元或者文字后，选中左上角的第二个按钮，表示将要为对象的底纹设置颜色，进行底纹的颜色设置首先需要设置底纹的形式，单击右上角的下拉列表，在下拉列表内可以进行选择，如图 7.12 所示。

如果选择“#1”，在调色板中单击颜色，则定义的是起始部分的颜色，在渐变格式下的百分比栏内可以设置颜色的色调。例如，选择 50% 后，颜色就会进行淡化处理，只有原来颜色的 50%。选择“#2”，则在调色板中可以进行终止颜色的设置。

（4）选中某个图元或者文字后，选中左上角的第三个按钮，可以同时定义对象的

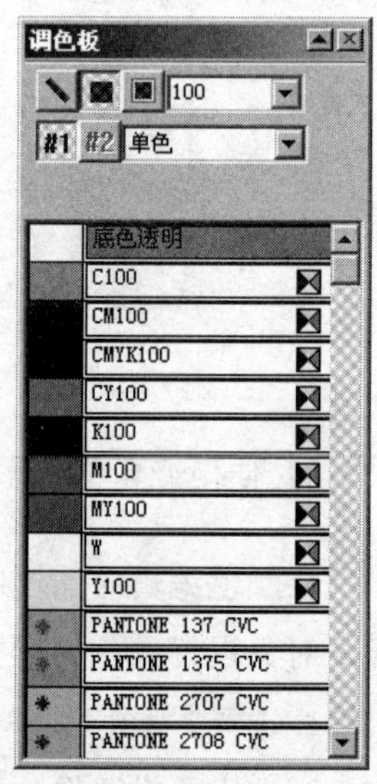


图 7.12　底纹类型的选择

底纹和线型的颜色，其中，底纹的颜色是由起始颜色和终止颜色按钮决定的。起始颜色按钮由“#1”表示，终止颜色按钮由“#2”表示。

（注：为了减少颜色的显示与输出之间的差别，最好使用真彩色显示方式。在设置真彩色显示方式之前，请先确认显示卡是否支持24位真彩色以及显示内存容量等是否有问题。）

**【思考与练习】**

1. 飞腾支持几种颜色模块？英文缩写分别代表什么含义？
2. 飞腾的颜色表中的颜色如何装入调色板？
3. 如何自定义色彩？
4. 如何对对象的不同部分进行色彩设置？

# 第八章

# 飞腾软件图元设置与使用

**【本章学习要点】**

实际的排版工作中，经常可能需要绘制一些具有特定几何形状的图形，例如直线、曲线、矩线、圆形等。为了绘制这些几何图形，你不必去寻找 CorelDraw 之类的软件，而可以在飞腾中直接绘制。飞腾把这些几何图形称为“图元”。图元不仅仅是一些简单的几何图形，还可以在它上面增加各种线型、底纹、勾边的效果；最重要的是，飞腾还可以将图元转换为排版区域。本章着重介绍在飞腾软件中图元操作。



## 第一节　图元的种类

飞腾中一共有 7 种图元，分别是矩形(包括正方形)、圆角矩形、椭圆

(包括圆)、菱形(包括正菱形)、直线、多边形、贝赛尔曲线,如图 8.1 所示。

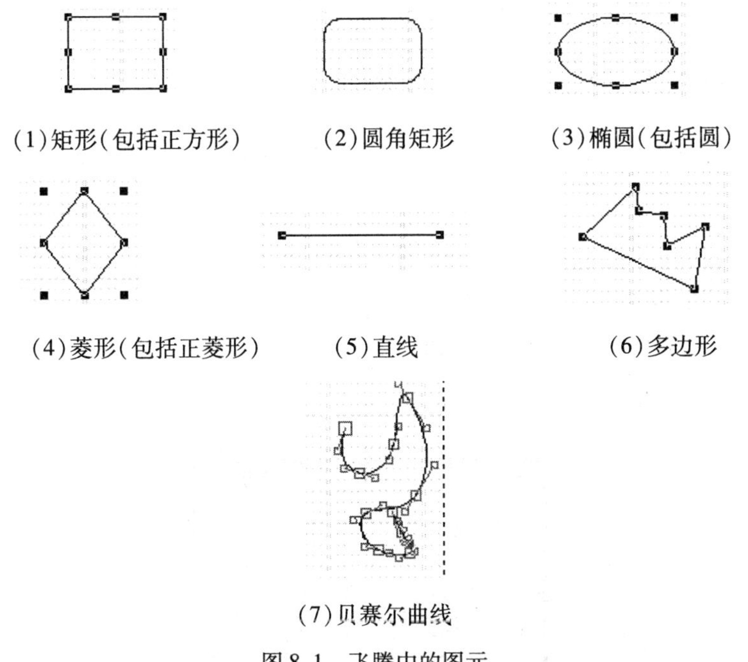

(1)矩形(包括正方形)　(2)圆角矩形　(3)椭圆(包括圆)

(4)菱形(包括正菱形)　(5)直线　(6)多边形

(7)贝赛尔曲线

图 8.1　飞腾中的图元

## 第二节　绘制图元

飞腾中绘制图元的方法与 Microsoft Word 中绘制图形的方法基本相同,都是使用拖动鼠标的方法绘制。本节只介绍矩形(包括正方形)、圆角矩形和多边形的绘制,椭圆(包括圆)、直线和菱形(包括正菱形)、贝赛尔曲线的绘制与编辑,其余的绘制可以简单地类推。

### 一、绘制矩形(包括正方形)

1. 在工具栏中选择“画矩形”工具;

2. 在任意位置按下并拖动鼠标,可以看见屏幕上出现一个矩形;

3. 到矩形的大小合适时，松开鼠标，即绘制了一个矩形；

4. 按住 Shift 键，并拖动鼠标，可以绘制一个正方形。

## 二、绘制圆角矩形

1. 选择“美工”|“圆角矩形”菜单，弹出“圆角矩形”对话框，如图8.2所示；

2. 在“圆角矩形”对话框中选中“四角连动”(即当修改了圆角矩形的某一个角，其他的角也相应改动)；

3. 在工具栏中选择“画圆角矩形”工具；

4. 拖动鼠标，画出一个圆角矩形。

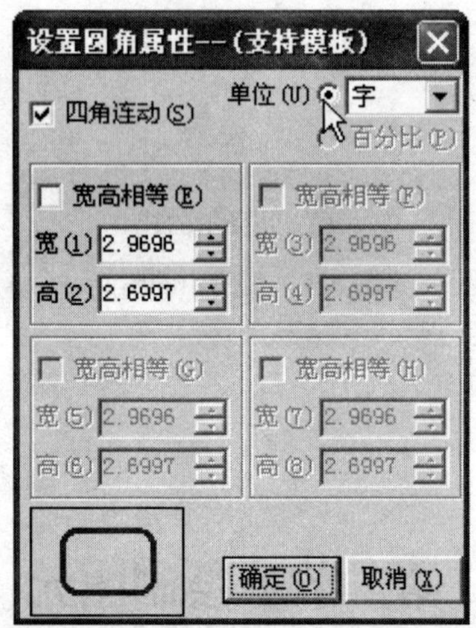


图 8.2 “圆角矩形”对话框

## 三、绘制多边形

1. 在工具栏里选择“画多边形”工具；

2. 单击鼠标，确定多边形的第一个顶点(此时屏幕上什么也不显示)；

3. 移动鼠标到新的位置，再次单击鼠标，画出多边形的一条边；

4. 继续移动并单击鼠标，画出多边形的其余边；

5. 在起点上单击鼠标，闭合多边形。

## 第三节　编辑图元

创建图元时,很少能一次就绘制出自己满意的图元,一般还需要进行编辑处理。编辑图元的方法与编辑文字块的方法基本相同,可以进行选择、改变大小、移动、复制、粘贴、对齐等操作,这里就不再详细介绍。

图元还有一些文字块没有特殊编辑方法,包括图元合并、图元勾边、立体底纹等。本节主要介绍这些图元特有的编辑方法。

### 一、图元勾边

所谓图元勾边,就是用某种颜色和宽度的线条沿着图元的边界进行勾画。飞腾中允许一重和二重勾边,勾边的颜色和宽度都可以调整。

图元勾边:

1. 绘制一个圆形图元;

2. 在工具栏中选择“选取”工具 ,选择圆形图元。

3. 选择“美工”|“图元勾边”菜单,弹出“图元勾边”对话框,如图8.3所示;

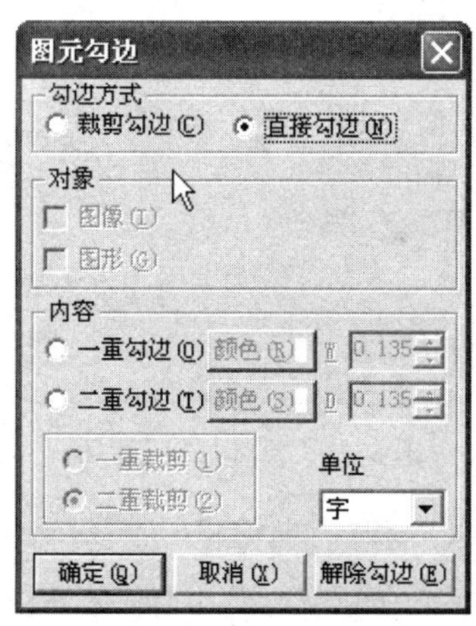


图 8.3　“图元勾边”对话框

4. 在对话框中选择“一重勾边”复选框，在宽度编辑栏中输入 1.5 毫米，这样确定勾边的宽度；

5. 单击“颜色设定”按钮，选择一种颜色，例如 M100；

6. 单击“确认”按钮，可以看见圆形图元的勾边如图 8.4 所示；

7. 可以设置不同颜色和宽度的双重勾边，并观察结果。

图 8.4　圆形图元勾边的效果

## 二、立体底纹

图元的立体底纹就是在图元的下面增加阴影，从而产生立体感的效果。

1. (继续上面的教程)选择圆形图元；

2. 选择“美工”|“立体底纹”菜单，弹出“立体底纹”对话框，如图8.5 所示；

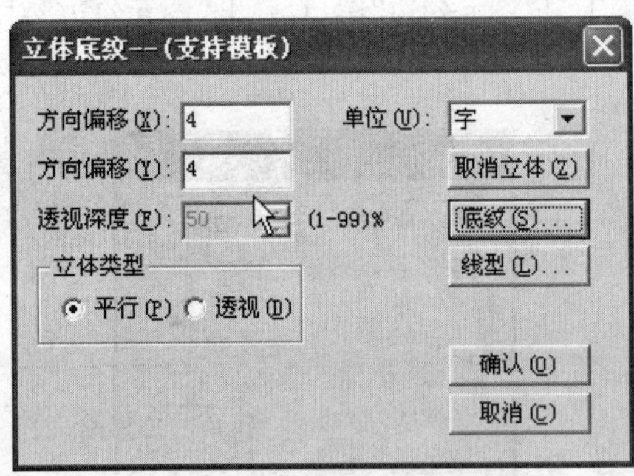


图 8.5　“立体底纹”对话框

3. 在“方向偏移(X)”和“方向偏移(Y)”编辑栏中都输入 4；

[注：阴影一般向右下角偏移，因此“方向偏移(X)”指向右的偏移，“方向偏移(Y)”指向下的偏移。]

4. 单击“底纹”按钮，在弹出的“底纹”对话框中选择墨色底纹。

“底纹”对话框中列出了多种底纹，你可以按自己的爱好进行选择，选择黑色立体感最强；

5. 单击“确认”按钮，底纹的效果如图8.5所示。

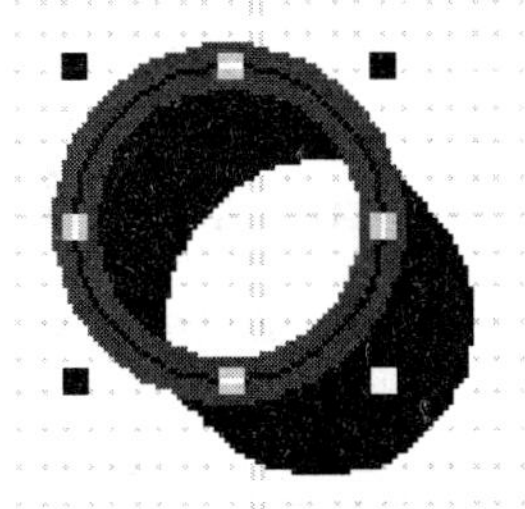

图8.6　立体底纹效果

飞腾中的立体底纹实际上有两种，一种是本教程介绍的底纹，称为“平行底纹”，另一种是“透视底纹”。在图8.6所示的“立体底纹”对话框的“立体类型”区域中选择“透视”，即可以产生透视底纹。

### 三、图元合并

飞腾可以将若干个图元合并成一个图元(不是组成一个组)，让重叠的部分产生镂空效果，图元合并时，可以一次将若干个图元一起合并，但是合并得到的图元不能再次与其他图元合并，也不能作为排版区域。图元合并不是对两个图元进行布尔运算。

选择若干个图元，然后选择“美工”|“图元合并”菜单，即可将图元合并。

## 第四节　将图元转化为排版区域

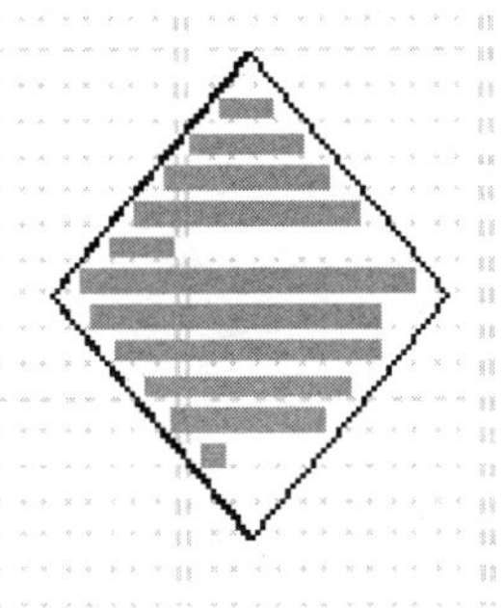

图8.7　图元排版区域

图元除了能在页面上显示各种几何形状之外，最主要的用处是作为排版区域。所谓将图元作为排版区域，就是让文字排版在图元所包括的面积之内，如图8.7所示。图元作为排版区域之后，就可以和文字块一样进行处理。作为排版区域的图元必须是封闭的图元。

### 一、图元转化为排版区域

1. 绘制一个封闭的图元,例如一个菱形;

2. 在工具栏中选择"选取"工具 ,选择菱形图元;

3. 选择"美工"|"路径属性"|"排版区域"菜单,图元被转换为排版区域,并在图元的左上角用红色显示图元所能容纳的字数;

4. 选择"文件"|"排版"菜单,与文字块排版一样选择要排版的文件,并设置参数;

5. 在图元排版区域中单击鼠标,文字被自动排到排版区域中;

6. 调整菱形图元的大小,可以看见文字自动调整以适应新的排版区域;

7. 在工具栏中选择"文字"工具 ,选择图元排版区域的所有文字;

8. 将文字的字体改为"楷体",行格式改为"居中"。可以看见,操作图元排版区域和操作文字块完全一样,最后的结果如图 8.8 所示。

图元排版区域的一切特性都与文字块一样,例如,如果排版时文字在图元排版区域中容纳不下,也可以续排,可以续排到一个文字块中,也可以续排到另一个图元排版区域中。

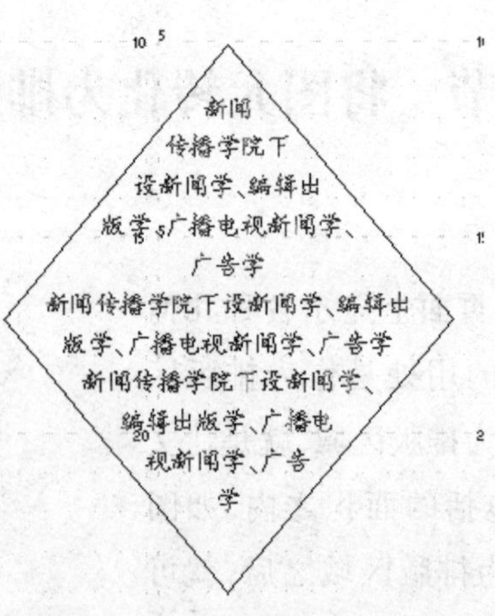


图 8.8　在图元中排入文字

## 二、设置边空

文字排到图元排版区域之后，可以调整边空，也就是图元排版区域中的文字距离图元边界的距离。

在工具栏中选择“选取”工具，选择图元排版区域，选择“美工”|“路径属性”|“排版区域内空”菜单，弹出“区域内空”对话框，在对话框中输入希望的边空大小，单击“确定”按钮，就可以改变文字的边空，如图 8.9 所示。文字边空加大后，排版区域中可能容纳不了原来那么多的文字，此时可以调整排版区域的大小，或者进行续排。

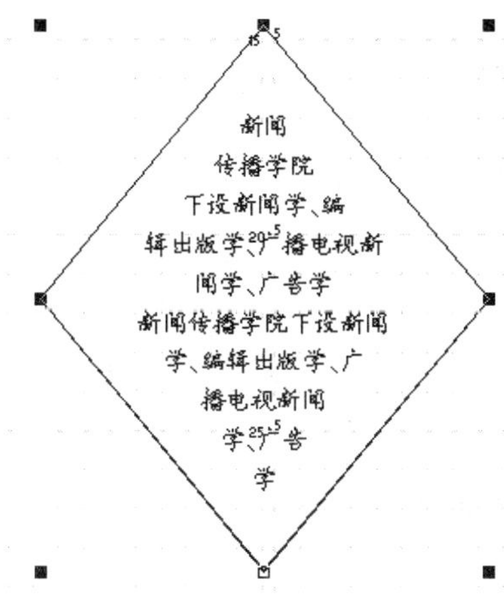


图 8.9　调整了边空后的排版区域

# 第五节　贝赛尔曲线

飞腾中绘制的曲线是“贝赛尔曲线”。贝赛尔曲线是一种按照严格的数学概念定义的曲线，使用这种曲线可以方便而灵活地绘制出各种各样复杂的曲线形状。实际上，大多数矢量绘图软件（例如 CorelDraw）和三维动画软件（例如 3D Studio Max）都使用贝赛尔曲线进行绘制。在飞腾中绘制贝赛尔曲线的方法和矢量绘图软件中的方法基本相同。

## 一、绘制贝赛尔曲线

1. 选择工具栏中的“画贝赛尔曲线”工具；

2. 在页面上单击鼠标，确定曲线的起点；

3. 移动鼠标到新的位置，再次单击鼠标，确定曲线的第二个节点；

4. 依次单击鼠标，确定曲线的各个节点；

5. 在起点上双击鼠标，绘制一条闭合的曲线，如图 8.10 所示。

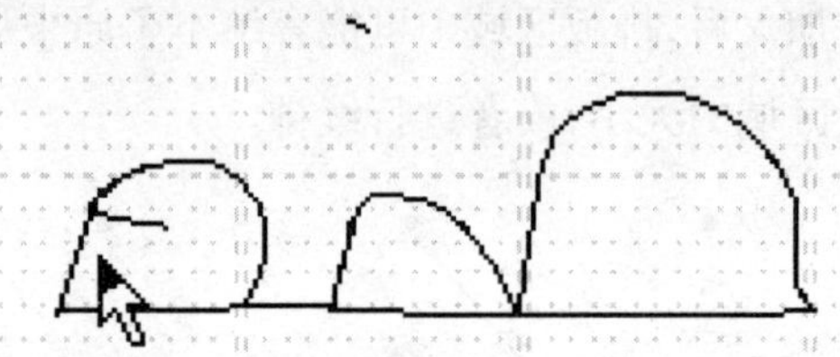

图 8.10 绘制好的“山丘”形贝赛尔曲线

如果希望绘制不闭合的曲线，只需不双击鼠标，而选工具栏中的其他工具即可。

绘制贝赛尔曲线有一个原则，就是顶点尽可能的少。因为贝赛尔曲线的调整功能非常强大，使用较少的顶点就可以获得所需的曲线形状，使用过多的顶点反而增加调整的难度。

## 二、调整贝赛尔曲线

1. 节点位于贝赛尔曲线之上，曲线必然经过节点，调整节点可以调整贝赛尔曲线的轮廓；

2. 方向线位于节点的两旁，方向线的末端是方向点，移动方向点可以调整方向线的长度和方向，从而调整节点两旁曲线的曲率。方向线的长度越长，其控制的节点附近的曲线范围也就越宽，而方向线的方向确定了曲线的方向，因此，调整方向点时，需要同时注意方向线的长度与方向；

3. 第一节点是贝赛尔曲线最开始的一个节点。

调整贝赛尔曲线是通过移动节点和方向点来完成的。在工具栏中单击“选取”工具 ，选择曲线，然后拖动节点，可以改变它们的位置。拖动方向点，可以改变方向点的位置，从而同时也影响方向线的方向和长度。

### 三、改变节点的类型

图 8.10 中的曲线，虽然轮廓是“山丘”的形状，然而不太像，因为“山丘”的上面有的是尖的。飞腾中允许绘制这种尖的贝赛尔曲线，此时需要调整节点的类型。

1. “光滑”节点两边的方向线始终保持在一条直线上，但是长度可以在不一样默认状态下，所有节点都是“光滑”节点；

2. “尖锐”节点两边的方向线可以不保持在一条直线上，长度也可以不一样。这种节点的可调整性最强，但是不合适的调整很容易导致曲线变形；

3. “对称”节点两边的方向线始终保持在一条直线上，并且长度也一样；

4. “比例”节点两边的方向线始终保持在一条直线上，两条方向线的相对长度比例保持不变。

通常将曲线的所有节点都设置为“光滑”或者“对称”，这样利于调节，最后再将部分节点设置为“尖锐”或者“比例”，进行精细调整。

在节点上双击鼠标，弹出一个菜单，在菜单中选择“尖锐”，就可以把节点的类型改为“尖锐”。节点类型改变“尖锐”之后，节点两端的方向点就可以互相独立地移动，从而使节点呈尖锐状。例如，我们可以调整“山丘”形曲线上部的节点为一个尖锐的形状，如图 8.11 所示。

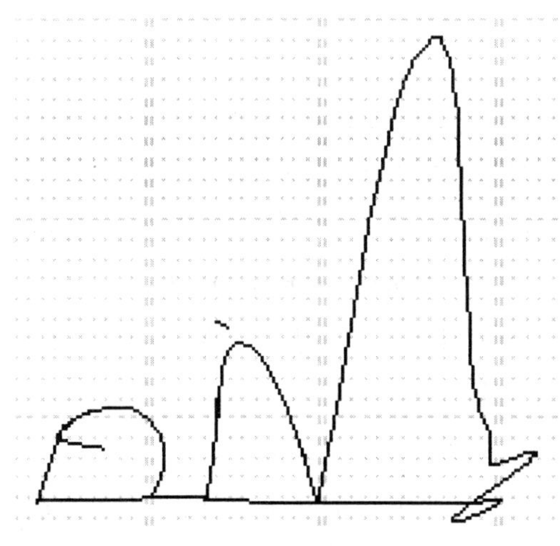

图 8.11　最后的“山丘”形线

### 四、节点和曲线的编辑

除了上面介绍的调整曲线以外，飞腾中的贝赛尔曲线还有一些其他的编辑功能，命名如增加和删除节点，把曲线变成直线、断开和闭合曲线等。

## 第六节　文字转化为曲线

飞腾可以把文字转化为普通的曲线，然后像编辑曲线一样对它们进行编辑，如图 8.12 所示。

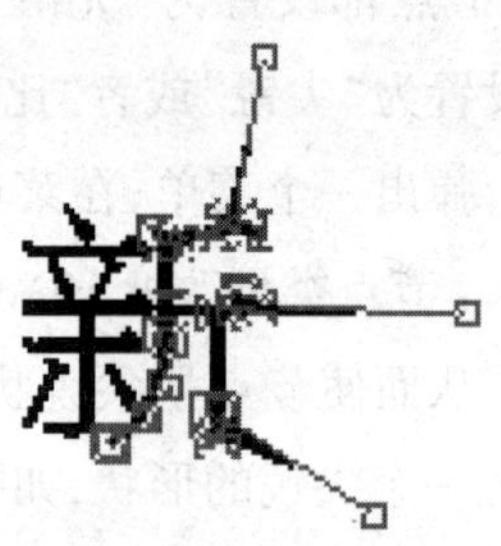

图 8.12　文字转化为曲线

在图 8.12 中，左边是原始的文字，右边是转化为曲线后并进行了调整的文字。文字转化为曲线之后，可以对文字进行任意的调整，从而得到各种各样的美术效果。但是文字转化为曲线之后，其占用的系统资源也大大增加，所以不要把太多的文字转化为曲线。

选择一个文字块（不是选择一些文字），选择“美工”|“转化为曲线”菜单，就可以把文字转化为曲线。然后选择“版面”|“块分离”菜单，可以将曲线分离开来，以进行单独的编辑。

如果转换了包含多个文字的文字块，则需执行两次“块分离”命令，才能够获得最终的可编辑的曲线。第一次执行“块分离”命令将多个文字分开成一个个单独的文字,第二次执行“块分离”命令将单个的文字分开成可编辑的曲线。

**【思考与练习】**

1. 尝试在飞腾中绘制出多边形。
2. 如何对图元勾边?
3. 如何在图元中制造立体底纹的效果?
4. 如何在图元中排入文字?
5. 如何调整贝赛尔曲线?
6. 如何利用贝赛尔曲线使文字达到期望的效果?试举一个例子。

# 第九章

## 报头制作

**【本章学习要点】**

报头位于报纸最显眼的位置,是一个报纸的标志。所以它的制作至关重要。本章就是介绍报头如何制作的。重点介绍了报纸名称的设置,报头所包含的内容,以及如何美化报头。

报头是报纸的标志。(如图 9.1、图 9.2)报头应是在一张报纸的最显眼的位置,由于版面的左上方为“黄金区域”,所以报头位置一般在第一版的左上角,占版面的 1/8 左右。也有的报纸将报头设置为通栏(如图9.3)。过去还有将报头置于第一版的右上角或右下角,现在已经很少用了。

报纸名均用标准体(多为名家书写或用名家的字体),字大而醒目,出版者、出版日期、网址、版数、统一发行刊号、天气预报等其他内容多用黑体字排在报名之下或报名两边。

报头在中文报纸中常用位置如下:

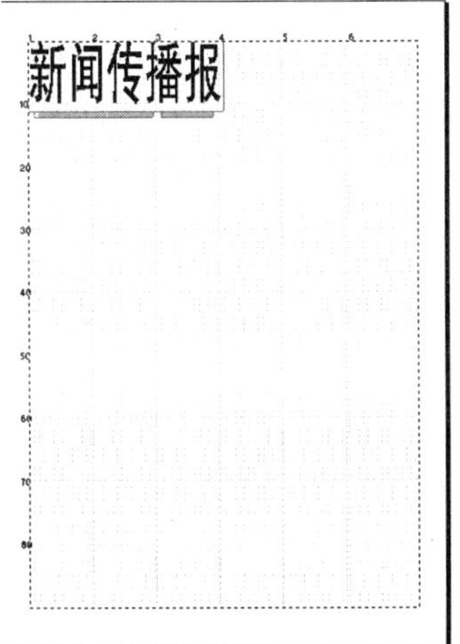


图 9.1　报头一

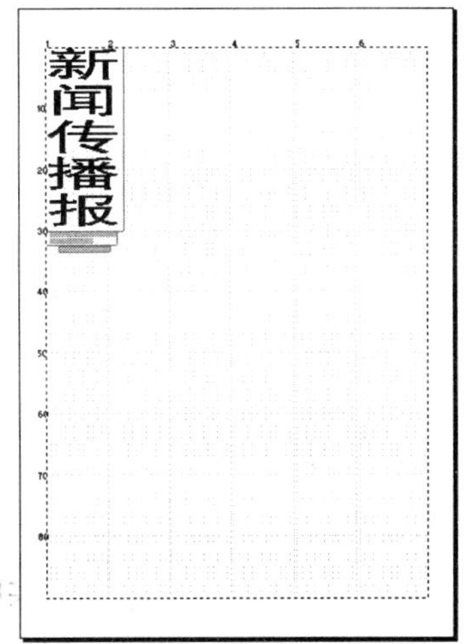


图 9.2　报头二

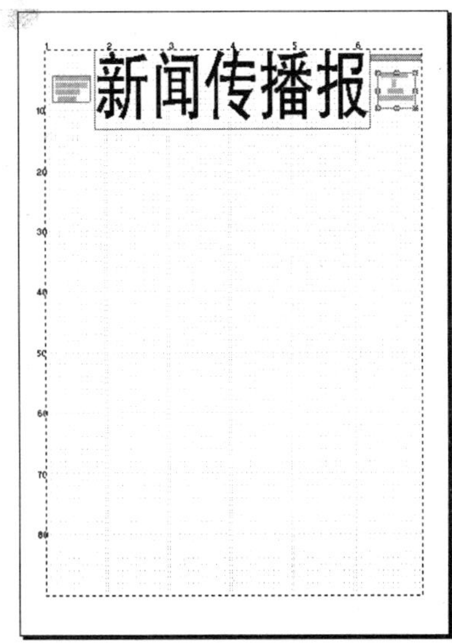


图 9.3　报头三

报头的设计是一个美术设计，需要根据报纸的风格、定位需要出现的内容来设计，而且要求美观、大方、简洁，更重要的是能吸引人。报头的设计当中要运用到多种技术，如底纹、文本自动调整、图片等。报头的主要内容既可以是文字为主，也可以是一张经过加工的图片。（可用 photoshop 等软件制作）

## 第一节 设计一个文字报头

选择文字工具(T)在飞腾版面文件上输入报纸名(图9.4),由于飞腾支持的最大字体是96磅,报名只能这样大,但和整个版面的比例是不协调的。我们可以用飞腾提供的"文本自动调整"(图9.5)功能去调整报名的大小,以达到想要的效果。

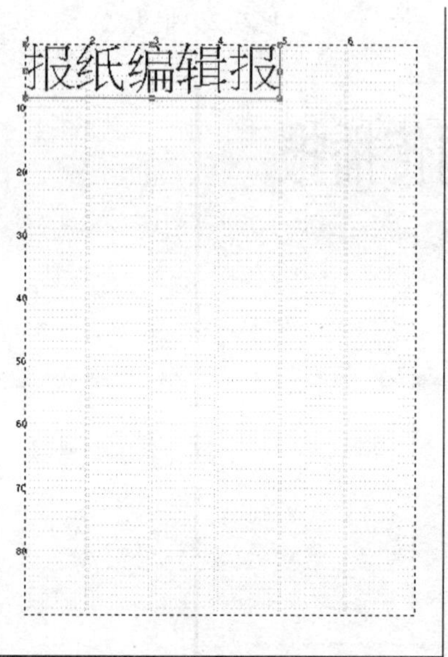


图9.4 输入报名

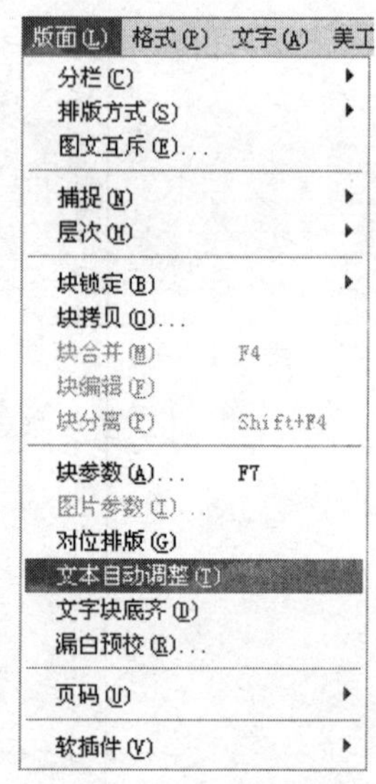


图9.5 选择文本自动调整

"版面"菜单下选择"文本自动调整"后,就可以通过拖动文本框的四个边和文本框的对角调整文字框大小,文字会随之调整。(图9.6)

(注意:当选中"文本自动调整"时,在"文本自动调整"前有一个对号,表明此功能处于选中状态。不用时再次选择,取消此功能。)

对于报头的其余内容,则可以分别输入,将文本框按需要排列。

（注意：对于出版者、出版日期、网址、版数、统一发行刊号、天气预报等内容一定要分别单独用文本框，不要将以上内容输入在一个文本框内，因为分别输入有利于对具体的内容进行单独编辑。如给不同内容设置不同字体、字号、颜色、底纹等。）

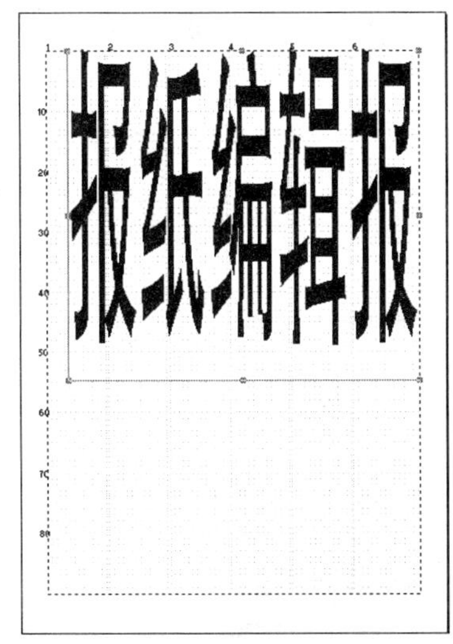


图 9.6 “文本自动调整后”的报头

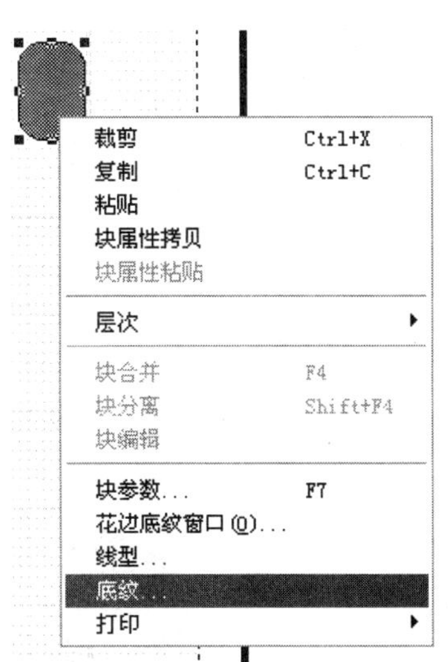


图 9.7 选择给矩形加底纹

## 第二节 报头的美化

下面通过举例来学习报头的一些美化。画一个“画圆角矩形”，加上底纹，在矩形内输入日期（含阴历）。

1. 选中工具栏上的“画圆角矩形”，在版面上画出图形。

2. 选中“画圆角矩形”，单击右键选择“底纹”（图 9.7），弹出底纹对话框，选择需要的底纹，单击“确定”，将底纹应用到圆角矩形上（图9.8）。

3. 选择工具栏中的“文字”图标，分别输入年、月、日和农历日期，再分别选中文字进行字体字号的调整。（图 9.9）

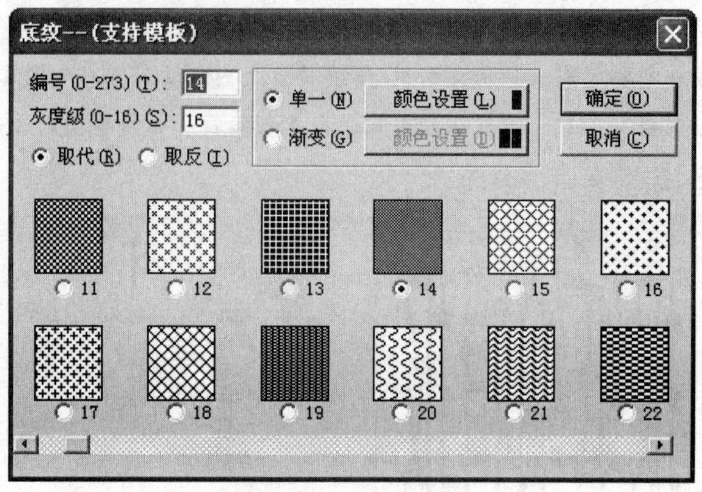


图9.8　底纹对话框

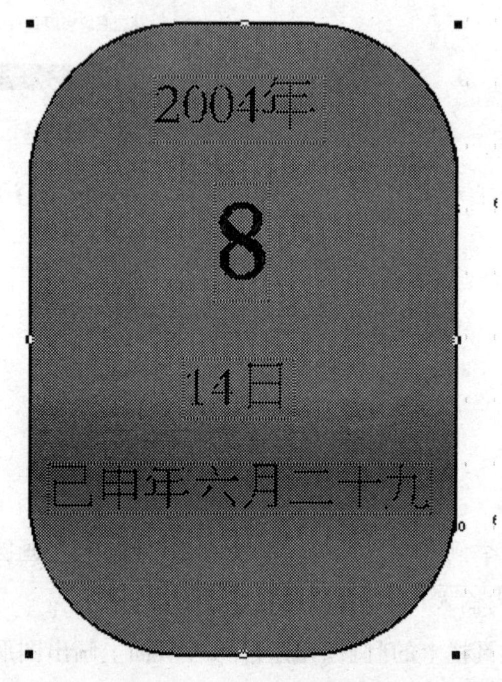


图9.9　报头的日期部分

还能给矩形框加花边，改变底纹颜色和使用渐变底纹。

【思考与练习】

1. 报头在报纸中的位置,现在主要有哪几种排法?
2. 飞腾支持最大的字号只有96磅,可是作为报头不够大,如何处理?
3. 报头除了报纸的名称外,还有哪些内容?
4. 给报头加底纹,如何操作?
5. 如何利用图片来制作报头?

# 第十章

# 飞腾软件对象的基本操作

**【本章学习要点】**

本章主要介绍对象的基本操作方法。在使用飞腾进行排版操作过程中,对象是基本的操作单元。所谓对象,是指飞腾里用工具做成的排版项,包括文字块、图元、排入的图像等。对对象的操作包括选中对象、改变对象的大小和形状、设置对象的倾斜和旋转以及对象之间的操作,包括块合并、块分离、对象的层次、对象的对齐等。



## 第一节　对象的概念

飞腾中用工具做成的排版项(如图元、文字块)以及灌入的各种排版数据(如图片),被称为对象。

# 第二节　预设对象的大小

在飞腾中绘制图元和排入文字块时都可以预先设置对象的大小，以便达到在需要时精确控制对象大小的目的。

在飞腾中需要预设对象大小的情况有：

1. 排入文字块。

2. 在版面中绘制图元。

在飞腾中预设对象大小的方法有如下两种：

1. 全局预设的对象的大小

每次在版面中绘制的图元和排入文字时的文字块的大小都是事先设置好的。在“设置选项”下的“环境设置”对话框中选择了“块默认大小”，“块高”、“块宽”选项被激活，见图 10.1。在此选项中输入需要设置

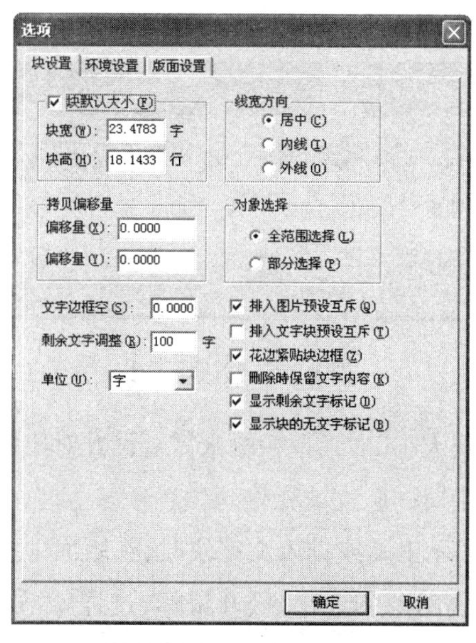


图 10.1　块设置

对象的高和宽的值,则每次在版面中画出的对象的高和宽的值即为在此设置的值。不同版面的编辑和操作人员可以根据自己版面常用的文字块和图元的大小进行设置。

操作步骤如下:

(1)单击在“文件”中的“设置选项”选项,弹出“环境设置”对话框,如图 10.1 所示;

(2)在“块设置”页中选中“块默认大小”选项,“块高”、“块宽”选项被激活;

(3)在“块高”、“块宽”选项中输入要设置的对象的高和宽的值;

(4)单击“确定”按钮,完成操作。

2. 不在“环境设置”对话框中选择“块默认大小”复选框

每次绘制对象或排入文字块时单击鼠标左键都弹出“默认块大小”对话框。操作步骤如下:

(1)选中工具箱中的某工具,或排入文字块时光标为排入文字块时的光标;

(2)在版面上单击一下鼠标左键,弹出“默认块大小”对话框,如图 10.2 所示;

图 10.2　默认块大小

(3)在“默认块大小”对话框中输入需要设置对象的宽和高的值;

(4)单击“确定”按钮,完成操作。

也可以选中图元工具或排入文字块时,在版面中按住鼠标左键拖动鼠标,直接画出所需对象的大小,松开鼠标,这样就不会弹出“默认块大小”对话框了。图 10.3 是拖动鼠标生成图元块的效果。

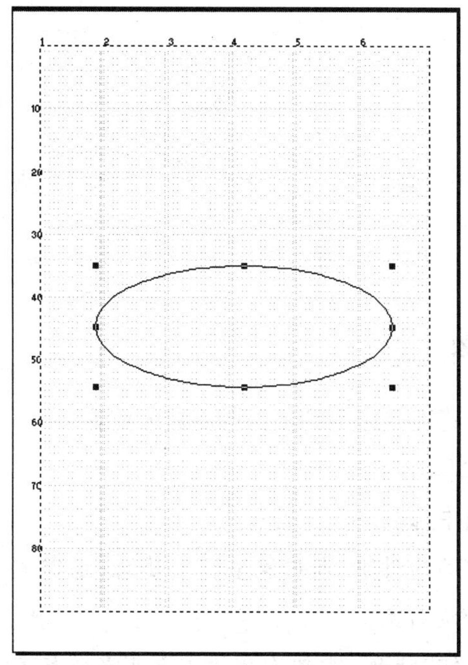

图 10.3　拖动鼠标画出图元(排入文字块的操作也相同)

# 第三节　对一个对象的操作

本节主要介绍针对一个对象的操作,包括选中、移动、删除对象,复制和粘贴对象,改动对象的大小和形状,设置对象倾斜和旋转等。

## 一、选中一个对象

要对对象进行各种操作,首先必须选中操作的对象。操作步骤如下:

1. 从工具箱中选取箭头工具;

2. 单击要选择的对象,显示控制点(对象周围的 8 个点),对象呈选中状态。

下面这些图元、图像和文字块为被选状态,如图 10.4 所示。

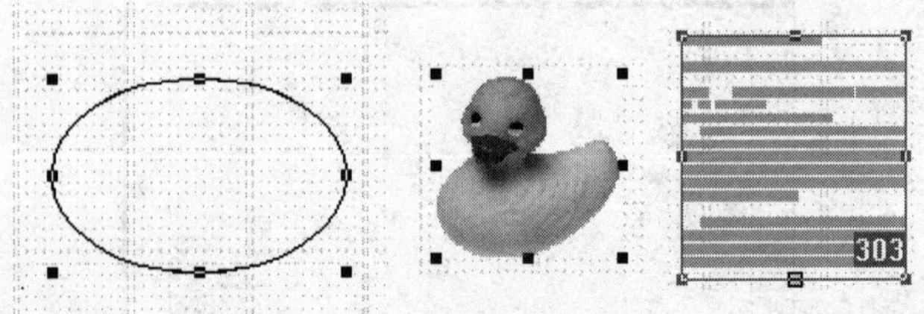


图 10.4 图元、图像和文字块的选中状态

## 二、移动对象

在飞腾中可将对象移动到任何所需要的位置。

(一)使用鼠标

1. 从工具箱中选取箭头工具;

2. 单击要移动的对象,则对象呈选中状态(对象周围出现 8 个控制点),此时可以拖动对象;

3. 如果先按住“Shift”键,则对象沿垂直或水平方向移动;

4. 拖动对象到达合适位置,释放鼠标,效果如图 10.5 所示。

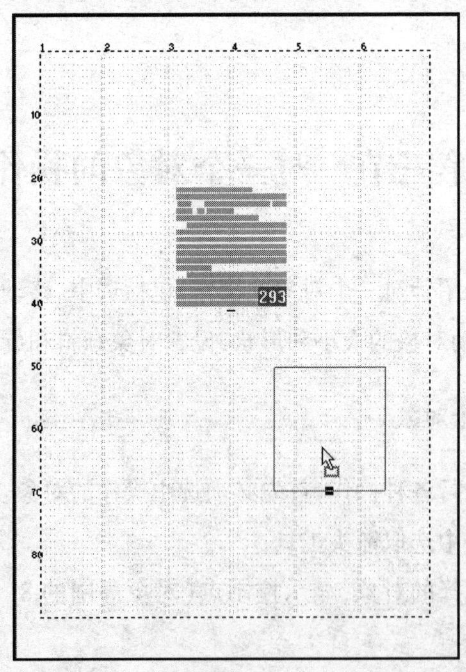


图 10.5 拖动文字块的过程

(二)使用块参数对话框

块参数对话框中的位置编辑框中“横坐标”、“纵坐标”的值为对象被选中状态时左上角的控制点的横、纵坐标值。操作步骤如下:

1. 从工具箱中选取箭头工具;

2. 单击对象,使对象呈选中状态;

3. 选择“版面”菜单中的“块参数”选项,或右键单击菜单的“块参数”,或使用快捷键F7,弹出“块参数”对话框,如图10.6所示;

4. 各个项目设置完成,单击“确定”按钮。

图10.6 “块参数”对话框

“位置”编辑框中显示的横坐标和纵坐标,是选中对象的当前位置,横坐标(X)指定横方向坐标值,以版面左上方(开始位置)为原点。纵坐标(Y)指定纵方向坐标值,同样以版面左上方(开始位置)为原点。

在“位置”编辑框中输入横、纵坐标的值,则对象左上角的顶点将移动到此点(块参数对话框中的其他选项将在其他的内容中陆续介绍到)。

(三)删除对象

在飞腾中可以任意删除不要的对象。操作步骤如下:

1. 从工具箱中选取箭头工具;

2. 单击需要删除的对象,对象呈选中状态;

3. 可按“Delete”键,也可以选择“编辑”菜单的“删除”或“裁剪”选项,实现对象的删除。

(注:裁剪命令既删除对象,同时又把对象复制到裁剪板上,可以使用“粘贴”命令将其复制到其他位置。)

(四)复制和粘贴对象

1. 从工具箱中选取箭头工具;

2. 单击需要复制的对象;

3. 显示控制点,对象呈选中状态,按快捷键“Ctrl + C”,也可以选择

"编辑"菜单的"复制",或用鼠标右键单击在菜单中的"复制";

4. 按快捷键"Ctrl" + V,或者选择"编辑"菜单的"粘贴"选项,或用鼠标右键单击菜单中的"粘贴";

[注:复制后再粘贴的对象和原对象重合的。选中且移动对象,即可看出复制对象的效果。而且,可以对复制的对象进行多次粘贴,实现复制多个对象的效果。]

5. 要改变复制后对象的大小,选中对象,将鼠标光标放在显示把柄上,当出现箭头时,拖动当达到所要求的大小时,释放鼠标左键,效果如图10.7。

(五)使用块参数对话框改变对象大小

1. 从工具箱中选取箭头工具;

2. 单击对象,此对象呈选中状态;

3. 选择"版面"菜单中的"块参数"选项,或右键单击菜单的"块参数",或使用快捷键 F7,弹出"块参数"对话框;

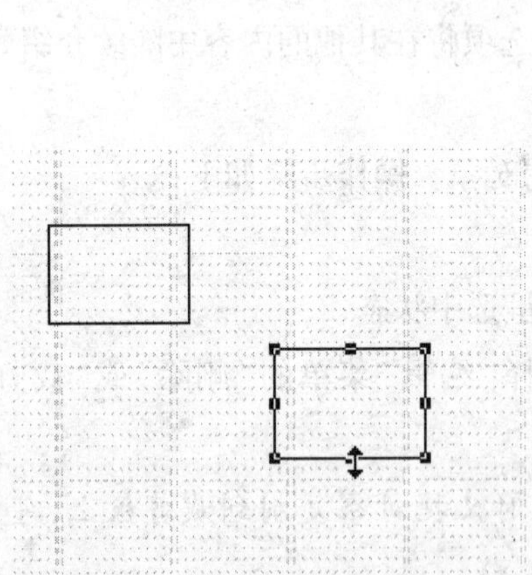

图 10.7　通过鼠标改变图元的大小

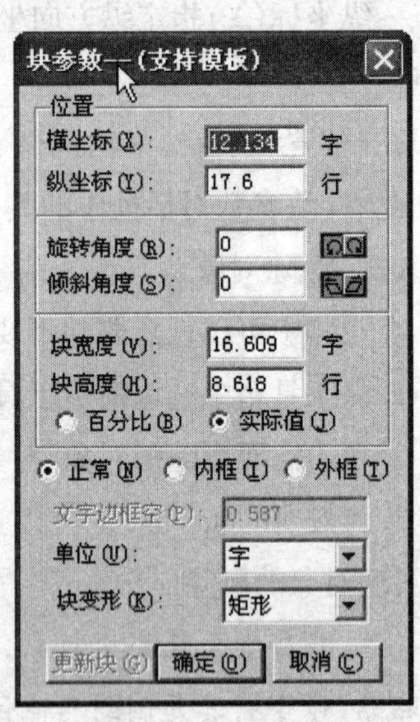


图 10.8　"块参数"对话框

4. 先选择"百分比"还是"实际值",然后分别输入块高度和块宽度的值。重新定义对象的大小;

[注:当选中实际值选择钮时,在编辑框中输入块的宽度(或高度)

值;选中百分比选择钮时,在编辑框中输入相对于当前块宽度(或高度)的比例值。]

5. 设置完成,可先单击"更新块",版面中的图元更新为新设置的属性,但是"块参数"对话框并不消失,可以再次改变设置;如果单击"确定"按钮,则完成对象的设置。

(六)对象的旋转

在飞腾中可以旋转版面中的对象,旋转时是以中心为原点旋转的,并且对象的旋转中心可以移到任意需要的位置。

1. 使用鼠标

(1)从工具箱中选取旋转工具;

(2)用工具单击两次要旋转的对象,显示控制点如图 10.9 所示,鼠标显示为 ;

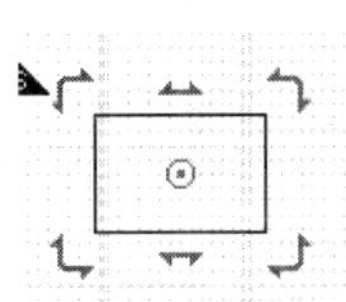

图 10.9　双击对象

图 10.10　拖动把柄旋转

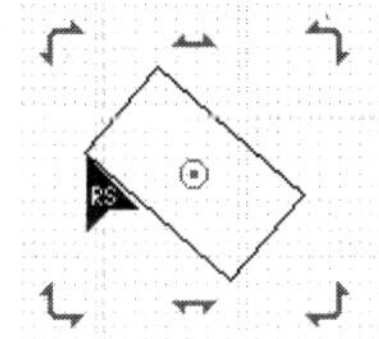

图 10.11　释放鼠标

(3)向要旋转的方向拖动控制点,如图 10.10 所示;

(4)当旋转到所要求的角度时,释放鼠标左键,如图 10.11 所示。

(注:旋转中心可移动,旋转控制点在四个角上。如果移动旋转中心后,再次重新选中此对象,其旋转中心会自动回到对象原来的重心。改变旋转中心,旋转选中对象的效果如图 10.12 所示。)

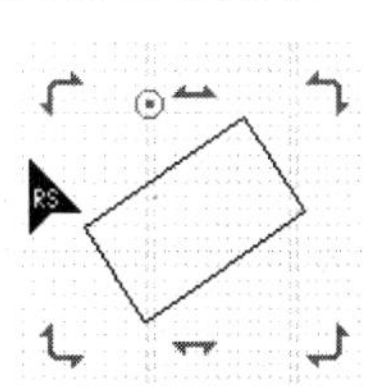

图 10.12　改变旋转中心并且选中对象

2. 使用块参数对话框

(1)从工具箱中选取箭头工具;

(2)单击对象,此对象呈选中状态;

(3)选择"版面"菜单中的"块参数"选项,或右键单击菜单中的"块参数",或使用快捷键 F7,弹出"块参数"对话框,见图 10.6;

(4)在旋转方向处选择“向左”或“向右”按钮,然后输入旋转角度;

(5)设置完成,单击“确定”按钮。

(注:未经旋转,缺省为0度。)

(七)对象的倾斜

可以对飞腾中的对象进行倾斜操作。通过鼠标旋转的方法比较随心所欲,而使用块参数对话框的方法可以精确地确定旋转的角度。

1. 使用鼠标

(1)从工具箱中选取旋转工具;

(2)单击两次需要倾斜的对象;

(3)显示控制点,并向倾斜的方向拖动控制点;

(4)当倾斜到所要求的角度时,释放鼠标左键。效果如图10.13所示。

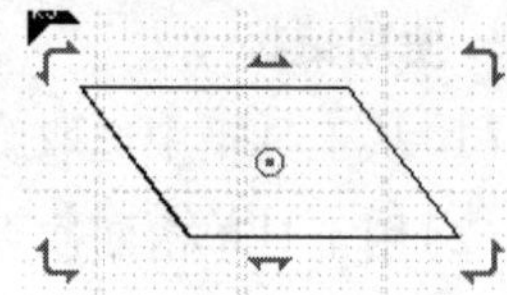

图10.13　对对象进行倾斜操作

2. 使用块参数的对话框

(1)从工具箱中选取箭头工具;

(2)单击对象,此对象呈选中状态;

(3)选择“版面”菜单中的“块参数”选项,或右键单击菜单中的“块参数”,或使用快捷键F7,弹出“块参数”对话框,见图10.6;

(4)在倾斜方向处选择“向左”或“向左”按钮,然后输入倾斜角度(未经倾斜,缺省为0度);

(5)设置完成,单击“确定”按钮。

(注:使用“视窗”菜单中的“状态窗口”也可进行对象的移动、旋转、倾斜等操作,具体方法与使用“块参数”对话框相似。)

(八)块参数对话框的设置小结

在对象的基本操作中,几乎都与“块参数”对话框有着密切的联系,所以在这里具体地介绍一下“块参数”对话框(见图10.14)中各个选项的含义。

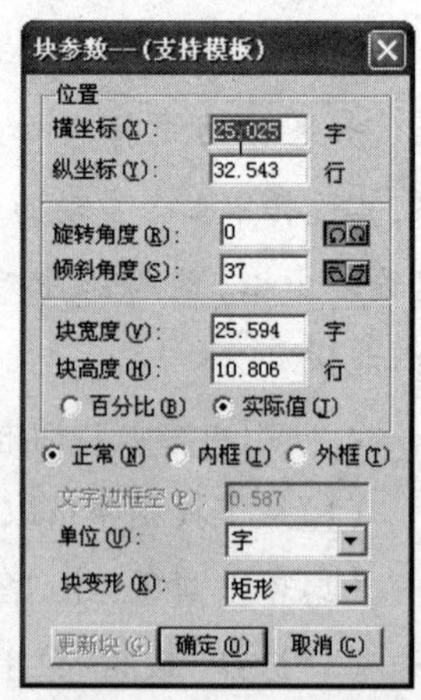


图10.14　“块参数”对话框

1. 横坐标、纵坐标

显示此对象目前所处位置的坐标值。

X:指定横方向坐标值,以版面左上方(开始位置)为原点。

Y:指定纵方向坐标值,以版面左上方(开始位置)为原点。

2. 旋转角度

输入旋转的角度,与左旋或右旋按钮配合可实现块的向左或向右旋转。

3. 倾斜角度

输入倾斜的角度,与左旋和右旋按钮配合可实现块的向左或向右倾斜。

4. 块宽度——横向缩放比

当选中“实际值”时,在编辑框中输入块的宽度值;当选中“百分比”时,在编辑框中输入相对于当前块宽度的比例值。

5. 块高度——纵向缩放比

当选中“实际值”时,在编辑框中输入块的高度值;当选中“百分比”按钮时,在编辑框中输入相对于当前块高度的比例值。

6. 正常、内框、外框

指定块高度和块宽度中的值从边框的哪个位置算起。

正常:边框的中间;内框:边框的内侧;外框:边框的外侧。

7. 文字边框空

指文字边框和排版区域之间的距离。

8. 更新块

单击更新块,所设参数作用到选中块。

(九)状态窗口的介绍

对于对象的各种操作,如确定对象的位置(坐标)、倾斜、旋转等,可以通过一个窗口来显示,这就是状态窗口,一般处于任务栏的上方。如图10.15所示。下面介绍图中各按钮、图标及参数项的含义。

图10.15 状态窗口

1. 此按钮显示的是选中的图元的形状,如果选中矩形,则显示为矩形,如果选中椭圆形,则显示为圆形。此按钮的功能相当于应用的功

能,当在状态窗口中对选中的对象进行设置后,单击此按钮,则设置就会应用到选中的图元上。如果没有选中任何图元,则显示为箭头。

2. 显示的是图元的旋转中心,可以点向某个顶点,选中的顶点为加黑显示。如果没有选中任何图元的话,则此对话框中不显示任何内容。

3. X 15.351 字 Y 18.18 行 此对话框中显示的是对象的坐标值,即对象的左上角的顶点的坐标值。可在此对话框中改变坐标值的数值。

4. W 24.826 字 H 4.661 行 此对话框中改变的是对象的长宽比,可以改变此对话框中的数值,来改变对象的长宽比。

5. X_R 100.00 % Y_R 100.00 %,此对话框用来设置对象的旋转和倾斜属性,可输入 0 ~ 360 之间的数值,此处的数值是顺时针倾斜和旋转的角度,每次重新输入数值时,都是从零度开始旋转,并不在上一个角度上累加。

6. 是以垂直中轴线为基准生成镜像(有关镜像的内容在后面相关章节中具体介绍)。

7. 是以水平中轴线为基准生成镜像。

8. 状态窗口是一个浮动窗口,双击按钮,则窗口成为一条,可以在版面中任何位置,要用的时候再双击箭头,窗口又会成为普通的窗口,如图 10.16 所示。

图 10.16 状态窗口为浮动窗口

【思考与练习】

1. 飞腾中的对象是什么概念?
2. 自己尝试在飞腾下对文件的选取、选中、复制、粘贴、删除等操作。
3. 要达到预先精确控制对象大小的目的,如何操作?
4. 如何对对象进行旋转操作?
5. 熟悉块参数对话框中各个参数及参数改变对对象的影响。
6. 如何使用块参数对话框改变对象大小?

# 第十一章

## 飞腾软件多个对象操作

**【本章学习要点】**

本章主要介绍针对多个对象的操作，包括选中多个对象（要针对多个对象进行操作时）、块合并（可以将几个对象合并成一个组，将该组对象作为一个整体进行操作。这样可以实现对多个块同时操作）、块分离（将合并后的对象组分离）、块编辑（要对合并的一组对象中的某个对象进行调整大小、形状的操作，不需先将这组对象进行块分离操作，可以通过“块编辑”功能实现在整个合并的对象组中进行个别块的编辑）、对象的层次（在飞腾中会出现多个对象重叠的现象，那么对象之间会有一定的层次关系，即各个对象是位于前层还是后层。同时，还要对层次关系进行调整，指定重叠摆放的对象的排列层次）、对象的对齐（使多个图元、排版块等对象，以特定的基准对齐排列的工具条。通过单击工具条中的按钮，可以实现对各对象的多种对齐方式的操作）、对象的锁定（在飞腾中可以把一个或者多个对象固定在版面上，以便确保编辑好的位置不改变）和解锁（要移动锁定的对象，可将锁定的对象解锁）。

## 第一节　选中多个对象

在飞腾中经常要针对多个对象进行操作，那么首先就要选中这些，选中多个对象的方法有以下两种：

1. 通过 Shift 键：从工具箱中选取箭头工具，选中一个对象，然后按住 Shift 键，同时单击其他对象，这样就可以选中多个对象了。

2. 通过鼠标划定范围：从工具箱中选取箭头工具，按住鼠标，从一点开始拖动，像绘制图元一样把对象围起来。鼠标指针拖动过程中，飞腾版面上显示点线，在点线范围内的对象被选中，如图 11.1 所示。

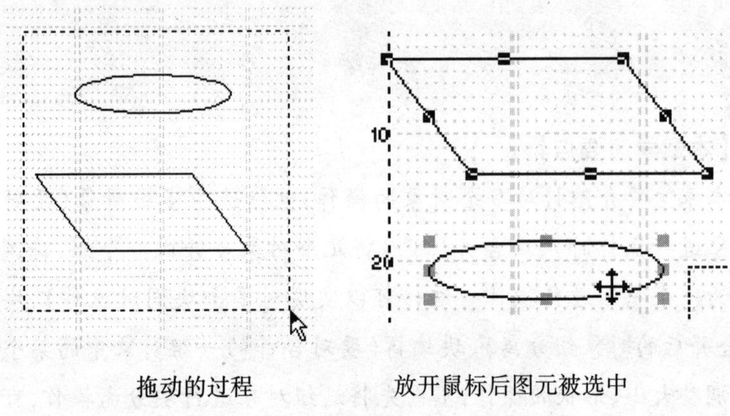


拖动的过程　　　　放开鼠标后图元被选中

图 11.1　通过鼠标选中多个对象

## 第二节　块 合 并

在飞腾中，可以将几个对象合并成一个组，将该组对象作为一个整体进行操作。这样可以实现对多个块同时操作。

1. 选取工具箱箭头工具；

2. 按住“Shift”键，同时逐一单击需要合并的多个对象（选中多个对象）；

3. 显示控制点（呈选中状态），此时可选择“版面”菜单的“块合并”或使用 F4，效果如图 11.2 所示。

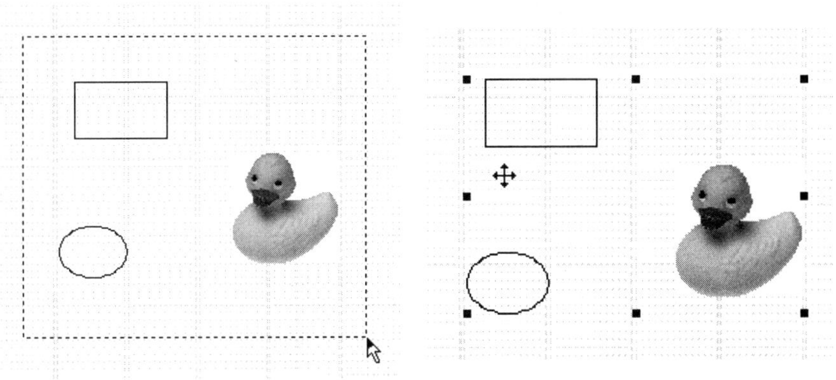

选中多个对象　　　　执行合并后的效果

图 11.2　块合并操作

除了使用菜单中的选项，还可以使用以下方法实现块合并的操作：

1. 单击鼠标右键，在右键菜单中单击“块合并”选项；

2. 用快捷键 F4；

3. 使用窗口工具条中的块合并按钮。

（注：块的合并可以分阶段合并，即可以先合并几个块，然后用这个合并后的块去和其他块再合并。）

## 第三节　块分离

将合并后的对象组分离，可进行块分离操作：

1. 选取工具箱的箭头工具，单击准备分离的块合并的对象；

2. 显示控制点（呈选中状态），此时可选择“版面”菜单的“块分离”，或单击鼠标右键，在右键菜单中单击“块分离”选项。效果如图 11.3 所示。

除了使用菜单中的选项，还可以使用以下方法实现块分离的操作：

1. 单击鼠标右键，在右键菜单中单击“块分离”选项；

2. 用快捷键 Shift + F4；

3. 使用窗口工具条中的块分离按钮。

（注：块的合并可以分阶段合并，对应于分阶段合并的块，它的分离也同样是一步步地分离。）

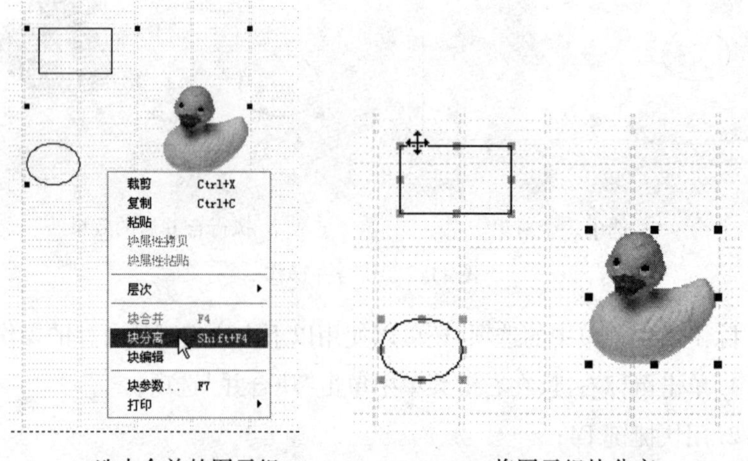


选中合并的图元组　　　　将图元组块分离

图 11.3　块分离操作

## 第四节　块 编 辑

如果要对合并的一组对象中的某个对象进行调整大小、形状，不需先将这组对象进行块分离操作，可以通过“块编辑”功能实现在整个合并的对象组中进行单个块的编辑。

1. 选中合并的整体对象，在整体图元周围出现 8 个控制点，如图 11.5 所示；

2. 单击“版面”菜单中的“块编辑”选项，或单击右键菜单中的“块编辑”选项，整体对象中的每个图元周围都出现 8 个控制点，即可分别改变每个图元的大小或形状，如图 11.4 至图 11.6 所示。

（注：也可使用鼠标右键中的“块编辑”选项，即选中对象，单击鼠标右键，在右键菜单中单击“块编辑”选项。）

图 11.4　选中合并的块，单击“块编辑”选项

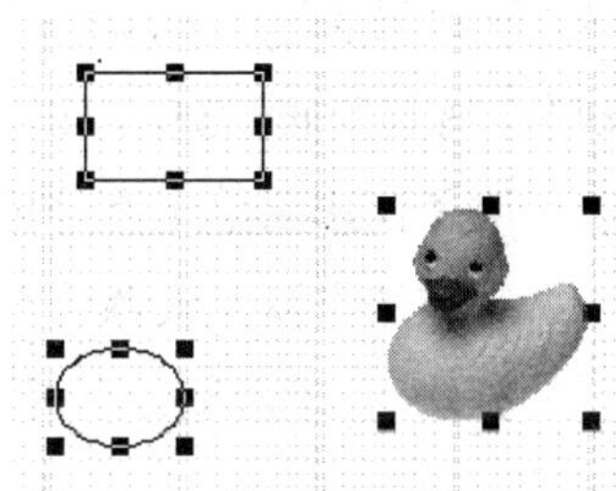

图 11.5　出现控制点

图 11.6　拖拽控制点，改变单个图元的大小或形状

## 第五节　对象的层次

在飞腾中会出现多个对象重叠的现象。那么对象之间会有一定的层次关系,即各个对象是位于前层还是后层。同时,还要对层次关系进行调整,指定重叠摆放的对象的排列层次。

1. 选取工具箱工具,单击准备改变摆放层次的对象。

2. 选中对象,显示把柄(呈选中状态),此时可选择“版面”菜单的“层次”中的“翻到最前”、“前翻一层”、“后翻一层”、“后翻到底”选项,如图 11.7 所示。

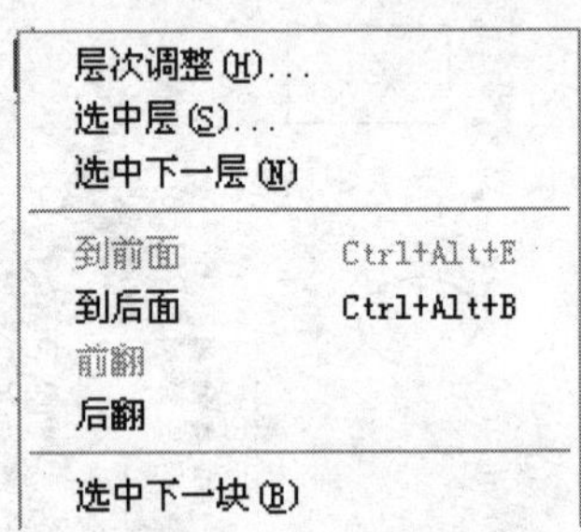


图 11.7　“层次”菜单

除了使用菜单中选项的方法,还有以下两种方法可以实现调整对象层次的操作。

方法一:单击鼠标右键,在鼠标右键中单击“翻到最前”、“后翻到底”选项。

方法二:使用窗口中的工具条中的按钮来实现调整层次关系的操作。

这几个按钮的涵义分别是:前翻一层,翻到最前,后翻一层,翻到最后。

## 第六节　对象的对齐

在飞腾中提供了使多个图元、排版块等对象以特定的基准对齐排列的工具条。通过单击工具条中的按钮,可以实现对各对象的多种对齐方式的操作。

1. 选取工具箱中的箭头工具；

2. 选中多个对象；

3. 单击块对齐窗口(图 11.8)中某一对齐方式。

在进行块对齐操作中,以最后选中的对象为对齐基准。

图 11.8　块对齐窗口的按钮

以最后选中的对象为基准,左端对齐。

以最后选中的对象为基准,右端对齐。

例:同时选中三个图元,然后分别单击左对齐按钮,效果如图 11.9 所示。

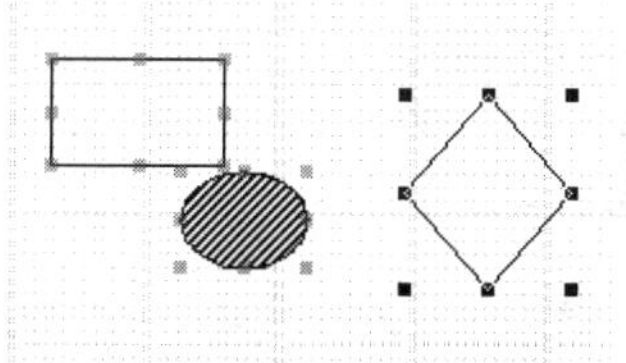

同时选中三个图元

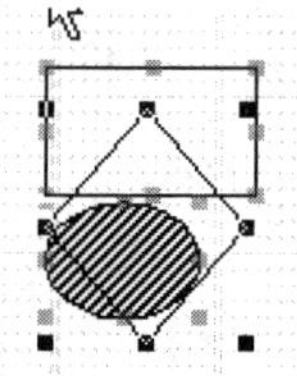

单击左对齐按钮

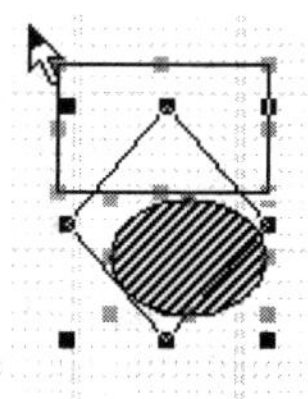

单击右对齐按钮

图 11.9　对两个对象设置左对齐和右对齐

以最后选中的对象为基准,上端对齐。

以最后选中的对象为基准,下端对齐。

如:同时选中三个图元,单击顶齐、底齐按钮,效果如图 11.10 所示。

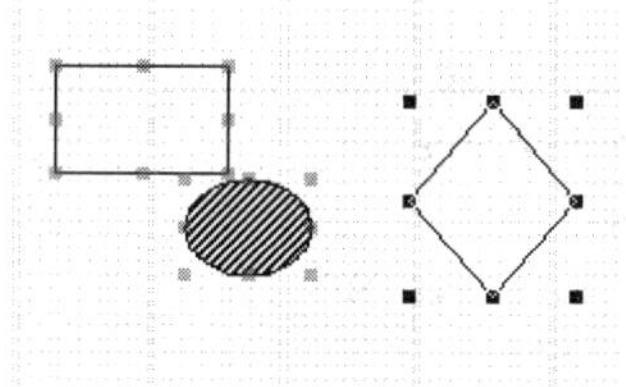

同时选中三个图元

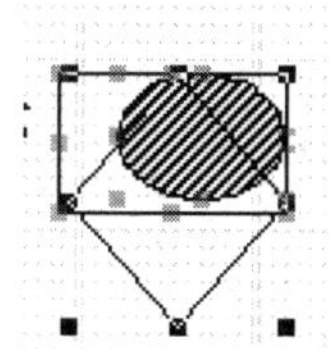

单击顶齐按钮

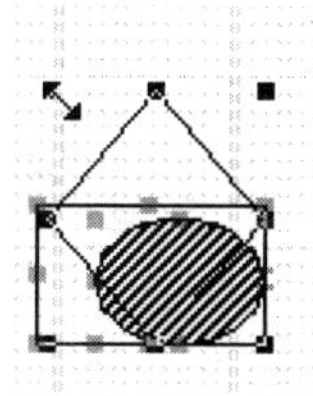

单击底齐按钮

图 11.10　对两个对象设置对齐和底齐

以最后选中的对象的一侧为基准,水平移动先选中的对象(针对两个对象操作),效果如图 11.11 所示。

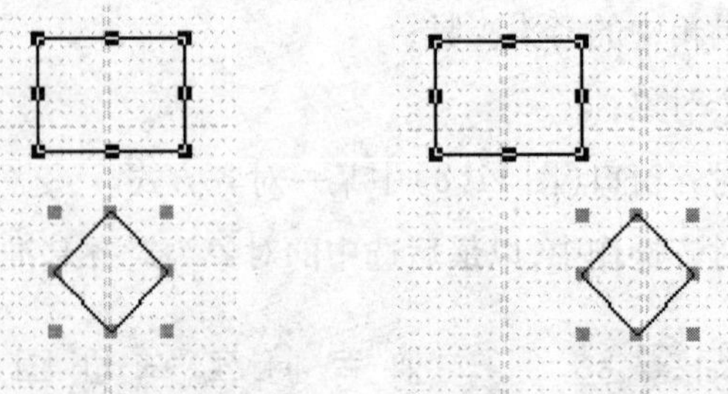

同时选中两个图元　　　　单击“左右边齐”按钮

图 11.11　设置两个对象左右对齐

以最后选中的对象的一侧为基准，垂直移动先选中的对象（针对两个对象操作），效果如图 11.12 所示。

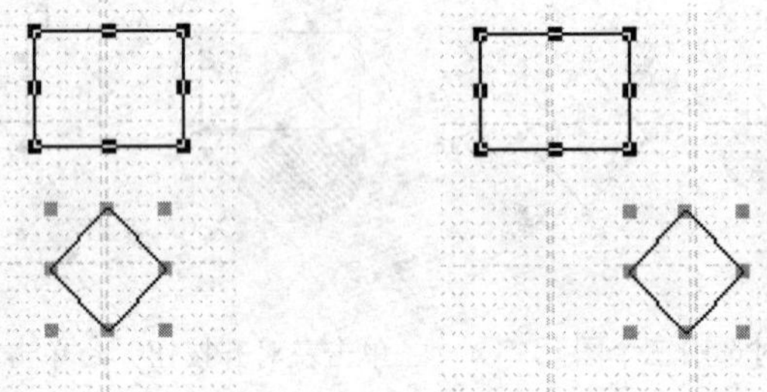

同时选中两个图元　　　　单击“上下边齐”

图 11.12　设置两个对象上下边齐

以最后选中的对象为基准，沿水平中线对齐，效果如图 11.13 所示。

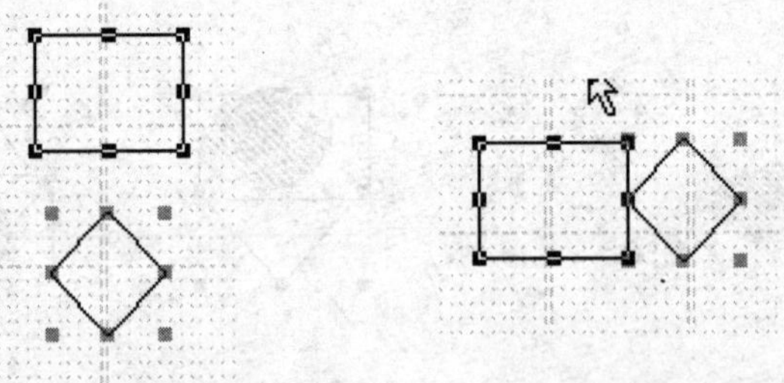

同时选中两个图元　　　　单击“横向中齐”按钮

图 11.13　设置两个对象横向中齐

以最后选中的对象为基准，沿垂直中线对齐，效果如图 11.14 所示。

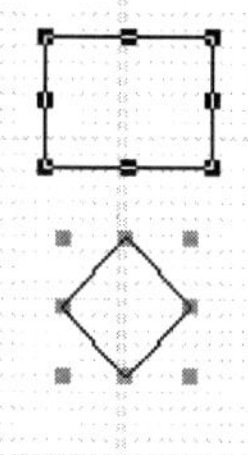

同时选中两个图元

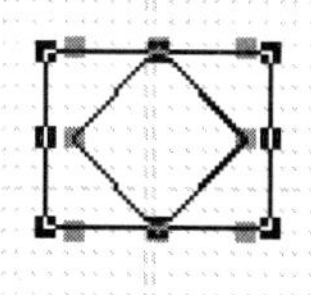

单击“纵向中齐”按钮

图 11.14　设置两个对象纵向中齐

在被选中对象最左端和最右端之间,将选中的多个对象的水平间隔调整均匀(是以中心为基准的)。

在被选中对象最上端和最下端之间,将选中的多个对象的垂直间隔调整均匀。

例:同时选中三个对象,单击“横向等距”按钮,效果(纵向等距的含义和“横向等距”的含义类似,在此就不举例了)如图 11.15 所示。

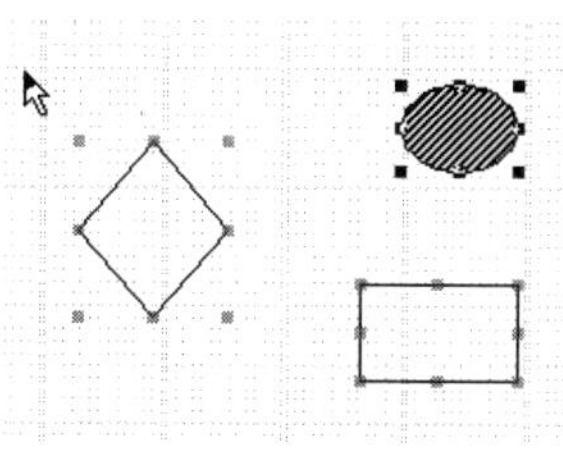

同时选中三个图元

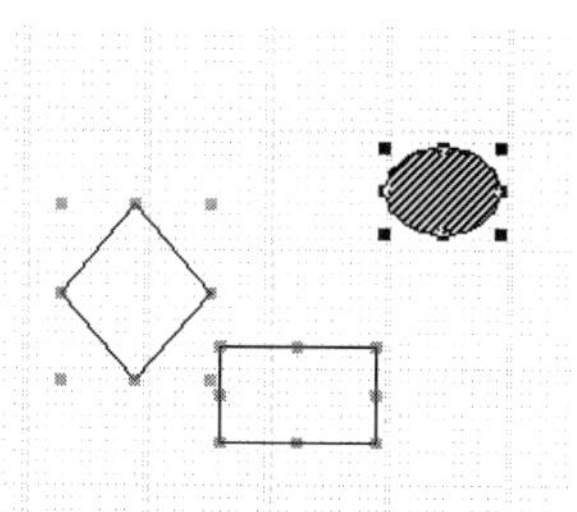

单击“横向等距按钮”

图 11.15　设置多个对象横向等距

以最后选中的对象的宽为基准,将选中的多个对象调整为等宽。效果如图 11.16 所示。

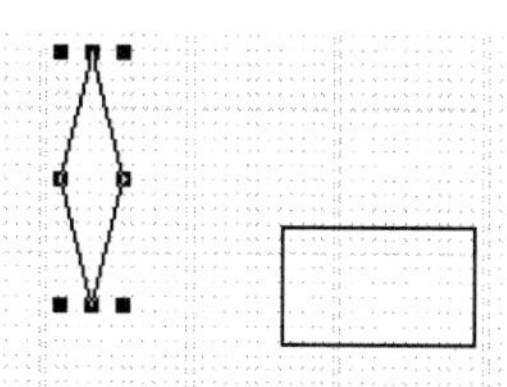

同时选中两个图元

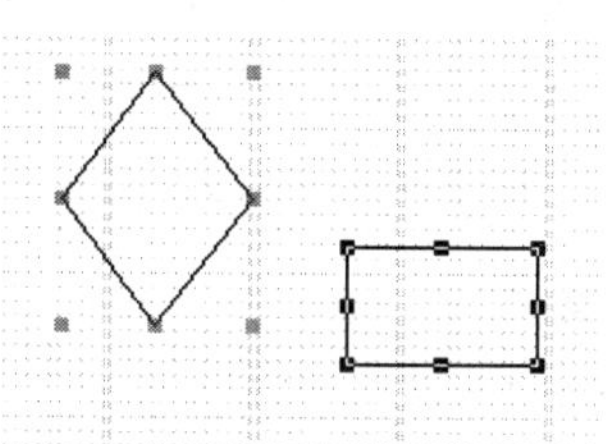

单击“等宽”按钮

图 11.16　设置两个对象等宽

以最后被选中的对象的高为基准，将选中的多个对象调整为等高，效果如图 11.17 所示。

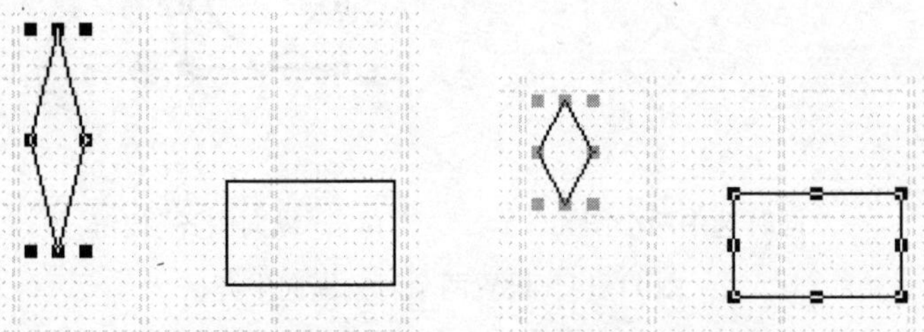

同时选中两个图元　　　　单击“等高”按钮

图 11.17　设置两个对象等高

以最后被选中的对象的中心为准，将多个对象对齐（中心在同一位置），效果如图 11.18 所示。

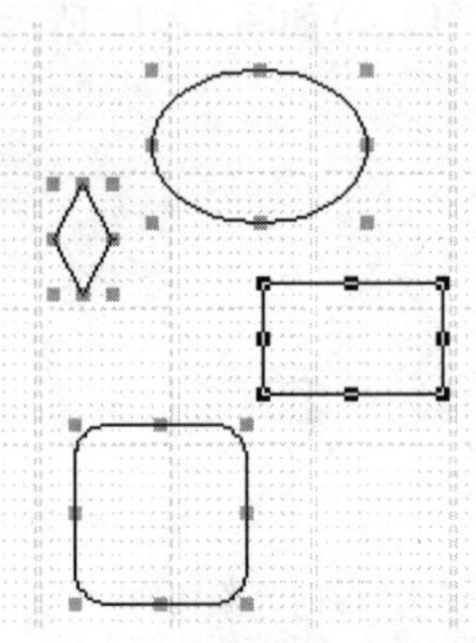

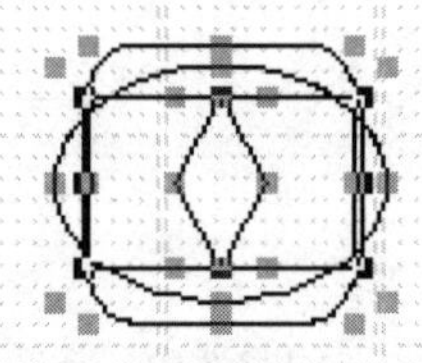

同时选中多个图元　　　　单击“中齐”按钮

图 11.18　设置多个对象中齐

“自定义”按钮。用户手工设置对齐参数。

以下，将具体介绍用户手工设置对齐参数的有关操作。

通过手工设置对齐参数，可以控制对象对齐的方向、对齐的基准或控制多个对象间距。

1. 选择工具箱的箭头工具；

2. 选中欲对齐的多个对象；

3. 单击“块对齐”工具条上的“手工对齐”按钮；

4. 弹出“块对齐工具”对话框；

5. 设定好各项参数和设置后，单击“确定”按钮。

首先选择对齐方向，设定其为水平方向或垂直方向。然后用户设置对象对齐的方式，即以左边界、右边界还是中心进行对齐。如果对齐方向是垂直方向，则方式相对应地变为上边界、下边界和中心。在对话框的右边，用户可以设置对齐的基准，即中心、内线或外线，这里的设置和“花边底纹窗口”的“线型”中的设置是同样的。对话框的最下方是“位置”编辑框，用户在这里输入对齐后的对象的位置，即与页面边界的距离。在“位置”编辑框中输入数值是相对于飞腾版面中的标尺的0刻度的正向偏移量。“方式”编辑框中的三种对齐方式是指：将所有选中的图元的最左端、右端或中心移动到“位置”编辑框中设定的位置上。

如果用户希望设置对象之间等间距，则可以单击“块对齐工具”的“等间距”页选项。这里的设置大致同前，在对话框中的最下方是“间距”编辑框，用户在这里输入对象间的间距，单位可以选择。设置好一切参数后，单击“确定”按钮，选中的对象便以等间距的方式排列了。

“对齐方向”编辑框中的“水平方向”选项是指X轴方向，“垂直方向”是指Y轴方向，如果选中“水平方向”则所选中的基准的X轴的值是相等的。

例如：在飞腾版面上画一个矩形和一个圆形，设定参数为：“对齐方向”是“水平方向”，“方式”是“左上”，“位置”是“20”，“单位”是“毫米”，那么在横坐标为20毫米处拉一条提示线，则所选中的矩形和圆形的最左端将移到此条提示线上，它们的基准的X轴的值是相等的。

［注：①块的对齐和等间距页是分别起作用的，在上层的起作用（不能同时起作用）。②对话框中的选项“右上”是指对象的右上点。③等间距页中选中“垂直方向”时、“水平方式”应改为“垂直方式”。④对象的线形为双线和文武线的无效。］

# 第七节 拷贝块

飞腾可以生成文字块、图元、图像等对象的拷贝。拷贝生成对象时,可以通过“拷贝块”对话框设置拷贝生成的对象的个数和生成方式。

1. 选择工具箱中的箭头工具;
2. 选定欲拷贝的对象;
3. 单击“版面”菜单的“拷贝块”选项;
4. 弹出“拷贝块”对话框,如图 11.19 所示;
5. 设置好各个选项后,单击“确定”按钮。

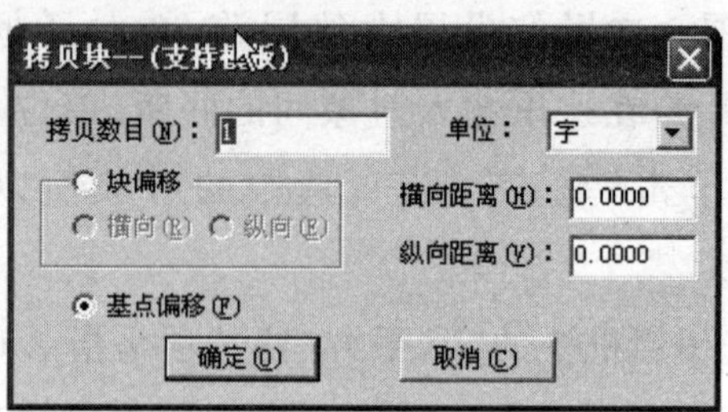


图 11.19 “拷贝块”对话框

在编辑框中键入欲拷贝对象的份数。如果大于1,则拷贝的对象在拷贝方向上依次排列。

当选择偏移拷贝时,需要同时设置横向和纵向距离。如用默认值0,拷贝的块就覆盖在原块上。

此时,对象将自身按照用户设置的方向和数目拷贝在版面上。

若要选中一个图元,单击“版面”菜单中的“拷贝块”选项,效果如图 11.20 所示。图中的第一个图元为原来的图元,后一个图元为拷贝生成的对象。

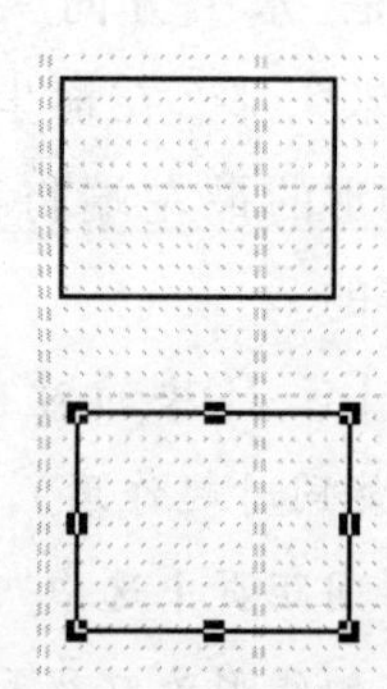

图 11.20 拷贝块的效果

# 第八节　对象的锁定和解锁

## 一、对象的锁定

在飞腾中可以把一个或者多个对象固定在版面上，以便确保编辑好的位置不改变。

1. 选取工具箱的箭头工具；

2. 单击准备锁定的对象；

3. 显示控制点（呈选中状态），此时可选择“版面”菜单的“块锁定”，“块锁定”选项前会出现一个对勾，表示此选项已经被选中。

如果要移动已经锁定的对象时，版面中的光标会变为一把小锁，锁定的对象不能被移动，如图11.21所示。

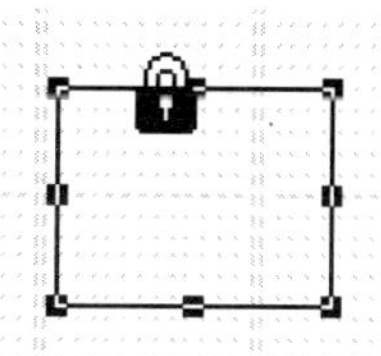

图 11.21　拖动锁定图元时光标变为小锁

## 二、对象的解锁

若要移动锁定的对象，可将锁定的对象解锁。

1. 选取工具箱的箭头工具；

2. 单击准备解锁的对象；

3. 显示控制点（呈选中状态），此时可选择“版面”菜单的“块锁定”，“块锁定”选项前的对勾消失，表示此选项不被选中。

（注：对象的锁定和解锁的快捷键都是F3，选中对象，单击锁定对象，再次单击则是解锁操作。）

**【思考与练习】**

1. 在飞腾中如何进行多对象的操作?

2. 块合并的操作有什么作用,怎样实现?

3. 不想对几个对象进行统一操作时,如何处理?

4. 几个对象合并成一个块后,再对其中的一个对象编辑是否需要先把它们分离?

5. 固定一个对象在版面上,如何处理?

6. 想移动被固定的对象,如何操作?

# 第十二章

# 飞腾软件文字属性设置

**【本章学习要点】**

本章着重介绍在飞腾界面下的文字属性设置的基本操作知识。所涉及的知识都与针对文字的操作相关，如在版面中对文字的选取，排入版面的文字字体与字号的设置，字与字之间的间距，行与行之间的间距，文字在文本框中的调整，整篇文章的排入，文章排入的格式（正向横排、反向横排、正向竖排、反向竖排）以及在版面中排入拼音和注音的方法等，在本章中都有详细的介绍。

## 第一节　插入文字

在工具箱中选择文字输入工具 **T** ，然后在页面内单击，就会出现一个闪动的插入点。选择一种适当的文字输入方式，再输入需要的文字，文字就会出现在页面上，如图 12.1 所示，此时文字周围会出现一个文字框，其大小是固定的。也可先选中文字块，再按“T”工具，选择插入点，在文字块中插入文字。

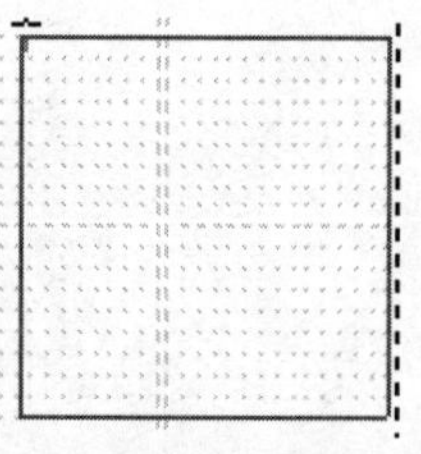

图 12.1　文字框

## 第二节　图元定义的排版区域

在工具箱中选择多边形工具，然后在页面内通过单击绘制一个椭圆形，如图 12.2 所示。然后，选择“美工”|“路径属性”|“排版区域”，可将椭圆形换为排版区域。

在工具箱中选择文字工具，在多边形排版区域内单击，使文字输入插入点显示出来，选择适当的文字输入方式，就可以输入文字了。也可选择文章排入方式，需先将图元设成“排版区域”。如图 12.3 所示。

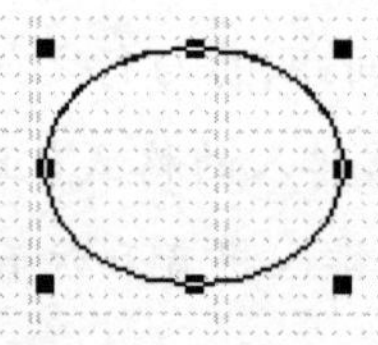

图 12.2　椭圆形

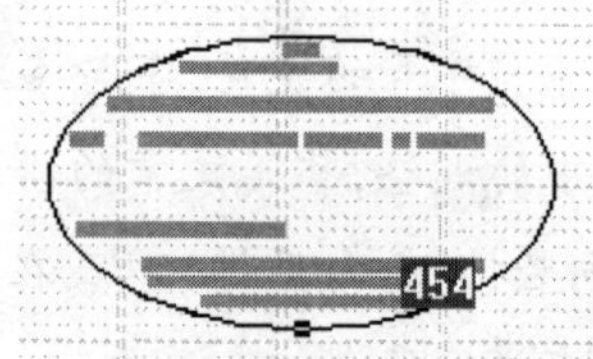


图 12.3　输入文字后的显示

## 第三节　选择文字

在飞腾中，选中文字有以下方式（初学者应以鼠标为主，熟练后，应以快捷件为主)：

1. 在工具箱中选择文字输入工具后，用鼠标指针置于要选择文字的开始位置，单击然后出现插入点，一直拖动鼠标，所经过的文字部分就会反相显示。

2. 选择文字输入工具后，用鼠标在文字的起始位置单击，然后按着 Shift 键，在选择范围的终止位置再一次单击。要增加选区范围时，只要按着 Shift 键，将鼠标移动到新位置，在新位置中单击，新的内容就会加入到选定范围了。

3. 选择文字输入工具后，用鼠标在文字的起始位置单击，使插入点的光标显示出来，然后按下 Shift 键，用↑、↓、←、→键移动光标到结束位置，然后释放 Shift 键就可以将移动过的文字部分选中。

4. 按下键盘上的 Shift 键 + End 键，以光标所在处为起始位置，向右一直选中到此行的末尾。按下键盘上的 Shift 键 + Home 键，以光标所在处为起始位置，向左一直选中到此行的开头。

5. 选择文字输入工具，将鼠标指针放置于要选择文字的开始位置，单击鼠标，使插入点光标显示出来，然后按下 Shift 键，用鼠标翻页(双击一个页图标可翻到此页)，在结束位置单击鼠标左键，释放 Shift 键，到起始位置的文字就全部选中了。

6. 把鼠标指针置于要选中行的中间，双击鼠标左键，当前行就会被全部选中。

7. 把鼠标指针置于要选中的段中间，然后按 Shift 键双击鼠标左键。

8. 若选中当前页文字块内所有文字，可以将鼠标指针放置于文字中间，按住 Ctrl 键双击鼠标左键。

9. 若选择文字块，则用鼠标指针置于要选中的文字块中间，再按 Ctrl + A。文字选中时的状态如图 12.4 所示。

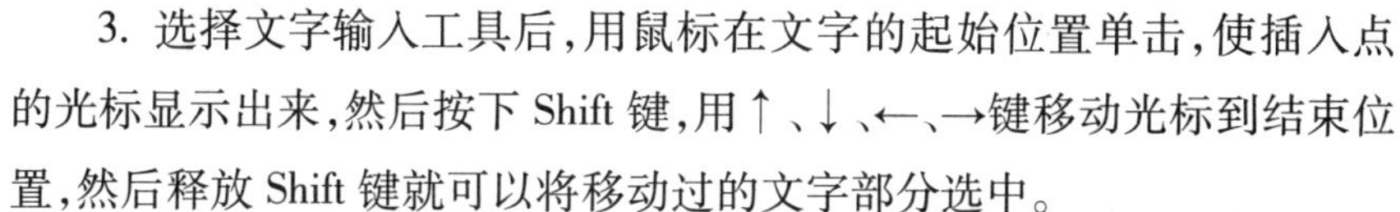
究的震撼。由中国社会科学出版社出版的该书中文增订版近日同读者见面。

由于我国早期报业发展的很多原始资料已经佚失，少数留存者也多尘封于海外的书刊收藏机构。长期以来，国内学者在中国新闻史研究中，多引用 1927 年戈公振著《中国报学史》。作为中国新闻史的奠基之作，该书的很多论点几成"定论"。从 20 世纪 70 年代开始，卓南生从

图 12.4　文字的选中状态

# 第四节　设置文字

## 一、字体和字号

选中需要更改字体和字号的文字后，选择"文字属性"菜单下的"字体号"，就会弹出如图12.5所示的对话框。

1. XY字号：当文字的宽和高的尺寸一样时，选择此按钮。

2. X字号：是指文字的宽度数值，可以直接在编辑框中键入数值，也可以单击箭头按钮定义尺寸。每单击一次按钮数值增减0.25磅（根据使用单位的不同而异）

3. Y字号：是指字体的高度，可以直接在编辑框内输入数值，在"字号选择"项内进行选择，数值越小，文字就越大，也可以单击箭头按钮定义尺寸。每单击一次按钮，数值增减0.25磅。（根据使用单位不同而异）。

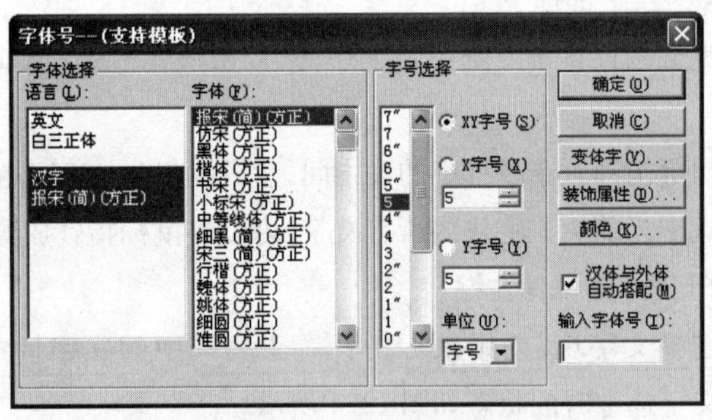


图12.5　字体号的设置

4. 使用Ctrl键+Alt键+"+"（或"−"）键也可以调整字号，数值增减的幅度为每次0.5磅，这种调整将反映到"字号"对话框和文本属性工具条中。

5. 从"语言"列表和"字体"列表中分别选择语种和字体。

## 二、行距的设置

行距是两行之间的间距。将文字部分选中后,选择“文字”菜单下的“行距与行间”,就会弹出“行距”对话框,如图 12.6 所示。设置完成后单击“确定”按钮即可。

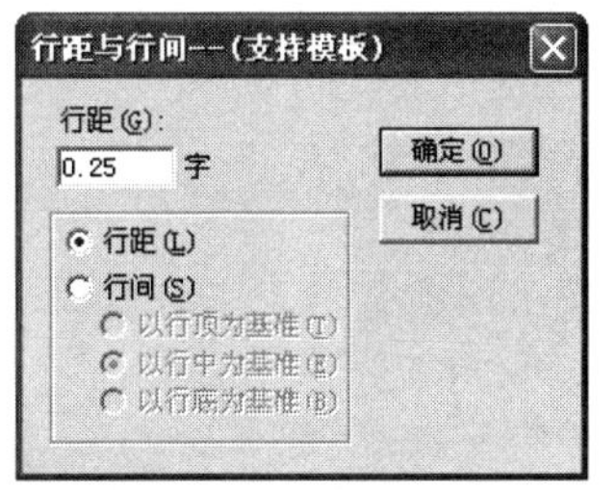


图 12.6　行距的设置

## 三、字距的设置

字距是指两个文字之间的间距。选择“文字”菜单的“字距”,在弹出“字距”对话框中(如图 12.7 所示),可以在“字距”编辑框中输入数值。通常的字距设置为“0.000”字。

## 四、纵向调整

飞腾可以对独立的文字块或文字块中的某几行文字进行纵向调整,所谓独立的文字块是指此文字块没有续排部分,即在文字块的底部没有续排标志。

我们可以用箭头工具选中文字块或用文字工具选中文字。

选择“格式”菜单中的“纵向调整”命令,就会弹出“纵向调整”对话框,如图 12.8 所示,在此可设置。

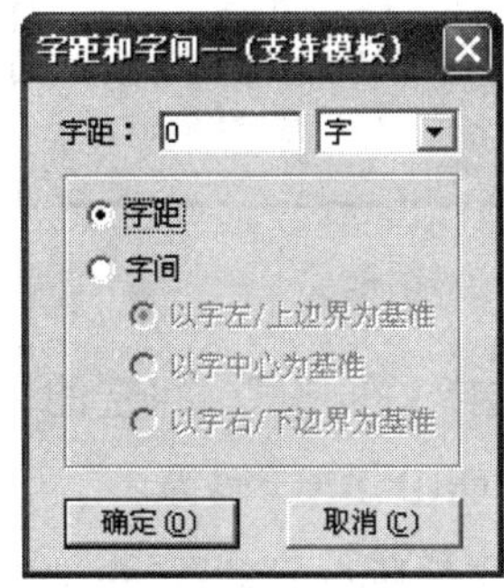


图 12.7　字距的设置

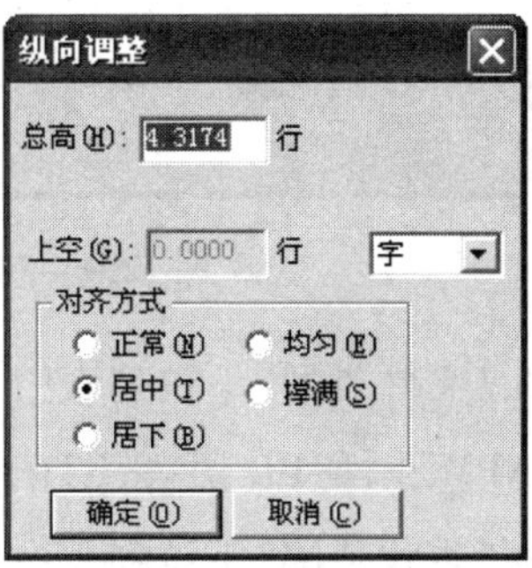


图 12.8　纵向调整

1. 在“总高”文本框中定义选中文字块或者文字行所占的高度。

2. 在“上空”文本框中设置文字行或者文字块上面要留出的空白距离。

3. “对齐方式”包括“正常”(自上而下排版)、“居中”(在总高区域内居中排“撑满”)(第一行排在最上面,最后一行排在最下面,中间部分平均公布)、“居下”、“均匀”、“撑满”。

## 第五节　排版格式

1. 选择“文件”|“排版”命令,就会弹出“文字排版”对话框,如图12.9所示。通过此命令可以将已经在其他文件中输入的文字部分直接置入到飞腾页面内,再进行排版。

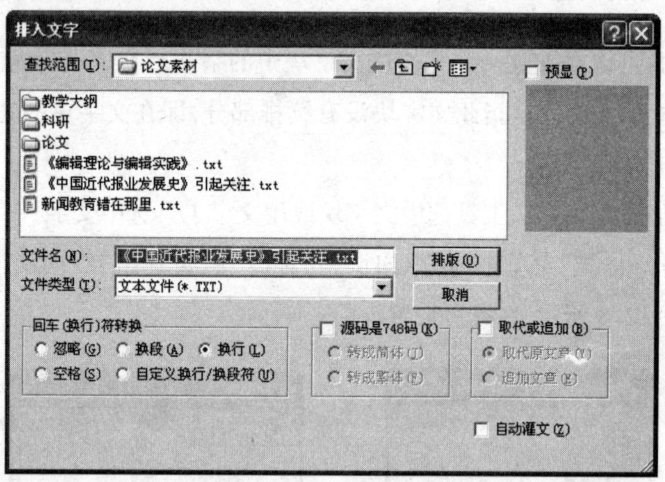


图 12.9　“文字排版”对话框

2. 在“文件类型”下拉列表中,可以选择文件格式。可选的格式有文本文件、NPM 小样、BD 语言、RTF、WPS、WORD、BIG5 码等。

3. 在“查找范围”下拉列表中选择该文件所在驱动器,在文件夹和文件列表中选择该文件所在文件夹。

4. 在“回车(换行)符转换”区域中可选择如何处理文本文件的回车

换行符：

(1)“忽略”：忽略所有的回车换行符。

(2)“空格”：把回车换行符转换为空格。

(3)“换行”：把回车换行符转换为换行。

(4)“换段”：把回车换行符转换为换段。

5. 如果选择“取代原文章”单选按钮，则可以在原先排过版的区域内重新灌文。

6.“自动灌文”：要灌入跨越数页的文本文件时，则选中此复选框，灌文过程中可自动将文字送入下一页，而且页数会自动增加，直到灌文结束为止。

选中文件后单击“排版”按钮。鼠标指针变为状态，单击要排版的开始处，在页面上就会出现一个“默认块大小”对话框，如图 12.10 所示，我们可以设置块的宽度、高度及单位。设置完成后，单击“确定”按钮。在页面上就会出现一个文字块，文字块的大小就是默认块的大小。

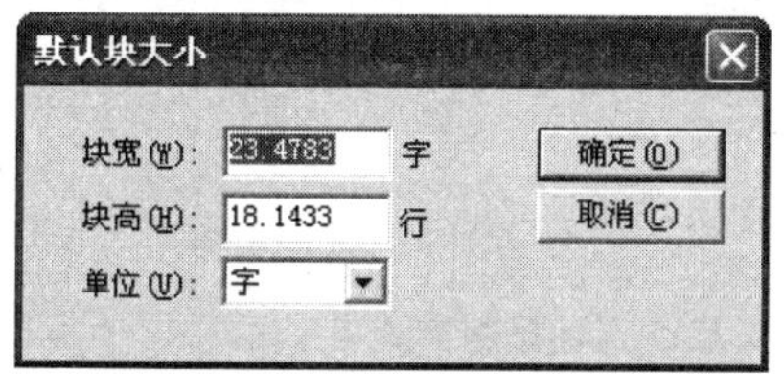


图 12.10　默认块大小的设置

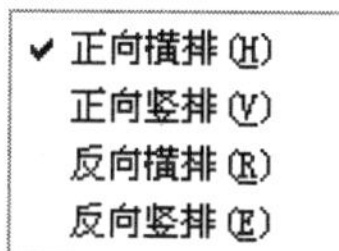


图 12.11　排版方式的设置

## 第六节　排版方式

用箭头工具选中要设置排版方式的文字块，选择“版面”菜单中“排版方式”下的某一项，便可设置文字排版方式，如图 12.11 所示为排版设置的菜单项。

系统提供四种排版方式：正向横排、反向横排、正向竖排、反向竖排，

默认的是正向横排，图 12.12 给出了四种排版方式的显示状态。

正向横排　　正向竖排

反向横排　　反向竖排

图 12.12　四种排版方式

# 第七节　纵中横排

纵中横排，可以设置竖排时英文及数字的排版方向不变。操作方法如下：

1. 应用"文字"工具选中要横排的文字，如图 12.13 所示；

2. 选择"格式"|"纵中横排"|"文字不压缩"、"文字部分压缩"或"最大压缩"命令，如图 12.14 所示；

年戈公振著《中国报学史》。作为中
之作，该书的很多论点几成【定论】。
代开始，卓南生从早期日本翻刻的中
走访了英、美等国和港台地区图书
和旧书坊，获得了许多新的发现。
报业发展史》对1815年至1874年
文报刊进行了深入评述，揭示了中
及初步发展的复杂历程，并以丰富
了戈著在一些重要问题上的讹误。
在日本学术刊物上的论文被翻译
大反响，一些新问世的论著纷纷以

图 12.13　原始文字

文字不压缩(N)
文字部分压缩(P)
最大压缩(T)　　Ctrl+Alt+T
全文数字压缩(A)...
取消纵中横排(U)

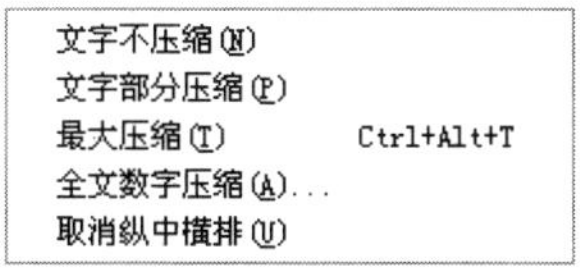

图 12.14　纵中横排的菜单

3. 我们可以根据需要决定对纵中横排的文字是否压缩到多大程度，如图 12.15 分别为使用“文字不压缩”、“文字部分压缩”及“最大压缩”进行设置后的显示。

代开始，卓南生从早期日本翻
走访了英、美等国和港台地区
和旧书坊，获得了许多新的发
报业发展史》对1815年至1874年
刊进行了深入评述，揭示了中
步发展的复杂历程，并以丰富
著在一些重要问题上的讹误。

图 12.15　文字部分压缩的使用

“取消纵中横排”命令可使英文及数字恢复正常竖排效果。

## 第八节　拼音和注音排版

使用“拼音|注音排版”功能，可以在汉字的旁边排入拼音或注音。通过不同的选择，我们可以将拼音或注意在汉字的上、下、左、右 4 个位

置。拼(注)音的大小及汉字的距离均可以调整。另外,还可以给注音排音调。

如果准备在汉字旁排拼(注)音,要求在每个需要输入拼(注)音的汉字之后事先已经录有相应的拼音或注音。拼音可在动态键盘中的“汉语拼音”中录入,注意可在动态键盘中的“括号,注音符”中录入,如图 12.16 所示。

图 12.16　动态键盘显示

输入文字,如图 12.17 所示。

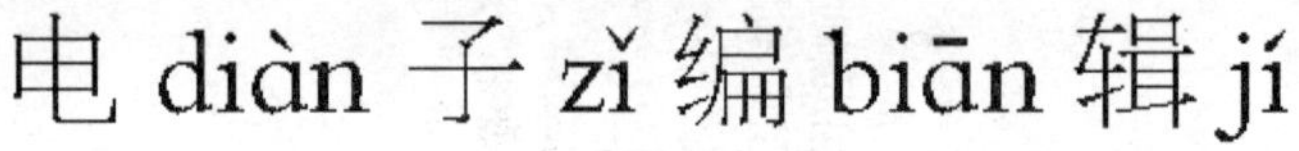

电 diàn 子 zǐ 编 biān 辑 jí

图 12.17　文字输入后的显示

选择文字输入工具,选中汉字及它们的拼(注)音,选择“文字”|“拼(注)音排版”,页面上弹出如图 12.18 所示的对话框,选中“汉字加拼|注音”选项。

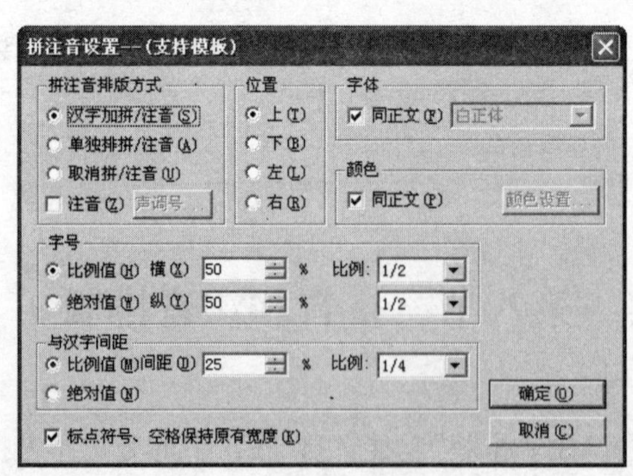


图 12.18　拼音注音的设置

1. 选中“注音”复选框：选中表示排注音，否则表示排拼音。

2. “上”、“下”、“左”、“右”：指定拼音或者注音相对于汉字的位置。

3. “字号(X)”、“字号(Y)”：指定拼音或注音的大小，是用分数表示的，当汉字的字号改变时，拼音或注音的大小会随汉字的大小按这个比例进行变化。

4. “与汉字间距”：指定拼音或注音离开汉字的距离。这个值也是用分数表示的。

5. “颜色”：用来设置接音或注音的颜色。

6. “单独排拼|注音”：指拼|注音根据文字排版方向进行排版。

如图 12.19 为选择位置为“右”时的拼音排列形式。

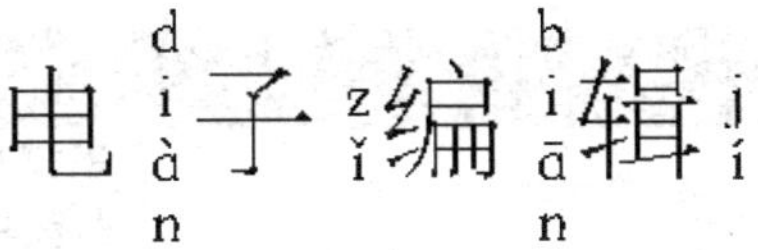

电 diàn 子 zǐ 编 biān 辑 jí

图 12.19　位置为右侧的拼音排列

如图 12.20 为选择位置“下”时的拼音排列形式。

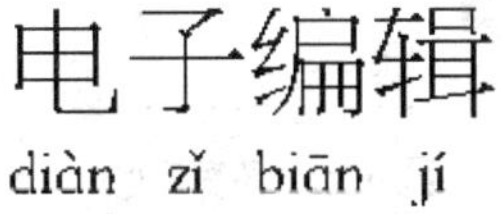

电子编辑

diàn zǐ biān jí

图 12.20　位置为下侧的拼音排列

如图 12.21 为选择位置“左”时的拼音排列方式。

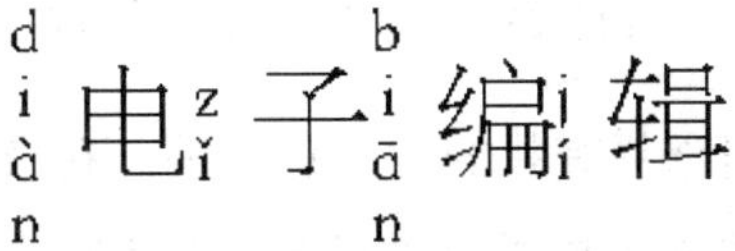

diàn 电 zǐ 子 biān 编 jí 辑

图 12.21　位置为左时的拼音排列

如图 12.22 为选择位置为“上”时的拼音排列方式。

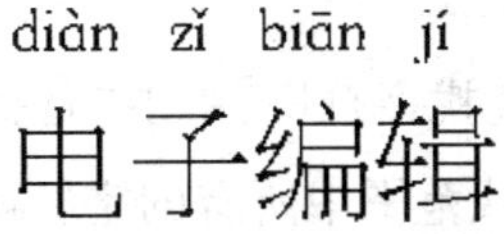

diàn zǐ biān jí

电子编辑

图 12.22　位置为上时的拼音排列

## 第九节　查找和替换

利用查找|替换功能,我们可以轻松修改文字,查找|替换的操作步骤如下:

1. 选择“编辑”|“查找|替换”命令,页面内就会弹出如图 12.23 所示的对话框。

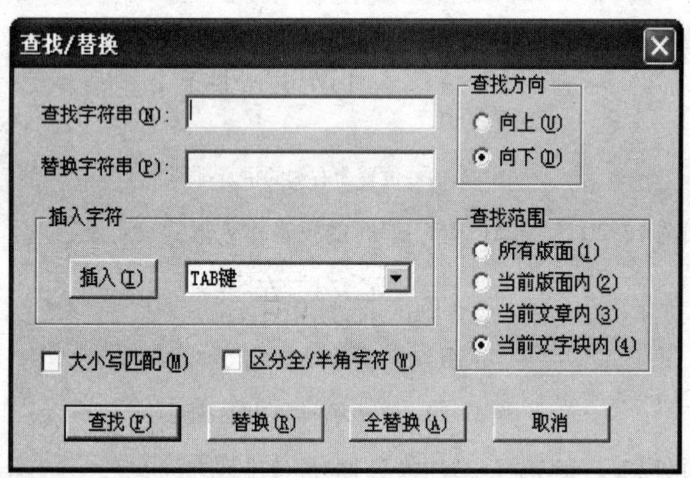


图 12.23　“查找|替换”对话框

2. 在对话框中可选择查找的方向和范围。在查找的方向选择为“向上”时,从当前位置查找范围的开始位置,选择为“向下”时,从当前位置找到查找范围的末尾。

3. 若不选中“大小写匹配”复选框,则查找时忽略大小写,否则只查找大小写完全匹配的字符串。

4. 单击“查找”按钮查找字符串,单击“替换”按钮,则替换当前查到的字符串,若确信当前查找范围中所有的字符串都需要替换时,可按“全替换”按钮一次将所有需要替换的文字替换完毕。

# 第十节　插入盒子

飞腾中可以把图元块、图像块或文字块作为一个整体，插入当前文本中。插入后的对象不再具有原来的属性，仅仅被当作字符，当上下文移动时，它也随之移动。

1. 选择“文字属性”菜单的“插入盒子”，在“插入盒子”选项前出现一个对勾，表明此选项为被选中状态。

2. 选取工具箱的箭头工具。

3. 选中要插入的对象。

4. 选择“编辑”菜单中的“复制”或者“裁剪”选项，或者使用 Ctrl + C。

5. 选取工具箱的文字工具。

6. 将光标定位于文字中要插入盒子的位置。

7. 选择“编辑”菜单中的“粘贴”选项，或者使用 Ctrl + C。

8. 被复制或者裁剪的对象被粘贴到文字中。

（注：被当作盒子插入的对象不能再恢复到原来的状态，若将一个图片插入盒子到文字块中后，不能将其恢复成图像块状态。

一定要确保先选中“插入盒子”选项，只有在此选项被选中的状态下，复制的对象才能被粘贴到文章中指定的位置，否则粘贴操作不能实现。）

【思考与练习】

1. 在版面中排入一个圆形的文本框，如何操作？

2. 选中文本中的文字，本章介绍了几种方法？

3. 如何设置行距？

4. 排入文字后如何调整文字的格式？

5. 如何在“新闻传播”上加拼音？

# 第十三章

# 飞腾软件图像编辑

**【本章学习要点】**

飞腾软件可以对飞腾中的图片进行多种编辑，本章主要应掌握的是图片的一些基本设置、基本操作及和图片相关的一些操作。如图像的勾边、图片裁剪、利用文字块裁剪图像等。

## 第一节 图像排版

在飞腾中可以排入飞腾的图片格式有：GRH、TIF、EPS、BMP、GIF、PCX、JPG、PS，排入图像的操作方法如下：

1. 选择“文件”菜单下的“排入图像”，弹出“图像排版”对话框，如图13.1所示。

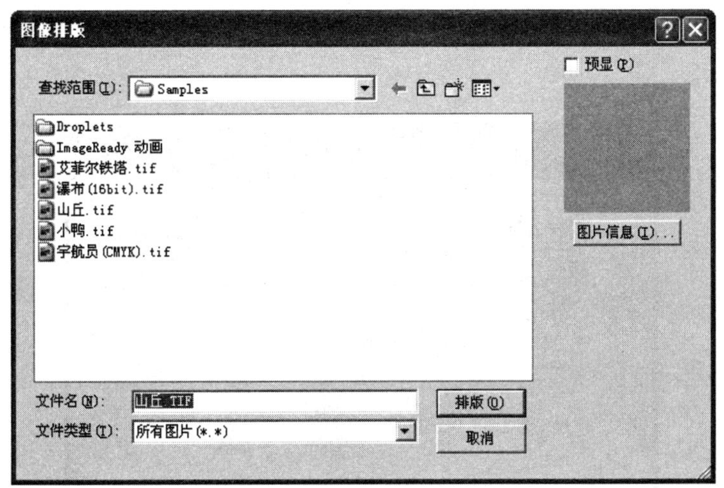


图 13.1 “图像排版”对话框

2. 选择要排入的图片。单击“排版”按钮,鼠标指针变为▣状态。

3. 单击版面中的任意位置,图像就会出现在页内。

为了提高飞腾对于图片的显示速度,系统提供了图片显示功能。选中“显示”菜单中的“图不显示”命令,则屏幕上只显示图片的轮廓,从而可加快显示的速度。

## 第二节 图片参数

图片参数是指图像的显示方式。设置图片参数的步骤如下:

1. 在工具箱中选择箭头工具,单击排入的图片,将图片选中。

2. 选择“版面”菜单下的“图片参数”,或者选中图片单击鼠标右键,选择“图片参数”,就会弹出“图片参数”对话框,如图 13.2 所示。

3. 当图片与其他对象相叠时,上面的图片对下面对象的重叠部分有取代、取反、透明三种作用方式:

(1)取代方式。图片被设置取代方式后,它将压住下面的对象。

(2)取反方式。图片被设置为取反方式后,它下面的对象将反转显示。

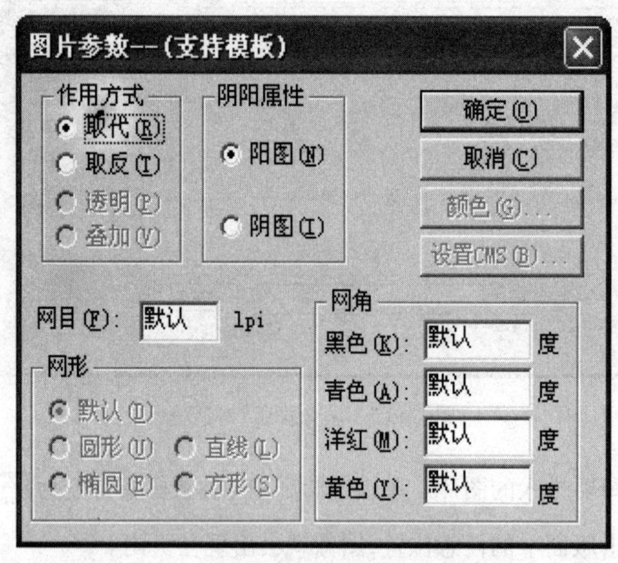


图 13.2 图片参数的设置

(3)透明方式(只对位图图像起作用)。设置了透明属性的位图图像放在别的对象之上时,图中空白的地方会变成透明的可以显示出下面的对象。

4. 在“阴阳属性”中选择图的显示方式。图的阴阳属性表示图是用阳图的方式显示还是用阴图的方式显示,阴阳图的颜色状态是相反的。

5. 确定网目。网目是指输入胶片的挂网目数。图像数据通过 RIP 输出时,设置有效,单位为“lpi”,即每英寸所含的网张的数目。

6. 网形指网点的形状,图像数据通过 RIP 输出时,该设置有效,网形有圆形、直线形、方形、椭圆形,默认表示用 RIP 中的缺省设置。只有灰度图可设置此参数。

7. 对彩色图,通常的设置是:黑(K)45 度;青(C)15 度;品红(M)75 度;黄(Y)0 度。对灰度图能设置黑板的网角。

(注:网目、网形、网角一般不在飞腾排版时设定,通常在后端输出系统中设定,所有网目、网形、网角均设为默认值即可。)

# 第三节　图像勾边

在飞腾软件中可以用折线勾出一个图像的轮廓线，有两种方式的勾边：不截图勾边，勾边后的图像不能改变形状；裁图勾边，勾边后的图像可以托拽勾边线来裁剪图像，制作出一些特殊效果。

图勾边设置的步骤如下：

1. 选择工具箱中的箭头工具，选中排入的图像。

2. 选择菜单“美工”|“图像勾边”|“不截图”命令，显示出图的勾边线，通过拖动节点可以改变图片长宽比例，而图片的内容不变。如图 13.3 所示。

图 13.3　不截图勾边拖动节点后的效果

3. 重复前面两步（在图像勾边中选择“截图”），双击图像，双击勾边线上的一点，可增加节点。拖动节点可调整勾边线的形状，见图 13.4 所示。

图 13.4　截图勾边的效果

以下是图像勾边的具体应用实例：

例1：利用图像勾边后的图和文字块排版，使之出现文字环绕在图像周围。

排入一个文字块，将图像设置为图文相关，文字方式设为分栏串文，将已勾边的图像拖入文字块中，效果如图13.5。

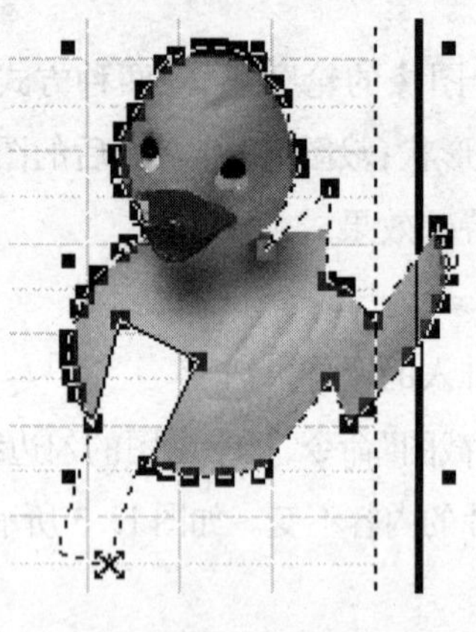

正在勾边裁剪的图像

文字包裹图像的效果

图13.5　例1效果

例2：进行图像勾边后在进行块分离，利用勾边的轮廓线制作其他效果。

1. 选中图像，单击“美工”|“图像勾边”|“截图”命令，双击图像的边源线。勾边调整后的效果如图13.6。

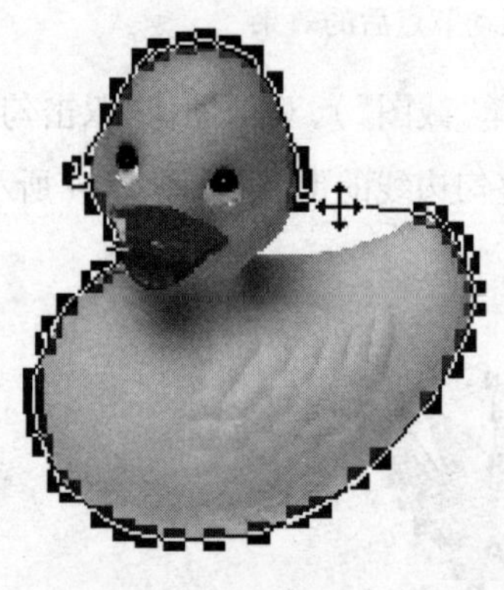

勾边截图

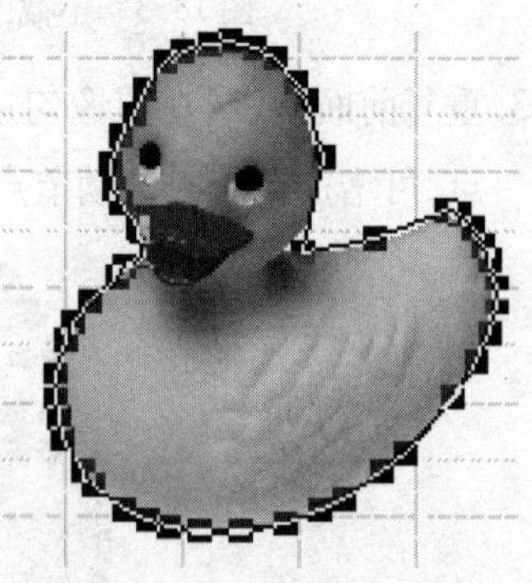

调整后的图像

图13.6　勾边截图及调整

2. 选中图像，单击“版面”|“块分离”命令，然后用鼠标拖动图像将图像与勾边分开，如图 13.7。

3. 选中勾边，单击“美工”|“路径属性”|“排版区域”命令，将勾边设为排版区域。

4. 向设为排版区域的勾边内灌入一片文章。如图 13.8 所示（在一些报纸的娱乐版能经常看见运用此效果）。

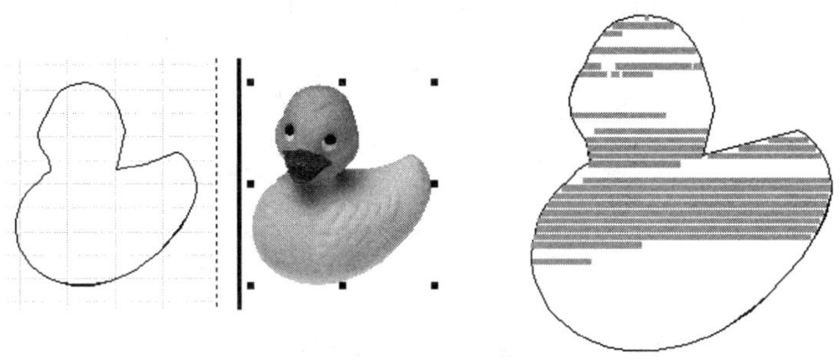

图 13.7　将勾边和图像分离　　　图 13.8　向设为排版区域的勾边灌入文字

## 第四节　图片裁剪

### 一、设置裁剪路径

裁剪路径的设置步骤如下：

1. 绘制适当的图形，将其拖到要被裁剪的图像或其他对象上，同时选中图元、图像。

2. 选择“美工”菜单中“路径属性”下的“裁剪路径”，得到如图 13.9 所示的状态。

3. 选择“版面”菜单的“块合并”，被裁剪的对象只有裁剪路径中的那部分显示出来，如图 13.10 所示。

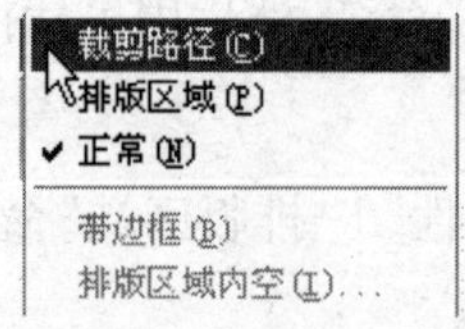

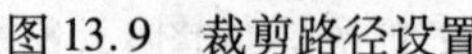
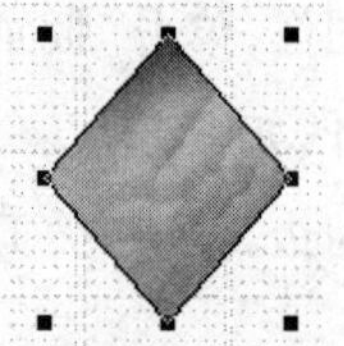

图 13.9　裁剪路径设置　　　图 13.10　块合并后

4. 选用工具箱中的裁剪工具在裁剪路径中拖动,裁剪工具就会变成手形,此时可选择对象的最佳裁剪区域。如图 13.11。

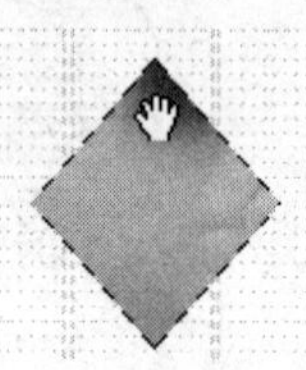
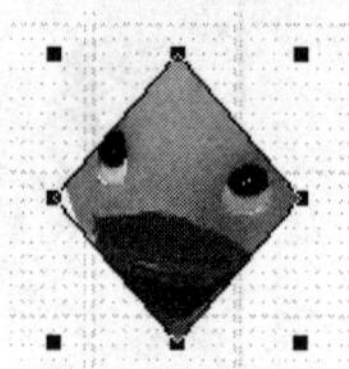

图 13.11　通过裁剪工具选择最佳裁剪区域

### 二、使用裁剪工具

使用裁剪工具,可以对图片在一个矩形的区域内进行裁剪。选择工具箱中的裁剪工具,鼠标就会变为裁剪状态,单击要裁剪的图片,将图片选中,将鼠标移动到相应的控制点,按下鼠标左键拖到合适的位置,如图 13.12、图 13.13 所示,然后释放鼠标。

图 13.12　选择需要裁剪的图像

图 13.13　裁剪图像

选择裁剪工具后，将鼠标移到图片的区域内，按住鼠标左键，拖动鼠标时，鼠标会变为手形，裁剪区域内的内容会随着移动，裁剪区域内显示合适的内容后，释放鼠标。

## 第五节　文字裁剪勾边

飞腾可以对放置在图像上或图元上的文字加勾边并裁剪掉落在图像或图元外的勾边线。进行裁剪勾边的步骤如下：

1. 选择工具箱中的箭头工具。选中压在图像或图元上的文字块，如图 13.14 所示。

2. 选择“美工”菜单的“文字裁剪勾边”命令，弹出如图 13.15 所示的对话框，在对话框中设置文字勾边的颜色、处理内容、处理方式，设置完成后，单击“确定”按钮，就会得到如图 13.16 所示的文字勾边效果。

图 13.14 选中压在图像上的文字块

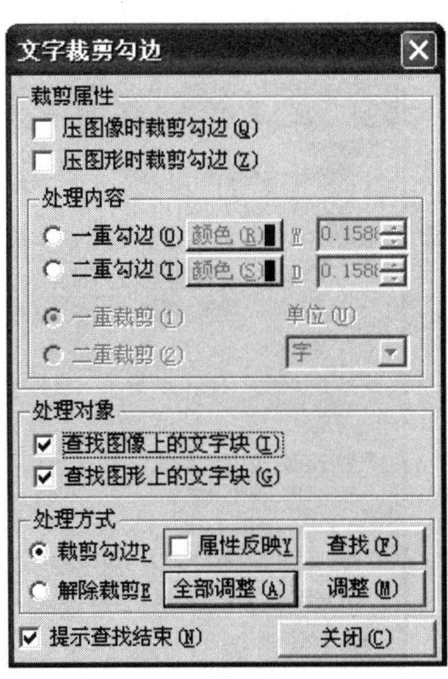


图 13.15　文字裁剪勾边

图 13.16　文字勾边效果

3. 如果选择“二重勾边”，就会对文字进行双重颜色的勾边设置，对于“二重勾边”，需要设置是否需要进行“二重裁剪”，选中表示对于加了两重勾边的文字只裁掉外层勾边，保留内层勾边，否则表示对于两重勾边的文字无论外层勾边还是内层勾边都将被裁掉，如图 13.17 的勾边设置，会得到如图 13.18 所示的效果。

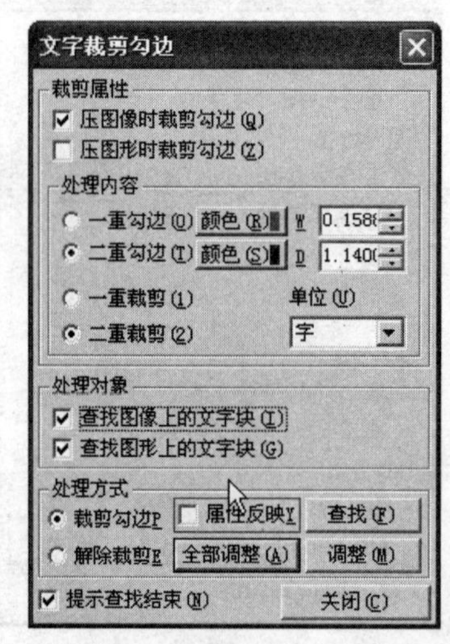


图 13.17　双重勾边的设置

图 13.18　双重勾边的显示

# 第六节　文字块裁剪图像

文字块裁剪图像就是将图像作为文字的壁纸。

1. 用选取工具选中要定义为裁剪路径的文字块。

2. 单击“美工”|“路径属性”|“裁剪路径”命令。

3. 拖动定义为裁剪路径的对象，与要裁剪的图像重合，按住 shift 键同时选中这两个对象。

4. 单击“版面”|“块合并”命令，被裁剪的对象只显示在裁剪路径中的那部分。如图 13.19 所示。

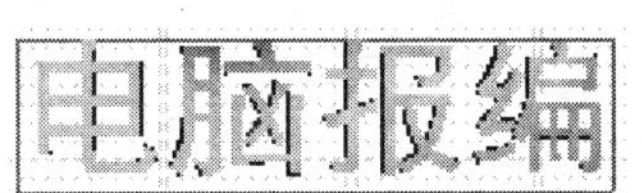


图 13.19　文字块裁剪图像

5. 利用工具箱中的图像裁剪工具在裁剪路径中拖动，可选择自己喜欢的裁剪区域。

**【思考与练习】**

1. 飞腾中可以排入的图片的格式有哪些？具体排入图片如何操作？

2. 如何设置图片参数？

3. 如何进行图形的勾边设置？

4. 如何在选中的图像区域内排入文字？

5. 在一幅图片中，如何裁剪所需的部分？

# 第十四章

# 飞腾软件版面排版设置

【本章学习要点】

本章着重对版面如何调整进行介绍。如对通栏的文字进行分栏，如何设置标题，如何修改，多行标题如何排入及定义排版格式等，每节都有详细的文字说明和图片解释。本章中，设置标题尤为重要。

## 第一节　分栏操作

在版面操作中，经常要将版面分成若干栏，分栏设置可以按下面步骤进行：

1. 选取工具箱中的箭头工具，将需要进行分栏的文字块选中，如图 14.1 所示。

图 14.1　选择文字块

2. 选择“版面”菜单的“分栏”命令，就会弹出

"分栏"对话框，如图 14.2 所示。在"分栏数"编辑框中填入栏数，例如输入为 3，栏间距输入为0.500个字，分栏方式设置为"自由"，设置完成后，单击"确定"按钮，得到如图 14.3 所示的显示状态，版面内的文字部分分成 3 栏。

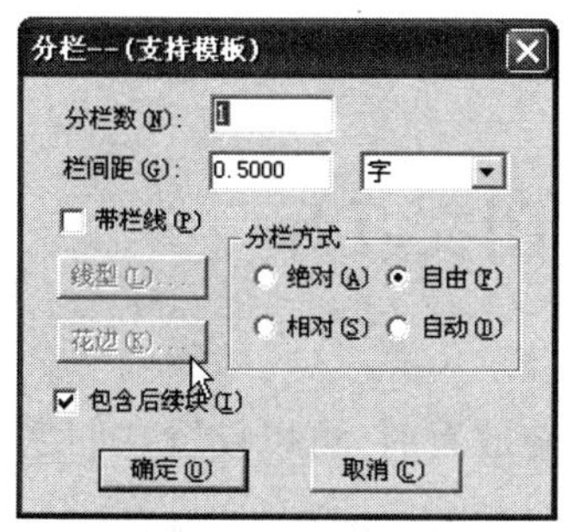


图 14.2　分栏设置

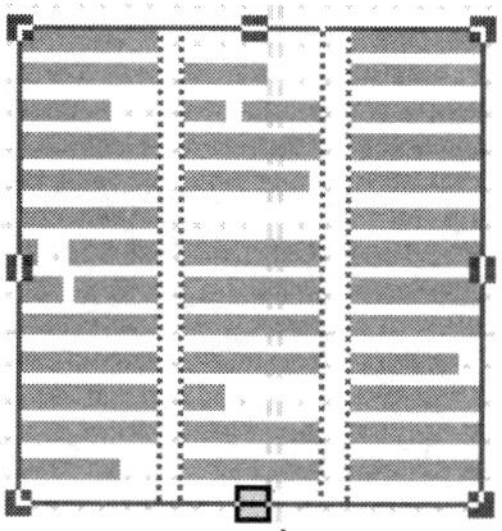

图 14.3　分栏设置完成

3. 在分栏方式中有几种格式，可以进行选择。

(1)"绝对"：表示栏宽相等，且是背景格的整数倍。不保证栏间距值。

(2)"自由"：栏宽相等，保证栏间距，栏宽不一定是背景格的整数倍。

(3)"相对"：栏不等宽，保证栏间距，保证栏宽是背景格的整数倍。

(4)"自动"：自动按背景格分栏，并且分栏的栏间距就是背景格的栏间距。

4. 如果选中"分栏"对话框内的"包含后续块"复选框，则选中的文字块及其续排文字块同时设置的参数进行分栏。

5. 如果选中"带栏线"选项框，分栏后的文字将带栏线。此时还可以定义栏线的线型和花边的种类，如图 14.4 所示。

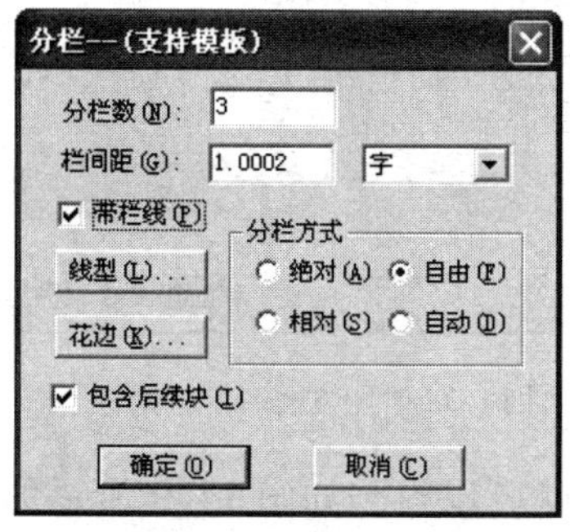


图 14.4　分栏设置

图 14.5　加入分栏线后的显示

6. 单击“线型”按钮，在弹出的对话框中设置线型。单击“花边”按钮，在弹出的对话框内设置花边。设置线型和花边后，单击“确定”按钮，得到的分栏显示状态，如图 14.5 所示。

## 第二节　图文互斥

文字块和对象（包括文字块）重叠放置时，可以设置它们之间的关系是否为互斥。设置的步骤如下：

1. 选取工具箱中的箭头工具。

2. 选中要定义为与文字块中文字互斥的对象（图像或图元），如图 14.6 所示。

3. 选择“版面”菜单的“图文互斥”，弹出“图文互斥”对话框，如图 14.7所示。

4. 选中图文相关的单选按钮（缺省设置为“图文无关”）。

5. 在边空的各编辑框中输入边空上下左右的数值，就是图像与文字相互排列时彼此之间在各个方向的间距。

6. 需要文字绕对象两边排版时，选中“串文”单选按钮，可以得到如图 14.8 所示的图文显示效果。

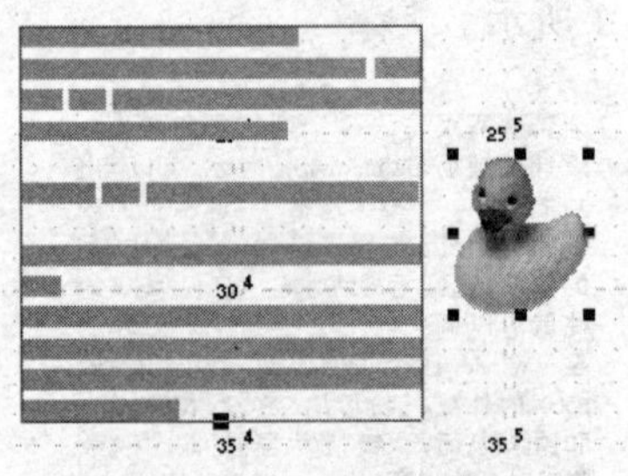

图 14.6　选中对象

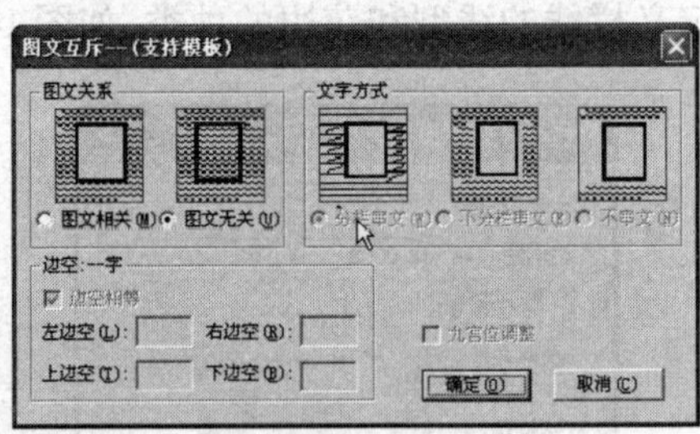


图 14.7　“图文互斥”对话框

7. 如果选择“不串文”单选按钮，就可以得到如图 14.9 所示的图文显示效果。

图 14.8　图文相互排斥

图 14.9　不串文的图文显示

## 第三节　设置标题

将文字块内的文字设置为标题的步骤如下：

1. 选取工具箱中的文字工具。选择要设置为标题的文字，如图14.10所示。

2. 选择“格式”|“标题” |“设置标题”，弹出“形成标题”对话框，如图14.11所示。

(1)“标题位置”：用于设置标题在文字块中所处的位置，设置时选择与要摆放的标题位置相应的单选按钮。

为特殊需求设计的辅助功能概述
不需要额外的软件或硬件就可以调整 Windows 2000 的外观和操作，从而增强对视觉、听力和行动有障碍的用户的帮助。

Windows 2000 包括下述程序以增强辅助功能：

为了便于阅读，可用“放大镜”放大屏幕的一部分。
“讲述人”使用文字到语音的转换技术，可以读出屏幕上的内容。这样有利于视力较差的用户。只有少数几个语言的版本提供这一功能，中文版不在此列。

图 14.10　选择文字部分

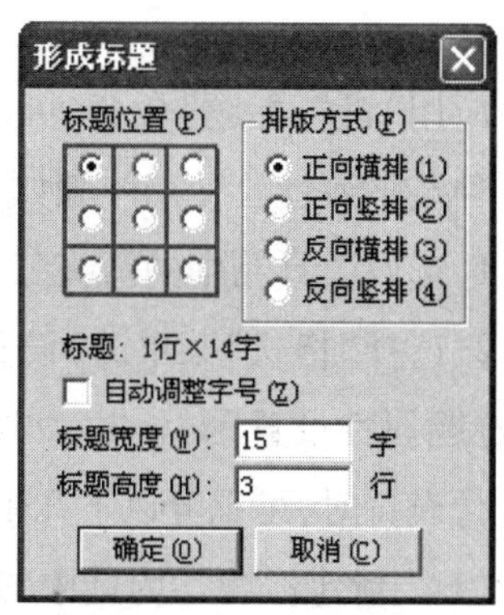


图 14.11　形成标题

(2)“排版方式”:可以将标题的排版方式设置为正向横排、正向竖排、反向横排或者反向竖排。

(3)“自动调整字号”:选择此复选框,系统会自动定义标题文字的字号。

(4)“标题高度”:在编辑框中输入标题所占的行数。

(5)“标题宽度”:在编辑框中输入标题所占的字数。

按照图 14.11 进行设置将得到如图 14.12 所示的标题显示状态。

图 14.12 标题的显示

## 第四节 新建或修改标题

应用“设置标题”命令,可以新建、删除标题,也可以修改标题,并添加各种装饰属性。使用步骤如下:

1. 选取工具箱中的箭头工具,选择设置标题的文字块。

2. 选择“格式”菜单的“设置标题”(或按快捷键 F9),页面内就会弹出“标题属性设置”对话框,如图 14.13 所示。在“标题属性设置”对话框内进行设置时,可以分以下几个项目进行:

(1)“新建标题”:为选中的文字块新建一个标题。

(2)“删除标题”:删除当前“标题列表”中选中的标题。

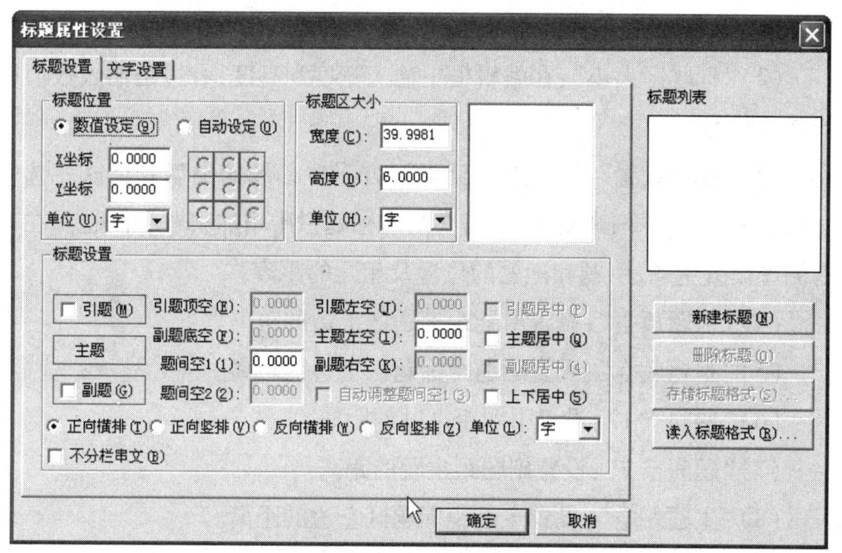


图 14.13　“标题属性设置”对话框

(3)“存储标题格式”:将设置好的标题格式保存。单击“存储标题格式”按钮就会弹出如图 14.14 所示的“存储标题风格”对话框,录入标题名(缺省为 Unnamed),单击“增加”按钮,此格式就按此名称保存。若要删除某一格式,选中该格式,单击“删除”即可。

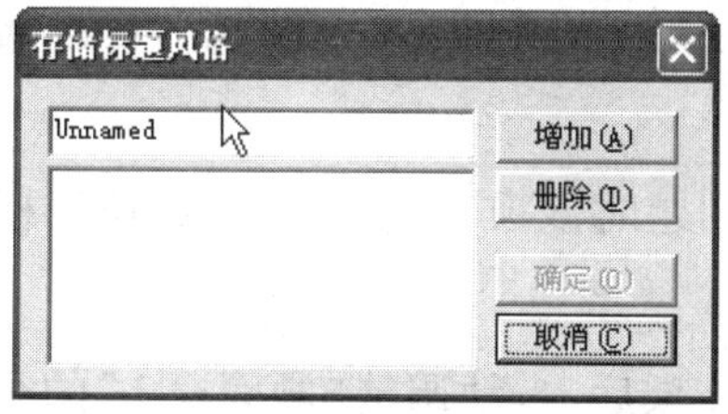


图 14.14　“存储标题风格”对话框

图 14.15　“读入标题风格”对话框

(4)“读入标题格式”:读取已保存的标题格式。单击“读入标题格式”按钮,在弹出的“读入标题风格”对话框(见图 14.15)中选中名称,单击“确定”按钮即可。

3. 单击“标题设置”选项卡,进行如下设置:

(1)“标题位置”:可以进行“数值设定”和“自动设定”。选择“数值设定”时,激活“X 坐标”和“Y 坐标”输入框,选择好单位后再进行输入,X 和 Y 是相对于文字块左上角的偏移值。选择“自动设定”后,可以在 9 个

位置中选一个。

(2)“标题区大小”:在编辑框中输入宽度和高度,右边是输入数值后的预显状态。

(3)“标题设置”:可以在对话框下方设置标题的类型和格式。选中“引题”和“副题”两个复选框,将在当前标题栏中增加引题和副题。在其右侧可设置主题、引题和副题的位置及相互的距离。

(4)“引题顶空”:设置引题距标题区上边的距离。

(5)“副题底空”:设置副题距标题区下边的距离。

(6)“题间空 1”:设置引题距主题的距离。

(7)“题间空 2”:设置副题距主题的距离。

(8)“主题左空”:设置主题距标题区左边的距离。

(9)“引题左空”:设置引题距标题区左边的距离。

(10)“副题右空”:设置副题距标题区右边的距离。

(11)“主题居中”:设置主题位于标题区的中央(X 方向)。“主题居中”与“主题左空”互斥。

(12)“引题居中”:设置引题位于标题区的中央(X 方向)。“引题居中”与“引题左空”互斥。

(13)“副题居中”:设置副题位于标题区的中央(X 方向)。“副题居中”与“副题右空”互斥。

(14)“上下居中”:当不选引题或副题时该项有效,设置主题位于标题区的中央(Y 方向)。

(15)“自动调整题间空”:当选中该项后,自动调整“题间空 1”的距离;不选时,自动调整“题间空 2”的距离。

(16)标题的排版方式有:正向横排、正向竖排、反向横排、反向竖排。

[注:标题区大小一般用黑线框表示,文字区(标题内容)用红虚线表示,一般标题区大于文字区,它们之间的距离就是标题和周围文字的距离。]

4. 单击对话框内的“文字设置”选项卡,就会出现如图 14.16 所示的对话框。

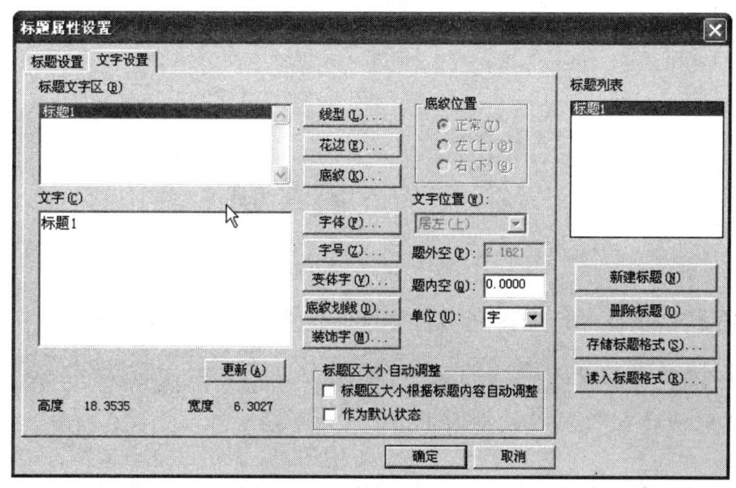


图 14.16　文字设置

(1)“标题文字区”在“标题文字区”中选择标题区域如标题1、副题、引题等,然后在下面的“文字”框中输入该标题区的文字内容。

(2)用“线型”、“花边”、“底纹”、“字体”、“字号”、“变体字”、“底纹划线”和“装饰字”等按钮可以设置底纹时,可以定义底纹的位置。

(3)“正常”:底纹占满整个标题区。

(4)“左(上)”:底纹只占标题区的上半部分(当标题竖排时,占左半部分)。

(5)“右(下)”:底纹只占标题区的下半部分(当标题竖排时,占右半部分)。

(6)“文字位置”:设置标题文字的位置,有居左、居右、居中、撑满四种选择。

(7)“题外空”:指定标题与标题区的距离(只有当“选中文字块内的文字为标题”时才有效)。

(8)“题内空”:设置标题中文字与标题边框的距离(标题文字保持不变)。

(9)“更新”:插入标题文字后,单击此按钮,刷新“标题文字区”和“标题列表”。

(注:输入标题文字后,一般选中“标题区大小根据标题内容自动调整”,这种选择便于调整标题,反之则限制了标题的调整。)

## 第五节　叠　题

叠题是指在一行中排列多行文字。设置的步骤如下：

1. 选择要设置为叠题的文字，如图 14.17 所示。选择“格式”|“叠题”|“形成叠题”（或按快捷键 F8）。

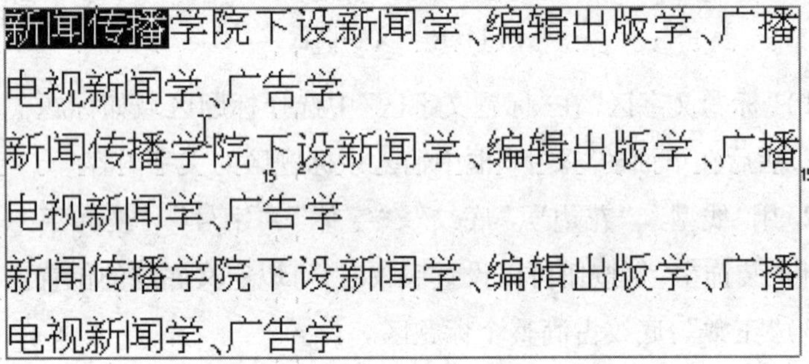

新闻传播学院下设新闻学、编辑出版学、广播电视新闻学、广告学
新闻传播学院下设新闻学、编辑出版学、广播电视新闻学、广告学
新闻传播学院下设新闻学、编辑出版学、广播电视新闻学、广告学

图 14.17　选择需要叠题的文字

2. 将光标置于叠题文字中要换行的位置，如图 14.18 所示。

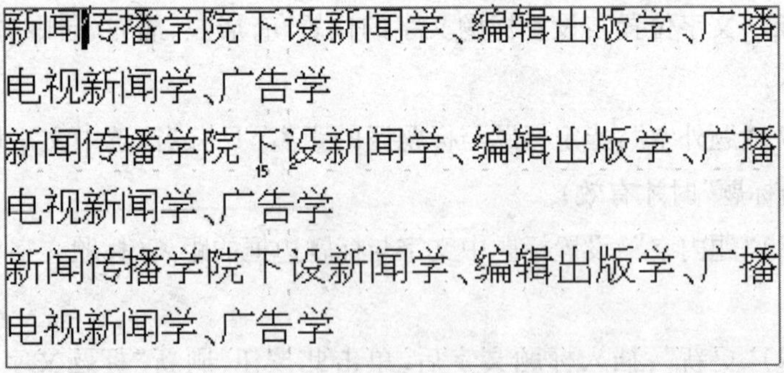

新闻传播学院下设新闻学、编辑出版学、广播电视新闻学、广告学
新闻传播学院下设新闻学、编辑出版学、广播电视新闻学、广告学
新闻传播学院下设新闻学、编辑出版学、广播电视新闻学、广告学

图 14.18　将光标放置于换行的位置

3. 单击回车键，文字换行后字的大小将自动调整，如图 14.19 所示。

新闻传播学院下设新闻学、编辑
闻学、广告学
新闻传播学院下设新闻学
15 2
电视新闻学、广告学
新闻传播学院下设新闻
电视新闻学、广告学

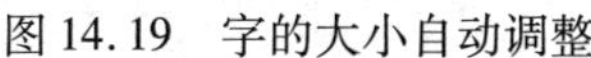

图 14.19　字的大小自动调整

选择工具箱中的文字工具，选择叠题的文字部分，选择“格式”|“叠题”|“取消叠”题，叠题将恢复为普通文字。

叠题内的光标移动：

1. 移动鼠标到所需的位置，单击左键，可以进行光标的定位。

2. 按 Ctrl + →键，可将光标移入移出叠题，光标在叠题里时，按→键可移动光标，按 Tab 键可使用光标在叠题各行间切换。光标在叠题前后时，按→键，光标将跳过叠题。

## 第六节　设置排版格式

进行排版时，必须选中每一段文字进行设置，而进行文字的选择只能是连续的，如果在排版的过程中，有一些同样版式的文字分布在不连续的区域，就需要应用排版格式进行设置，在飞腾中可以自定义排版方式。

选择“格式”菜单的“定义排版格式”，弹出“定义排版格式”对话框，在对话框的右侧有“新建”、“拷贝一项”、“修改”、“删除”及“拷贝”等几个项目可供选择，如图 14.20 所示。

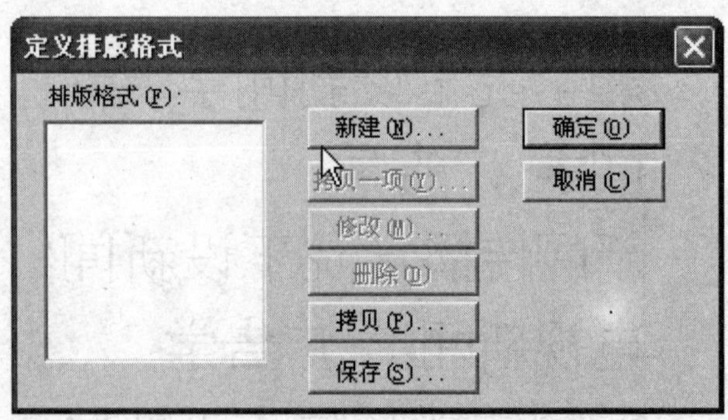


图 14.20 “定义排版格式”对话框

1. 击“新建”按钮,就会弹出如图 14.21 所示的“排版格式”对话框。

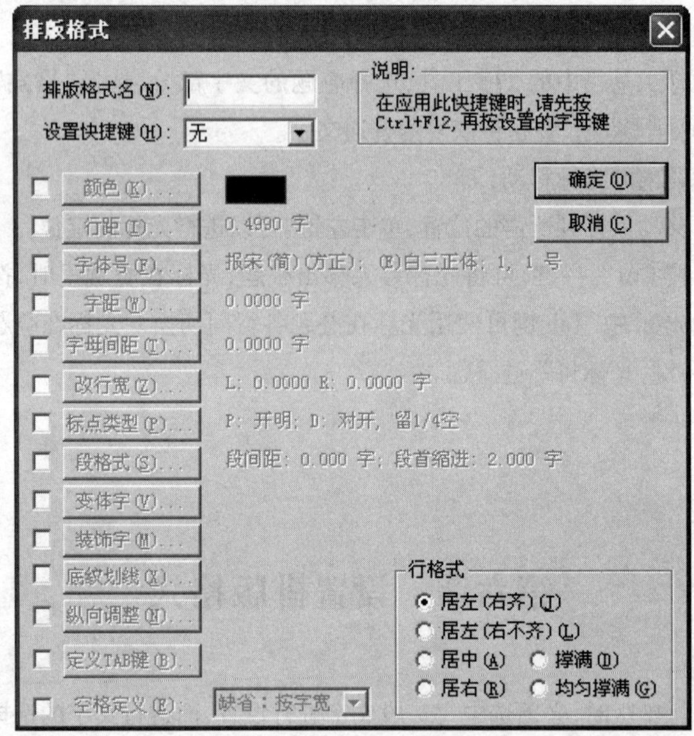


图 14.21 “排版格式”对话框

(1)在“排版格式中”,可以自定义排版格式的名称。

(2)字体号:选中前面的复选框,单击“字体号”,在弹出对话框内,可以进行字体及字号的设置,如图 14.22 所示。

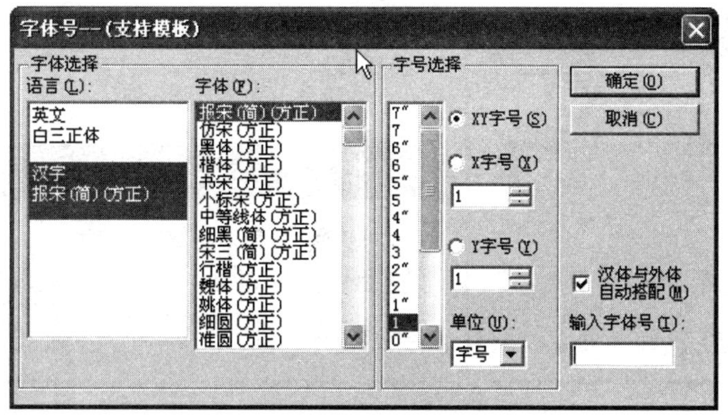


图 14.22　字体号的设置

(3)颜色:选中前面的复选框,单击“颜色”,在弹出对话框内,如图14.23选择颜色,单击“确认”返回,旁边的预显框内就会自动显示出被选择的颜色。

(4)行距:单击此按钮后,可以在弹出的对话框中进行行距的设置,如图 14.24 所示。

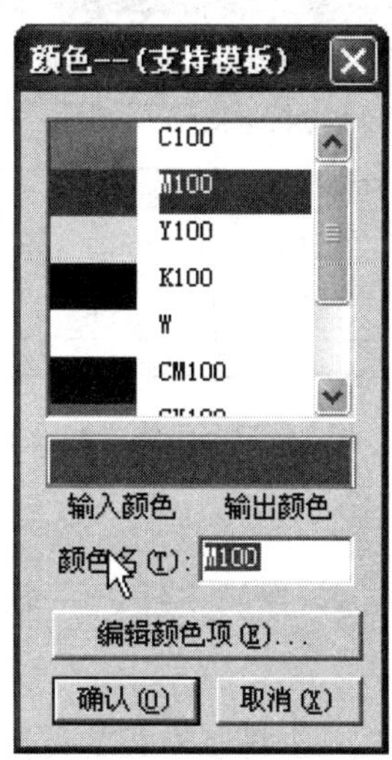


图 14.23　颜色

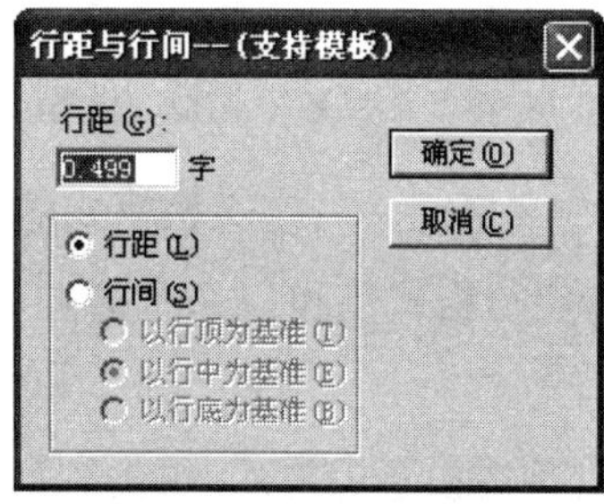


图 14.24　行距的设置

(5)字距:单击此按钮,可以在弹出的对话框中进行字距的设置,如图 14.25 所示。

(6)改行宽:单击此按钮后,可以在弹出的“改行宽”对话框内,进行“左端缩进”和“右端缩进”的设置,如图 14.26 所示。

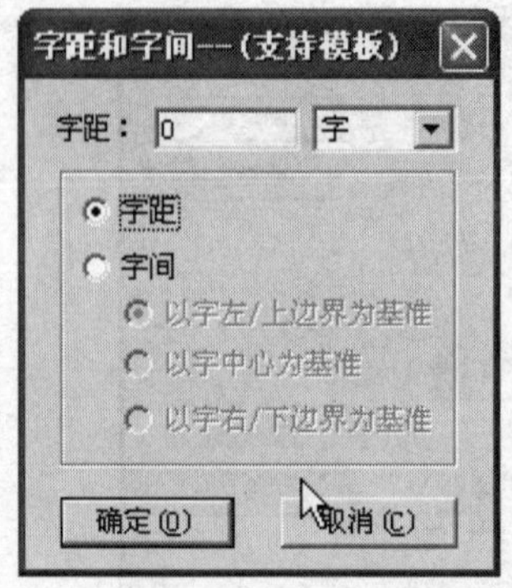


图 14.25　字距的设置

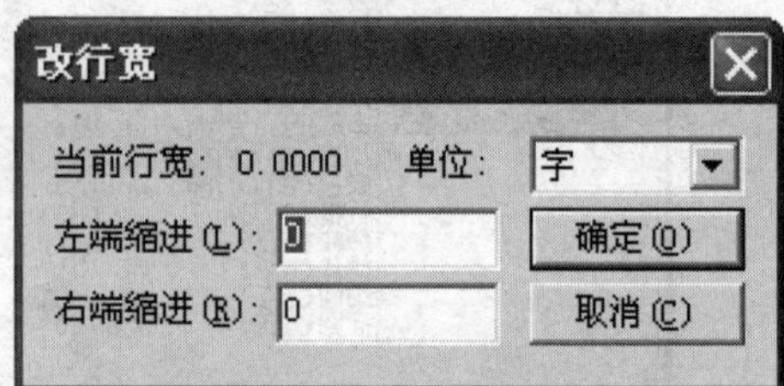


图 14.26　改行宽的设置

(7)标点类型:单击此按钮后,可以在弹出的"标点数字类型"对话框内,进行标点类型及数字类型的设置,如图 14.27 所示。

(8)段格式:单击此按钮后,可以在弹出的"段格式"对话框中进行"段间距"及"段首缩进"的设置,如图 14.28 所示。

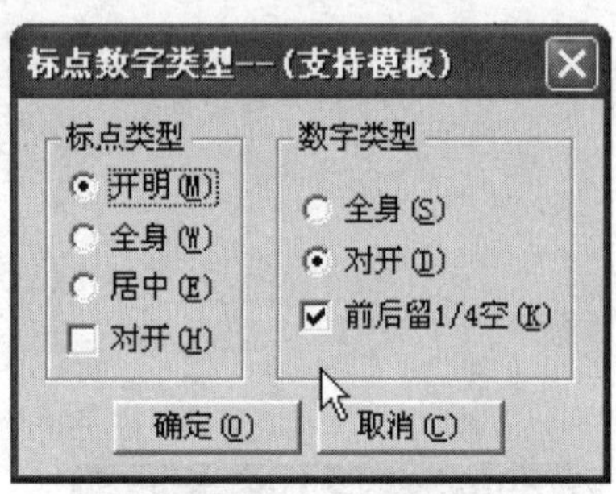


图 14.27　标点数字类型的设置

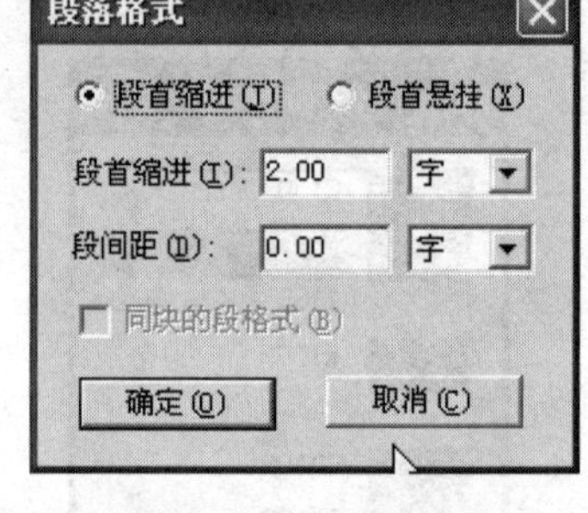


图 14.28　段格式的设置

(9)"空格定义":定义该格式的空格处理类型。

(10)"行格式":可以选中居左、居中、居右、撑满中任意一个选择项进行设置。

所有项的设置完成后,单击"确定"按钮,一个排版格式就设置好了。

选择"视窗"菜单下的"排版格式窗口",可以看到排版格式的显示状态,如图 14.29 所示。

2. 新建好一个排版格式后,另外一个排版格式有与此排版格式相同的项目,可以在"定义排版格式"对话框中选择此排版格式,然后单击"拷贝一项"按钮进行新排版格式的拷贝,如图 14.30 所示。

图 14.29　排版格式窗口

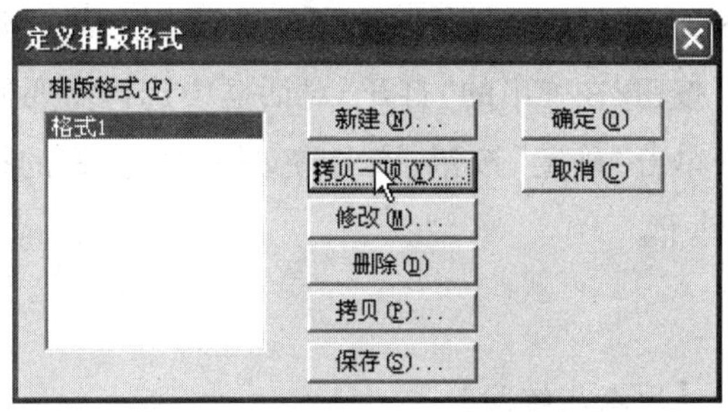


图 14.30　“拷贝一项”设置

此时就会进入“排版格式”对话框，如图 14.31 所示，在其中选择相同的项目，并设置“排版格式名”，然后单击“确定”按钮。

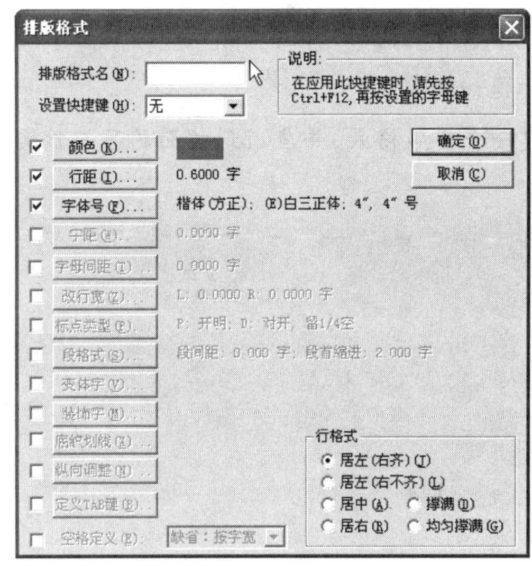


图 14.31　排版格式的设置

一个新的排版格式至此拷贝完成，例如为其命名为“格式 2”，在“排版格式”中选择的项目与刚才选择的排版格式即“格式 1”相同，如图 14.32 所示。

图 14.32　拷贝好的新排版格式

3. 在需要改变已制作完成的排版格式时，可以选中设置好的排版格式，单击“修改”按钮，在重新弹出的“排版格式”对话框中进行修改。

4. 如果设置好的某个排版格式不需要了，可以单击“删除”按钮进行删除。

5. 需要使用其他 FIT 文件里设置完成的排版格式时，可以单击“拷贝”按钮，在弹出的“打开”对话框中选择需要使用的排版格式所在的文件，单击“确定”按钮，该飞腾文件中定义好的排版格式就被拷贝到当前文件了。

**【思考与练习】**

1. 分栏的格式有几种？
2. 如何进行分栏操作？
3. 图文互斥操作在版面操作中有什么意义？
4. 如何对已排入标题进行修改？
5. 叠题的标题如何设置？
6. 如何新建一个排版格式，并应用到版面的另一篇文字块中？

# 第十五章

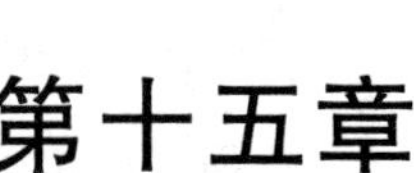

# 飞腾软件视窗管理与使用

**【本章学习要点】**

本章介绍在飞腾界面下进行诸如设置镜像、如何利用库管理保存文件,在飞腾中如何加入一些扩展字符等项操作。在版面编辑中有很重要实际应用价值的沿线排字的使用方法,是重点要掌握的内容。

## 第一节　镜像窗口

### 一、产生镜像

1. 选择“视窗”菜单的“镜像窗口”,弹出“镜像窗口”对话框,见图15.1;

2. 设置生成镜像的方式;

3. 选择生成镜像的对象,单击“镜像”按钮。

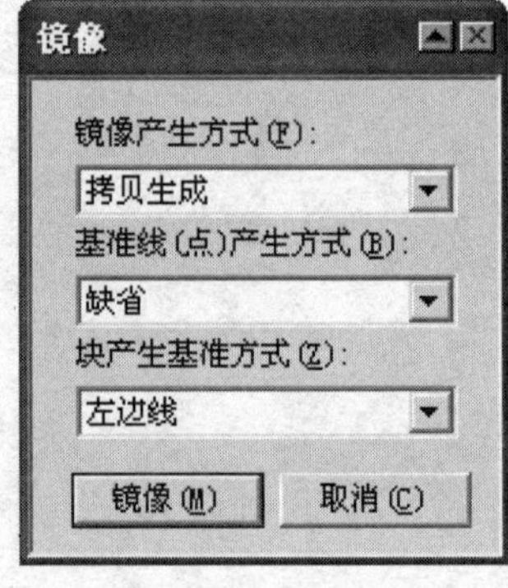


图 15.1　镜像窗口

## 二、镜像窗口中的各个选项的含义

1. “镜像产生方式”

选择产生镜像的方式是拷贝生成还是直接转换。

(1)“直接转换”

将对象自身移到镜像的位置。

(2)“拷贝生成”

对象保持不变,同时产生镜像。拷贝生成的效果见图 15.2 所示。

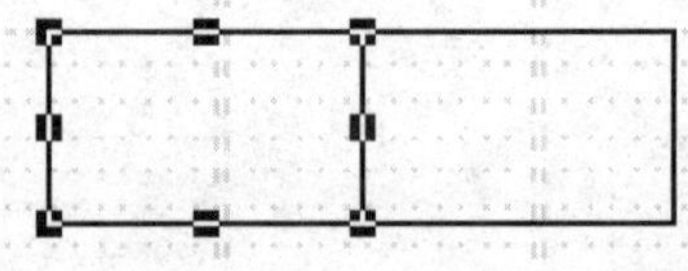

图 15.2　镜像的效果

2. “基准线(点)产生方式”

(1)“缺省”

以对象自身为基准。选择此项后,可以进一步在“块产生基准方式”内选择以对象的哪一部分做镜像的基准。

(2)“自定义”

用户可用鼠标点自定义作为镜像基准的线(点)。单击“镜像”按钮后,鼠标指针变为十字形。单击版面上任意位置,则以此为中心按点对称方式生成镜像。也可以在版面的任意位置拖动鼠标指针,这时会显示一条虚线,以这条虚线为基准生成镜像。

(3)“据给定块产生”

选中多个块,以最后选中的块的基准线为基准。选择此项后,还可以进一步在“块生成基准方式”内选择以对象的哪一部分作为镜像的基准。

## 三、“块产生基准方式”

在“基准线(点)产生方式”内选择“缺省”或“自定义”时,可进一步在“块产生基准方式”内选择具体以对象哪一部分作为镜像的基准。

1. 水平中轴线

以通过对象中心的水平线为基准生成镜像。

2. 垂直中轴线

以通过对象中心的垂直线为基准生成镜像。

3. 重心

以对象的重心为基准生成镜像。

4. 左边线

以对象的左边线为基准生成镜像。

5. 右边线

以对象的右边线为基准生成镜像。

6. 上边线

以对象的上边线为基准生成镜像。

7. 下边线

以对象的下边线为基准生成镜像。

## 第二节　库管理

为了将版面上排好的对象保存起来，以供今后工作时调用，飞腾提供了库管理工具。用户可将版面上排好的对象随时放在库管理窗口中，并保存为 *.odf 类型的文件。日后调用时，可以随时打开保存的 *.odf 文件，将保存的对象拖到版面上直接使用。

### 一、打开和使用库管理对话框

1. 选择“视窗”菜单“库管理窗口”命令；

2. 弹出“库管理”窗口（如图 15.3 所示）；

3. 选取工具箱中的箭头工具；

4. 选择用户编辑好的对象（多个对象要先合并为一个对象）；

5. 将该对象拖入“库管理窗口”，这时弹出“对象名”对话框，如图15.4所示，给对象命名。上面的下拉列表框中顺序列该 ODF 文件所包含的对象名。

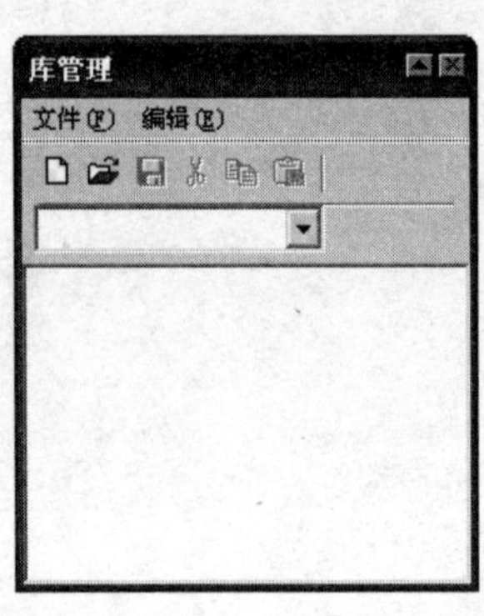


图 15.3 “库管理”对话框　　　图 15.4 “对象名”对话框

## 二、保存库管理文件

1. 单击“文件”菜单的“存盘”选项，见图 15.5 所示，或单击对话框中的按钮；

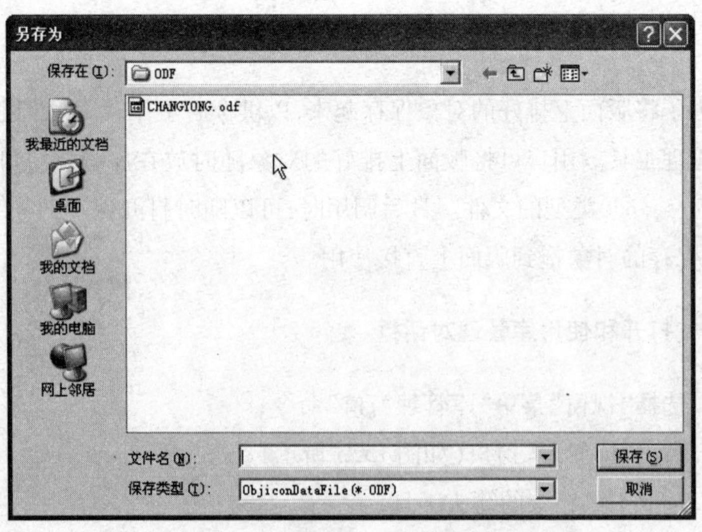


图 15.5 “库管理”对话框中的菜单

2. 弹出“另存为”对话框；

3. 系统自动将 *.odf 文件保存在 FIT 下面的 ODF 子目录内；

4. 输入文件名，选择“保存”按钮。

### 三、打开 *.odf 文件

要打开库管理文件，可以单击文件菜单中的“打开”选项，弹出“打开”对话框，在“打开”对话框中选中要打开的文件，单击“确定”按钮。

### 四、新建 *.odf 文件

新建文件时，可以单击“库管理”对话框的“文件”菜单中的“新建”选项，库管理对话框会刷新为空白的对话框，可以向此对话框中拖拽对象。

### 五、编辑库管理对话框的对象

对文件中的对象同样可以进行编辑，可以先选中对象，然后单击“库管理”对话框的“编辑”菜单中的“恢复”、“删除”、“复制”、“粘贴”、“盒子大小”功能。其中，“盒子大小”命令，是用来设置显示在“库管理窗口”中的图标大小的，单击“盒子大小”的选项，弹出“盒子大小”对话框，见图 15.6。在此对话框中输入“盒宽”和“盒高”的数值，单击“确定”后，再将对象拖入“库管理”对话框中的大小就为设定的大小。

图 15.6 “盒子大小”对话框

### 六、库管理窗口的使用

使用库管理文件时，只需执行飞腾菜单的“视窗”菜单中“库管理”命令，弹出“库管理”对话框，打开保存的库管理文件。库管理文件中的对象就会显示在对话框中，可以直接拖拽选中对象到版面中，其大小是当初从版面上拖进来时的大小。

## 第三节 扩展字符

飞腾系统提供“扩展字符”子窗口，帮助用户输入一些特殊符号。使用“扩展字符”子窗口可以输入简谱、五线谱、棋牌、中文数码、阿拉伯数码、附加数码、分数码和其他一些字符。具体操作步骤如下：

1. 选用工具箱中的文字光标；

2. 将光标移至欲插扩展字符号的位置；

3. 选择“视窗”菜单下的“扩展字符”，弹出“扩展字符”窗口；

4. 选择“选择”菜单中的符号类型；

5. 如果选符号是中文数码、阿拉伯数码或附加字符，则系统给出对话框，用户做正确的输入或选择后，点取“发送”按钮，则系统在插入光标处给出扩展字符；连续按“发送”按钮，则连续插入扩展字符；子窗口关闭后系统仍将保存原扩展字符，打开了窗口后，按“发送”按钮，仍能发送原扩展字符。如果需要其他选择，则在所需扩展字符上单击左键即可。

## 第四节 浮动窗口

### 一、页面管理窗口

“页面管理窗口”是一个浮动窗口，在这个窗口中操作，可以使用插页、删页和翻页命令进行页面的操作。

选择“视窗”菜单下的“页面管理窗口”命令，就可以打开“页面管理”窗口，如图 15.7 所示。

该窗口有两个工具选择，分别为插页工具和删页工具。窗口内列出了当前文件的所有页，每一页用一个页图标来表示，上面标有页的序号。其中当前页以红色标记，选中的页以绿色标记，选中的多页以黑色标记。

1. 插页

需要进行插页时，首先选中要插入页的位置，单击工具条上的，在选中页的后面就会插入空白页，如图 15.8 所示。

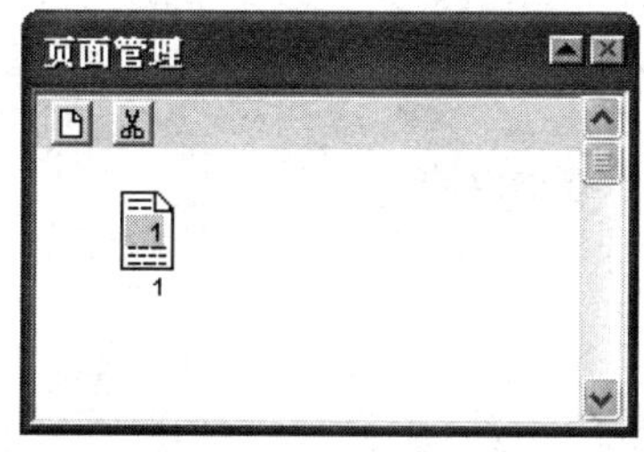


图 15.7　页面管理窗口

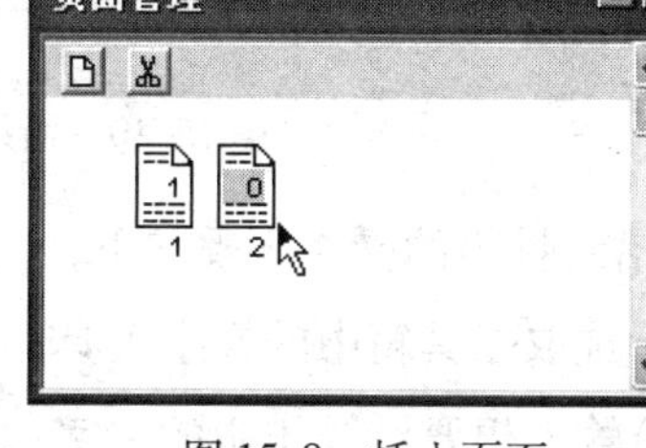


图 15.8　插入页面

2. 删页

需要进行删页时，根据页号选中要删除的页，单击工具上的，页面上会出现如图 15.9 所示的提示框，单击“确定”按钮，则此页就会被删除，删除的页将不能恢复，单击“取消”，停止删除。如果文件中只有一页，则不能进行删页的操作。

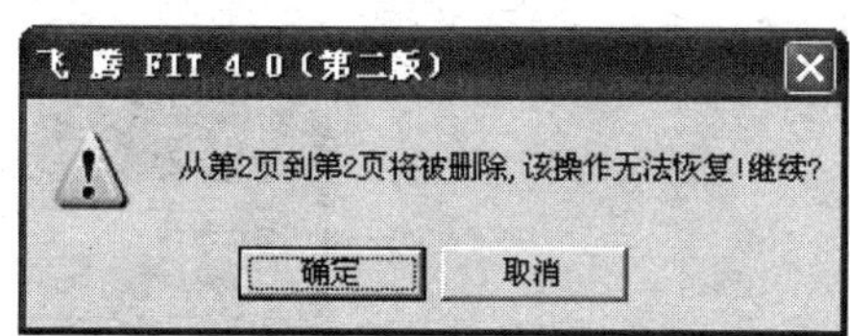


图 15.9　删除页提示

3. 翻页

双击一个页图标可翻到此页。

4. 移动页

选中一页或几页图标，拖动到另一页上释放鼠标，则可将选中的页移动到该页的位置。

## 二、沿线排版

文字块中的文字沿着图元的边界（线）排版。所有的图元都可用于

沿线排版,见图 15.10 所示

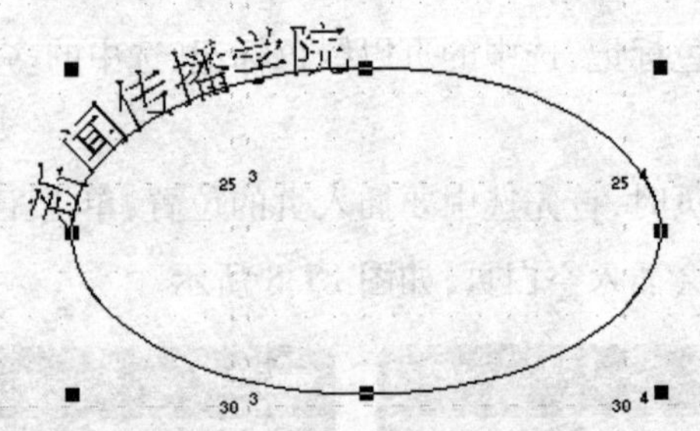


图 15.10　沿线排版的效果

1. 沿线排版的操作步骤如下:

(1)选取工具箱中的文字工具;

(2)输入想要沿线排版的文字;

(3)从工具箱中选取任意绘制图元的工具;

(4)绘制图元;

(5)选取工具箱中的箭头工具;

(6)按住“Shift”键,将文字块和图元同时选中,见图 15.11;

(7)选择“视窗”菜单的“沿线排版”窗口,弹出“沿线排版”对话框,见图 15.12 所示;

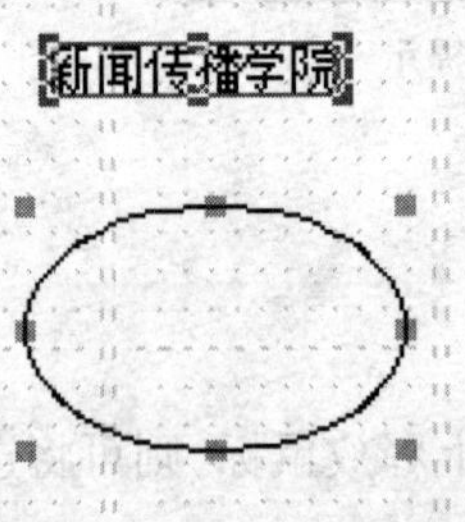


图 15.11　同时选中图元和文字块

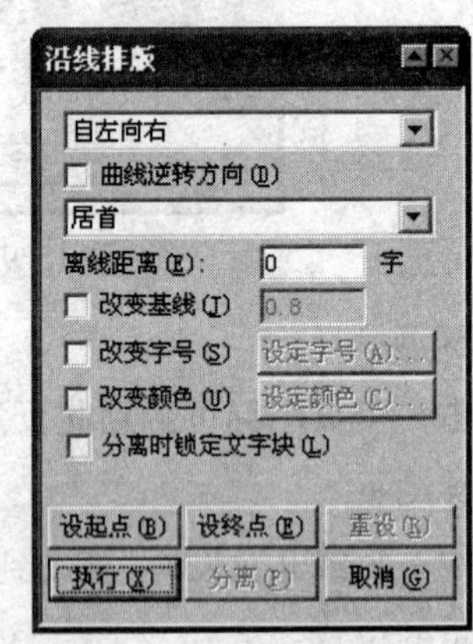


图 15.12　“沿线排版”对话框

(8)设置完各项目,单击“执行”按钮。

2. 文字的“沿线排版”方向有自左向右、自右向左、自上向下、正立这四种。这四种方向是针对沿线排版的文字与线的关系而言的。效果如图15.13所示。

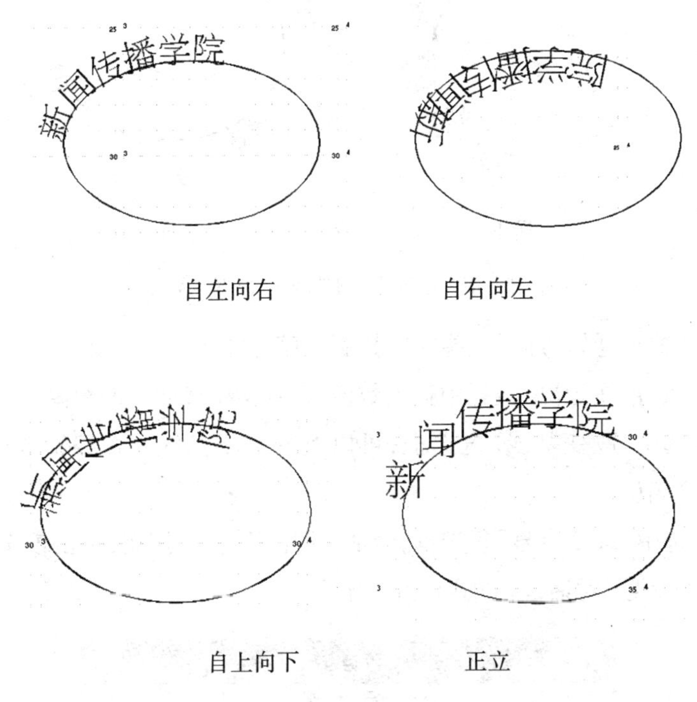


图 15.13　文字沿线排版各种方向的效果

3. 沿线排版时文字的位置有居首、居尾、居中、撑满、撑满(密排)五种,可从下拉式列表中选择。其中“撑满(密排)”的具体含义是:当要沿线排版的文字较多,文字间用正常距离排不下时,选“撑满(密排)”可减少或放大文字间的距离,使所有的文字都能排在线上,各种位置的效果如图15.14所示。

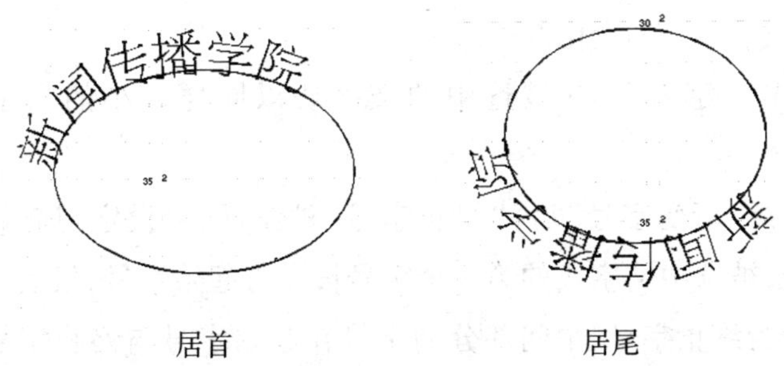


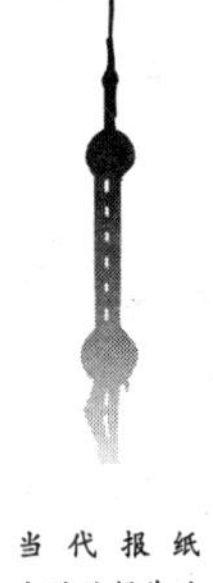

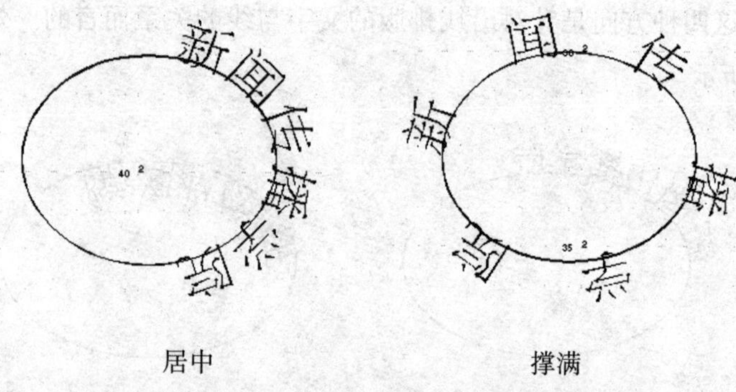


图 15.14 文字沿线排版各个位置的效果

4."曲线逆转方向"是指文字排版顺序和曲线方向相反。

5.在"离线距离"编辑中输入数值,设置文字离曲线的距离。

6.选中"改变基线"复选框,可以改变文字基线。在编辑框中键入0.0~1数值。

7.选中"改变字号"复选框,激活"设定字号…"按钮,单击该按钮,弹出"改变字号"对话框,如图 15.15 所示。

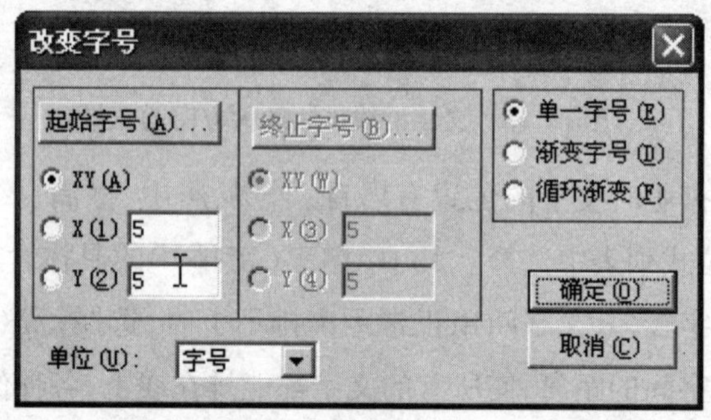


图 15.15 "改变字号"对话框

(1)改变字号的变化方式:

①"单一字号"——被选中的文字块以同样大小的文字沿排版线排列。

②选择"渐变字号"后,"终止字号"被激活,可设定与起始字号不同的字号,被选中文字块的第一个字号被设为起始字号,最后一个字的字号被设为终止字号,中间部分的字号在起始字号与终止字号之间逐渐变化。

③选择“循环渐变”后，“终止字号”部分也被激活，可设定与起始字号不同的字号，此时被选中文字块的第一个字的字号被设为起始字号，文字块正中间部分的字号被设为终止字号，文字块最后一个字的字号仍被设为起始字号，其他部分的字号在起始字号与终止字号之间逐渐变化。

④当选择了“渐变字号”和“循环字号”时，“终止字号”编辑框被激活，可以实现沿线排版时字号由小到大的效果。

(2)“改变字号”的操作步骤：

①选中“改变字号”复选框，激活“设定字号”按钮；

②单击“设定字号”按钮，弹出改变字号对话框；

③单击“起始字号”，弹出字号对话框，选择所需 X、Y，输入框中直接输入数值。

8. 可以在对话框中改变文字颜色。

选中“改变颜色”复选框，激活“设定颜色”按钮；单击“设定颜色”按钮，弹出“设置颜色”对话框，如图 15.16 所示。

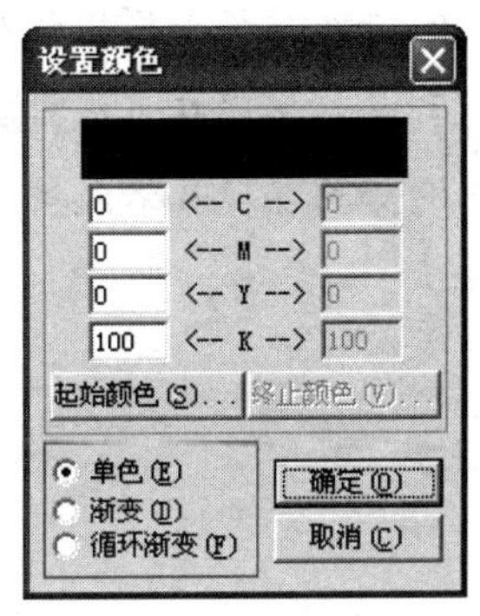


图 15.16 “设置颜色”对话框

“单色”——给选中文字块的文字置以某种颜色。

“渐变”——可设置“起始颜色”和“终止颜色”，文字块的第一个字符为起始颜色，最后一个字符为终止颜色，中间的文字从起始颜色渐变至终止颜色。

“循环渐变”——文字块的第一个字符置为“起始颜色”，文字块正中部分的字符置为“终止颜色”，文字块最后一个字的颜色也为“起始颜色”，其他部分的颜色在“起始颜色”与“终止颜色”之间渐变。

9. “设起点”、“设终点”按钮用来设置沿线排版的起点和终点。

设置或修改沿线排版参数后，单击“执行”按钮，所设置的参数就作用到沿线排版对象上。

单击“重设”，取消在此之前所设置的沿线排版的起点和终点。

选中沿线排版对象，单击“分离”可将文字与路径分开。

**【思考与练习】**

1. 如何自定义镜像产生的位置？

2. “块产生基准方式”中的如“水平中轴线”、“垂直中轴线”等都分别是什么意思？

3. 怎样将编辑好的版面在库管理中保存？

4. 如何对库管理对话框中的对象进行编辑？

5. “插页”操作如何进行？“删页”操作又如何进行？

6. 沿线排版怎样操作？

7. 如何实现在沿线排版中字体由大到小变化？

8. 如何实现在沿线排版中字体颜色的变化？

# 第十六章

## 飞腾软件的表格使用

**【本章学习要点】**

在报纸版面中经常用到表格，如二手房信息、股票信息报道等。飞腾4.0中的表格，不仅功能强大而且使用方便，可直接在飞腾版面上进行表格操作，所有操作都是通过“表格”工具条和菜单命令实现的。本章主要应掌握如何在表格中输入文字、灌入文字、编辑表格。

## 第一节　新建表格

选中工具栏中的表格工具 ，(如图16.1)会弹出另一个工具条，如图16.2所示。

图 16.1　工具栏上的表格工具　　　　　图 16.2　表格工具条

1. 打开或者新建一个飞腾文件；

2. 选择“表格”|“新建表格”菜单，弹出“新建表格”对话框，如图16.3所示；

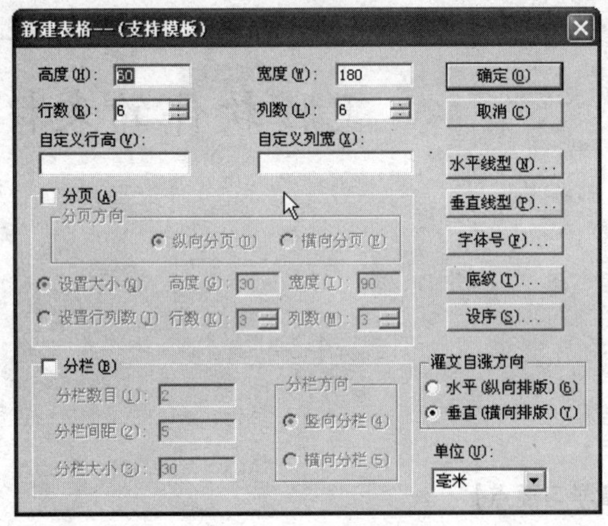


图 16.3　“创建表格”对话框

3. 输入表格的高度和宽度；

4. 在“行数”编辑栏中输入表格的行的数量，在“列数”编辑栏中输入表格的列的数量；

（特别注意：编辑表格时，飞腾只能改变表格行的数量，而不能改变表格列的数量。因此这里你必须考虑好以后再输入表格的列数，一旦确认就不能再改变。）

5. 如有必要，在“自定义行高”编辑栏中输入表格的总行高，在“自定义列宽”编辑栏中输入表格每列宽度；

6. 单击“确定”按钮，出现图标 ▦，再单击鼠标左键出现表格。如图 16.4 所示。

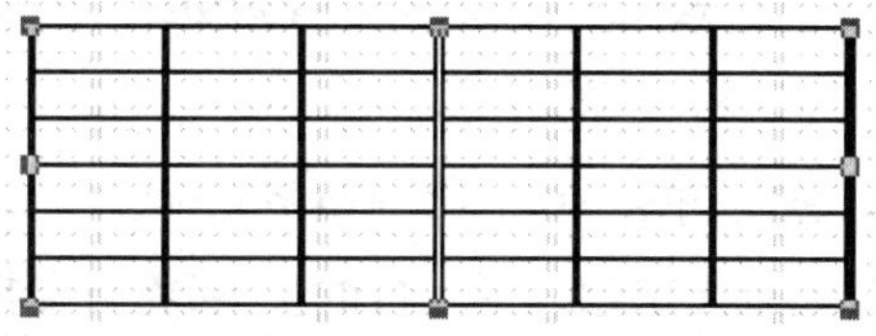

图 16.4　表　格

选中表格工具栏中的箭头,可以选中表格的单元格,单击右键,可以从快捷菜单中对整个表格和单元格及属性进行操作。如图 16.5 所示。

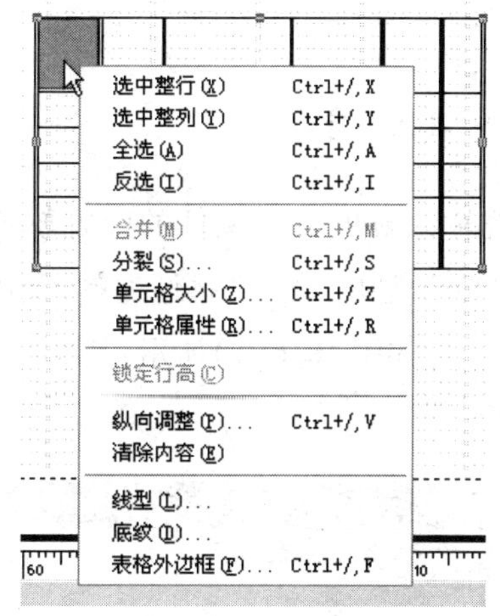


图 16.5　表格快捷菜单

# 第二节　在表格中输入文字

在飞腾的表格中输入文字有两种方法,一种是直接用键盘输入文字,另一种是将事先准备好的文本文件输入到表格中。

**一、直接输入文字**

步骤如下:

1. 选择“显示”|“显示比例”|“实际大小”菜单，以实际大小显示表格；

2. 在工具栏里选择“文字”工具；

3. 在某个单元格上单击鼠标，出现插字光标；

4. 输入文字，如果文字超过了一行的长度，将自动折向下一行；

5. 一个单元格输入完成后，单击 Tab 键进入下一个单元格，继续输入文字；按住 Shift 键；然后单击 Tab 键可以进入上一个单元格；

6. 文字输入完成后，单击“选取”工具结束文字输入。

在飞腾中不能使用箭头键在单元格之间进行移动，并且不会自动增加新的单元格。

## 二、在飞腾表格中灌入文字

飞腾可以把事先输入好的文本文件的内容放置到表格中，称为“灌入文字”。文本文件必须使用“\&”字符作为单元格的分隔符。

例如，一个文本文件如图 16.6(1)所示，其灌入到飞腾表格中得到的结果如图 16.6(2)所示。

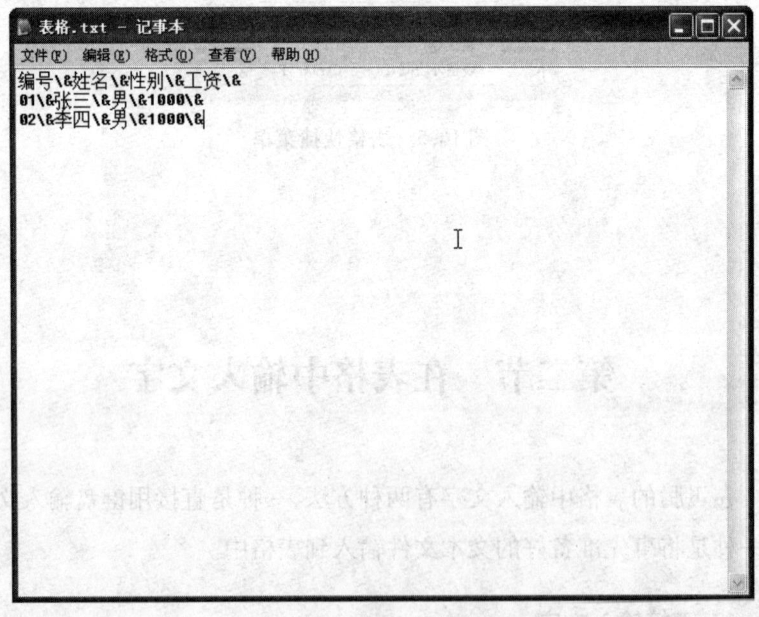


16.6(1) 原始的文本文件

| 编号 | 姓名 | 性别 | 工资 |
|---|---|---|---|
| 01 | 张三 | 男 | 1000 |
| 02 | 李四 | 男 | 1000 |
| | | | |
| | | | |
| | | | |

图 16.6(2)　在飞腾表格中灌入文字

1. 打开记事本,在其中输入各个单元格中的内容;

2. 在各个单元格之间插入"\&"字符;

3. 将文本文件存储起来;

4. 进入飞腾的表格菜单,新建一个表格;

5. 选中表格,单击"文件"|"排版"|"灌文字",在弹出的对话框中选择文本文件(前面建立好的文本文件);

6. 单击"排版"按钮,可以看见文字自动被输入到表格中,并自动按照单元格分开。

灌入文字时,文本文件总是从表格的第一个单元格开始输入,并且将覆盖所有以前的表格内容。

### 三、转化 Microsoft Word 的表格

由于飞腾中增加和删除表格单元格并不是非常方便,因此,你也许希望在 Microsoft Word 中把表格编辑好,然后输入到飞腾中。转化 Microsft Word 的表格在飞腾中不是--件容易的事,并且只能转换最简单的行列式表格中的文字,复杂的表格和表格的边框都不能进行转换,你最好权衡是转换更方便还是直接在飞腾中输入表格更方便。

## 第三节 编辑表格

在创建了表格并输入文字之后，还可以对表格进行各种编辑工作，以生成不同外观的表格。

### 一、选择功能

与对普通文字排版一样，对表格进行任何操作之前，应该先选择要操作的单元格。

1. 在表格工具栏中选择“选取”工具；

2. 在要选择的单元格上单击鼠标，选择一个单元格；

（注：被选择的单元格内部将出现一个红色方框，表明该单元格已经被选择。）

3. 在单元格上拖动鼠标，选择连续的几个单元格；

4. 单击右键，“选中整行”，选择整个行；

5. 单击右键，“选中整列”，选择整个列；

6. 单击右键，“全选”，选择整个表格。

### 二、单元格的合并与分离

在飞腾中可以把若干个单元格合并成一个单元格，也可以把合并后的单元格恢复到原始状态，但是不能把原来单独的单元格拆分开来。

选择若干个连续的单元格，然后在菜单表格下选中“单元格操作”|“合并”，就可以把被选择的单元格合并为一个单元格，如图16.7所示。

选择被合并的单元格，单击菜单“表格”|“单元格操作”|“分裂”，可以把单元格重新分开。

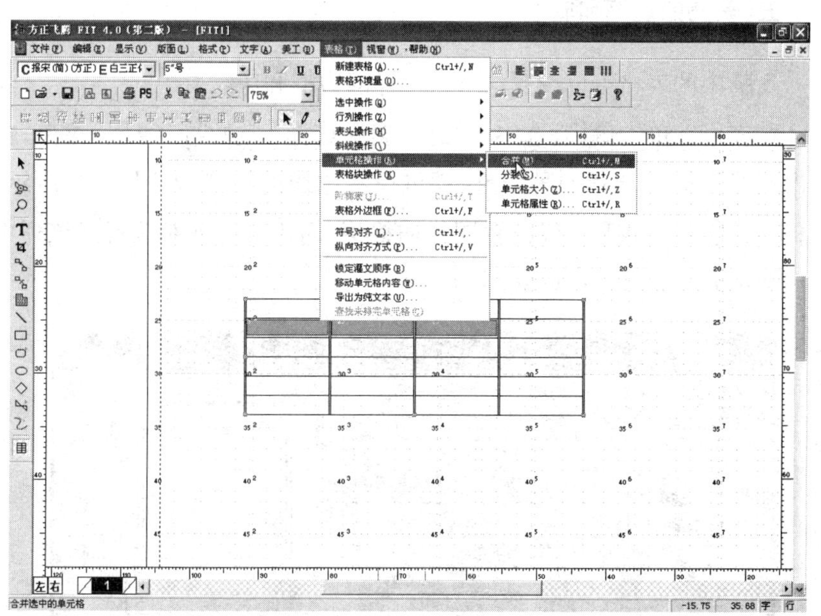


图 16.7　合并单元格

### 三、改变单元格的大小

在飞腾中可以通过拖动表线来改变单元格的大小。

在工具栏中选择“选取”工具 ，在表线上单击并拖动鼠标，即可以改变单元格的大小。

### 四、文字的位置

默认状态下，如果单元格比其包含的文字高，那么文字在垂直方向上将位于单元格的中部。在飞腾中可以更改文字在单元格中的位置，包括垂直位置和水平位置。

选择若干个单元格，在工具栏中单击“居右”按钮 ，可以让文字位于单元格的右边。单击其他位置按钮，可以分别改变单元格至不同的位置。

## 五、表格的边框和底纹

飞腾中的表格可以设置与对象一样的边框和底纹。

在表格上单击鼠标，选中单元格，然后选择“美工”|“线型”菜单，在弹出的对话框中选择一种线型，就可设置边线的线型，如图 16.8 所示。飞腾中只能对行线和列线设置同样的线型，而不能单独对该行或该列中某一个单元格设置不同的线型。

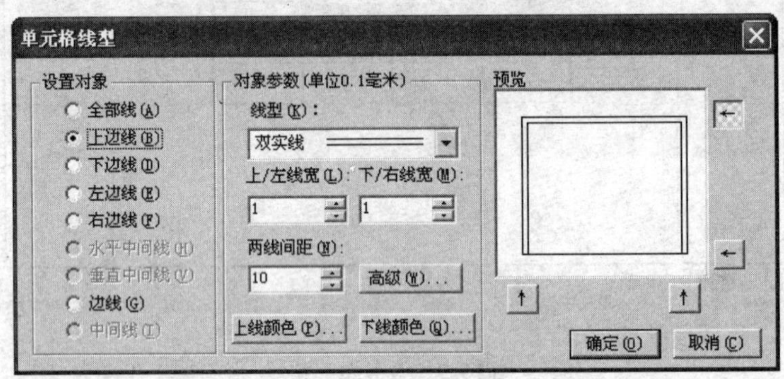


图 16.8　设置表格的线型

选择一个或者若干个单元格，选择“美工”|“底纹”菜单，就可以为单元格设置底纹，如图 16.9 所示。

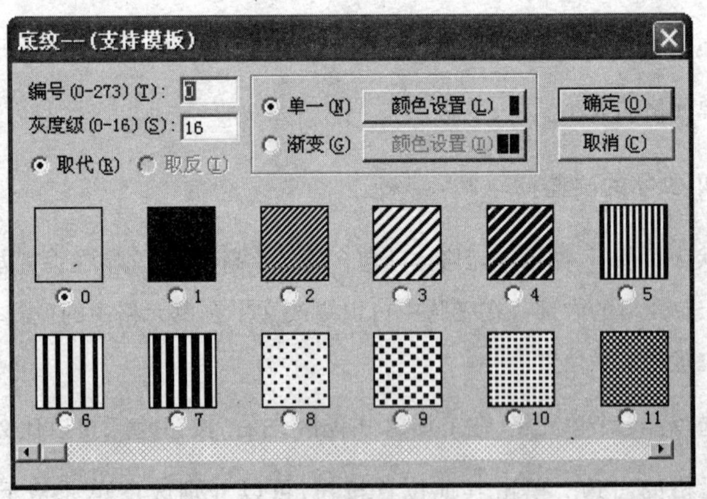


图 16.9　设置底纹

# 第四节　表格的排版

在表格子窗口中处理好表格之后，就可以将表格放入正文中，并对表格进行排版。

## 一、表格的排版

表格可以和普通对象一样进行排版，其操作方法这里就不再介绍。

文字也可以环绕着表格进行排版，就像环绕图像排版一样。选择表格，然后选择“版面”|“图文互斥”菜单，就可以让文字环绕表格进行排版。

## 二、表格的续排

表格可以续排，续排方法与普通文字块一样，续排的特性也和普通文字块一样。

如果创建表格后设置了“表头”复选框，那么续排表格时，飞腾将会自动增加表头。

## 三、表格文字的编辑

表格排版以后，你可以像修改文字块中的文字一样修改表格中的文字，不过只能修改字体和字号，而不能修改段落格式。

在工具栏中选择“文字”工具 **T**，选择表格中的文字，然后就可以修改其字体和字号。

【思考与练习】

1. 如何新建一个4列、5行的表格？

2. 如何将文本文件的内容灌入表格？

3. 如何合并单元格？

4. 如何给表格加上底纹和边框？

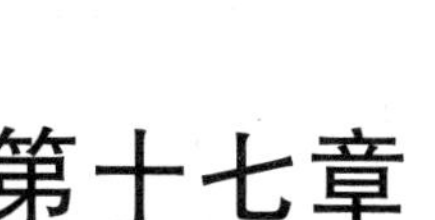

# 第十七章

# 飞腾软件的数学公式排版

**【本章学习要点】**

在飞腾中，数学公式的输入几乎与表格输入的方法一样，其区别只在于数学子窗口和表格子窗口的编辑方法不同而已。本章主要应掌握在飞腾中一些常用数学公式的输入方法。

## 第一节　创建数学公式

### 一、新建数学公式

新建数学公式步骤：

1. 打开或者新建一个飞腾文件；

2. 选择“编辑”|“数学”菜单，进入数学子窗口；

3. 选择“显示”|“工具条”菜单，在弹出的对话框中选中所有的复选框，并单击“确定”按钮；

4. 为方便起见，可以拖动“数学”工具栏，直到它变成一个浮动的窗口，改变窗口的大小，直到所有的工具都能显示出来以方便编辑，最后的数学子窗口如图 17.1 所示。

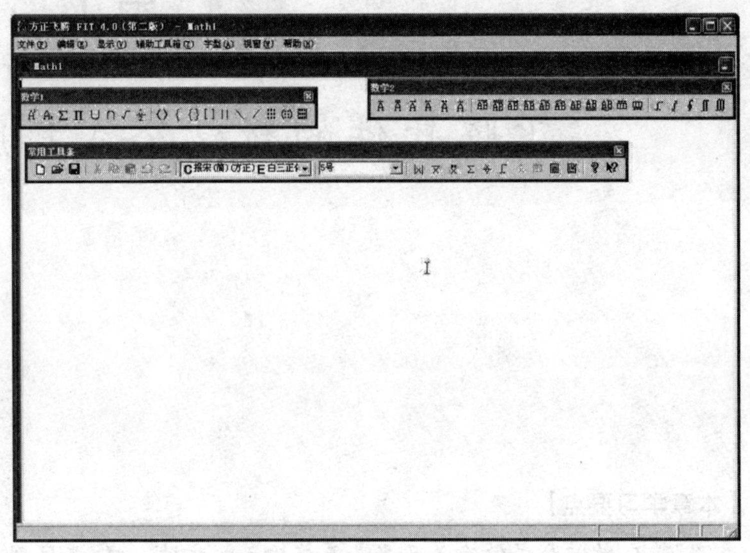

图 17.1 数学子窗口

## 二、输入数学公式

在数学子窗口中，就可以输入一个数学公式。作为快速入门，本小节输入一个简单的数学公式，但不加以详细解释，你在阅读完本章全部内容之后，自然就可以明白本小节的步骤。

输入数学公式步骤：

1. 进入数学窗口；

2. 选择“显示”|“显示比例”|“400%”；

默认状态下的数学公式，其显示的尺寸比较小，为了看得更清楚一些，通常需要设置较大的显示比例。

3. 在数学工具中单击 $\frac{1}{2}$ 按钮，出现分式的数学盒子，如图 17.2 所示；

4. 输入 x + y，可以看见图 17.2 中分式上面的一个数学盒子被新输入的文字代替；

5. 按下 Tab 键，光标移动到分式下面的盒子前面；

6. 输入 y，然后按下 Ctrl + →键，光标移动到分式的后面；

7. 输入 =，然后单击数学工具栏中的 √ 按钮；

图 17.2　分式的数学盒子

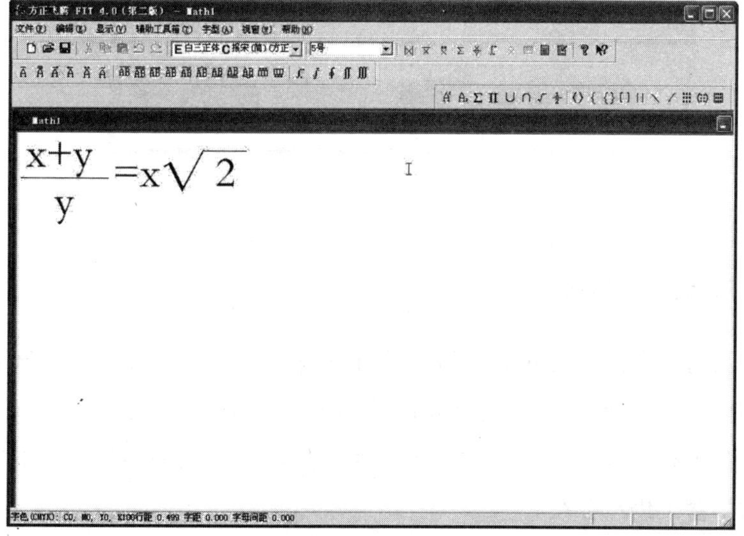


图 17.3　最后得到的公式

8. 输入 2，按下 Ctrl + ←键，再输入 x；

9. 最后得到的公式如图 17.3 所示。

## 第二节　数学子窗口

飞腾的数学公式在数学子窗口中编辑，数学子窗口中除了显示区域以外，最显著的就是数学工具栏。

### 一、数学工具栏

数学工具栏如图 17.4 所示，用工具栏中的每一个工具都可以输入一种类型的数学盒子。这里不对数学工具栏中的每一个工具进行详细解释，不过你可以从工具按钮的图标上大致了解工具的作用，例如 $A'$ 代表上标，$\vec{A}$ 代表矢量等。

图 17.4　数学工具栏

### 二、光标的移动

飞腾中的数学公式是以数学盒子为单位组织的。例如，在图 17.2 中，分式由上下两个数学盒子组成，分式本身也是一个数学盒子。每一个数学盒子都可以输入文字，文字输入后，数学盒子的图标被文字取代，但是数学盒子仍然存在。

单击数学工具栏中的一个工具按钮，就可以输入一种类型的数学盒子，输入数学盒子时，应该从最外边的数学盒子开始输入，逐步输入到最内层的数学盒子。数学盒子可以嵌套，从而形成各种复杂的数学公式，如图 17.5 所示。

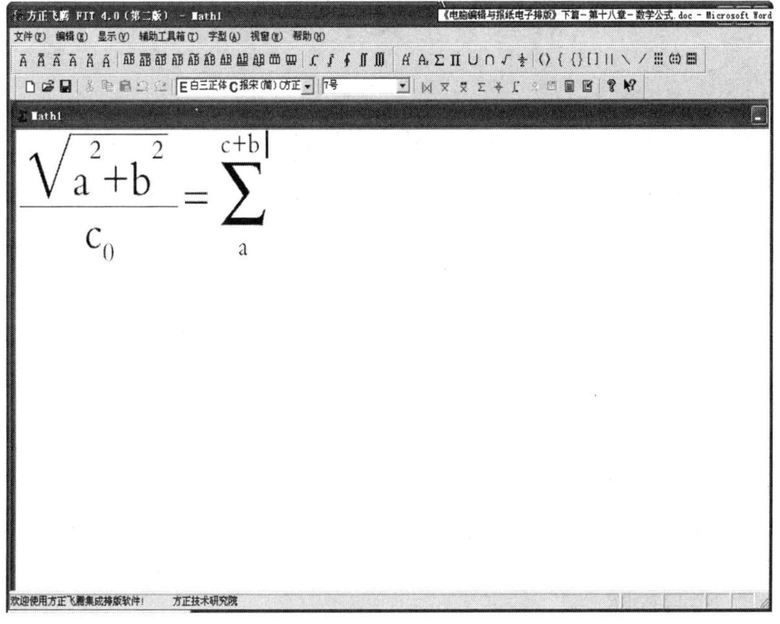

图 17.5　嵌套的数学盒子

在数学盒子中输入文字时，光标停留在某个数学盒子的前面，就可以在该盒子中输入文字，可以使用鼠标单击盒子以移动光标，也可以使用键盘移动光标，使用键盘移动光标的快捷方式如下：

(1)光标在一个数学盒子的前面或者后面，按←/→键，光标跳过盒子。

(2)光标在数学盒子的外边，按 Ctrl + ←/Ctrl + →键，光标进入或者跳出数学盒子。

(3)按下 Tab 键，光标可以在一个大盒子的小盒子之中切换，例如可以在分式的两个盒子之间切换。

实际使用时，有时候也很难判断如何使用快捷键来移动光标，你可以随便尝试上述的几种方法，直到光标移动到合适的位置，或者简单一点，直接使用鼠标移动光标。

## 第三节　文字的输入

在数学盒子中输入文字的方法在前面的教程中已经使用过了,这个过程单纯用文字很难解释清楚,你需要通过反复观看教程并自己反复练习来掌握它。下面不再对文字的输入进行介绍,而主要介绍关于文字输入的一些问题。

### 一、字　体

可以像普通文字一样改变公式中文字的字体及字号,也可以设置变体字和长扁字。

公式中的文字没有段落排版格式。

### 二、符号间隔

对于某些数学盒子,例如分式,如果你不满意其上下距离,可以手工进行调整。调整符号间隔方法如下:

1. 调整间隔前的分式如图 17.6(1)所示;

2. 将光标定位在分子或者分母上,按 Ctrl + Shift + ↑键,可以看见分子、分母的间距均匀地拉开;按 Ctrl + Shift + ↓键,间距缩小;

3. 最后的结果如图 17.6(2)所示。

$$\frac{x+2y}{3y}=5 \qquad \frac{x=2y}{3y}=5$$

(1)调整前　　(2)调整后

图 17.6　调整符号的间距

### 三、多行数学公式的对齐

如果数学公式有多个行，则可以设置这些行的对齐方式，默认状态下，所有的行都是左对齐的。

多行数学公式的对齐步骤如下：

1. 对齐前的多行数学公式如图 17.7(1)所示；

2. 将光标定位在第一行公式的等号前(要对齐的位置)；

3. 选择“辅助工具箱”|“行对齐点”|新建对齐点菜单，可以看见后面的两行公式都与第一行公式的等号对齐；

4. 鼠标定位在第二行公式的等号前，选择“辅助工具箱”|“行对齐点”|“设置对齐点”菜单，可以看见第二行公式的等号与第一行公式的等号对齐，而第三行公式与第二行公式对齐；

如果某一行没有定义对齐点，那么该行的最左端总是与上一行的对齐点对齐。

5. 将光标定位在第三行公式的等号前，选择“辅助工具箱”|“行对齐点”|“设置对齐点”菜单，可以看见第三行公式的等号与第一、二行公式的等号也对齐了，最后的结果如图 17.7(2)所示。

$$\begin{array}{l} x+y=50 \\ y\times 233=245 \\ x=y \end{array}$$

(1)对齐前

$$\begin{aligned} x+y&=50 \\ y\times 233&=245 \\ x&=y \end{aligned}$$

(2)对齐后

图 17.7　多行数学公式的对齐

(注：要重新设置对齐点：可选择“辅助工具箱”|“行对齐点”|“取消对齐点”，取消对齐点，再重新设置。)

## 第四节　一些典型的数学公式

本节介绍一些典型的数学公式的输入方法，其他未介绍的公式的输入方法与其大同小异。

### 一、上标和下标

带上标、下标和上下标的公式如图 17.8 所示。

$$上标:y^{x}\ ,下标:y_{x}\ ,上下标:y_{z}^{x}$$

图 17.8　带上标、下标和上下标的公式

上标和下标的操作：

1. 在数学工具栏中单击 $A^{2}$ 按钮；

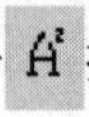

2. 先输入上标文字，然后按 Ctrl + ←键，将光标移动到上标文字的前面，再输入正常文字；

3. 按→键，移动光标到带上标文字的后面，然后可以输入其他公式；

4. 同样的方法可以输入下标；

5. 单击 $A^{2}$ 按钮输入上标及普通文字，然后移动光标到文字的后面，再单击 $A_{2}$ 按钮，输入下标，但不输入普通文字，这样可以输入同时带上标和下标的公式。

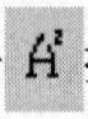

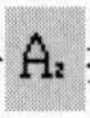

### 二、根式

带根式的数学公式如图 17.9 所示。

$$根式:\sqrt[3]{x+y}$$

图 17.9　带根式的数学公式

根式的操作：

1. 在数学工具栏中单击 √ 按钮；

2. 输入被开方式的公式内容，整个根式会随着文字的输入而自动增大；

3. 按下 Tab 键，然后输入开方次数；

4. 按下 Ctrl + →键，光标移动到根式的后面，继续输入公式的其余部分。

**三、带大括号的公式**

带大括号的数学公式如图 17.10 所示。

$$\{x + y/(xy)\}$$

图 17.10　带大括号的数学公式

在数学工具栏中单击{ }按钮，可以看见屏幕上出现两个大括号{ }，按←键移动到括号的中间，输入文字。文字输入完成后，按→键移动到括号的后面，然后可以继续输入其他公式。

**四、矢量**

带矢量的数学公式如图 17.11 所示。

$$\vec{x} + \vec{y} = \vec{z}$$

图 17.11　画矢量的数学公式

首先输入不带矢量的数学公式，例如 x + y = z，然后选择要添加矢量的字符，例如 z，在数学工具栏中单击按钮，在 z 字符的上面增加矢量符号。继续这个过程，直到为所有其他字符增加矢量标记。

**五、大运算符**

飞腾中的大运算符指 Σ、Π 等数学运算符，带大运算符的数学公式如图 17.12 所示。

$$\sum_{i=1}^{n} x_i + y_i$$

图 17.12　带大运算符的数学公式

在数学工具栏中单击一个大运算符按钮,例如,先在大运算符的顶部输入公式,按下 Tab 键,然后在大运算符的底部输入公式,按下 Ctrl + → 键,移动到大运算符的后面,输入公式的其余内容。

## 第五节　数学公式的排版

输入完数学公式之后,选择"文件"|"排版"菜单,数学子窗口会被自动隐藏,并显示出页面窗口,在页面任何位置单击鼠标,就把公式排版到页面之中。

公式也被作为对象处理,可与使用其他对象一样使用,公式也可以续排。

与表格不同的是,如果在排版时关闭了数学子窗口,那么不能再次使用"编辑"|"数学"菜单对其重新编辑。不过,如果只是进行了排版,而没有关闭数学子窗口,那么还可在"视窗"菜单中选择数学子窗口来重新编辑。因此,必须牢记,数学公式必须在一次飞腾文件的打开周期中编辑好,如果编辑了一部分公式,将文件存盘并退出,过了一阵以后再次打开飞腾文件,那将不能继续编辑,只能重新开始。

公式的内容虽然不能修改(例如不能增加或者删除文字),但是可以像修改文块中的文字一样修改公式中的文字的字体和字号。

## 第六节　数学公式排入版面

### 一、数学公式排版

1. 编辑完数学公式。

2. 单击“文件”|“排版”命令。

3. 单击鼠标,公式按默认大小排入版面。

### 二、指定排版位置

1. 在主版面的正文内要插入数学公式的位置旋转光标。

2. 单击“编辑”|“数学”命令。

3. 进入“数学”子窗口,编辑公式。

4. 切换回主版面。

### 三、排版后数学公式的编辑

在飞腾版面的数学公式,可单击“视窗/math(1……)”命令,进入数学子窗口编辑。

### 【思考与练习】

1. 如何在飞腾中新建一个数学公式?

2. 尝试在飞腾中输入一个一元二次方程及解题步骤。

3. 尝试了解数学工具栏下按钮图标的意义。

4. 多行数学公式如何以等号为基点对齐?

5. $y^x$ 如何输入?

6. 三次或更高根次的根式在飞腾中如何输入?

7. 带有运算符的公式如何输入?

8. 如何将编辑好的数学公式排入版面?

# 第十八章

# DAM 系统

**【本章学习要点】**

本章主要介绍 DAM(Digital Asset Management,数字资产管理)系统在当代报纸电脑编辑中的具体运用。DAM 系统利用 IT 技术实现数字化新闻信息的有效管理、利用,使记者、编辑、组版人员、部门主任等在电脑网络系统上完成写稿、改稿、组版、校对、传送、签发的全过程,并能对稿件进行多项统计管理工作,全面实现编采过程的计算机网络化和自动化。对于 DAM 系统的掌握包括从稿件的写作、修改、签发,到排版完成后大样处理等。

## 第一节 DAM 系统介绍

DAM(Digital Asset Management,数字资产管理)是 20 世纪 90 年代出现的以数字资产的获取、存储与重复利用为目标的新技术,主要应用于新闻媒体、图书出版、娱乐服务及政府医疗等富媒体(Media - rich)行业,又称媒体资产管理(Media Asset Management)。数字资产管理包括多渠道的信息采集创建、灵活的信息加工流程管理、内容存储管理和跨媒体出版四个环节,它形成一个统一的采集、加工、存储、发布平台,并通过完整的数字资产管理方案,来加快信息生产过程,提高生产效率,提高信息资产的利用价值,降低跨媒体出版的生产成本。

方正报业 DAM 系统融入了多年来自己开发的应用产品,同时借助新推出的文韬5.0采编系统、渊博3.0信息仓储系统、颐美3.0图片管理系统,并与其他多个子系统进行了优化和整合,形成了从信息采集、加工、存取到信息发布的完整系统。

方正 DAM 具有以下特点:

1. 跨媒体:DAM 从设计上立足于跨媒体出版这一根本点;

2. 整体性:通过 DAM 平台,整合了大量全新设计的自主应用软件,在流程上较为合理、高效、流畅;

3. 简单易用:多种界面风格,丰富的个性化定制功能;

4. 数据安全:支持海量存储,可提供多种备份及灾难恢复功能;

5. 可扩展性:具有良好的可伸缩性。

方正报业 DAM 系统采取统一构架,将各个不同的应用系统构建在一个统一的平台上,通过统一的系统管理和用户管理,在一个系统管理平台上对所有角色、用户和权限进行定义,从而实现各个不同应用系统的统一用户认证和权限管理。在技术标准方面,该系统支持 XML 标准、GBK 大字符集和中国报协新闻文稿技术标准。

目前在 DAM 平台下,报纸编辑的主要流程为:新闻记者写稿→稿件入库→签发上栏→签发组版→打开网络版飞腾开始组版→组版完毕→查看,打印大样→印刷。

DAM 用户工作台:主要由记者、编辑、部门主任、社长、总编、组版人员等使用的编辑流程管理软件。

在报社中,DAM 用户拥有不同的权限,如记者只有写稿权限,编辑有改稿权限,总编有查看大样权限等,每个用户的权限由报社进行规定,然后由 DAM 系统管理员设置。

## 一、登陆平台

1. 安装好“北大方正报业 DAM 用户工作台”后，点击开始菜单下的“北大方正报业 DAM”的“DAM 用户工作台”菜单项，弹出“用户登录”对话框(如图 18.1)，用户正确填写各项，按“确认”键(或“回车”)即可。在这里需要注意的是，如果我们还没有在我们的机器上建立数据源，请打开控制面板中 ODBC DATA SOURCE 设置，建立一个新的数据源，连到你的数据库服务器上，在报社中一般由技术人员设置。

图 18.1　用户登录对话框

如果用户拥有多种登录身份，系统将弹出“选择身份”对话框。

2. 用户选择登录身份，按“确认”键，便进入 DAM 用户工作台的“预稿处理”界面。

其列出了登录身份及所对映的缺省稿库清单。如图 18.2 所示。

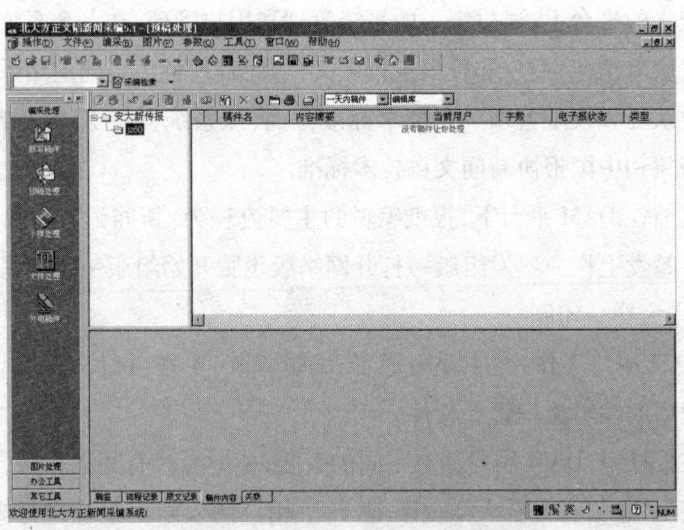


图 18.2　DAM 用户工作台的“预稿处理”界面

## 二、密码修改

通过点击“参数”菜单的下级菜单“修改个人密码”命令，则弹出“修改个人密码”对话框，如图18.3所示，用于修改登录报业DAM用户工作台时所使用的密码字符串。

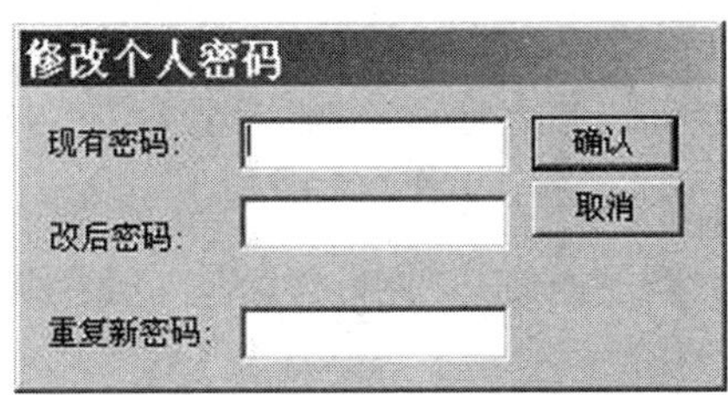


图18.3　修改个人密码对话框

## 三、系统界面介绍

登录以后，就进入报业DAM主界面，在界面上有导航器、主菜单、工具条等三大项，这三大项都包括了报业DAM主要功能，我们任意执行这三大项中的某一项功能命令，都能进入相对应的功能界面，使用户操作方便，并且用户可以关闭或打开“导航器”与“工具条”，根据自己的爱好来选择操作界面。如图18.4所示。

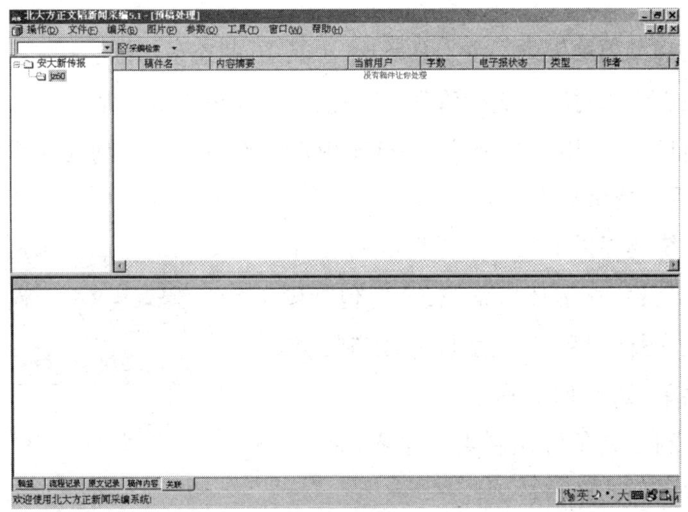


图18.4　DAM用户工作台主界面

导航器有编采处理、图片处理、电子发布管理、办公工具、其他工具、资料中心几个功能组(不同版本与不同报社菜单可能有所差异)。

其中编采处理包括“新写稿件”、“预稿处理”、“小样处理”、“大样处理”、“外电稿件”;

图片处理包括“生产图片”、“栏目图片”、“照片登记”、“图片上载”、“图片统计”、“个人记录”、“系统配置”;

电子发布管理包括“站点管理”、“模板管理”、“关键字管理”、“热字管理”、“资料库”;

办公工具包括“网上通信”、“网际漫游”、“信息纵览”、“公文处理”、“电子表格”;

其他工具包括“填写采访单”、“处理采访单”、“采访单查询”、“稿件检索”、“公共论坛”、“内部短信”、“本地稿件”、“废稿处理”;

资料中心包括“逐层阅读”、“综合查询”、“专题查阅”、“精心收藏”、“个人资料”。

菜单栏包括操作、文件、编采、图片、电子发布、资料管理、参数、工具、窗口、帮助 10 项菜单(部分菜单内容会因 DAM 系统版本和报社不同而存在差异),其中文件、编采、图片三个菜单包括了导航器上的各个任务项,而参数菜单项有“修改个人密码”、“填写出差留言”与“选项”等功能。

工具菜单项提供了主工具条、子工具条、状态条、导航条的管理,窗口菜单项提供了对窗口进行管理的功能,帮助菜单为用户提供了在线帮助、版本信息,帮助用户及时了解 DAM 用户工作台的各个功能及系统当前状态、用户登录身份。

系统还提供了对工具栏显示的定制,右击工具栏,显示环境菜单,其中包括图标按钮、图标和文字、文字按钮、定制工具条子菜单,如图 18.5 所示。

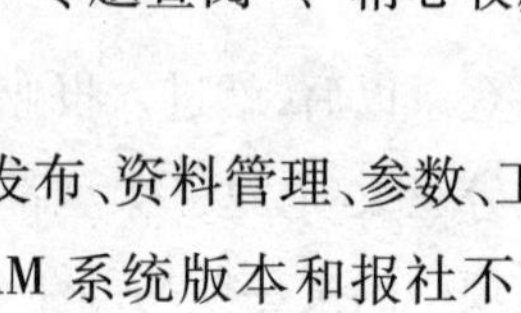

B图标按钮
A图标和文字按钮
T文字按钮
定制工具条

图 18.5　环境菜单

定制工具条可控制当前主界面中列表控件内列的显示。

## 四、导航器任务项与菜单部分功能

(一)编采处理

1. 新写稿件:调用方正编辑器书写一篇新的稿件。

2. 预稿处理:处理没有上栏的稿件(即存放在部门稿库的稿件)。

3. 小样处理:处理已经上栏的稿件(栏目稿件)。

4. 大样处理:管理组版大样。

5. 外电稿件:处理外来的稿件。

6. 新闻线索:进行新闻线索的录入、发布、接受、反馈、统计等工作。

7. 导读:将小样或者图片在指定的版面上形成导读信息。

(二)图片处理

1. 生产图片:生产图片的操作。

2. 栏目图片:管理已上栏的图片。

3. 照片登记:照片登记的管理。

4. 图片上载:将图片上载入图库。

5. 图片统计:对图片不同形式的统计。

6. 个人记录:显示个人的访问记录和定单记录的信息。

7. 系统配置:对界面的设置。

(三)电子发布管理

1. 站点管理:节点各个属性的管理。

2. 模板管理:模板组和模板列表的管理。

3. 关键字管理:关键字的添加与删除。

4. 热字管理:热字分类与热字列表的管理。

5. 资料库:显示各节点下的稿件。

(四)办公工具

1. 网上通信:发送电子邮件。

2. 网际漫游:打开浏览器。

3. 信息纵览:打开 outloook。

4. 公文处理:打开 word。

5. 电子表格:打开 excel。

(五)其他工具

1. 填写采访单:填写近期内的采访清单。

2. 处理采访单:处理已存在的采访单。

3. 采访单查询:查询采访单。

4. 稿件检索:稿件的检索。

5. 内部短信:内部短信的管理和操作。

6. 公共论坛:进入公共论坛。

7. 本地稿件:编辑存储在本地机上的稿件。

8. 废稿处理:清除或恢复废稿。

(六)资料中心

1. 逐层阅读:以逐层阅读方式浏览资料库信息。

2. 综合查询:以综合查询方式查阅资料库信息。

3. 专题阅读:以专题阅读方式浏览资料库信息。

4. 精心收藏:以精心收藏方式浏览资料库信息。

5. 个人资料:查阅个人资料信息并进行分类设置。

## 第二节　编采处理

### 一、稿件来源

报业 DAM 系统中的稿件主要有如下几种来源,新写稿件、外电选用稿件和采访单处理稿件、读者来稿、录入稿件等。

### 二、新写稿件

北大方正报业 DAM 用户工作台为用户提供了一种编辑环境:方正编辑器。选择菜单栏“参数”的下一级菜单“选项”,弹出“采编参数设置”对话框,用户可以对方正编辑器进行一些设置(如图 18.6)。方正编辑器能够引入 Word、文本文件，记录用户修改的痕迹信息，真正做到了“文责自负”。

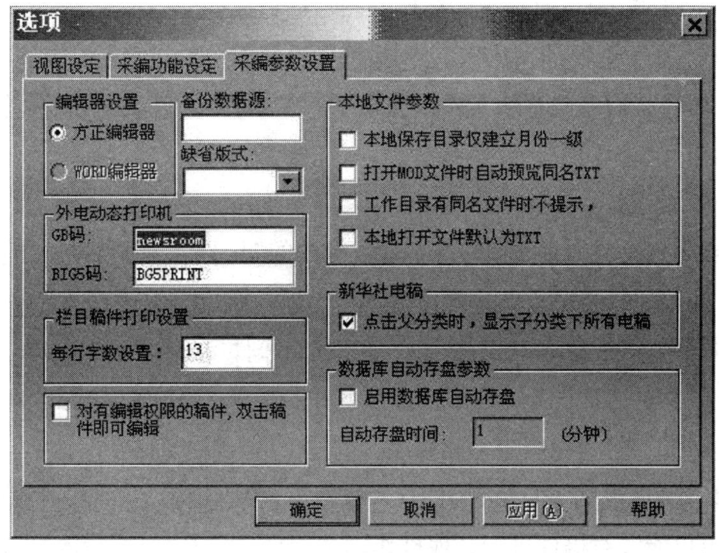


图 18.6　采编参数设置对话框

(一)操作

1. 稿件入库:把稿件存入数据库。

2. 提交稿件:把稿件存入数据库，同时关闭编辑器。

3. 流程记录:查看稿件的流程记录。

4. 稿签:填写稿件信息，如:内容摘要、时间、地点、人物、体裁、作者等(详细填写稿签对报社的数资产的管理有很大好处)。

5. 原文记录:查看稿件原文。

6. 多稿记录:查看稿件的复制信息。

7. 电子签发:将稿件签发到电子发布库。

8. 修改:将一篇只读的稿件设为修改状态，用户就能对其修改(对外电稿件，“修改”表示选用电稿并修改)。

对新写稿件与部门稿件有以下的其他操作:

9. 传递:把稿件传递给他人或别的稿件库。

10. 取稿:将稿件取到用户登入身份所对应的缺省稿库，稿件的当前用户设置为用户自己。

11. 签发上栏:将稿件提交到报纸栏目上。

12. 关联稿件:对编辑的稿件进行稿件关联。

13. 关联图片:对编辑的稿件与图片进行关联。

14. 签发组版:将稿件提交到报纸栏目及相应的报纸版面上。

注意:我们在此章除了详细介绍“稿件入库”、“提交稿件”两个操作外,其他操作见“预稿处理”部分。

(二)稿件的入库与提交

当用户完成一篇稿件后,选择菜单栏的“操作”,有两种方式存入数据库,即“稿件入库”与“稿件提交”。

同是存入数据库,“稿件入库”和“提交稿件”的区别为:

1.“稿件入库”仅仅是把处理过的稿件存入稿件库,不关闭编辑器,可继续修改,但其他用户不能修改。

2.“稿件提交”不仅把稿件存入数据库,关闭编辑器,将稿件解锁,使其他用户能够对稿件进行其他操作。

新稿入库时,会弹出“稿件信息”对话框(如图 18.7),用户填写相关信息,也可以只填写其中的一部分,按“确认”键即可。

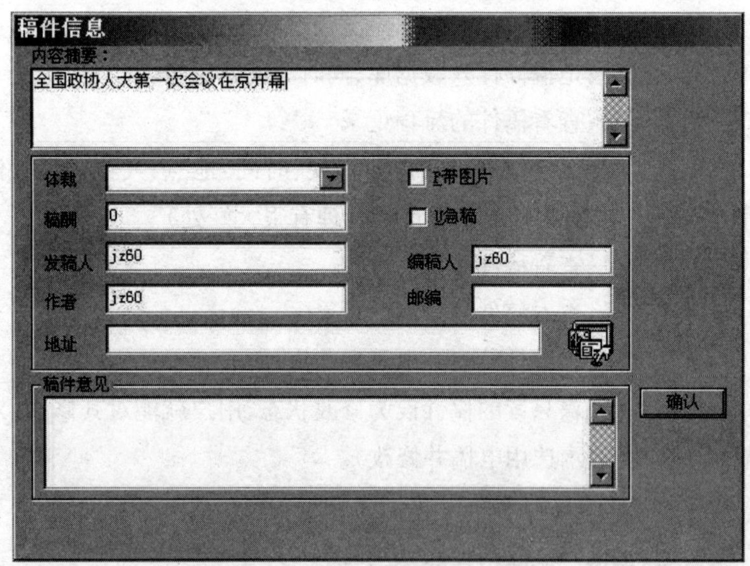


图 18.7 稿件信息对话框

编辑器所处理的稿件会在本地保存一份 mod 文件和一份 txt 文件，可以设置选项使本地保存目录只建立月份一级，缺省设置是建立月份及日期一级的目录。

选择菜单栏“文件”的下一级菜单“写新稿”、或者选择导航器的“新写稿件”项，便打开用户设定的编辑器，此时用户便能够利用编辑器的强大功能来进行写稿操作，如图 18.8 为一篇在方正编辑器下新写的稿件。

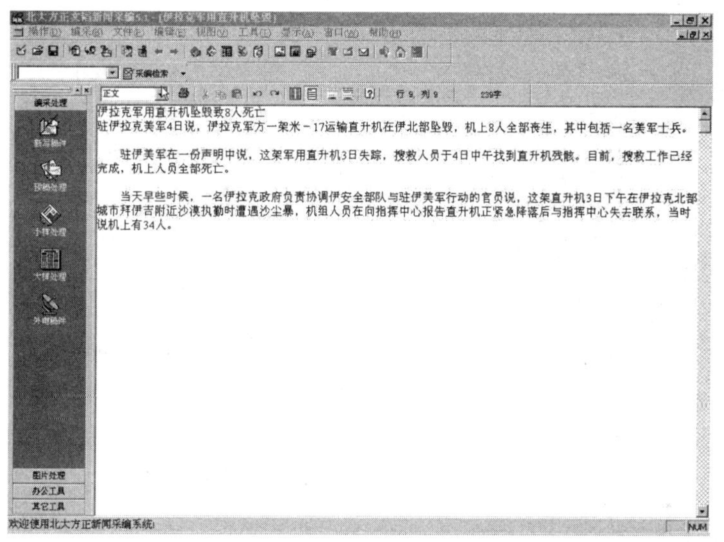


图 18.8　方正编辑器新写稿件

在方正编辑器稿件编辑处理下（新写稿件），DAM 用户工作台主菜单栏的“操作”子菜单提供了“稿件入库”、“提交稿件”、“修改”、“传递”、“签发上栏”、“关联稿件”、“关联图片”、“签发组版”、“取稿”等功能，如图 18.9 所示。其功能如下。

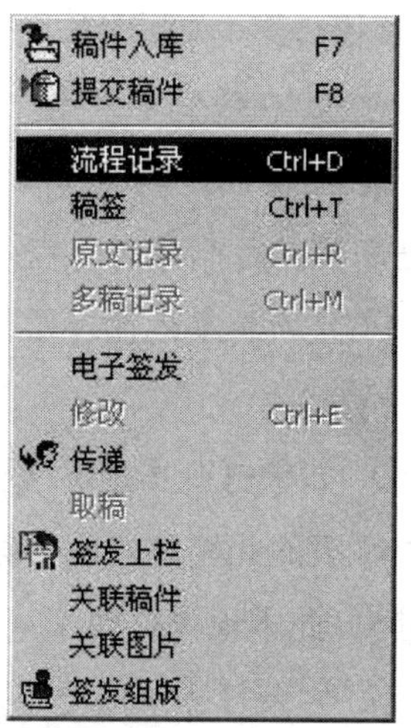


图 18.9　操作菜单界面

（三）本地稿件

报业 DAM 除了为用户提供“新写稿件”功能，同时也为用户提供了“打开本地稿件”功能。用户可用方正编辑器打开本地存放的MOD文件(方正格式文件)、报协标准XML文件Word文件、文本文件,并且可以将Word文件转换为MOD文件,进行编辑。

选择菜单栏"文件"的下一级菜单"打开本地文件"或者选择导航器的"本地稿件"项,就会出现如图18.10所示的打开本地稿件对话框。在此打开的本地路径设置为登录用户所对应的当前日期的本地稿件保存目录下。

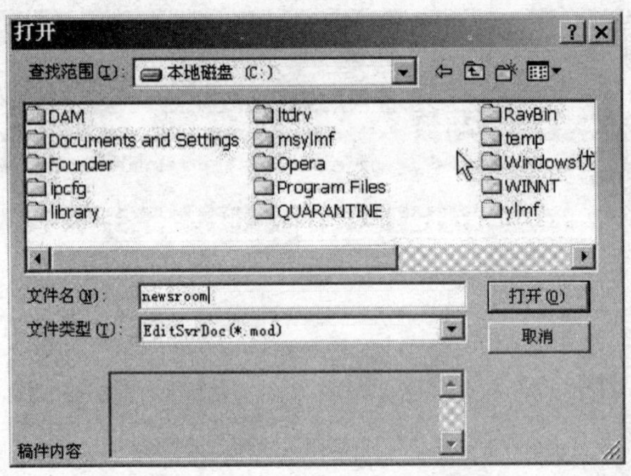


图18.10 打开本地稿件对话框

用户打开本地稿件就能对其编辑,并且提交入库,同时在"操作"菜单的下级菜单提供了"稿件入库"、"提交稿件"、"传递"、"签发上栏"、"关联稿件"、"关联图片"、"签发组版"等功能,这些功能见"预稿处理"。

注意,在提交本地稿件入库时,会发现以下问题:

1. 如果打开本地的稿件名在部门稿件库有同样的稿件名存在,并且数据库里的此稿件属于登录用户或不属于任何用户时,会提示用户以下信息;"是否将本地稿件覆盖数据库里的稿件?"按"确认"则覆盖,否则不提交入库。

2. 如果打开本地的稿件名在部门稿件库有同样的稿件名存在,并且数据库里的此稿件如属于除了登入用户外的某个用户时,会提示用户以下信息:此本地稿件属于某个用户,不让用户提交此本地稿件。

3. 如果打开本地的稿件名在部门稿件库没有同样的稿件名存在,但在栏目稿件库有同样的稿件名存在,会提示用户以下信息:此本地稿件在那个栏目下,不让用户提交此本地稿件。

(四)预稿处理

在"编采"菜单或导航器上,选择"预稿处理"一项,出现如图 18.11 所示的界面。

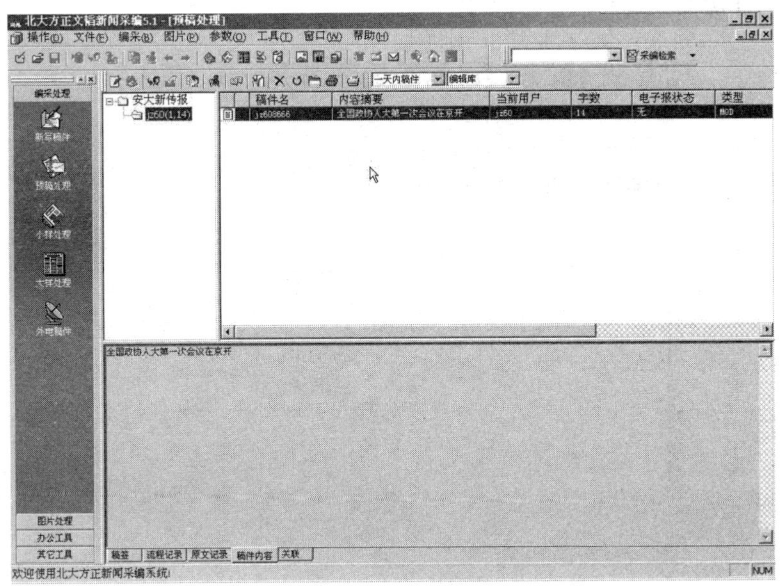


图 18.11　预稿处理界面

这一部分有三个子部分组成,左上边列出有操作权限的部门树,同时在部门树的部分显示此部门下的稿件篇数、总字数;右上边列出部门下符合某种选择条件的所有稿件,显示了稿件的名称、内容提示、字数和当前用户等项目;下边列出了相应的稿件各种信息,显示了稿件的稿签、流程记录、原文记录、稿件内容和关联关系,用户可点按底部的标签来查看;并且会自动缺省设为登入用户所对应的缺省稿库,而且会基本保留以前的状态(如上一次所选择的稿件名)。对于未上栏的稿件,用户可以通过"预稿处理"的工具条上的按钮对其进行修改、传递、删除和签发上栏、签发组版、稿件关联、图文关联以及打印部门稿件清单的操作,并可通过工具条上的下拉式组合框选择显示稿件的选择条件(如当天稿件、一周内稿件或所有稿件)、稿件所在的位置(如编辑库、稿件库等)。

特别注意:当稿件有用户正在修改时,其他用户所看到的稿件图标为

锁的形状,此时其他用户不能对该稿件做任何处理,只能够浏览。

1. 稿件的传递

当用户需要将稿件传递给他人或某个公共库中时,点按工具条的第3个按钮“传递”或选择“操作”菜单的下一级菜单“传递”菜单,则系统弹出稿件传递对话框,如图18.12所示。

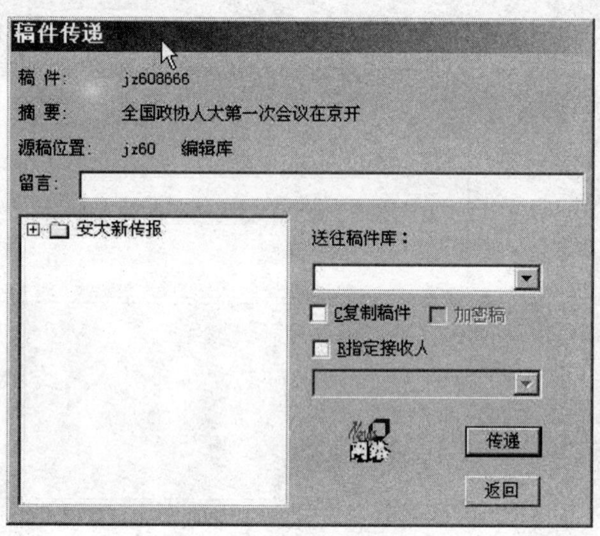


图18.12 稿件传递对话框

对话框中列出用户有权传送的公共库和级别用户,当送给某个级别用户时,可指定接收人,该接收人优先处理此稿件。用户可以在此对话框中添加留言、选定要送往的稿件库和指定接收人,并确定是否加密、是否复制。当指定了接收人并且加密,在传递稿件后,只有该用户才能在库中查阅到此篇稿件,此时该稿件的图标为钥匙的形状。如果选定复制,将要传递的稿件复制一份重新起稿件名,进行传递操作。复制的稿件可以查阅多稿记录,以确认各版本所在位置。

2. 稿件的删除

点按工具条的第9个按钮“删除”或选择“操作”菜单的下一级菜单“删除”菜单,用户可对稿件进行删除操作。此时,会出现对话框,询问“你真的要删除这篇稿件?”。用户确认后,若为热门稿件,则显示“热门稿件不能立即删除。如要删除,请让系统管理员将热门稿件保留天数设短”的信息框。系统默认会将热门稿件保留3天。若不是热门稿件，可以立即删除。稿件删除后，将放在废稿库里，请参考“废稿处理”一节。

3. 打印部门稿件清单

为了更好地对稿件进行管理，用户可以将某部门的稿件打印出来。点按工具条的按钮“打印部门稿件清单”，即可打印稿件清单。

4. 签发上栏

当稿件处理好后，用户决定将该稿件签发上栏，即预签上版，点按工具条的第5个按钮“签发上栏”或选择“操作”菜单的下一级菜单“签发上栏”菜单，系统弹出提交上栏对话框，如图18.13所示。

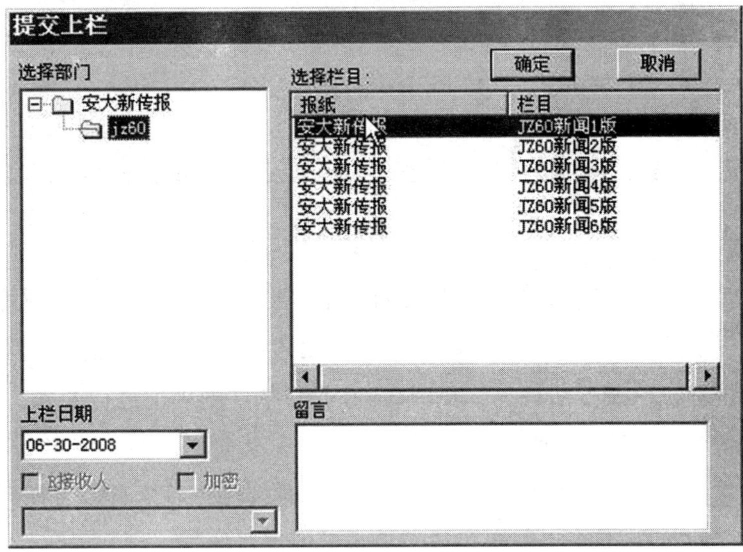


图18.13　提交上栏对话框

而当加密稿件签发上栏却没有指定接收人时，将弹出对话框提示用户是否解密。用户选择好报刊、栏目和日期后，则将该稿件送到栏目库中。用户需要对该稿件进行回调、修改、签发组版、调换版面或退稿时，可在小样处理中进行处理。详情请参考“小样处理”。

当选择上栏日期后，如栏目日期小于规定的当前日期界限时，会提醒用户信息，出现“签发日期过期”的信息提示框。

5. 签发组版

当稿件处理好后，有签发组版权限的用户决定将该稿件签发组版到

某个版面，点按工具条的第 6 个按钮“签发组版”或选择“操作”菜单的下一级菜单“签发组版”菜单，执行“签发组版”命令，则系统弹出签发组版对话框，如图 18. 14 所示。

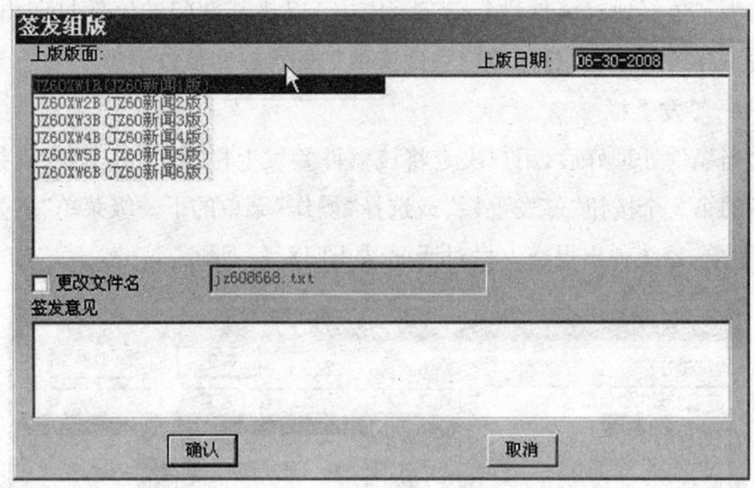


图 18. 14　签发组版对话框

用户选择好报刊、栏目和签发日期后，则将该稿件签发到栏目库中，并且提供签发到印厂目录下的稿件名。用户需要对该稿件进行回调、修改、签发组版、调换版面或退稿时，可在栏目稿件处理中进行处理。详情请参考“栏目稿件处理”。

签发日期过期提示信息早于当天日期时，会报“签发日期过期”提示信息。同时在对话框里，提供了签发意见的填写。

注意：在选择某一日期的栏目时，若此日期的栏目上的一篇稿件已签发组版，则选择的版面变灰，设定为已签发的版面，不允许选择。

当用户签发的稿件具有与某图片或某稿件具有关联关系时，在签发组版会弹出对话框，列出关联的稿件，并提示用户如果关联的稿件不在同一的栏目及栏目日期上，请根据不同的情况处理这些关联的稿件。如图 18. 15 所示。

6. 稿件关联

“稿件关联”完成了稿件之间的关联关系：包括“同组”、“连续”关联关系。在预稿处理的稿件列表的第 2 列显示具有关联关系的图标。用户在预稿处理中选中一篇稿件，点按工具条上的“稿件关联”按钮或选择“操作”菜单的下一级菜单“稿件关联”菜单，执行“稿件关联”命令，则会弹出稿件关联对话框，如图 18.16 所示。

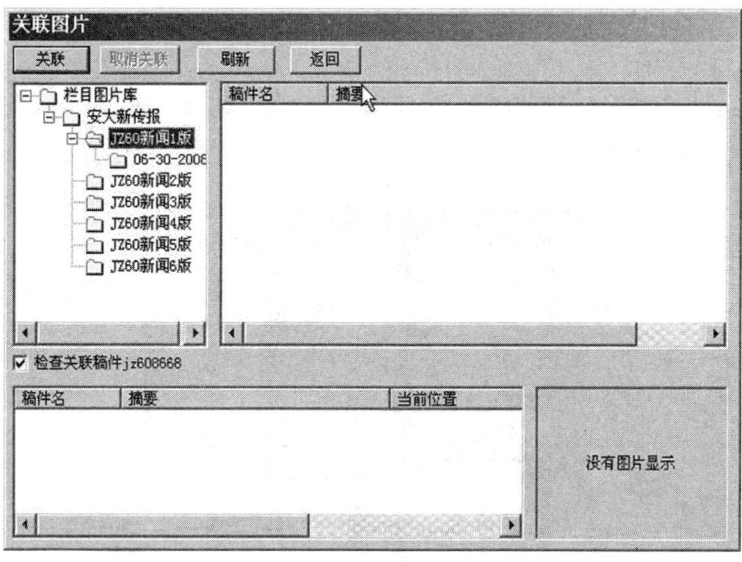


图 18.15 关联稿件列表

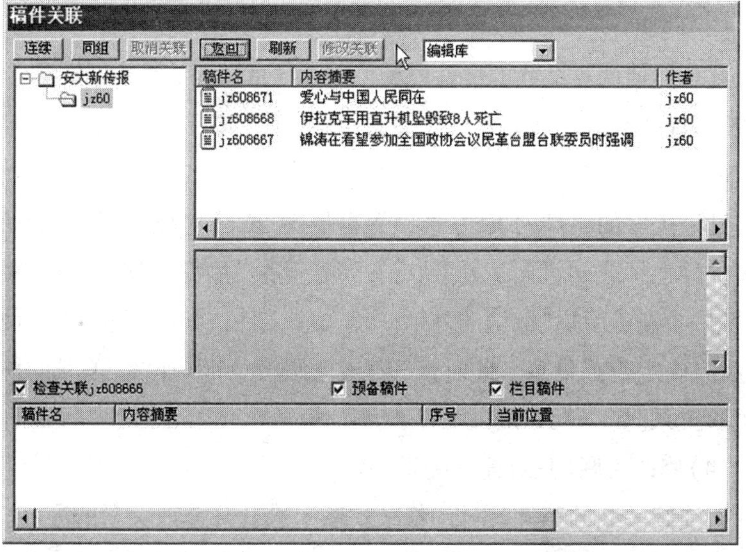


图 18.16 稿件关联对话框

在稿件关联对话框,列出你有操作权限的部门稿件,以及已经关联的稿件,同时提供“连续”、“同组”、“取消关联”、“修改关联”、“刷新”等功能。在部门稿件列表选中一篇要关联的稿件,执行“连续”或“同组”按钮,则将这两篇稿件关联起来。

(1)连续

在点击“连续”按钮时,会弹出“填写序号”对话框,让你填写关联的序号,如图 18.17 所示。

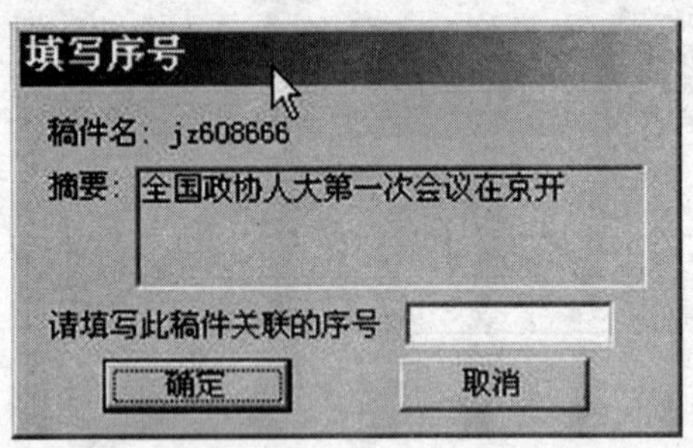


图 18.17　填写连续序号对话框

系统会根据你填入的序号 n,将若干篇标记为连续的稿件合为一篇稿件时,自动将其插入第 n 篇的位置。

(2)同组

此功能使两篇关联的稿件成为一组相关的稿件,而不具有顺序号,在组版时,这两篇稿件就具有同组关系,显示到一起。

(3)取消关联

已经关联的稿件列表中,选中一篇稿件,执行“取消关联”,会使这两个稿件的连续或同组关联关系取消。对“连续”稿件,当取消第一篇连续稿件时,会提示用户“取消的是第一篇关联文件! 如取消它,则其他关联不存在,确定否?”信息。此时按“确认”,则将全部“连续”关联的稿件取消关联关系。

(4)修改关联(只对连续关联有效)

对连续关联的稿件,执行“修改关联”,会让你修改关联的序号。

注意:稿件关联关系要么为“连续”,要么为“同组”关系,不能两者兼之。对“连续”关联的稿件在修改稿签时,修改与显示的稿签信息,是连续序号为 1 的稿件，即为第一篇连续稿件。对关联的稿件删除时，会将关联关系同时取消掉。在预稿处理中，当删除第一篇连续稿件的稿件时，会提示你“如果删除此稿件，将关联的关系全部删除掉”。

在稿件关联对话框，有一个“检查关联”检查框，如果用户取消此“检查关联”检查框，则当在部门稿件列表中，选中某篇稿件时，则会列出了此稿件的关联稿件，然后可对此篇部门稿件执行“连续”、“同组”、“取消关联”、“修改关联”操作。

7. 图文关联

“图文关联”完成稿件与图片之间的关联关系。在预稿处理的稿件库列表的第 2 列显示具有关联关系的图标为。用户在预稿处理，选中一篇稿件，点按工具条上的“关联图片”按钮或选择“操作”菜单的下一级菜单“关联图片”菜单、或按鼠标右键执行“关联图片”命令，则会弹出图文关联对话框，如图 18. 18 所示。

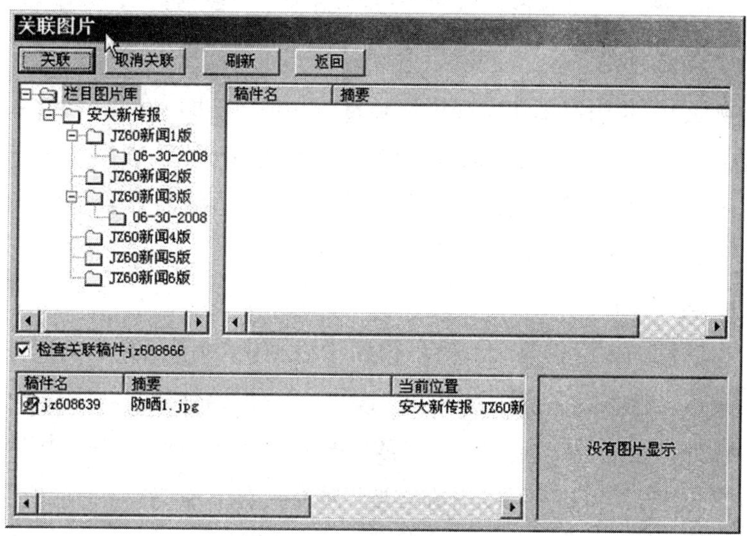


图 18. 18　关联图片对话框

在图文关联对话框，列出你有操作权限的栏目图片，以及已经关联的图片，同时提供“关联”、“取消关联”、“刷新”等功能。

(1)关联

在栏目图片列表，选中一篇要关联的图片，执行“关联”命令，则将这稿件与图片关联起来。

(2)取消关联

在已经关联的图片列表中,选中某一图片,执行“取消关联”,会使这稿件与图片的图文关联关系取消。

(3)刷新

刷新栏目图片库的图片列表。

注意:图文关联关系的稿件在删除时,会将图文关联关系同时取消掉。对关联的稿件在执行“提交上栏”、“签发组版”、“回调”与“调版”操作时,如存在“关联”关系,则会提示列出关联的稿件与图片。对具有图文关联的图片如果图与关联的稿件不在一个栏目与栏目日期里,必须在“图片处理”对此图片进行操作,让此图片与稿件在相同日期的栏目上。

在图文关联对话框中,有一个“检查关联”检查框,如用户取消此“检查关联”检查框,当在栏目图片库选中某栏目图片时,则会列出了图片的关联稿件,然后可对此篇栏目图片执行“关联”、“取消关联”操作。

8. 动态打印

报业 DAM 用户工作台提供动态打印功能,即可以在预稿处理、小样处理中有选择地打印多个稿件。操作如下:在 DAM 管理平台中进入系统表维护,在编辑部参数设置下设置系统组名和网络共享名,采编的缺省值为 newsroom,网络盘符为 N。

9. 稿件排序

在稿件列表提供强大的稿件排序功能,能够对任何显示的稿件列表表头进行排序。具体操作如下,用鼠标左键双击稿件列表的任一表头,则在稿件列表中稿件就会按“降序”或“升序”进行排序。下图是按着稿件摘要“升序”进行排序,在“内容摘要”列表头有上箭头。“上箭头”表示“升序”,“下箭头”表示“降序”。如图 18.19 所示。

10. 稿件列表表头的定制显示

在稿件列表提供稿件列表表头的定制显示,能够移动稿件列表某一表头或不让某一表头的内容显示。具体操作如下,用鼠标左键选中稿件列表的某一表头,始终按住鼠标左键,移动选中的表头到另外一个表头,此时松手鼠标左键,则选中的表头移动到此表头前面显示。如图 18.20 所示。

| | 稿件名 | 内容摘要 | 电子报状态 | 字数 | 类型 | 作者 |
|---|---|---|---|---|---|---|
| | jz608641 | 二线 | 无 | 1759 | MOD | jz60 |
| | jz608620 | 狗狗 | 无 | 319 | MOD | jz60 |
| | jz608612 | 记者从合肥市公安局交警支队了解... | 无 | 383 | MOD | jz60 |
| | jz608613 | 娇兰 | 无 | 150 | MOD | jz60 |
| | jz608614 | 零钱包 | 无 | 27 | MOD | jz60 |
| | jz608615 | 迷糊娃娃 | 无 | 83 | MOD | jz60 |
| | jz608617 | 前言 | 无 | 99 | MOD | jz60 |
| | jz608618 | 手表 | 无 | 52 | MOD | jz60 |
| | jz608619 | 微姿 | 无 | 215 | MOD | jz60 |
| | jz608621 | 心理密码箱——幸福究竟离你有多远 | 无 | 355 | MOD | jz60 |
| | jz608611 | 最新发布bearbrick已经由medicom... | 无 | 57 | MOD | jz60 |
| | jz608616 | 倩碧 | 无 | 195 | MOD | jz60 |

图 18.19　稿件内容摘要排序

| | 内容摘要 | 稿件名 | 电子报状态 | 字数 | 类型 | 作者 |
|---|---|---|---|---|---|---|
| | 二线 | jz608641 | 无 | 1759 | MOD | jz60 |
| | 狗狗 | jz608620 | 无 | 319 | MOD | jz60 |
| | 记者从合肥市公安局交警支队了解... | jz608612 | 无 | 383 | MOD | jz60 |
| | 娇兰 | jz608613 | 无 | 150 | MOD | jz60 |
| | 零钱包 | jz608614 | 无 | 27 | MOD | jz60 |
| | 迷糊娃娃 | jz608615 | 无 | 83 | MOD | jz60 |
| | 前言 | jz608617 | 无 | 99 | MOD | jz60 |
| | 手表 | jz608618 | 无 | 52 | MOD | jz60 |
| | 微姿 | jz608619 | 无 | 215 | MOD | jz60 |
| | 心理密码箱——幸福究竟离你有多远 | jz608621 | 无 | 355 | MOD | jz60 |
| | 最新发布bearbrick已经由medicom... | jz608611 | 无 | 57 | MOD | jz60 |
| | 倩碧 | jz608616 | 无 | 195 | MOD | jz60 |

图 18.20　移动稿件列表字段

如果不让某一表头显示或增加某一表头,则用鼠标右键右击稿件列表表头,则会出现一个下拉菜单“定制字段”,并且执行它,会弹出“选择显示字段”对话框。如图 18.21“可用字段”的“字段”表示在当前的稿件列表表头没有显示,用户可选择它,增加到“显示字段”。同时也可以将“显示字段”的“字段”进行删除,不让它在稿件列表中显示。用户还能对“显示字段”进行排序。

选择显示字段

可用字段:

增加 ->

<- 删除

显示字段:

内容摘要
稿件名
关联状态
电子报状态
字数
类型
作者
提交人
最后处理人

确定

取消

上移

下移

图 18.21　字段对话框

11. 右键功能

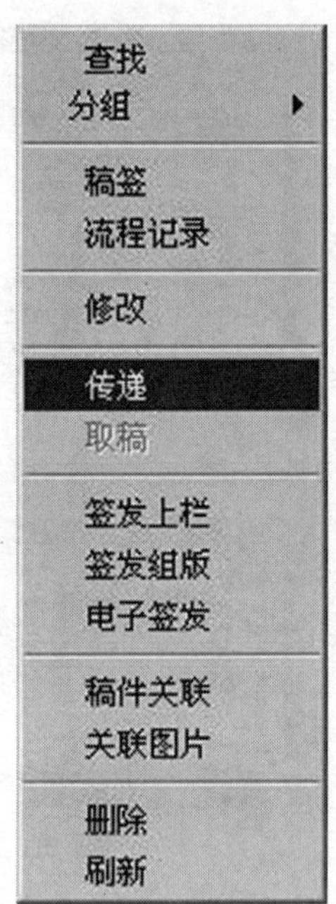

图 18.22 右键功能

在稿件列表中选中某篇稿件,按鼠标右键会弹出一个下拉式菜单,此下拉菜单提供了“传递”、“取稿”、“签发上栏”、“签发组版”、“关联稿件”等功能。通过它能完成这些采编功能。如图 18.22 所示。

12. 分组显示

从图 18.22 的右键弹出菜单中看到有一个“分组”菜单,此菜单提供了“按稿件作者分组”、“按稿件当前用户分组”,执行“按稿件作者分组”、“按稿件当前用户分组”命令,使稿件可分别“按稿件作者”或“按稿件当前用户”进行分类显示,便于用户在许多稿件查询到属于自己的稿件。如图 18.23 所示,稿件是按当前作者分组的。

| | | 稿件名 | 内容摘要 | 电子报状态 | 字数 | 类型 | 作者 |
|---|---|---|---|---|---|---|---|
| 分组: 作者jz60(3 篇, 2987 字) | | | | | | | |
| | | jz608689 | 国办通知做好猪肉等副食品生产供... | 无 | 1094 | MOD | jz60 |
| | | jz608674 | 中直机关各部门各单位踊跃开展向... | 无 | 772 | MOD | jz60 |
| | | jz608673 | 爱心与中国人民同在 | 无 | 1121 | MOD | jz60 |

图 18.23 稿件分组

13. 稿件流程记录

对稿件进行处理时,DAM 用户工作台会把对稿件的操作与流程处理作为记录保存下来,以便及时反馈及查阅,使用户能及时地知道稿件在不同时期所处的状态与稿件的整个处理过程。用户观察稿件的流程记录有两种方法:

(1)在稿件处理状态下,选中一篇稿件,点击屏幕下方标题栏中的“流程记录”,在显示窗口中,可以看到稿件处理的流程记录。如图 18.24。

(2)在稿件处理状态下,选中一篇稿件,单击鼠标右键,弹出快捷菜单,选择“流程记录”,出现“流程记录”对话框,如图 18.25。可观察流程记录。

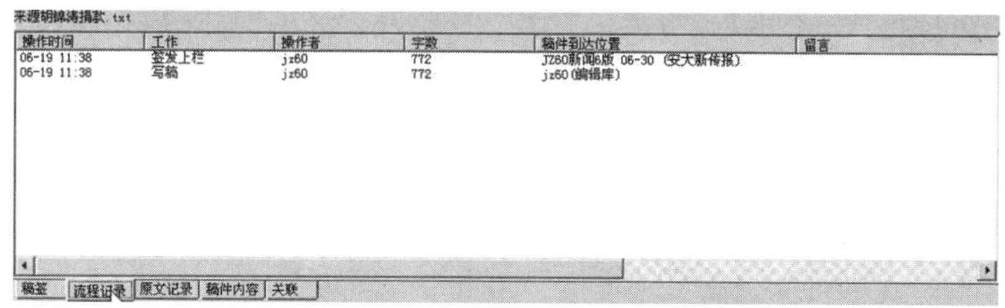


图 18.24　显示稿件的流程记录

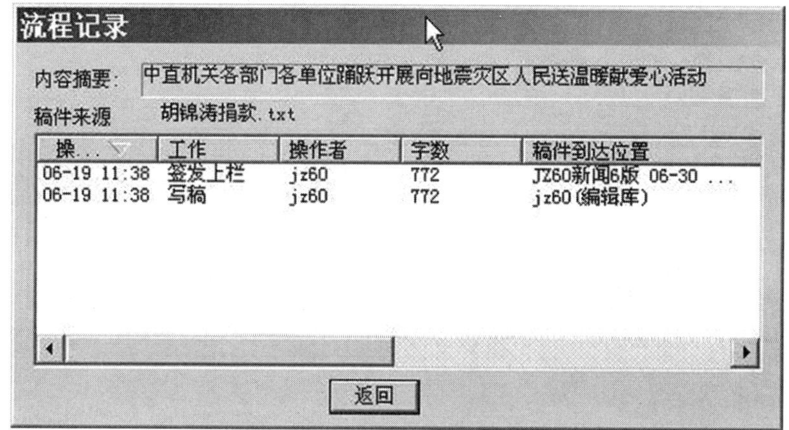


图 18.25　稿件流程记录对话框

14. 稿签

每一篇稿件都有相应的稿件属性信息,称之为稿签。在流程管理系统中,当新写稿件或打开没有入库的本地稿件,会让用户填写稿签信息。对已经入库的稿件,在稿件列表中,选中一篇稿件,单击鼠标右键,弹出快捷菜单,选择“稿签”菜单,就会弹出稿签信息对话框,

稿签的信息完整性对今后的统计,查阅十分重要如图 18.26 所示。

同时在稿件处理状态下,选中一篇稿件,点击屏幕下方标题栏中的“稿签”,在显示窗口中,可以看到稿件的稿签信息。

15. 原文记录与稿件内容

在稿件列表中,选中一篇稿件,点击屏幕下边视图标签栏中的“稿件内容”,在显示窗口中,可以看到稿件当前的内容;点击屏幕下边视图标签栏中的“原文记录”,对来自于电稿的稿件,原文记录将显示电稿的内

容,对于编辑录入的稿件,显示为空。此时如果双击稿件列表的稿件,系统会打开编辑器来阅览所选择的稿件。

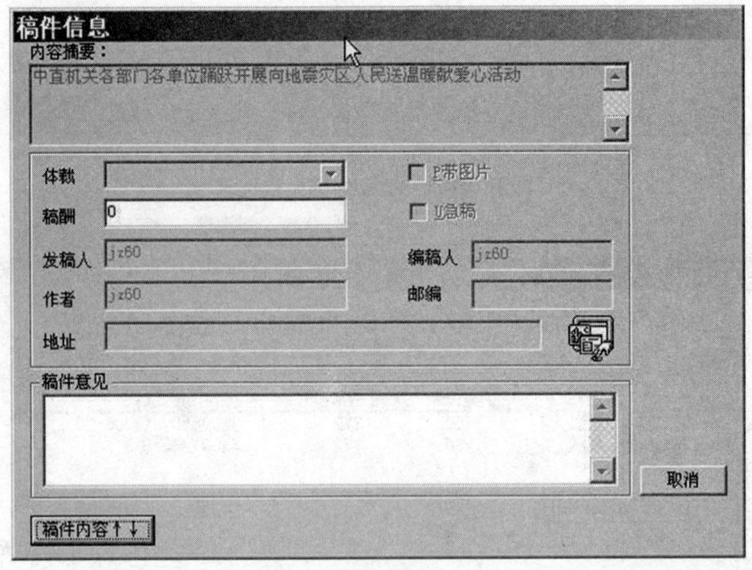


图 18.26 稿签对话框

16. 关联记录

稿件库与栏目库中的稿件,可以列出某一稿件的全部具有关联关系的稿件。方法如下:在预稿处理与小样处理状态下,选中一篇稿件,点击下边标签栏中的“关联”,在显示窗口中,可以看到稿件的关联稿件与图片。字段“序号”为“0”的为同组稿件或图片,否则为“连续”稿件(“序号”为n,则为第n篇连续稿件)。图片显示的图标为,如图 18.27。

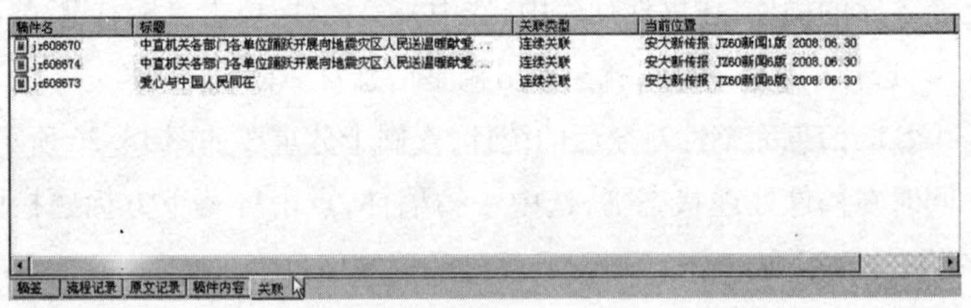


图 18.27 相关联的稿件

对“关联”列出的稿件或图片进行双击,则能浏览此稿件或图片内容。如下图 18.28 显示的是一张关联的图片(图片名为 Jz608610)。

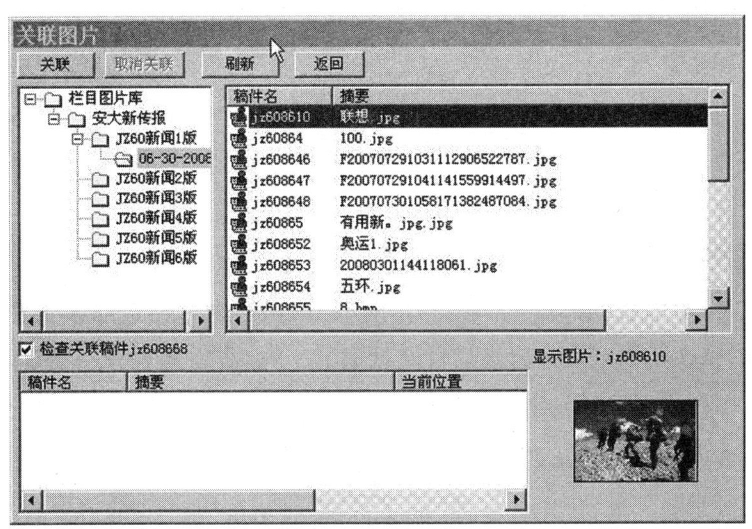


图 18.28　显示关联图片

（五）小样处理

对于编辑们可执行“编采”菜单中“小样处理”命令、或点击主工具条的第 12 个按钮“小样处理”、或执行导航器的“编采处理”组的“小样处理”项，就能进入“小样处理”界面，如图 18.29 所示，对已上栏的稿件进行操作。

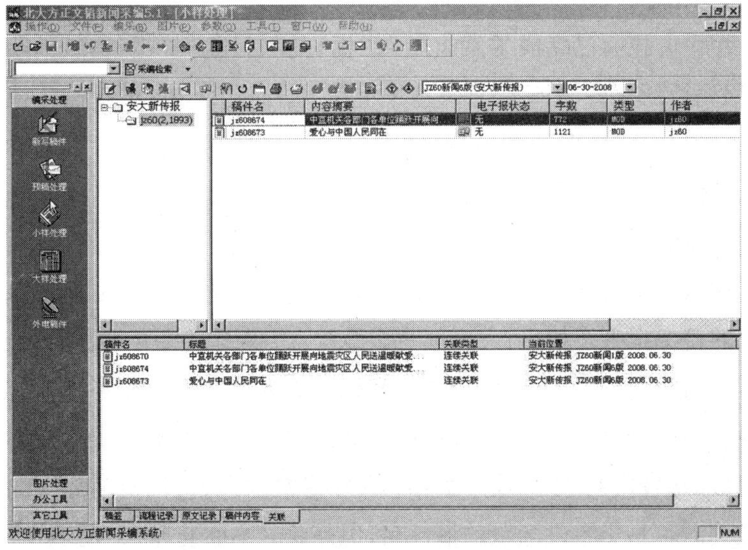


图 18.29　小样处理界面

小样包括提交上栏的栏目预签小样以及已签发组版的小样稿件。在“小样处理”界面有三个视图，左上边的视图列出登入用户有操作权限的部门树，并在部门树节点上列出所选择的栏目与栏目日期的小样总篇数、总字数；右上边的视图列出某栏目某日期的小样列表；下边的视图列出某小样所对应的稿签信息、流程记录、表示未签发组版的稿件。稿件信息窗口包含稿签、流程记录、原文记录（原文内容）、稿件内容、关联的稿件。在工具条有“报刊栏目”、“栏目日期”组合框，在组合框选择报刊栏目及日期，则在小样列表列出该栏目此日期的小样，小样列表有一状态图标，盖章图样表示已签发组版的稿件，表示加密稿件的签发。在小样处理稿件列表的第 2 列显示的图标如为，表示此稿件与某稿件或某图片具有关联关系。通过“小样处理”的工具条、或菜单“操作”的下级菜单、或者小样列表的鼠标右键菜单完成了“回调”、“修改”、“签发组版”、“调换版面”和“退稿”、“图文关联”、“打印栏目清单”等小样稿件操作。

与“预稿处理”一样，在此提供了强大的小样排序功能、稿件分组功能、稿件列表定制显示功能。在下面的小节里会一一介绍。

注意：当稿件有用户正在修改时，其他用户所看到的稿件图标为锁的形状，此时其他用户不能对该稿件做任何处理。

1. 回调

用户有权将已完成签发组版（图标）的栏目稿件从所上版的版面调回，回调后的稿件状态变为未签发上版（图标变回）。对有操作流程规则，签发组版的稿件回调后，稿件的状态显示为“重签”。特别适合在有重大事件发生时及时调换版面稿件。

2. 调版

调版就是对栏目上的稿件调换版面，界面如图 18. 30 所示。选择要调换的目标报纸及栏目，并可填写调版留言。对未上版的稿件，系统还提供了“一稿多投”、指定稿件为“加密稿”、指定稿件“接收人”的功能，即调版后稿件会出现在这选择栏目上，这样的操作相当于“调栏”。对已签发组版的稿件，在调到另一版面，还为签发状态，此时操作相当于“调版”，同时可指定签发上版的稿件名，但是此时不能选择“一稿多投”、“加密稿”、“制定接受人”。

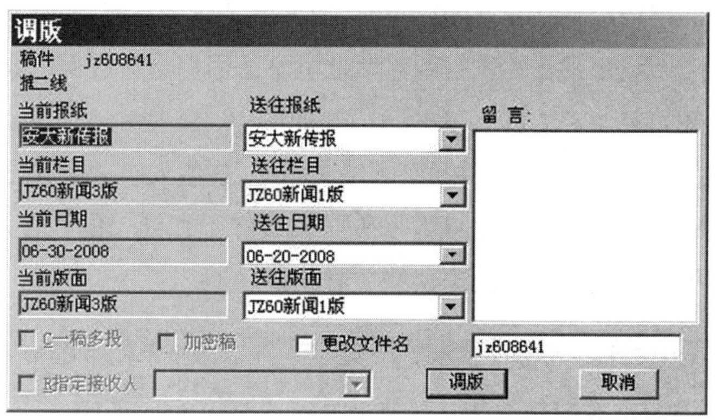


图 18. 30　调版操作对话框

3. 退稿

用户可以将未签发上版的小样稿件从栏目小样列表中退回至个人缺省稿库。退稿后，用户可以在预稿处理的个人缺省稿库中可看到该稿件。界面如图 18. 31 所示。

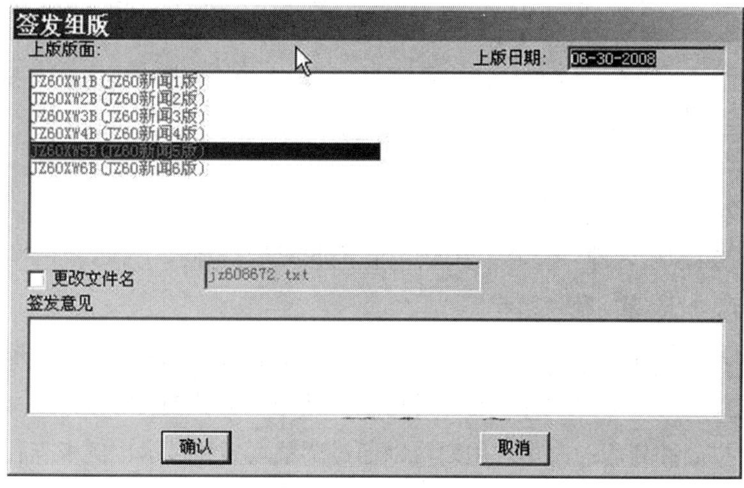


图 18. 31　退稿操作对话框

4. 签发组版

执行签发组版操作后，稿件被签发到采编服务器上，由组版员进行组版。此时，稿件被放在服务器的组版目录下（缺省值为\\ServerName\Library\版名\日期）。

注意:在选择某一日期的栏目时,如果此日期栏目上有一篇稿件或者图片已签发组版,则在签发组版对话框里不让用户选择版面,此时版面列表变灰,并固定设定为已签发的版面。如图 18.32 所示。当用户签发的稿件具有与某图片或某稿件具有关联关系时,在签发组版会弹出对话框,列出关联的稿件,并提示用户如果关联的稿件不在同一的栏目及栏目日期上,请根据不同的情况处理这些关联的稿件。

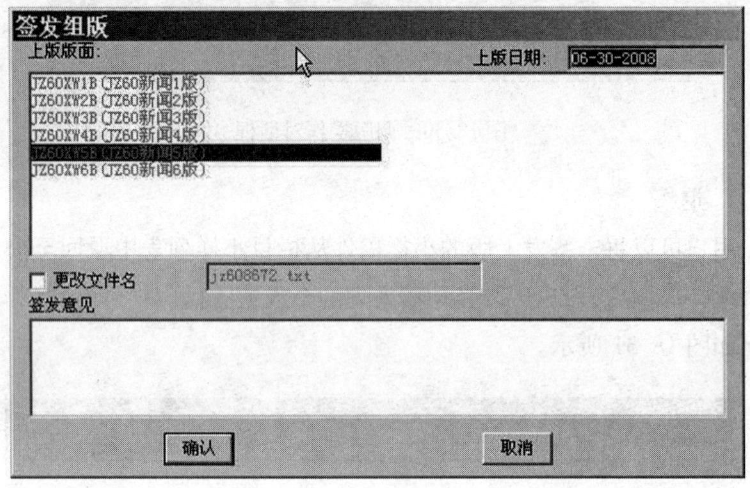


图 18.32　签发组版对话框

5. 稿件关联/关联图片

与“预稿处理”的“稿件关联”和“关联图片”相同。

6. 打印部门稿件清单

为了更好地对稿件进行管理,用户可以将选中的稿件打印出来。点按工具条的第 10 个按钮“打印部门稿件清单”,弹出打印预览对话框,列出上栏稿件列印的表格。用户可以通过调整页号和显示比例来查看所要显示的内容。按“打印”按钮,可将表格打印出来(在 win2000 上取消了打印预览的功能,直接打印)。

7. 动态打印稿件

与“预稿处理”的“动态打印稿件”相同。

8. 稿件修改

在小样列表选中一篇稿件,用户点按工具条的第 1 个按钮“修改”或选择“操作”菜单的下一级菜单“修改”菜单、或按鼠标右键执行弹出菜单的“修改”命令，则会打开编辑器修改小样稿件内容，此时稿件处于“上锁”状态。同时在此编辑状态下，“操作”菜单的下级菜单提供了“签发”、“回调”、“调版”、“退稿”、“图文关联”等菜单命令。在此用户也能完成“签发”、“回调”等这些功能。具体功能操作见相应的功能说明，如图 18. 33 所示。

| 稿件名 | 内容摘要 | 电子报状态 | 字数 | 类型 | 作者 |
|---|---|---|---|---|---|
| jz608670 | 中直机关各部门各单位踊跃开展向... | 无 | 772 | MOD | jz60 |
| jz608669 | 锦涛在看望参加全国政协会议民革... | 无 | 2075 | MOD | jz60 |
| jz608668 | 伊拉克军用直升机坠毁致8人死亡 | 无 | 239 | MOD | jz60 |
| jz6086 | 参加全国政协会议民革... | 无 | 2075 | MOD | jz60 |
| jz6086 | 品北京行三台精品演出... | 无 | 499 | MOD | jz60 |
| jz6086 | 顶珠峰印证“科技奥运” | 无 | 726 | MOD | jz60 |
| jz6086 | | 无 | 92 | MOD | jz60 |
| jz6086 | | 无 | 106 | MOD | jz60 |
| jz6086 | | 无 | 155 | MOD | jz60 |
| jz6086 | 将统一赛场文明加油手势 | 无 | 326 | MOD | jz60 |
| jz6086 | 出喜迎奥运 | 无 | 258 | MOD | jz60 |
| jz6086 | 峰印证“科技奥运” | 无 | 256 | MOD | jz60 |
| jz6086 | 将按原计划于24日搭... | 无 | 562 | MOD | jz60 |

查找
分组
稿签
流程记录
修改
签发组版
电子签发
调版
回调
退稿

图 18. 33　修改界面

9. 阅览稿件

双击小样列表的稿件，会打开编辑器来阅览所选择的稿件。此时稿件处于只读状态，不能修改，如果对此稿件具有修改的权限，则在“操作”菜单的下级菜单有“修改”子菜单，执行它，能使“只读”状态变为“修改”状态，因此就能修改稿件。同时在此状态下，在“操作”菜单的下级菜单也提供了“签发”、“回调”、“调版”、“退稿”、“图文关联”等菜单命令。

10. 刷新

用户点按工具条的第 8 个按钮“刷新”或选择“操作”菜单的下一级菜单“刷新”菜单，则重新更新小样稿件列表的稿件以显示最新信息。

11. 右键功能

DAM 用户工作台还提供了丰富的右键功能，将稿件选中后点鼠标右键，将弹出菜单窗口。如图 18. 34 所示。

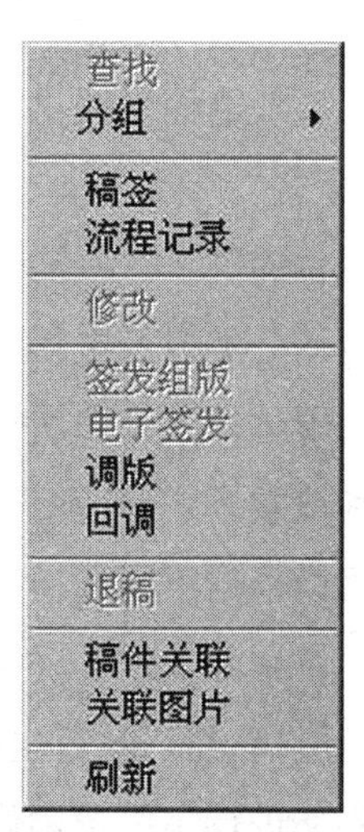


图 18. 34　右键菜单

通过选择上面的菜单项，可查看该稿件的流程记录、稿件信息、执行“回调”、“修改”、“签发组版”、“调换版面”和“退稿”、“图文关联”、“打印栏目清单”等操作。

(六)外电稿件

进入报业 DAM 用户平台后，选择菜单栏“编采”的下一级菜单“外电处理”或选择导航器的“外电稿件”项，便进入电稿处理界面，如图 18. 35。

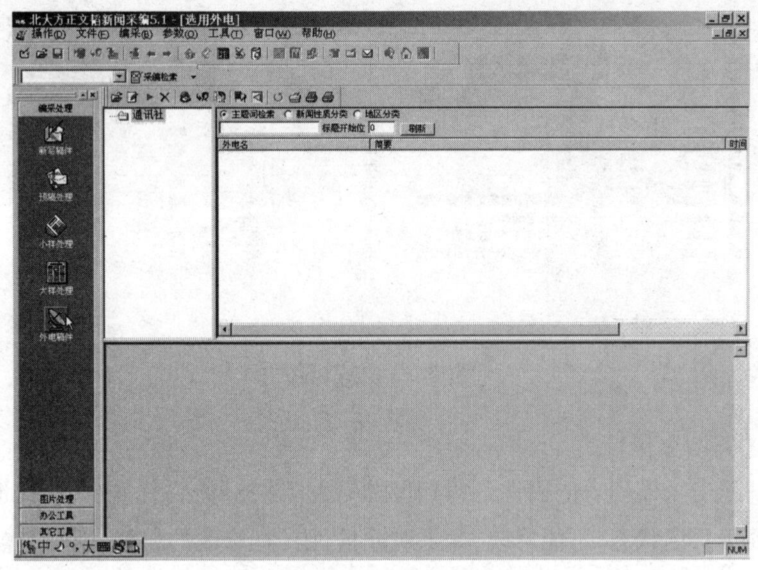


图 18. 35　外电稿件界面

外电稿件提供“新建”、“修改”、“导出”、“删除”、“选用”、“直送”、“上栏”、“标注”、“保留”等功能。同时在此界面的“操作”菜单的下级菜单也提供了这些功能。图 18. 35 的界面分为三个视图，左上边视图列出电稿分类树及电稿日期，右上边视图列出了外电在某一日期的外电列表，右下边视图列出所选择的某篇电稿内容。电稿处理系统为用户提供了几种检索方式，分别为：按主题词检索、按新闻性质分类、按地区分类。用户可以根据不同的情况对电稿进行检索。

在此提供了外电电稿的多选操作，即按住“Shift”或“Ctrl”键，选择多篇电稿，然后执行电稿处理的各个操作（但是“修改”只能选用一篇修改，不能进行多篇选用修改）。

1. 手工创建稿件

在报业 DAM 系统的电稿管理中,增加手工创建稿件的功能。创建时就是将本地(或网络目录)目录下的稿件的文本内容入库到电稿库中。如图 18. 36 所示。

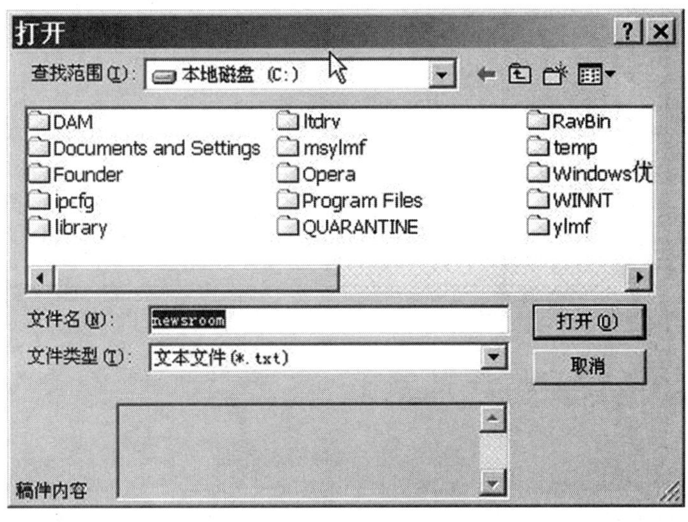


图 18. 36　选择本地稿件界面

## 第三节　大样管理

报业 DAM 用户工作台提供了丰富的大样管理功能。大样管理的视图,如图 18. 37 所示。

在大样管理中,左边的视图列出了有操作权限的栏目树,并且在栏目日期节点上列出此日期下栏目的最后一个组版人与签发人;右边的视图为某一日期的栏目大样位图;下面的窗口列出了“栏目稿件”、“流程记录”、“修改意见”。在大样管理中,具有签发大样权限的用户(主要是部门主任、总编、社长)在组版过程能够对大样进行实时监控,对大样提出组版本处理意见,及时通知到组版员,让组版员能够知道上级对其组版的意见，使组版员及时修改，这样保证了组版的正确性与实时性。

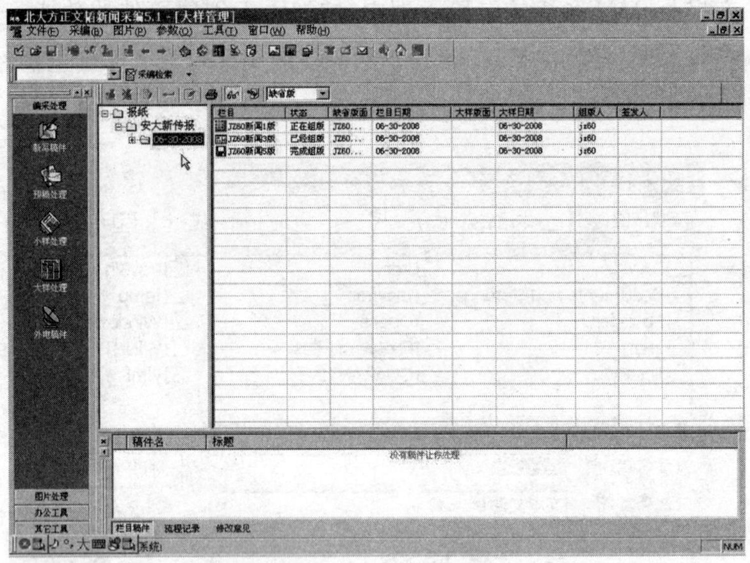


图 18.37　大样管理界面

同时工具条还提供了“签发大样”、“撤签”、“电子签发”、“剩稿回退”、“打印 PS”与“签发意见”等操作，以及对大样的显示功能，从而可以对大样进行实时监控功能。

左边视图列出某一日期的栏目状态：没有操作、已经划版、正在划版、已经组版、正在组版、完成组版、大样签发。

1. 签发

当大样完成组版，你可以选择签发到的版面，执行工具条的第 1 个按钮“签发”命令，则此大样对应的 PS 文件将被签发到指定的版面（在 toolbar 提供签发所选择的版面）路径文件系统下。

注意：如想将大样签发到另外各版上，则在工具条的“选择签发的版面”组合框选择要签发的版面。

2. 撤签

如用户具有撤签权限，可执行工具条的第 1 个按钮“签发”命令，将已签发的大样 PS 从版面路径文件系统下删除，设定为大样的当前状态为“完成组版”，图标变为🖫。

3. 整版调版

在没有和版面系统集成的情况下，大样的调版通过整版调版时指定大样的报纸、版面和日期来实现。

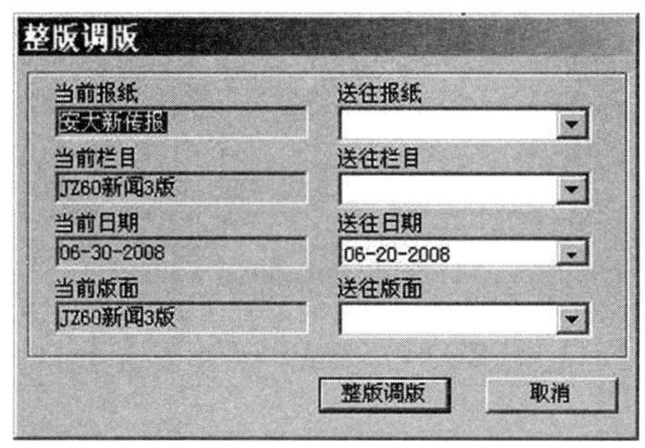


图 18.38　整版调版界面

4. 剩稿回退

当在某日期栏目的大样签发的同时，如有回退的稿件，会提醒用户是否“剩稿回退”；或某日期栏目的大样签发后，用户执行工具条的第 4 个按钮“剩稿回退”，将没有上报的稿件回调，以便从小样处理对这些稿件进行操作。按“回退”按钮，则将稿件从签发的版面回调。如图 18.39 所示。

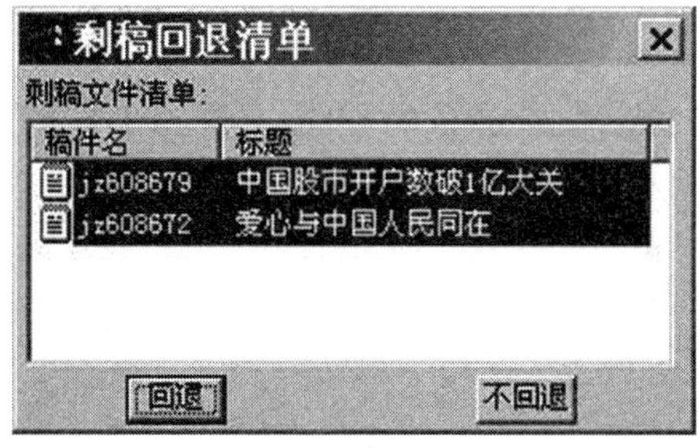


图 18.39　剩稿回退

5. 填写处理意见

具有签发大样权限的用户在组版过程能够对大样进行实时监控，对大样提出组版处理意见，及时通知到组版员，让组版员能够知道上级对其

组版的意见,使组版员及时修改。用户通过工具条的第 5 个按钮“签发意见”执行“修改意见”命令,其对话框如图 18.40 所示。

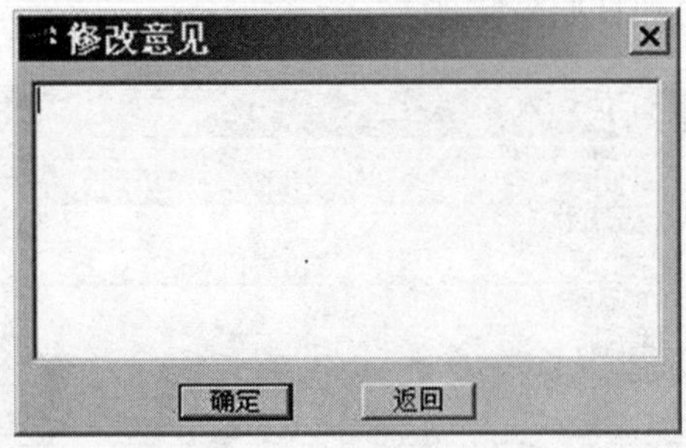


图 18.40　修改意见对话框

6. 大样显示

鼠标右键弹出的菜单提供大样的放大与缩小、刷新操作。同时不断地点击鼠标左键,会使大样放大与缩小,在放大时,可以以点击的位置为中心来显示大样内容。

7. 打印 PS

如某栏目日期的大样已经组版完成或已经组版,用户可将 PS 发排到有 PS 驱动程序的打印机,使用户能看到组版的大样。用户通过工具条的第 6 个按钮“打印”完成“打印 PS”操作。

8. 同步电签

在签发大样之前,用户点击工具条的第 8 个按钮“同步电子签发”,使其按钮为按下的状态,则在签发同时,上报的小样签发到电子报上,以后通过浏览器可看到这些上报的小样。

## 第四节　图片处理

方正报业 DAM 系统的图片处理模块是集成了颐美图片资产管理系统 3.1 版,因此,若想使用图片处理流程,首先需要购买相关图片模块。

## 一、图片管理

在主窗口的“图片”的菜单条中，选择“图片管理”一项，就进入了图片制作的窗口，在图片库组合框中列出图片系统的所有图片库，一般会有新闻库、历史库、外电库、资料库等。如图 18. 41 所示。用户可以选择某一个图片库，然后选择某个分类，右边就显示出该分类下的所有图片。选中图片列表中的一项后，屏幕左下方就会列出它的简图，下方则会列出该图片的说明。图片列表中共有 10 种小图标，表示 8 种不同的状态：表示该图未经任何操作；表示该图已经开始制作但尚未完成；表示已经完成制作；表示图片已经选用上栏；表示图片已经签发组版；表示图片在图片库中有其他的副本；表示图片已经上锁；表示组照；表示此组图中有签发的图片。

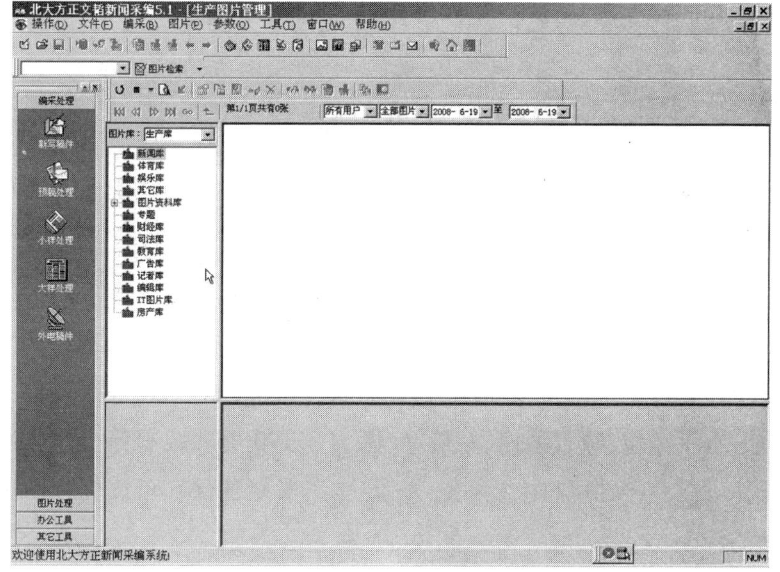


图 18. 41　图片管理

另外，支持右键菜单。

图片列表可以对图片进行排序，可以按照修改时间、入库时间、图片名、图片标题对图片显示列表进行排序。

在这个窗口里可以进行下面的操作：

1. 刷新:刷新图片列表。

2. 处理:点击"处理"按钮或双击图片列表视图中的图片,可以弹出如下窗口:

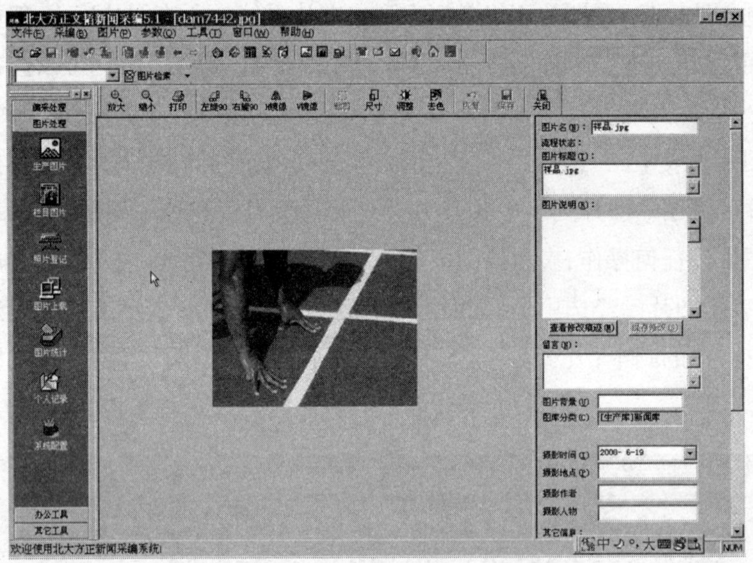


图 18.42　图片处理

在此可以对图片进行简单的操作,在这个界面可以看到所选图片的详细信息,图片的各种属性都包含其中。

该窗口显示的图片如果大于窗口的显示区域,则图片大小应适应显示区,通过工具条的放大缩小按钮可以改变图片的查看大小,窗口的左上部是图片处理的工具条,点击工具条上的按钮可以对图片进行简单的处理,如:水平镜像、竖直镜像、左旋 90 度、右旋 90 度和裁剪等操作。所做的操作可以直接在屏幕上反映出来,点击工具栏的保存可以保存对图片所做的修改。

通过加锁机制,当一个图片进行修改时会检查该图片是否被其他用户修改,如果正在被别的用户修改,则禁止修改的操作。只能查看,无法修改记录。窗口的右边是图片的原数据信息,有修改权限的用户可以在这里修改图片的图片名字、图片标题、图片说明和图片分类等信息,点击保存修改就可以更改图片的信息了;如果没有修改的权限则该部分只读。点击该窗口上方的⇦ ⇨按钮,可以进行翻页,编辑"上一张"或"下一张"

图片。默认图片编辑器中打开的是真图。

3. 下载:将图片下载到本地硬盘。选中要下载的图片,单击下载,显示图18.43所示对话框。在下载对话框中可以选择图片属性的格式,还可以选择需要下载的内容(包括原图、网图、简图和图片说明)目前文件属性格式支持XML和HTML格式。

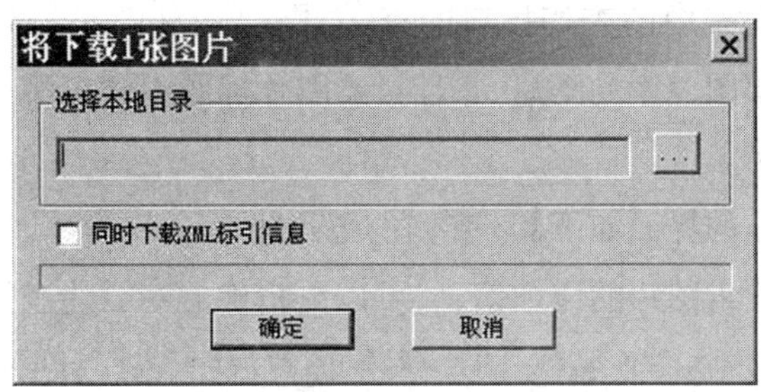


图18.43　图片下载

4. 删除:在图片列表中选择欲删除的图片,然后点击工具栏中的删除按钮,弹出提示对话框询问用户是否确定删除,在用户确信要删除图片后,才会真正删除图片。这样可以避免用户误操作而删除图片。

5. 制作:在主界面的图片列表中选择要制作的图片,可以选择一个或多个,点击工具栏的送交制作按钮,可以将图片送交制作,制作客户端程序可以看到这些任务进行制作,弹出的对话框如下图18.44。也可以在选用上栏同时送制作,简化编辑的操作。详细内容见上栏图片一节。

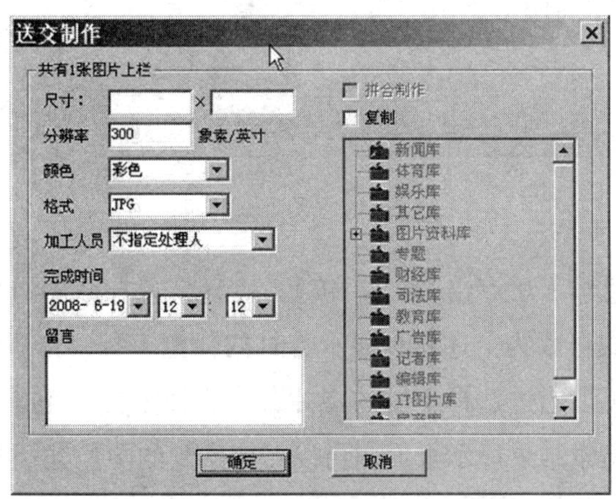


图18.44　图片制作

6. 撤销：撤销已经送交制作的图片，如果图片在生产库中撤销任务后还可以直接删除该图片。

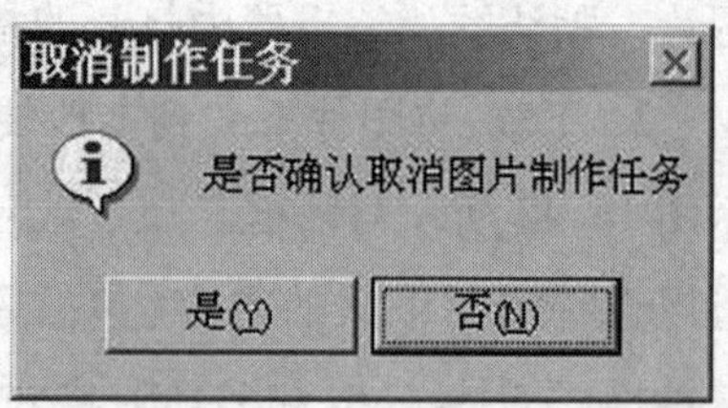


图 18.45 撤销

7. 检索：可分为 DAM 总体框架中的查询接口和系统内的复杂检索。在总体框架中的查询接口的查询范围是全部图片库的图片，并且只要图片标题中含有所查询的信息就可以查找出来。

复杂检索的界面如下图（查询的范围也是全部图片库，在此界面内可以输入要检索图片的详细信息，可以更精确的对图片进行定位。输入的检索信息包括：图片名称、图片标题、图片说明、入库日期、图片类别、图片来源等等，各个查询条件是“与”的关系，如果某项空下不添说明该项不做限制）：

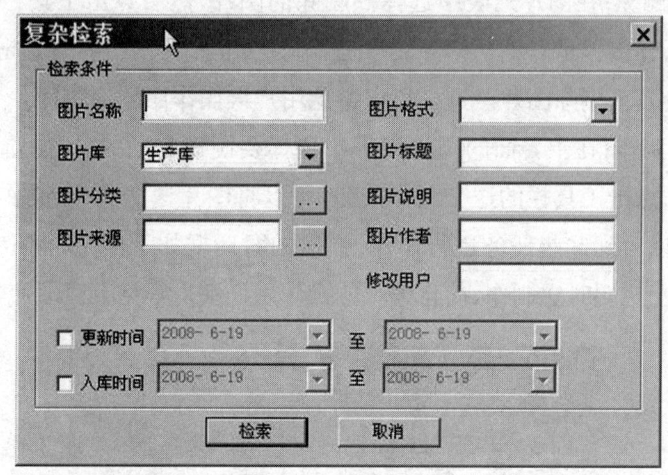


图 18.46 复杂检索(a)

检索信息输入后点击“检索”按钮，检索结果在新的页面显示（如下图），显示方式可以为上述四种显示方式的任意一种，可以根据需要随时切换。同时可以通过选择不同的图片分类来改变搜索范围，使搜索结果更满意。在检索结果显示页面内可以对检索到的图片进行各种需要的操作，比如制作、移动、组照、修改、删除、处理和下载等操作。

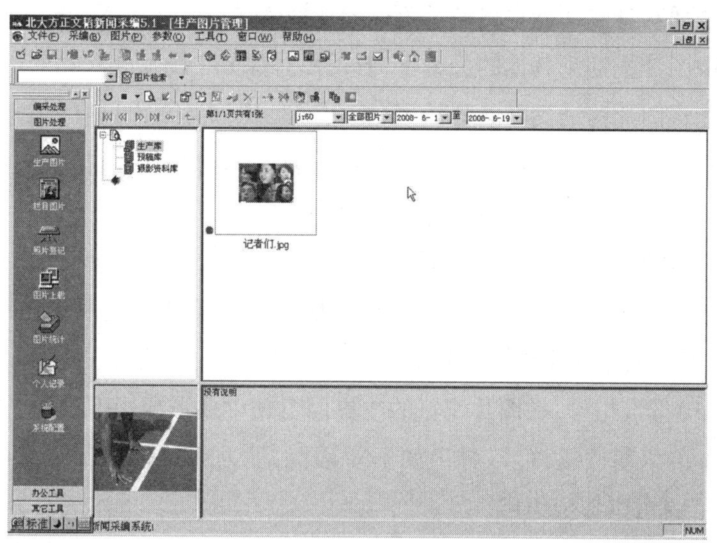


图 18.47　复杂检索(b)

8. 传递:用户可以在图片列表中选择多个图片点击工具栏的按钮从而可以方便地改变图片的分类,也可以将图片复制到其他的分类。传递可以批量进行,并能在两个库的不同分类之间传递图片。点击工具栏上的图片传递按钮会弹出如下对话框:

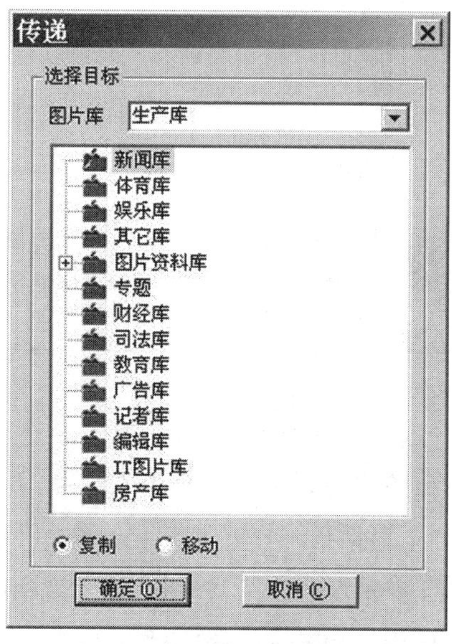


图 18.48　传递

传递和复制功能也可通过鼠标的拖拽来进行。选中图片后用鼠标可将选中图片拖动到其他的分类下，若用户对源分类图片有移动的权限，则拖动能将图片移动到目的分类下，若用户对源分类图片只有复制的权限而无移动的权限，则拖动能将图片复制到目的分类下。鼠标的拖动只能在同一库内进行，不能跨库移动或复制图片。

9. 组照：用户可以采用组照的方式，对图片进行很好地管理，如对汶川大地震组照处理。用户可以根据组照标题直接找到组照中的所有图片，对用户浏览图片提供了方便。

(1)形成组照：在图片浏览的主界面上选中要形成组照的图片，点工具条上的组照按钮，可以弹出如下对话框，输入组照标题和组照说明点“确定”就可以形成组照。

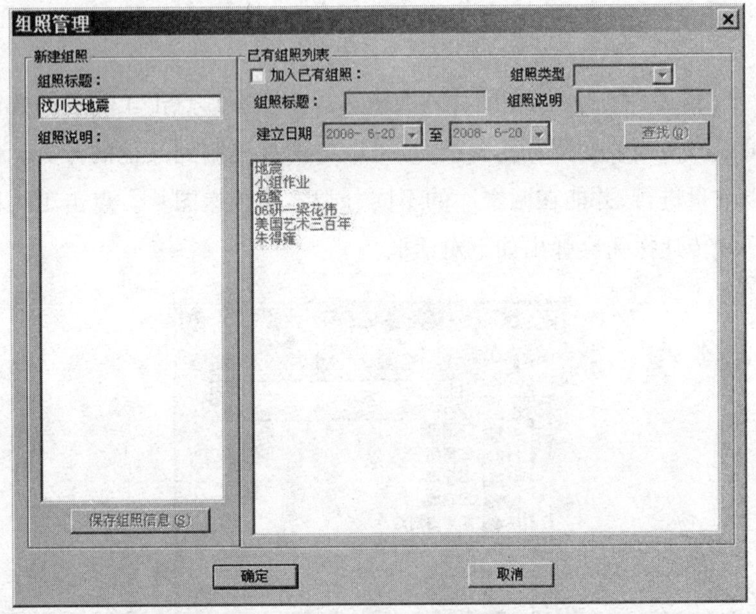


图 18.49　组照(a)

(2)加入组照：在图片列表中选中要加入组照的图片，点工具条上的“组照”按钮，弹出如下对话框，选中“加入已有组照”前面的复选框，可以在当前目录的已有组照列表中选择，将图片加入到所选的组照中去。

(3)取消组照：选中已经形成的组照标题可以在图片列表中查看该

标题下的图片，在组照列表中选中要取消组照的图片，同样点击工具条的“组照”，这时会弹出如图 18.51，点“确定”可以将选中的图片从组照中去除，这时图片回到组照所属的分类。组照中至少要保留一个图片，如果要将所有组照图片去除，可以参见下面删除组照的描述。

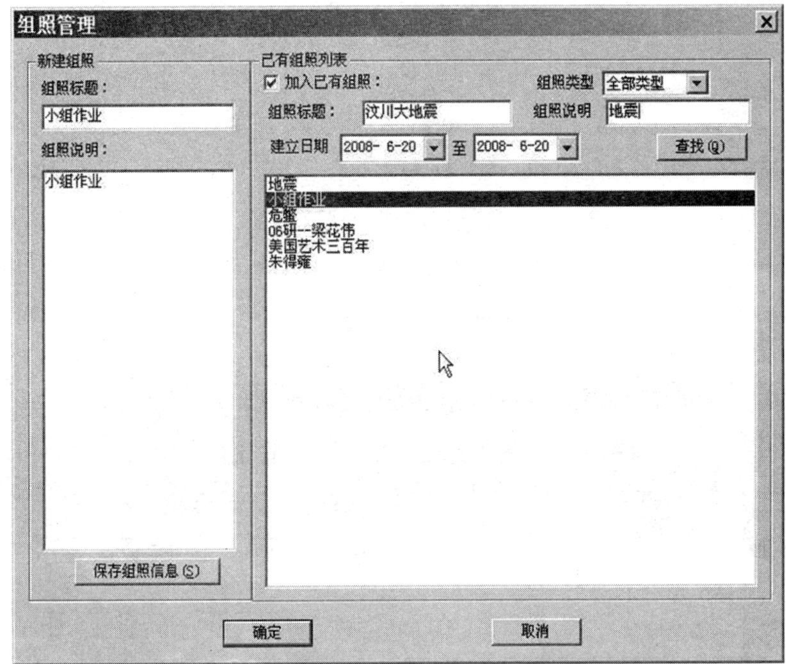


图 18.50 组照(b)

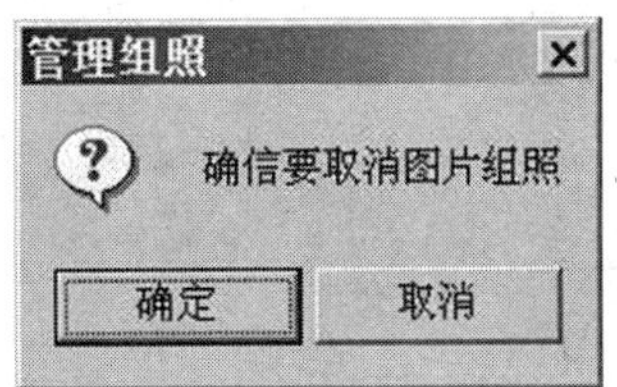


图 18.51　组照(d)

10. 上栏：图片进行上栏操作，如图 18.52 所示。

本版本中，在“上栏送制作”功能中增加“拼合制作”功能，可以将几张图片作为一个制作任务进行送制作，这样制作人员在图片制作客户端选择此任务进行制作的时候，会一次性在 photoshop 中打开多张图片，进

行拼合制作。注意使用“拼合制作”这个功能时，需要在系统管理端的“系统维护”的“系统其他设置”中进行相应的设置。

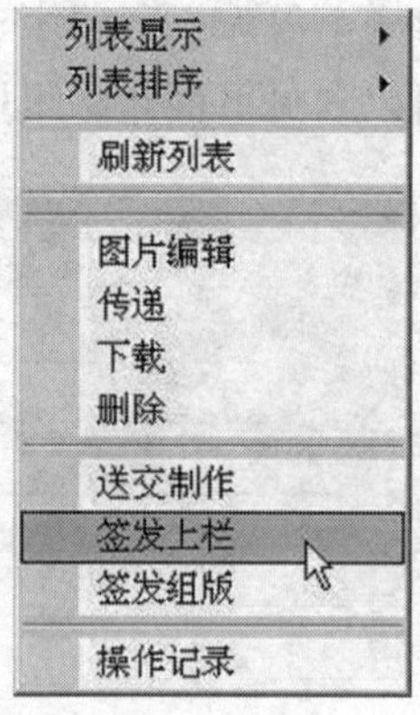


图 18.52　签发上栏

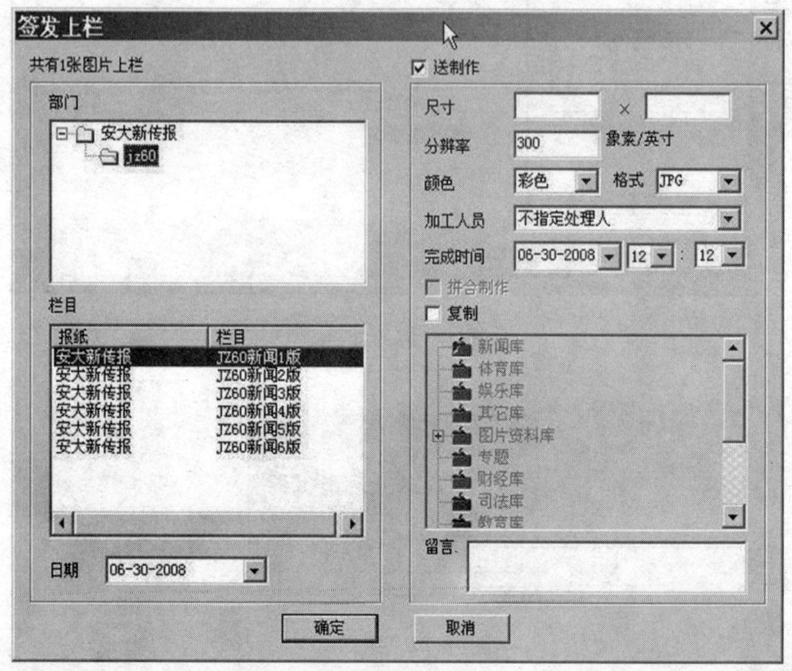


图 18.53　上栏送制作

11. 组版：对选中的图片进行签发。

为了满足不同报社不同流程的需要，还增加了签发同时送制作的功能，如图 18.54。这样可以在产生制作任务的同时，将图片签发上版。在图片制作完成之前就可以在飞腾中看到版面效果。同时为了防止组版人员误将存在未制作图片的版面组版完毕，进而签发大样，签发送制作的图片再未制作好之前图片中间显示“制作中”字样，并且组版完毕的时候如果检查发现此版面中还存在带有“制作中”字样的未制作图片，将不允许此版面组版完毕，如图 18.54。

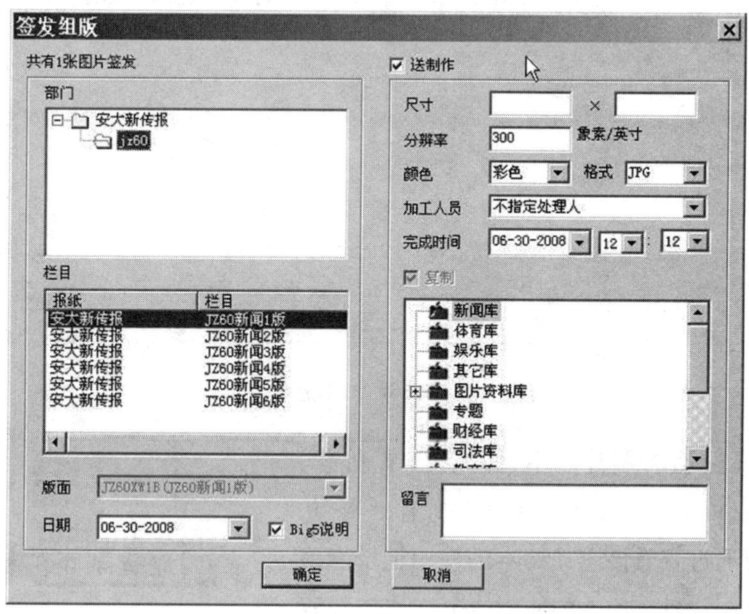


图 18.54　签发送制作

图 18.55　含未制作完成图片的版面组版

12. 查看图片操作纪录:如下图所示,可以对图片进行完整详细的流程记录。

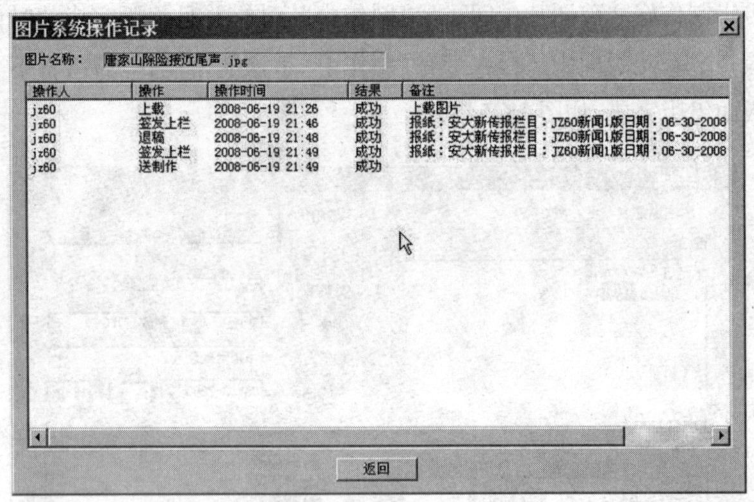


图 18.56　操作记录

13. 查看图片副本:使用“查看副本”功能,可以汇总显示该图片的所有副本,并可以通过查看该图片副本的使用记录来跟踪该图片各个版本的使用情况,如图 18.57 所示。

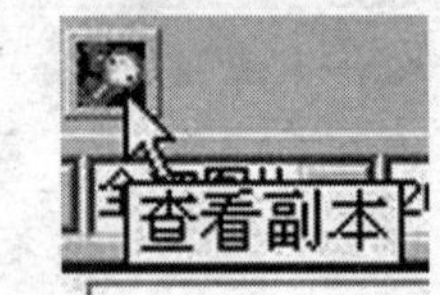


图 18.57　查看图片副本按纽

## 二、上栏图片

完成了图片的选用和制作以后程序后,就可以进行上栏图片的处理了。在主窗口的“图片”菜单条下选择“上栏图片”后,进入上栏图片处理的窗口,如图 18.58 所示。用户可以查看他有权限的部门和栏目下图片的处理情况。用户可以选择某一部门下面的某一栏目和日期,右边就显示出这天该栏目下所有的图片,包括名称、时间、标题、大小及类型。选中图片列表中的一项后,左下就会列出它的简图,下方则会列出该图片的说明,此时的说明呈只读状态。图片列表中共有四种图标,表示四种不同的状态:①表示此图片已送去制作,但未完成,②表示该图已经被签发。③说明正在修改,表示该图未被签发。④图片已制作完成,但未签发组版。

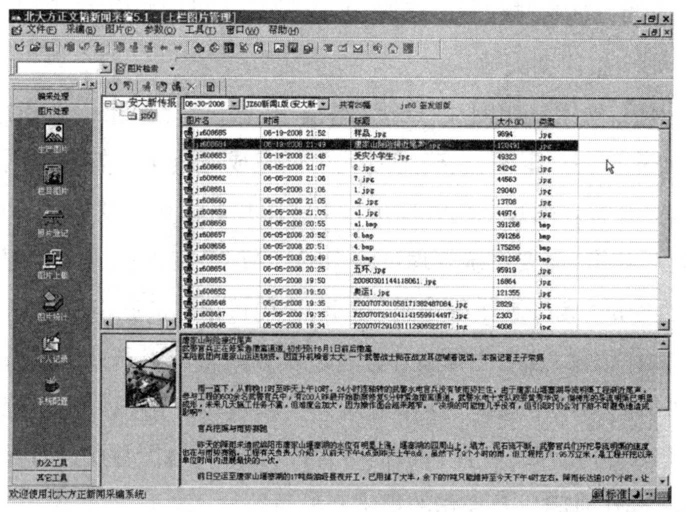


图 18.58　上栏图片处理

在这个窗口里可以进行下面的操作：

1. 刷新：刷新图片列表。

2. 浏览：选中一幅图片，点按“浏览”按钮，或者双击该项，即可显示该图片的真图。此时弹出一个新的窗口，在该窗口内，可以对图片进行放大、缩小以及旋转。对于正在制作的图片则无法浏览。

3. 签发：选中一幅图片，点按“签发”按钮，此时弹出一个对话框，如图 18.59 所示，在此窗口内选择签发的版面、日期和签发的文件名，就可以完成签发了。此时如果对话框窗口变灰，表示在该日期的该栏目下已经有稿件或者图片签发了。

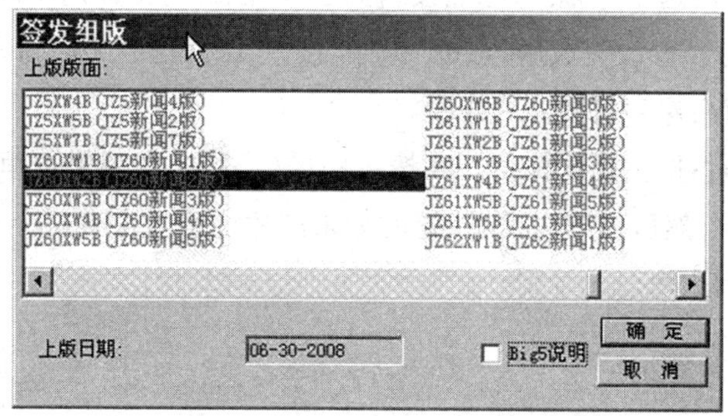


图 18.59　签发图片对话框

4. 回调:选中一幅图片,点按"回调"按钮,图标变成了,表示回调成功,否则会报回调失败。

5. 退稿:选中一幅图片,点按"退稿"按钮,此时弹出一个消息框,提示是否要将该图片退回,点确定后就可以完成退稿了。如果该图片是从外电里选用的,在图片制作管理窗口里该图片的图标将变成,表示需要重新制作。(注意:需要系统管理员将 DAM 管理平台中的图片处理参数设置属性页中的"允许制作后选用"选上,退稿按钮才会起作用。)

6. 操作记录:选中一幅图片,点按"操作记录"按钮,或者点按鼠标右键,在弹出的菜单中选择"操作记录"一项,可以弹出图片操作记录对话框,如图 18.60 所示。在此对话框中,可以看到对该图片所进行操作的人员、操作、操作时间以及操作的报纸和栏目等。

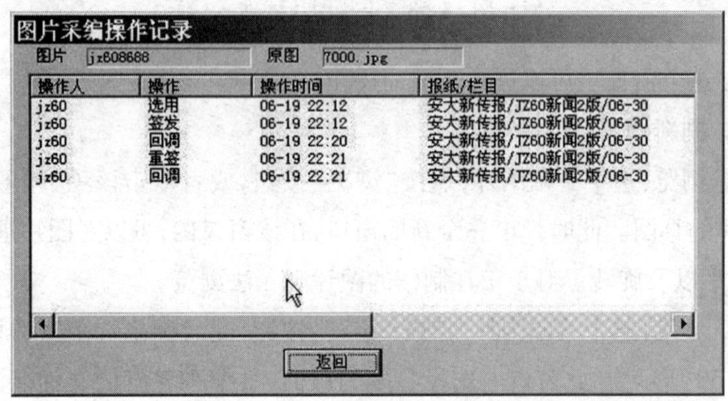


图 18.60　图片操作记录对话框

7. 修改:选中一幅图片,点按"修改"按钮,此时下面的图片说明变成可编辑状态。修改完成后,点按"保存"按钮,图片说明又回到只读状态。

8. 保存:保存对图片的修改。

9. 检索:按主题词检索。在按主题词检索时,在编辑框里输入要检索的主题词,然后点按"检索",这时如果图片说明里含有这个主题词,则该图片被列出来。



### 三、照片登记



照片登记包括登记照片和扫描图片。进入 DAM 用户工作台后,点击任务导航器上的“照片登记”栏，弹出照片登记对话框，如图 18.61、18.62 所示，在照片登记页面中可选择或者填入目标图片的信息，例如，图片类别、图片说明、过期操作、图片来源等等，过期操作有三种方式：永久保存、归档和删除。

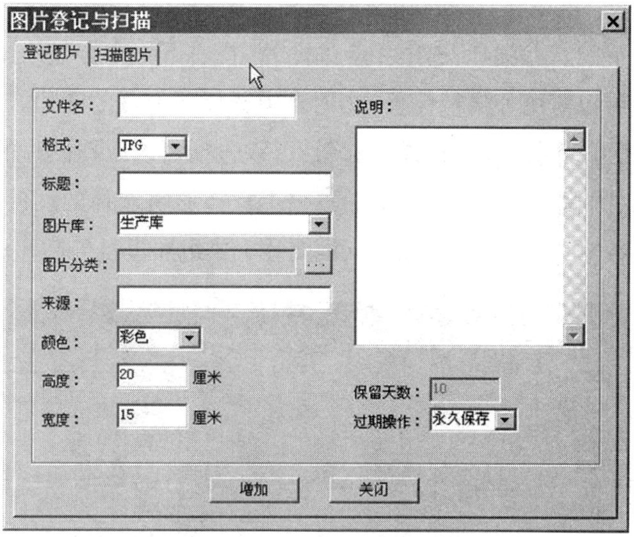

图 18.61　照片登记

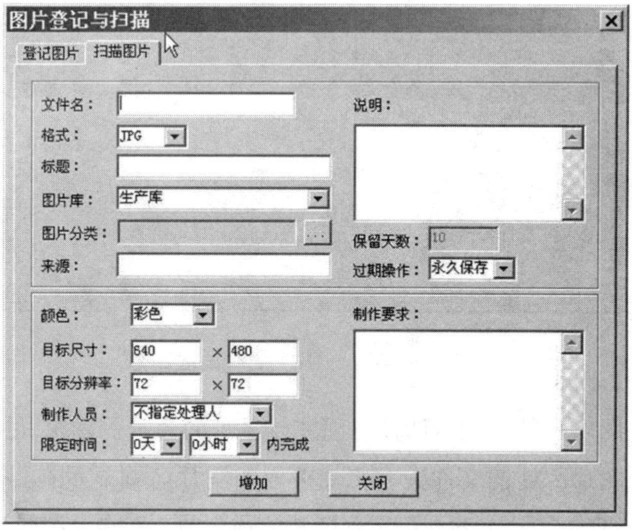

图 18.62　照片扫描

## 四、图片上载

图片上载是将图片上载到图片图片库中。进入 DAM 用户工作台后,点击任务导航器上的“图片上载”栏,弹出图片上载对话框,如图 18.63 所示. 可以在目录树中选择图片存储的目录,在中间的列表中显示该目录下的所有图片,选中相应的图片,在右下框中会显示图片说明,双击图片可以对图片进行标引,在列表中选择要上载的图片。对于上载的图片,还可以对图片进行详细标引,可以包括可以改写图片的标题、图片的说明、图片来源等信息。最后点击上载按钮将选择的文件上载到服务器中,系统可以同时将上载的一批图片生成组照进行浏览。

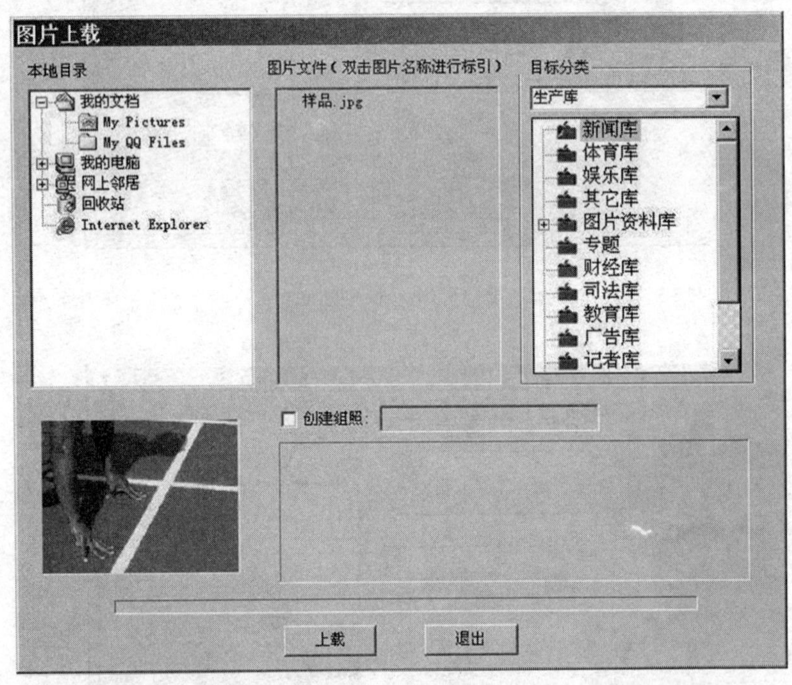


图 18.63　图片上载对话框

在上图所示的上载对话框界面左侧显示的为本机目录,可以在此选择要上载图片所处的文件夹。文件夹内的图片名称显示在目录文件框内,用鼠标点击图片名称即可看到图片的预览图。双击上载图片名称,进入“添加图片描述信息”界面(图 18.64),界面左侧为描述信息填写部分，右侧为图像显示部分。如果描述信息保存在某个文件夹内则点击引入属性文件按钮即可进入文件选择界面(图 18.65)，选中的描述信息会显示在标题栏和说明栏内。最后点击"添加完毕"即可。最后点击"上载"完成上载过程，系统会提示上载任务完成。最后可以到对应的文件分类中查看。

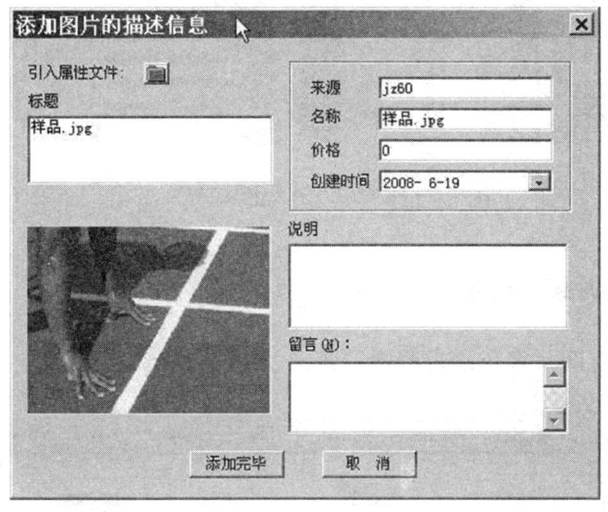


图 18.64　添加图片描述信息对话框

图 18.65　文件选择对话框

## 五、个人记录

点击个人信息可以查看你这一段时间内的操作记录，包括访问记录和定单记录。访问记录包括访问时间、访问分类、访问内容。定单记录包括定单号、月下载量、已下载量、支付款、剩余款、申请时间、开始时间、终止时间。进入 DAM 用户工作台后,点击任务导航器上的“个人记录”栏,则进入“个人记录”主界面,如图 18.66 所示。

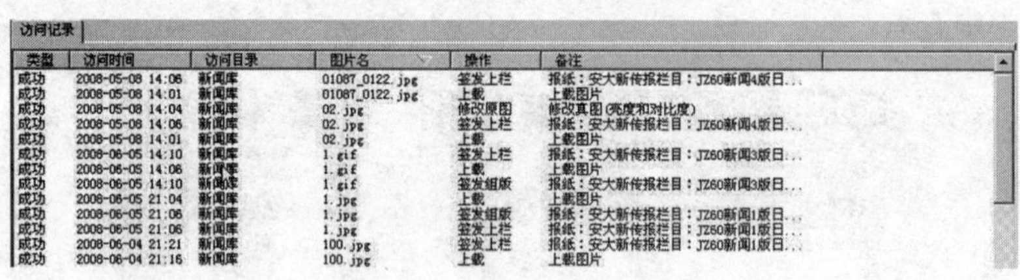


图 18.66 “个人记录”界面

## 六、图片统计功能

可以在图片客户端进行图片统计,如下图 18.67 所示。

图 18.67 图片统计界面

包括以下功能:

1. 本人图片统计:统计并呈现登录系统的用户在指定时间段内上载的图片。

2. 部门图片统计:统计并呈现登录系统的用户所在部门所有用户在指定时间段内上载的图片。

3. 发稿清单:统计登录系统的用户所在部门的所有用户在指定时间

段内上载的图片,并列出各图片的上载用户和所在分类。

4. 上版清单:统计登录系统的用户所在部门的所有用户在指定时间段内上载并被签发的图片,并列出各图片的上载用户,被签发到的报纸和版面,如图 18.68。

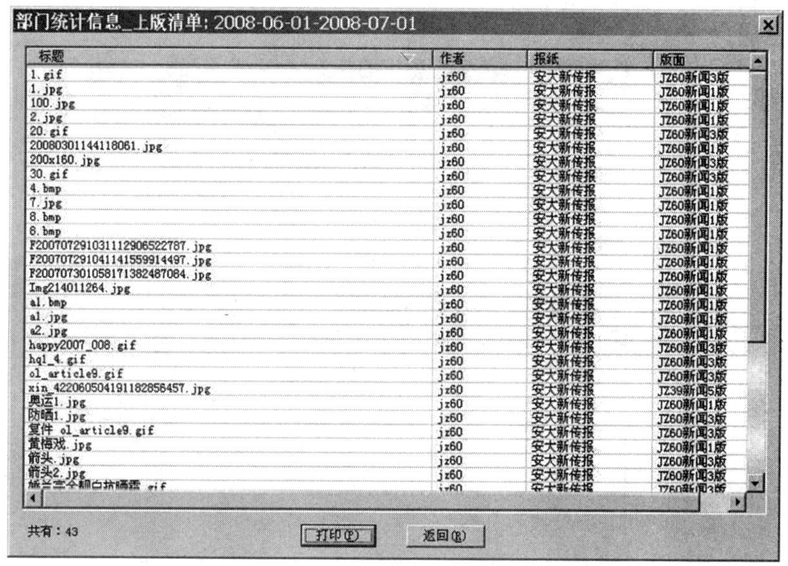


图 18.68　上版清单

5. 未使用清单:统计登录系统的用户所在部门的所有用户在指定时间段内上载但并未被签发的图片,并列出各图片的上载用户。

## 第五节　办公工具

### 一、网上通信

我们在此提供了"发送邮件"功能,此功能利用微软的"Microsoft Outlook"或"Outlook Express"所提供的发送邮件功能,进行网上通信。所以

机器必须装有以上两个软件中的一个,才能使用“发送邮件”功能。通过点击“编采”菜单的下级菜单“网上通信”或执行“办公工具”组的“网上通信”项,就会弹出下面的发送邮件界面,如图18.69所示(此界面是Microsoft Outlook界面)。具体操作请参考微软“Microsoft Outlook”或“Outlook Express”的使用说明。

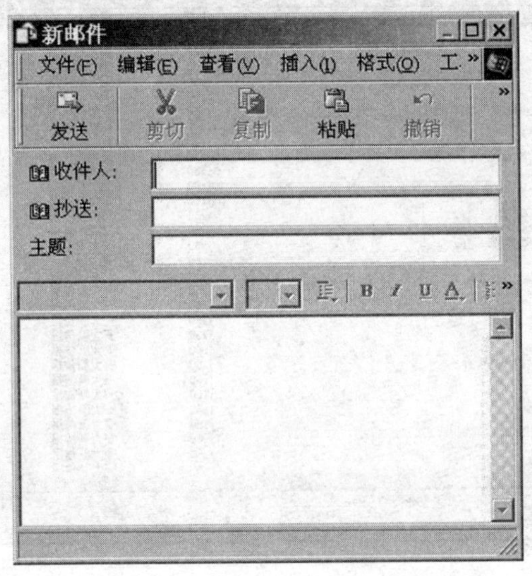


图18.69　网上通信

## 二、网际漫游

调用浏览器程序,如IE或Netscape。

## 三、信息纵览

调用outlook等协助办公工具。

## 四、公文处理

调用word等字处理软件。

## 五、电子表格

调用系统的excel电子表格处理程序。

## 第六节　网络版飞腾功能介绍

北大方正报业 DAM1.0 系统通过网络版飞腾实现与飞腾组版的连接，整个组版过程在飞腾内部实现，真正实现了采编流程管理和组版流程管理的一体化。

在安装北大方正报业 DAM1.0 的组版管理模块之前，请先安装飞腾组版软件，在安装飞腾组版软件的过程中选择安装飞腾软插件，但建议最好不要选择其中的自动存盘软插件，否则采编安装程序将删除自动存盘软插件，因为北大方正报业 DAM1.0 的组版管理模块已经具有自动存盘功能，无需飞腾的自动存盘功能；然后在安装北大方正报业 DAM1.0 系统过程中选择安装飞腾组版软插件即可安装完毕组版接口。

由于网络组版操作包括了划版操作的所有功能，因此以下只介绍组版管理，划版操作用法相同。

### 一、启动网络版飞腾

记者等将文字及图片稿件通过 DAM 系统上传存入数据库，相关人员进行签发上栏，经审核批准后签发组版，然后由组版人员进行网络飞腾进行排版。组版时启动网络版飞腾，则在飞腾的第一列菜单可以看见与采编组版有关的菜单项，这些菜单项是：开始划版、划版完毕、开始组版、组版完毕。如图 18.70 所示。

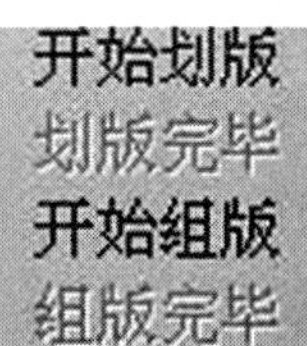


图 18.70　网络版飞腾菜单项

如果要进行组版操作，则选择开始组版菜单项，此时会弹出如图 18.71 所示的登录对话框。输入正确的数据源名、登录名和密码（与报业 DAM 用户工作台登录部分相似）。

如果连接数据库成功，且用户只有一种身份，则直接进入系统，否则登录对话框会下拉出一个列表框选择登录身份。有关系统登录的详细信息,请参见前面章节。

图 18.71 网络版飞腾登录对话框

选择一种身份后按回车键,或用鼠标单击登录按钮,即可进入系统。进入系统后,弹出一个选择栏目和日期对话框,如图 18.72 所示,从中选择你要组版的栏目和日期。

图 18.72 选择组版栏目与日期对话框

在上图所示的选择栏目和日期对话框中,选中一个栏目,击右键弹出快捷菜单,该菜单有刷新和状态两个菜单项,由于选中的是栏目而不是栏目上具体某一天,故状态菜单项变灰。选中刷新,则系统会立即将编辑部最新签发过来的新的日期显示在列表中,同时也会将回调后已经没有的日期从列表中删除。如果选中的是某一个栏目上的某一天,则状态菜单项变亮;选中状态菜单项。则会弹出一个对话框,显示该栏目这一天所有稿件的详细信息。如图 18.73 所示。

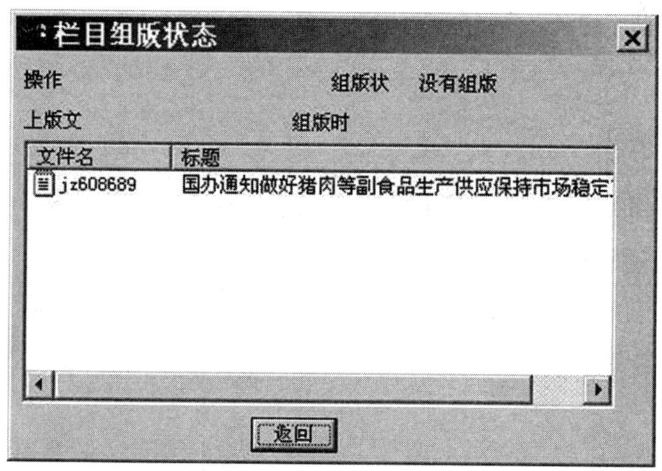


图 18.73　栏目组版状态

此时如果单击组版按钮,系统进入组版界面;单击取消按钮,则取消组版;改变身份按钮则是改变用户的身份;删除大样是在组版完毕以后,发现已经组版的版面版心不对,此时需将原来已经组过的大样删除以后才能重新组版。

如果需要对某栏目某天的稿件进行组版,则选中这一天,从版心列表和版式列表分别中选择一个合适的版心。单击组版按钮,如果选中的栏目已经签发大样,会弹出消息框提示大样已经签发,不能组版;如果选中的版面有其他人正在组版,会提示有另外的人在此栏目组版,你无法组版;如果栏目已经完成组版但未签发大样,则会提示此栏目已组版,是否要重组。如果选择的栏目及其日期有一个版式已经完成组版,而同时又选择了另外一种版式,则会提示是否复制大样。

在列表框中列出了已经组版的版式供选择。选择复制大样,则会将已经组好的版面复制到当前要组版的栏目上,这样可大大提高组版速度。

点击组版按钮后,系统进入组版界面,如图 18.74 所示。

以上是使用网络版飞腾组版的基本步骤。进入划版界面的操作步骤与进入组版界面的步骤类似。进入组版界面以后,关闭选择栏目和日期对话框,重新选择开始组版菜单项,即可立即切换到组版状态,无需重新登录数据库。

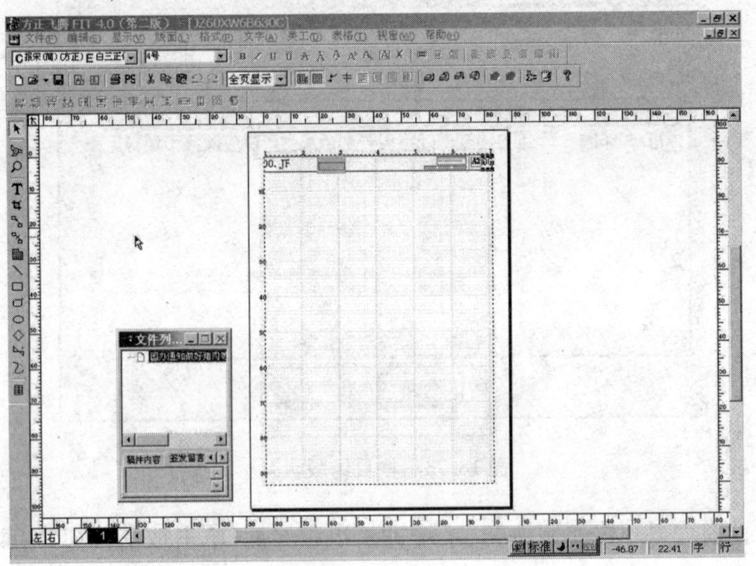

图 18.74　组版界面

## 二、组版界面使用介绍

进入组版界面后,组版界面左边为文件列表对话框,该对话框上面列出了该栏目已经签发的所有稿件和图片,这里会发现同组关联的所有稿件被存放在同一个树分支下,方便了组版人员的组版工作;右边为飞腾组版的版面。在文件列表对话框上击右键,会弹出一个快捷菜单,上面有6个菜单项:刷新,大样处理意见,详细信息,批量灌文,以及对图片稿的取消灌图和插入图片说明项。下面分别叙述每个菜单项的功能

1. 刷新:更新稿件列表,将编辑部新签发来的稿件或图片显示在稿件列表上,并将已经回调的稿件或图片从稿件列表上删除。

2. 大样处理意见:由于系统支持报社领导对组版大样进行监控,社领导可以实时对稿件的组版状态进行监控,签发组版意见,组版人员就可

以通过该菜单项对组版意见进行阅读,对正在组版的大样进行修改。

3. 详细信息:显示选定的稿件的详细信息;选中该菜单项会弹出如图 18.75 所示的对话框,上面显示了该稿件的详细信息。

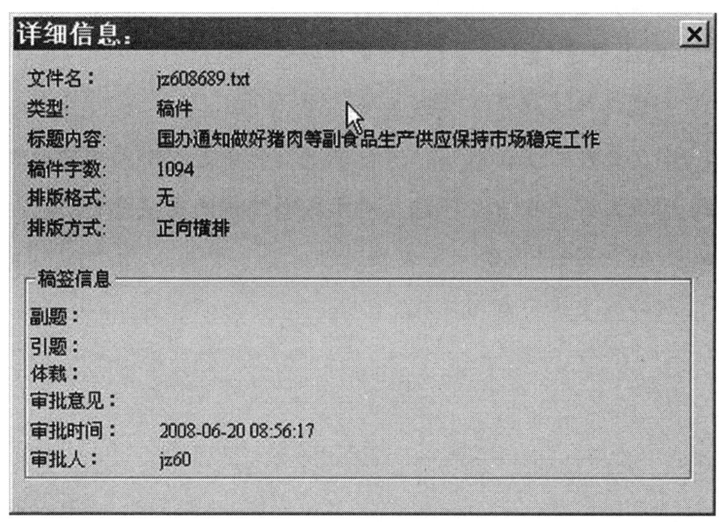


图 18.75 稿件详细信息

4. 批量灌文:在建立了稿件与飞腾版面的文字块或图片块的对应关系后,将稿件或图片一次性灌入飞腾版面上。

5. 取消灌图:取消图片块和图片的对应关系。

6. 插入图片说明:将图片说明插入飞腾版面相应图片的下面。

将左边的文件列表中的稿件拖到右边的版面中,进行组版。这时会发现通过采编编辑器设置的稿件的样式属性都完整地保留,组版人员不需要对稿件进一步进行调整即可很轻松地完成组版工作。为了真正实现"文责自负",在组版过程中,组版人员对稿件进行的任何改动,都将回收保留到小样文件中,保证了稿件的安全,实现了真正的文责自负。

当完成一个版面的组版后,拉下飞腾的文件菜单,选择组版完毕,则会弹出提示框提示文件已修改,是否存盘。选择是则保存 fit 文件并将 . fit 文件发排后的 . ps 文件和大样图像文件存入数据库,选择否则放弃本次的组版操作,退出该栏目组版状态,选择取消回到组版状态继续

组版。

【思考与练习】

1. 如何在DAM系统中签发稿件？
2. “稿件入库”和“提交稿件”有什么区别？
3. 多篇稿件怎样建立关联关系？
4. 小样处理中如何对稿件进行调版？其中又有哪些不同的类型？
5. 理解大样处理中处理意见对于版面编排的重要意义。
6. 如何在DAM系统中签发图片？
7. 网络版飞腾中如何组版？

# 第十九章

## 渊博数字资产存储管理系统

【本章学习要点】

本章主要介绍渊博数字资产存储管理系统，它包括多种信息采集工具和数字库，以及信息检索功能和管理功能等。其中，渊源的信息检索功能十分强大，从简单的初级检索到复杂的高级检索。

## 第一节 渊博数字资产存储管理系统简介

### 一、渊博简介

方正渊博数字资产存储管理系统是方正电子公司推出的数字资产存储管理平台。该平台涵盖了报业、广电行业内部各种类型的数字资产的存储，以及存储基础之上的检索、浏览、数字资产再加工、个人资料中心等多种功能,为报业、广电企业内部提供了一个统一的数字资产存储管理平台。特别适合于报业内部资料得查询检索。如图 19.1。

图 19.1 方正渊博数字资产存储管理系统登陆界面

## 二、主要功能

1. 丰富的信息采集工具

系统提供了丰富有效的信息采集加工工具,包括采编归档,全真 PS 反解,飞旋 FIT 反解,信息加工等,能够从采编数据库、FIT 文件和 PS 文件获取、标引数据,保证提取数据的完整、准确和及时,根据报社的具体情况,提供不同的方案,并支持报纸不断发展的要求。其中,飞旋可以直接打开 FIT 文件,在飞腾组版界面上进行文本、图片、表格等资料的反解、标引、关联、修改加工等,同时还可以选择是否连接采编数据库,从采编数据库获取稿签、关联、大样流程记录、小样流程记录等信息。如图 19.2。

2. 多种数据库类型和数据类型

渊博首先是一个数字资产存储平台。根据用户的需要,在渊博中可以建立多种数据库类型的数据库。这 6 种数据库类型包括:见报资料、图片、网页、多媒体、电稿、专题。每种数据库类型都可以建立多个数据库。通过渊博的入库代理程序,如图 19.3,可以将用户内部存储多年的历史数据进行入库,这些数字资产的类型包括见报资料、未见报资料、新华社图片、网页、多媒体（包括音视频文件、纯文本文件、普通图片）、新华社电稿等。如图 19.4。

图 19.2　飞旋 FIT 反解

图 19.3　入库代理服务

图 19.4　数据库类型

3. 快速而稳定的检索功能

渊博集成稳定、优秀的海量引擎，中文分词功能强，大大提高了中文检索的检索速度、查全率、查准率。在渊博界面中提供了多种灵活的检索方式。包括分类检索、逐层检索、简单检索和高级检索，并支持跨库并行检索。

## 第二节　渊博信息存储检索功能

### 一、分类检索

依据设定好的分类条件进行选择检索，渊博的分类检索可以依据报社自身条件的不同，由后台工作人员设定不同的检索条件。如图 19.5。

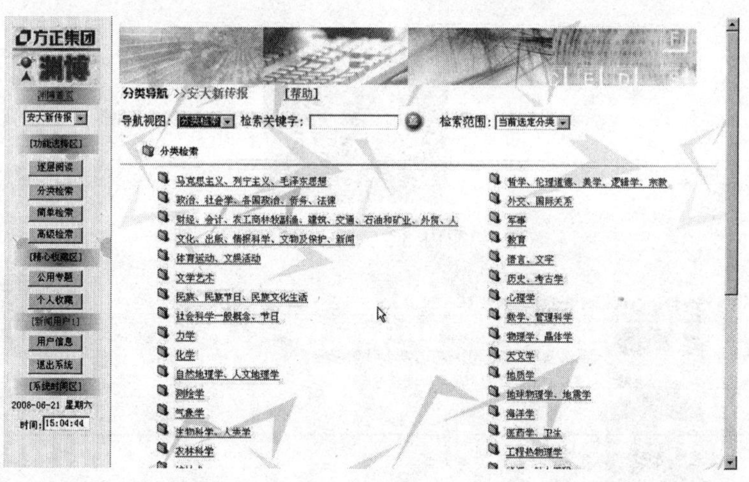


图 19.5　分类检索

### 二、简单检索

简单检索向用户提供了以自我设定检索条件来进行检索的功能，各个条件之间还可以由用户选择“包含”、“或者”、“不包含”三种逻辑关系。如图 19.6。

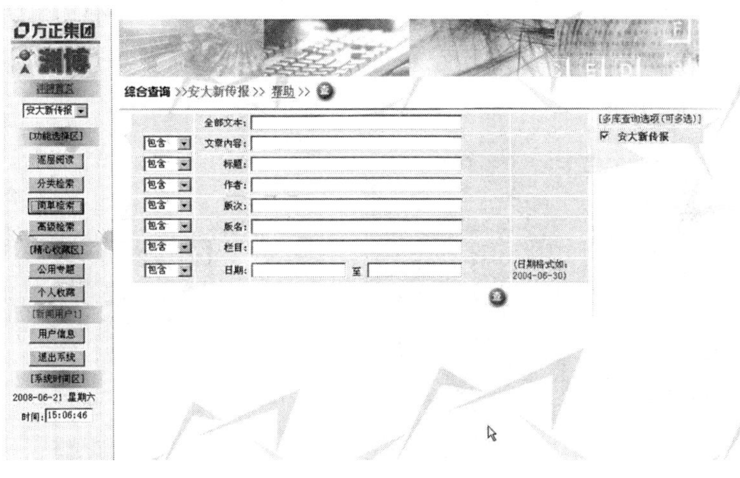


图 19.6　简单检索

## 三、高级检索

高级检索是渊博系统提供的最大的功能之一,除囊括简单检索所有的功能外,还增加了筛选条件,并提供了所选数据库内的所有版次、版名以供选择。如图 19.7。

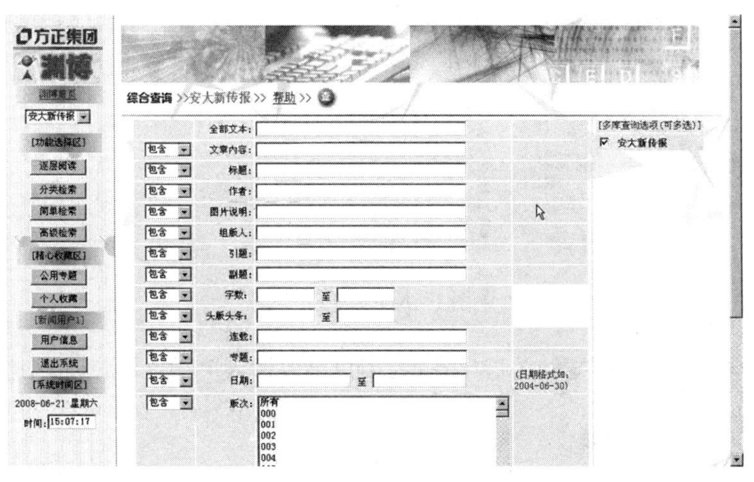


图 19.7　高级检索

## 四、逐层阅读

先选择报纸名，如“安大新传报”然后选择日期，如“2008 年 6 月 30 日”，在“视图选择”框中，用户还可以根据自己的需要选择视图浏览方式。如图 19.8。

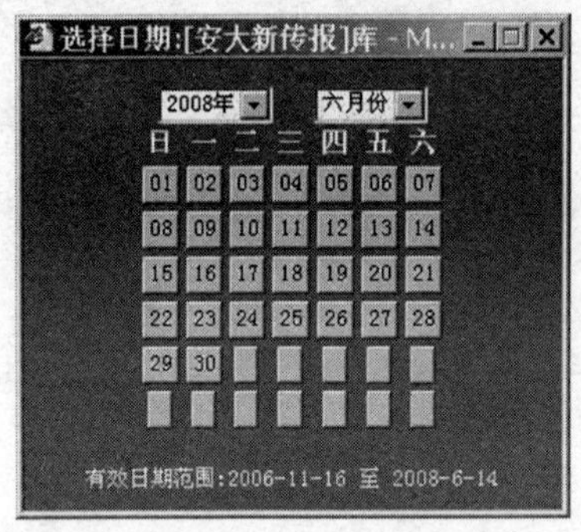


图 19.8(a)　选择日期

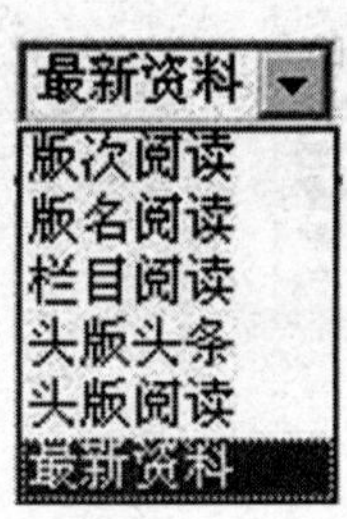


图 19.8(b)　视图浏览方式定制

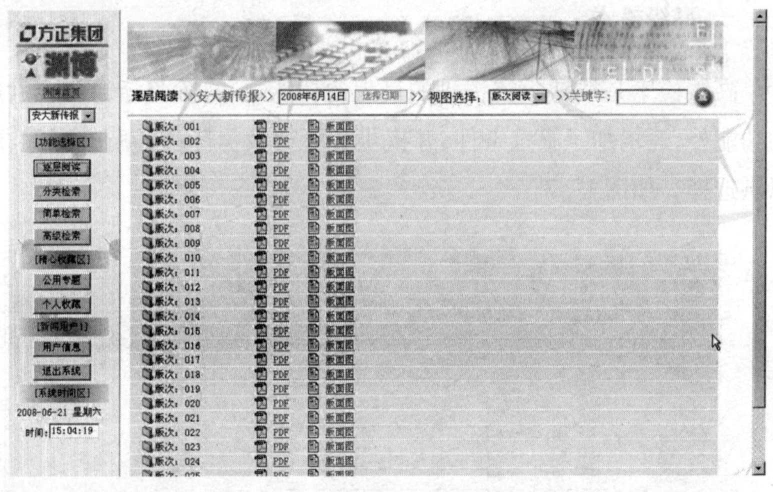


图 19.8(c)　逐层阅读

逐层阅读还支持关键字查询，用户可以输入关键字，实现精细检索。

## 五、个人收藏

渊博提供个人收藏功能。用户在渊博中可以建立自己的个人收藏，并且可以设置自己的文件夹结构。并且可以通过采编系统将个人资料传递到渊博个人资料中心进行存储,也可以在渊博中直接将一些资料存储到个人资料中心里。如图19.9。

图19.9 个人收藏

## 六、全面的管理功能

渊博的管理端提供了分类导航树的分类节点的增加、删除、修改功能,用户可以在该管理界面设置符合自己需要的分类节点。系统还设置了严格的分级授权机制。

## 七、跨介质光盘出版

方正渊博光盘出版系统是辅助渊博信息发布服务所开发的跨介质发布的新软件,用于报社的一定时间范围内的资料存储、出版与检索。数据来源可以来自方正渊博数据库中的见报资料库,也可以是渊博的前端数据(全真、飞旋、归档、信息加工及方正通用xml格式的数据)。整套系统可以方便用户实现光盘专题制作、历史数据存储、报社内部和各报社之间的数据交互的目的,系统有即插即用的优点。

# 附录一

## 杂志版面设计指南

1. 在设计时主要考虑杂志的名称以及与名称相呼应的图案装饰等，另外，还有主办单位、年号、月份、期数等，也有将条形码印在封面上的。

2. 杂志的时间性决定了刊物的连续性与统一性。即使每月换一个底色，或改变刊名的位置，也仍要有一个贯穿于各期的整体标识，或用字体相同的杂志名称，或用同一种构图布局，在统一中求得各期之间的变化。

3. 杂志的封面设计包括形、字、色、构图等。

4. 杂志的封面，不能没有文字，文字既具有语言意义，又是抽象的图形符号，它是点、线、面设计的综合体。文字与图形应相对集中布局，在阅读中形成节奏和层次，使文字紧凑，图形灵活。

5. 封面色彩的选择是十分重要的，因为读者浏览杂志时，首先映入眼帘的便是色彩。例如用灰色作为背景，可以衬托艳丽的文字、图形，既协调又显亮丽；纯度高的色彩排列在一起，特别刺激和活跃；和谐统一的色调，让人感到温馨、安逸；利用纸张的原色为色调，给人的感觉是自然、清新等等。封面设计的色彩是由书的内容与阅读对象的年龄、文化层次等特征所决定的。少儿读物多运用艳丽的色彩，用红绿相间的色彩表现童趣；沉着、和谐的色彩适用于中、老年人的读物；介于艳色和灰色之间的色彩宜用于青年人的读物。对于读者来说，因文化素养、民族、职业的不同，对于色彩也有不同的偏好。

6. 封面设计的构图，是将文字、图形、色彩等进行合理安排的过程，其中文字占主导作用，图形、色彩等的作用是衬托书名。一般情况下，将文字进行垂直排列，具有严肃、刚直的特点。这是我国书刊的传统构图形式。水平式的构图，给人以平静、稳重的感觉，将书刊名水平排列能给整体带来平衡的作用。倾斜式的排列，可以打破过于平稳的画面，以求更多的变化，运用恰当有助于强化书刊的主题。封面设计的造型要带有明显的阅读者的年龄、文化层次特征。对少儿读物形象要具体、真实、准确，构图要生动活泼，尤其要突出知识性和趣味性，一般配合夸张性、想象性、人格化、游戏性、幽默性等插图来进行设计创作。对中青年到老年人的读物，形象可以由具象渐渐转向于抽象，宜采用象征性手法，构图也可由生动活泼的形式转向于严肃、庄重的形式。

# 报纸版面设计指南

## 一、头版设计指南

1. 不要预先设计好，然后迫使报道适应版面。这会丧失和扭曲报道的新闻价值，并违背设计的首要目的——帮助读者分辨新闻的重要性。

2. 把最重要的报道或要表现的内容放在版面的最上方。

3. 不要在临近版面顶端栏线处安排好几个大号的多栏标题，要用照片或图表分开它们。

4. 不要把标题并排排列，要使用照片、边框、图表，甚至空白把它们分开，特别是标题字号同样大小时。

5. 如果可能，在每四分之一块的版面以及版面中央都至少安排一个醒目的多栏标题。

6. 使用照片时要大方，如果一张两栏的照片效果很好，那么，多数情况下，放大到三栏效果会更好。裁剪照片要艺术化，不要浪费空间。

7. 把大照片放在版面的最上部，但也不要怕在底部使用大照片。只要确保上面的照片比底下的大即可。

8. 可以在底部使用多栏标题，甚至通栏标题。要确保底部通栏标题的字号不能大于版面上方的主标题。

9. 不要怕因改变版式而改变报头的位置，但报头还是应当靠近版面最上部。

10. 不要让边上照片中人物的眼光向版面外边看，这会破坏整体感。

11. 尽可能水平排列文章,而不要垂直排列。努力把头版的报道控制在15~20英寸高,如果太长就转页,或把它们拆分成两篇。

12. 相关的报道应安排在版面中的同一区域。

13. 有些报道可以变化字号或栏宽,但不要太过分。

14. 限制版面中一栏标题的数量。

15. 使用各种字号的标题,以使版面形成对比。

16. 不要让报道跑出来,宽过上面的标题。

17. 每个版的设计都应有变化。

18. 时常不断地打破以上的原则,创造一些惊奇。

**二、内页设计指南:**

1. 在左上角这个目光最先接触的区域使用醒目的标题或比较大的照片。

2. 在版面中精心使用多栏标题与单栏标题的组合。

3. 在内页中限制通栏标题的使用,如果使用通栏标题,邻近的版面就不要再使用。

4. 不要将标题并列排放,也不要竖着排一列标题,特别是它们的字号完全相同时。

5. 除非版面上有带大幅照片的广告,每个版都要尽可能使用一张或多张照片、漫画、图表、地图,或其他图形形式。

6. 把照片放在版面的最上方。不要把照片放在广告的正上方,或紧临着广告。

7. 无论何时,都要让标题的宽度覆盖住所有正文。

8. 不要把报道的标题安排在广告的正上方,至少要用一两寸高的正文把报道的标题与广告隔开。

9. 标题要使用不同的字号和宽度,以使版面形成对比。

10. 避免杂乱感。不要使用太多的报道,留白要大方。

[注:《报纸版面设计指南》摘自(美)凯利·莱特尔等著《全能记者必备》(The Complete Reporter: Fundamentals of News Gathering, Writing, and Editing),请结合中文报刊的实际灵活运用。]

# 附录二

## 部分报纸版面

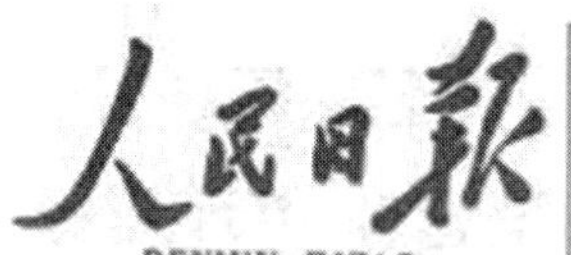


### 胡锦涛会见苏丹副总统塔哈

汶川大地震发生一个月，6万多名医疗工作者始终坚守救灾第一线

### 永不言弃的白衣战士

### 温家宝与西班牙首相萨帕特罗通电话

### 温家宝主持召开国务院常务会议

原则通过两个国家科技重大专项实施方案
研究部署地震灾区恢复生产工作 审议并

### 抗震救灾英模事迹首场报告会在京举行

李长春习近平出席并会见报告团成员

### 李克强会见澳大利亚国库部部长斯旺

### 中国人民的英雄本色

### 胜利属于英雄的中国人民

——汶川大地震抗震救灾一月全景纪录

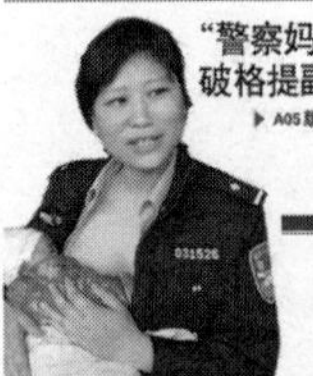

"警察妈妈"
破格提副政委
▶ A05版·川粤携手

# 南方日報

高度决定影响力

www.southcn.com | www.nfdaily.cn

NANFANG DAILY

17

广东首建
评卷教师库
▶ A06版·阳光高考

大瑶山
一号隧道贯通
▶ A10版·广东

中日东海磋商
取得重要进展
▶ A09版·中国

沪指结束八连阴
A股市值9天缩4.7万亿
▶ B02版·财富

## 失事直升机遇难烈士追悼大会举行

胡锦涛送花圈，签署通令追记邱光华一等功
成都军区追记李月王怀远陈林张鹏一等功

下转A05版▶

国务院抗震救灾总指挥部要求

## 防范地震次生灾害 保障灾后恢复重建

下转A05版▶

广东学习论坛邀请吴敬琏作主题报告

## 以现代市场经济为参照 推动广东发展转型

下转A14版▶

## 汪洋为广东奥运健儿鼓劲

省政府发信慰问

下转A12版▶

## 广州军区召开第九次党代会

张阳作党委工作报告 章沁生致开幕词并主持会议

下转A12版▶

李长春昨在本报头版作出批示，对我省灾区干部群众表示亲切问候

## 广东定会夺取抗洪抢险全面胜利

## 天文大潮顶托西江北江洪峰 超50年一遇洪水冲逼珠三角

省防总紧急部署再派四支工作组

昨日，北江洪水漫上三水南港码头集装箱区，工人们以舟当车。 本报记者 梁宇 摄

下转A04版▶

黄华华赴肇庆检查指导防汛抗洪工作时要求

## 确保西江大堤万无一失

抗洪报道详见A02—A04版▶

## 新起点上的排头兵抉择

——全省解放思想学习讨论活动述评(上)

风雷激荡的广东气象

下转A07版▶

JIEFANG DAILY 2008年6月18日 星期三 第21546号 今日二十版

解放日报报业集团出版 新闻热线：63523600 传真电话：63226483

胡锦涛和布什派特别代表举行第四次战略经济对话

# 中美需要合作 谁也离不开谁

俞正声指出上海对口支援要努力走在全国前列

# 首批援建都江堰项目年内开工

市委常委会审议有关调查报告，决定建立对口支援组织体系，成立领导小组

污水处理不达标 园区停批新项目

# 上海对七个工业区铁腕"限批"

环评限批范围还将延伸至污染企业所在行业和集团公司

## 治污必须痛下决心

1300多人奔赴灾区一线 救治伤员2.7万多人次

# 上海医疗防疫队员，英雄气概

俞正声会见从灾区返沪的队员，韩正殷一璀参加

## 上海鹿特丹签署合作备忘录

韩正会见奥普斯特尔坦市长

## 《守护生命》感人至深

卫生系统抗震救灾主题活动举行，殷一璀出席

## 巾帼情怀 爱的奉献

上海妇女抗震救灾事迹报告会举行

# 企业节能：去年政府补贴推着走 今年技改增效尝甜头

全市已上报60个技改项目预计节能22.4万吨标煤

大集团、大企业成了技术改造最积极的节能先锋

抗震救灾工作 经济社会发展 坚持两手抓 夺取双胜利

## 世博可采取临时行政管理

市人大常委会分组审议，刘云耕讲话

## 扶持农民专业合作社发展

距奥运会开幕还有 51 天

距残奥会开幕还有 80 天

当代报纸电脑编辑基础

中国青年报

中青在线 WWW.CYOL.NET

人心齐 泰山移

# 无畏·无私·无悔

——追寻共产党人抗震救灾中的英雄足迹

《认真学习胡锦涛总书记在同团中央新一届领导班子成员和团十六大部分代表座谈时的重要讲话》出版

标题新闻

天山南北"祥云"升腾

## 奥运圣火在乌鲁木齐传递

饱含泪水的"大眼睛"女孩刘怡雪：

## "我不算英雄"

中共山西省委书记张宝顺寄语山西团组织

## 团的领导要眼睛向下

共青团十六大召开期间

## 部分团十六大代表来本报参观交流

Wen Hui Bao

# 文匯報

**5月19日至21日：全国哀悼日**

# 任何困难都难不倒英雄的中国人民

**中华民族精神大凝聚**

**汶川地震震级：8.0级**

**地震原因已有初步结论**

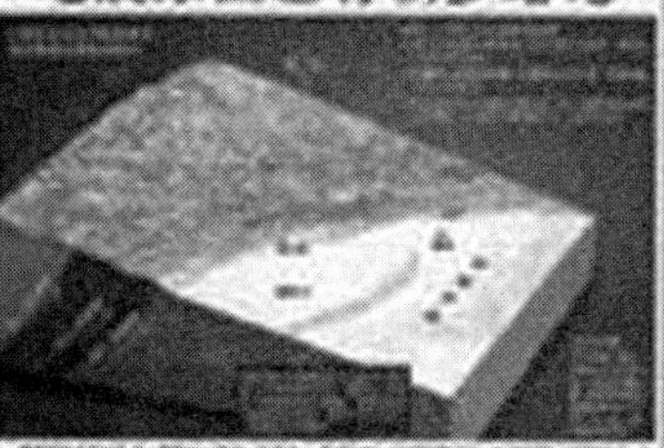

**奥运圣火传递今起暂停三天**

**奥运圣火在沪传递顺延**

**紧急通知**

**浦江创新论坛 关注抗震救灾**

# 新民晚報

飞入寻常百姓家 / www.xinmin.cn




## 上海当前两件大事

# 全力对口支援都江堰市 全力保持经济社会发展

### 本市召开党政负责干部大会，俞正声韩正传达中央精神

本报讯 本市昨天召开党政负责干部大会，传达落实中央6月13日召开的省市区和中央部门主要负责同志会议精神，对做好上海当前工作进行动员和部署。中共中央政治局委员、市委书记俞正声主持会议并传达胡锦涛总书记重要讲话。俞正声在讲话时强调，要认真领会中央会议精神，切实抓好中央精神的贯彻落实，各级党委、政府要坚决按照中央的决策部署，坚持一手抓抗震救灾，全力做好灾后恢复重建对口支援工作；坚持一手抓经济社会发展，全力保持经济社会发展的良好势头。

市委副书记、市长韩正出席并传达温家宝总理的讲话和中央关于《汶川地震灾后恢复重建对口支援方案》。市领导刘云耕、冯国勤、殷一璀、[illegible]出席。

俞正声在讲话时指出，要充分认识中央会议召开的重要意义，准确把握中央对当前工作的部署和要求，扎扎实实抓好各项工作。要继续做好抗震救灾工作，全力做好对口支援工作。上海承担对口支援都江堰市的灾后恢复重建任务，各有关部门和地区要心系都江堰、聚焦都江堰，把都江堰的繁荣、昌盛、重建，作为上海义不容辞的责任，必须全力以赴，从灾区的具体困难和现实需要出发，积极提供人力、物力、财力、智力等支持，成为都江堰坚实的后盾，为恢复重建提供强大的支撑力。

（下转A6版）

## 俞正声在四川考察时强调坚决按中央方针政策办

# 不讲条件做好灾区坚强后盾

本报讯 “上海坚决按照中央方针、政策办，一定做好灾区恢复重建的坚强后盾与可靠后方。这是不讲条件的。”中共中央政治局委员、上海市委书记俞正声日前在四川灾区考察时说，灾区重建全国一盘棋，四川灾区的事就是上海的事，解决灾区困难是我们义不容辞的责任。我们坚决按照中央要求，保质、保量、按期完成过渡安置房和对口支援地区的学校、医院等重建任务，上海有责任和义务做得更好，走在全国前列。

在灾区的两天时间里，俞正声分别在四川省委副书记李崇禧、省委常委、成都市委书记李春城等陪同下，行程700多公里，先后前往都江堰市、绵阳市考察。

（下转A6版）

**南方汛情急** 据广东省防总昨天下午统计，连日持续暴雨已造成全省576万人受灾，20人死亡，8人失踪。韶关、惠州、东莞、深圳等市受灾较重。图为因东江洪峰而受淹的东莞市，一个孩子在街道上涉水行走　图 CFP　（相关报道见A2版）

## 胡锦涛致信祝贺中国福利会成立七十周年

# 怀仁爱之心服务妇女儿童

### 贾庆林也发来贺信　俞正声出席纪念大会　胡启立致辞

据新华社北京6月15日电 纪念中国福利会成立70周年大会14日在上海举行。中共中央总书记、国家主席、中央军委主席胡锦涛、中共中央政治局常委、全国政协主席贾庆林分别发来贺信。

胡锦涛希望中国福利会大力弘扬宋庆龄先生的伟大精神和崇高品格，怀仁爱之心，倾全部之力，始终全心全意为妇女儿童服务，千方百计给广大妇女儿童以更多的实际帮助，为促进我国妇女儿童事业发展、为构建社会主义和谐社会而不懈奋斗。

（下转A5版）

## 新闻追踪

## 车用液化气价格上涨出租车运价暂不调整

# 『喝气』车每月补贴一千八百元

本报讯（记者 张欣平）昨天起，本市车用液化气的零售价由原先的每升3.6元上涨至4.7元，直接提高了用气出租车（单燃料）的运营成本。记者上午从有关部门了解到，尽管车用液化气价格上升，但目前的出租车运价暂不作调整；对用气出租车（单燃料）的补贴政策也已确定：每辆车每月增加补贴1800元，其中政府财政补贴1700元，企业补贴100元。

据了解，目前全市有4.5万辆出租车，其中使用液化气的单燃料出租车3400辆，全部属于大众出租公司，出租车运价不会因此涨价。有关人士表示，“即使汽油价格调整，也将以2006年5月份本市出台的《出租汽车运价油价联动机制》为依据决定是否调价。如果油价上调幅度在机制以内，则不会调整价格。”

“大众出租”总经理石[illegible]表示，原先企业积极推广使用单燃料出租车，是因为油气差价和环保问题，但现在气价上升，运营成本增加明显，希望政府对“绿色环保”的燃气出租车给予政策扶持。

## 谈天气

# 本市明后两天又有集中降雨

本报讯（记者 马亚宁）梅雨带南北摇晃，阵雨断断续续，天气有时凉爽有时闷。来自上海中心气象台上午的天气预报说，本市今天阴有零星小雨，明天上午到后天，有一次明显降雨过程，局部雨量较大。上海目前处于雨带北面，属冷气团的“势力范围”，天气较凉爽，明后天最高气温徘徊在26℃至28℃之间。

19日以后，南方雨带向北移动，华南这波强降雨有望减弱，江淮、黄淮雨势增强。上海地区将受雨带南缘的暖气团控制，气温回升，最高气温将攀升至30℃以上；天气以多云时有阵雨为主，人体感觉相对闷热。

参考消息

CANKAO XIAOXI 新华通讯社主管主办
国内统一刊号：CN11－0048 参考消息报社出版
2008年5月27日
星期二
第18000期



# 抗震救灾显现解放军强大战力

## 英文报章 大规模救灾锻炼了中国军队

【英国《泰晤士报》网站5月25日文章】题：中国军队现身领导援救行动（作者 简·麦卡特尼）

超过13万部队被动员起来，作为这场大规模救灾的先锋，给500万无家可归者提供帮助，同时寻找5万名死者和近3万名失踪者。

见到这些军人，幸存者感到宽慰和欣喜。几十个被毁的村庄都是如此。一个男人的儿子在红白中学的校舍倒塌时被埋。他看到，地震发生13小时后部队就长途跋涉进入这个位于山顶的城镇。他说：“解放军来了，我想有救了，我们能找到他。我们知道他们是来帮助我们的。”

在龙门山脚下还有成千上万的军人向幸存者分发食物和水。他们帮助无家可归者搭建小木屋，和他们聊天，有时候停下来抽支烟。他们拿着铲子爬上废墟，挖掘死难者，再把瓦砾清理掉。

夏季发洪水需要加固河堤时，人民解放军总会到场。他们受命到救援前线的时候不太多，和普通人同吃同住，身背老人的场面就罕少了。

但是，这项工作的规模和复杂性给人民解放军提供了锻炼指挥控制能力的宝贵机会：自1979年对越南的短暂战争后，解放军就没有经历过任何战斗。一名年轻士兵说：“最悲惨的就是看到那些期盼亲人能从山里出来的面孔。这让你想尽一切努力去帮助他们。”

但这次行动也不是没有障碍。军官们提到，因为空投物资落点不准确，地面人员不得不走几个小时寻找食物，再送给需要的人。通信也因为缺少军用电话线和各单位之间缺乏兼容而受阻。一个小分队在地面装置失灵后只好使用移动电话。

但是，鉴于这次灾难的规模，中国政府一开始就知道，必须立即派遣军队才有可能应对。

恶劣的天气在最初的时候阻碍了救援行动。15名伞兵写好遗书后，从在高空飞行的飞机上跳入汶川上空厚厚的云层，他们成功了，没有损失一个人。

中国军队强大的动员能力在此次救灾活动中得到突出体现

【《台湾苹果日报》5月26日文章】题：解放军救灾背后

在四川大地震中，中国人民解放军迅速动员，千里驰援，形成罕见的大规模军事行动。许多国家的军情部门则通过卫星图像和救灾过程，忙着评估中国军力水平和战略能力。

中国军队出动11万多人参加救灾，来自成都、济南、兰州、北京和广州各大军区，包括海军、空军、陆战队、二炮、武警和空降兵等20余兵种，这是极为复杂的立体协同作战，身为中央军委主席的胡锦涛才是救灾的总指挥。

解放军在一天内就把来自各军区的1万多名官兵空降到成都附近，创下解放军历史上单日出动飞机最多、飞行架次最多、投送兵力最远的空中运输纪录。军队救灾也是练兵，各军区和兵种的集结动员和战争时期并无两样。

冷战初期，中共实行“三线”建设，把军事国防工业转移到内陆，四川地区成为军工重镇，核武、航空和电子等最敏感的机构均在这里。大地震后，国际最担心的是核设施的破坏和辐射外泄的危机。至今为止，中共对此轻描淡写，但是美、日、欧洲各国的卫星侦测对此早有评估，只是秘而不宣。

间谍卫星对中国的侦察并非一定不怀好意。事实上，这次中国也向许多国家请求提供卫星照片以利救灾。日本航天机构提供了遥感卫星所拍摄的图片，美国的国家地理空间情报局(NGA)也提供不少照片。

这些间谍卫星以前都是军事用途，但在印度洋海啸之后，开始提供受灾地区图片，成为人道救灾的重要工具。

从10万大军的救灾动员中，可以发现军队番号、电讯通讯、装备训练和指挥关系，中共的决策模式、党政军的协调、政府效率、民众意志和国土资源，不论作为硬件的军力或综合国力，这次都受到考验。

【香港《太阳报》5月26日报道】题：解放军具打两场仗能力

所谓打两场战争的能力，是美军最早提出来，也是他们的建军方向。实际上，打两场战争的能力，也有一个弹性的范围。两场仗，可以是两场具规模的地区战争，也可能是两场规模中等的局部战争，也或者是一场具规模的地区战争，一场是低度的局部战争。

仔细分析这次解放军在四川大地震的救灾部署，也许会发现“打两场战争的能力”，也是解放军努力发展的方向，且已初具规模。

在美国的卡特里娜飓风灾害发生后，美军也在第一时间出动了救灾部队。派遣军队救灾是任何国家都会做的事情。在和平时期，军队的救灾功能甚至大于军事功能，而军队救灾也是训练部队提高战斗力的重要一环。于是，将美军救灾表现与解放军救灾表现作对比，是这次迈入四川的国际媒体的一个课题。

不可否认，解放军的装备与美军还是有一段距离，而在救灾中显示出来的最大差距在于直升机的数量，还有就是大型工兵器械。

由于直升机数量少，限制了解放军的机动性和兵力投放速度。32年前，解放军也出动了大量部队前往唐山救灾，那时解放军主要是强行军进入灾区，士兵们靠两条腿吃饭。这次，救灾部队都是机械化部队，甚至进入成都前可通过民航和火车运输，但是进入灾区之后，道路被毁、余震不断，泥石流随时威胁道路使用，于是直升机作用尤为突出。综合各种媒体报道，军方救灾直升机应不超过一百架；而美军的直升机基本是“呼唤”多少来多少，美军“骑一师”所有兵员，都可搭乘直升机。

然而，解放军精神不但弥补直升机不足，更做出其他国家军队难以“复制”的奇迹。地震之初，因余震和大雨，加上崇山峻岭，直升机无法降落震央，解放军一方面超高空跳伞，一方面派突击队强行军进入，表现出为民精神和不怕牺牲、连续作战的传统，令全球军人敬佩，也令解放军的对手敬畏。

今日本报16版

今日唐山给四川灾区的启示

（第八版）



## G8环境部长会议在神户闭幕 强调发达国家应为减排主力

【中央社东京5月26日电】八国集团(G8)环境部长会议今天在日本神户结束有关地球暖化对策的三天议程，主持会议的日本环境大臣鸭下一郎发表总结，强调设定中期二氧化碳减量目标的重要性。

总结报告强调设定二氧化碳减排中期目标的必要性，并表示强烈的意愿，在洞爷湖G8峰会中，针对全球在2050年将碳排放量减半的长期目标达成协议。

报告并呼吁发达国家在削减二氧化碳排放量过程中扮演主导角色，强调工业国家标示二氧化碳削减量的目标、实施防止地球暖化对策以及发展中国家努力抑制排放量的重要性。

总结报告肯定依不同产业削减二氧化碳对策的有效性，并决定包括发展中国家在内的主要二氧化碳排放国对话方式的“神户对策”，今年后半期在英国继续讨论，明年春天将在意大利召开，朝实现“低碳社会”的目标迈进。

### 为让朝鲜同意IAEA参与处理核文件

## 美国邀请中国做“中间人”

【美联社维也纳5月26日电】外交官告诉美联社，美国已经同意和联合国核监督机构分享朝鲜秘密核计划的文件，并准备邀请中国作为这一微妙进程的中间人。

目前存在问题的是平壤本月早些时候提供的18500页文件。

两名外交官最近分别告诉美联社，助理国务卿克里斯托弗·希尔在过去两周同意和中国官员以及国际原子能机构(IAEA)总干事穆罕默德·巴拉迪合作。

外交官说，由于朝鲜在驱逐IAEA核查人员以及随后在2003年初单方面退出《不扩散核武器条约》之前就不信任这一机构，因此中国被选为中间人。

一名外交官说，美国考虑使用IAEA的资源和人员来仔细核查朝鲜向华盛顿提供的信息。他说，华盛顿和IAEA都希望IAEA的参与能够成为平壤最终返回《不扩散核武器条约》的开始。

他说，与IAEA分享任何信息都需要朝鲜的同意——但是目前还没有达成一致。然而，他估计平壤将同意，因为它希望最终恢复IAEA的成员身份，作为结束国际孤立的第一步。

【法新社首尔5月26日电】今天有报道说，朝鲜可能会在美国核问题特使克里斯托弗·希尔本周访问北京期间或之后不久递交有关本国核活动的申报。

美国国务院副发言人汤姆·凯西说，希尔表示愿意在访问中国和俄罗斯期间同金桂冠会面。

·责任编辑 魏玉栋·

2008年6月17日

周二

农历戊子年五月十四

广东零售量第一

# 南方都市報

刊号CN44-0175

南方报业传媒集团主管主办

南方都市报出版

www.nddaily.com

办·中·国·最·好·的·报·纸

## 李长春牵挂广东灾区群众

A04·重点

天文大潮助涨超50年一遇洪水 A04-08·重点

## 洪峰逼向珠三角九市

香港截获破坏奥运马术赛情报 A10·城事

高考作文已出现几个满分 A10-11·城事

在三水南港码头，上千个集装箱被洪水淹没，工作人员在水里来回巡查，不小心船翻了。昨日，西江、北江洪峰在三水相遇，形成了珠三角超过50年一遇洪峰。 本报记者 陈志刚 摄

总第4256期

广告经营许可证号：440000100165

报料有奖 全国：400886186 广州(020)87388888 深圳(0755)83325000

### 公 告

6月15日，中国福利彩票双色球第2008069期开奖，我省中山市一位彩民喜中1000万元大奖！汕头市一位彩民喜中500万元大奖！至此，中国福利彩票双色球今年已在我省产生了36注500万元大奖！

广东省福利彩票发行中心

二00八年六月十七日



电邮：nfdsb@mail.nanfangdaily.com.cn 传真：(020)87382357 (0755)83264203 奥一网：www.oeeee.com 编辑：刘秀兰 版式：陈倩 校对：陆波洋 文子 本叠图编：陈军

# 新京报

2008年6月17日 星期二 农历戊子年五月十四 今日88版 零售价1.00元

## 北京47万无业者可享医保

其中低保、困补人员和重残者免费参保，下周三起开办手续 A06·北京时政

## 东海磋商获重要进展

外交部发言人姜瑜称，中日双方达成一致后，将适时宣布 A04·要闻

**暴雨水淹龙母庙** 昨日，广东德庆悦城龙母庙停车场被淹后，几名儿童在水中玩耍。当日，广东、广西、贵州等多个省份继续受强降雨袭击。珠江发生流域性洪水，长江两湖水系，钱塘江及闽江的部分支流先后发生超警戒洪水，桂江等河流发生超历史纪录的大洪水。 郭新 摄 A24·中国关注

## 捐款首先用于农户建房

●国务院下发通知，为地震救灾资金及捐款使用排序
●失事直升机遇难烈士追悼会举行，邱光华被追记一等功 A18-22·汶川地震

A08-10·北京奥运
**奥运订票开始发放**
订票者收到通知后，持证到中行网点领取；开闭幕式门票下月可转让

A05·北京时政
**新发车号牌增多项防伪**

A13·北京社会
**最牛挖掘机被勒令停工**

A12·北京社会
**新系统不稳2号线限流**

A07·北京民生
**密云71酒店可自带酒水**

A05·北京时政
**地铁10号线设三派出所**

A叠(32版)/评论、时事新闻、体育新闻 特刊(16版)/斗欧 B叠(16版)/理财周刊 C叠(16版)/文娱新闻 D叠(8版)/健康公社 本报热线 67106666

〔综合练习〕

在页面设置为 A3 的版面上编排报纸的一个完整版面(头版,含报头),要求:

1. 版面上有 8 ~13 篇文章(含图片);

2. 至少有 1 ~3 张图片;

3. 单独制作一个报头;

4. 版面上开辟一个专栏;

5. 标题在整个版面中至少具有两种以上不同样式;

6. 至少有一篇文章有引题、主题、副题;

7. 至少有一个特殊形状的文字块,或者在椭圆、多边形中排入文字块(可选);

8. 至少有一篇竖排文章,若有数字、英文则用"竖排字不转"或"纵中竖排"(可选);

9. 设置文字变形:变体字、装饰字、底纹与划线(可选);

10. 用图文字互斥功能;

11. 一篇文字块或文字块之间必须加边框线或花边(可选)。

12. 用到分栏功能。

(说明:综合练习的目的在于将所学的知识通过编排报纸上的一个完整版面加以掌握。)

# 参考书目

1. 柳泽华编著. 当代报纸电子编辑与排版. 武汉:武汉大学出版社, 2001 年 9 月第 1 版

2. 孙燕君著. 报业中国. 北京:中国三峡出版社,2002 年 2 月第 1 版

3. 李良荣著. 新闻学导论. 北京:高等教育出版社,1999 年 10 月第 1 版

4. 吴飞著. 编辑学理论研究. 杭州:浙江大学出版社,2001 年 1 月第 1 版

5. 张子让著. 当代新闻编辑. 上海:复旦大学出版社,1999 年 1 月第 1 版

6. 郑兴东,陈仁风,蔡雯著. 报纸编辑学教程. 北京:中国人民大学出版社,2001 年 12 月第 1 版

7. 李子竖著. 纽约时报的风格. 长春:长春出版社,1999 年 9 月第 1 版

8. 桑金兰著. 报纸版面创意艺术与电脑编辑. 上海:复旦大学出版社, 1999 年 1 月第 1 版

9. 方正飞腾集成排版软件 V4.0 使用说明书. 北京:北大方正电子有限公司,2003 年

10. [美] 凯利 · 莱利尔等著. 全能记者必备—新闻采集、写作和编辑的基本技能. 北京:中国人民出版社,2005 年 6 月第 1 版

11. 方正报业数字资产管理系统用户手册. 北大方正电子有限公司,2005 年 9 月

# 初版后记

上世纪90年代初开始接触计算机并对它产生了兴趣,随后,笔者一直从事着与计算机相关的教学工作。2000年调入安徽大学新闻学系时,系里刚刚接受了北大方正捐赠的电子编排系统,安大新闻系成为继中国人民大学之后拥有这套先进编排系统的全国仅有的四个新闻院系之一。其时,笔者有幸承担了电子编排系统的教学工作,开设了《电脑报纸编辑》和《网络传播技术》两门独立设置的《报刊电子采编》实验课。

在几年的教学过程中,笔者不断加强自己的理论素养与实践技能,也积累了相关经验,同时日益认识到,在计算机技术日新月异以及电子排版软件不断更新的今天,教学工作所遭遇的明显的两难之境:一方面,新技术的加速进步,新闻媒体对新技术应用的重视以及新闻媒体间竞争的日益加剧,都要求我们新闻院系的本科生、研究生在校期间不但要具备一定的与新闻工作相关的计算机知识,而且要具备比较专业的现代报纸电脑编辑与排版技能;另一方面,关于当代报纸电脑编辑与排版的教材还相当匮乏,至今未见一本系统地介绍过这方面知识的书籍。因此,在教学中笔者不断地思考、探索,尝试在实际教学中结合实例讲授,并将一些基本而又实用的计算机应用知识贯穿其中,既激发学生的学习兴趣,又便于他们灵活掌握。

本书写作的目的是为从事报刊电脑编辑与排版相关教学的教师提供一份参照,同时为有志于掌握这方面知识的学生提供一本好学易懂、方便实用的辅导书。

本书集中介绍了先进的方正飞腾电子排版系统、方正报业数字资产管理系统(DAM平台)、渊博数字资产存储系统的操作和运用。之所以选择这三个系统,是因为它在当今的电子排版系统中技术最先进,同时在全国各大主要城市的报社、杂志社和出版社中得到了广泛的应用,拥有相当大的实践应用范围。需要说明的是，由于这三个系统功能非常之多，本书没有面面俱到，而是将重点放在基础性应用的层面上，为此，书中运用了大量的图片和实例进行说明，力图使内容易懂易学，让学习者快速上手。笔者认为，只有在掌握好基础之后，学习者才能在今后的实际操作中取得更快、更大的进步。另外，本书的内容并不仅仅局限在当代报刊电脑编辑与排版操作技术这一层面上，同时也从宏观着眼，涵盖了现代报纸编辑与排版的发展历史、现代报刊电脑编辑与排版工作者所需具备的综合素质与技能，以及在电脑编辑与排版过程中所需的其他相关的计算机技术与知识等。因此，本书不但具备很强的实用性，而且具有一定的理论参考价值。

本书从构思酝酿、起草到成书前后共经历了近四年，现在出版在即，笔者终于有了一点欣慰之感，它不仅是笔者几年教学经验的总结，也是笔者长期思考、探索的结晶。当然，这也得益于笔者在安徽大学新闻传播学院从事教学工作的经历。在这期间，笔者广泛阅读了相关的理论性与应用性书籍，得到了很大的提高，为完成此书奠定了坚实的知识基础。

当然，知识更新与技术进步的速度一日千里，任何著作都不可能达到完善的地步，加上时间仓促，笔者的知识也有限，书中的不足之处与错误肯定不少，希望广大的专家学者以及读者批评、指正，以便再版时笔者能够改进。

在本书的写作过程中，得到了安徽大学新闻传播学院芮必峰教授、梅笑冬高级编辑、吕萌副教授的大力支持与指导，得到了北大方正电子有限公司合肥办事处束然、柳文清经理的大力支持，在此向他们表示衷心的感谢！同时，笔者还要感谢在本书的写作过程中提供帮助的苏小四、郑晖、张惠、李浩、钟晶晶等同学。最后，笔者还要感谢我的父母长期以来对我的默默支持与鼓励！

岳　山

2006年6月26日于安徽大学

# 修订版后记

随着报业的发展和教学内容的更新，本书补充和修订了一些内容，增加了十八章DAM系统；十九章方正渊博数字资产存储管理系统两章内容；修改了关于图片编辑的内容。增加的两章内容目前是大多数报社都在使用的系统，更新的内容使本教材有了更广的适用面，除了丰富教学内容外，使学生更真切的体会到现代报业的工作方式，了解报业电子平台的使用和数字资产的使用和管理，同时本教材也可作为报社员工技能培训教材。

在本书的修订过程中得到合肥工业大学出版社朱移山编辑的大力支持，得到了北大方正电子有限公司合肥办事处束然、柳文清的大力支持，还得到了安徽大学新闻传播学院汪伟、李嘉树、童晓玲、张凌霄、王夏露、杨晓燕同学的协助，在此表示由衷的感谢。

由于报业的发展较快，许多内容没有一一补充到教材中，教材还有许多不足之处，还希望得到同行和报业从业人员的指正和帮助。

岳　山

2008年6月26日于安徽大学